Claudio Naranjo
Gestalt

Dr. Claudio Naranjo

GESTALT

Präsenz
Gewahrsein
Verantwortung

Grundhaltung und Praxis einer
lebendigen Therapie

Arbor Verlag
Freiamt

Originaltitel: Gestalt Therapy – The attitude & Practice
of an Atheoretical Experimentalism

Übersetzung aus dem Amerikanischen:
Matthias Schossig

Bearbeitung: Lienhard Valentin

Die Deutsche Bibliothek – CIP Einheitsaufnahme

Naranjo, Claudio:
Gestalt : Präsenz – Gewahrsein – Verantwortung :
Grundhaltung und Praxis einer lebendigen Therapie / Claudio
Naranjo. [Übers. aus dem Amerikan.: Matthias Schossig.
Bearb.: Lienhard Valentin]. – Freiamt : Arbor-Verl., 1996
    Einheitssacht.: Gestalt therapy <dt.>
    ISBN 3-924195-25-0
NE: Valentin, Lienhard [Bearb.]

Druck und Verarbeitung: Kösel, Kempten
Alle Rechte vorbehalten

ISBN 3-924195-25-0

Inhalt

ERSTER TEIL
GRUNDHALTUNG UND PRAXIS
DER GESTALTTHERAPIE

ZWEITER TEIL
GESTALTTHERAPIE IN NEUEM LICHT

Vorwort

Naranjos Werk über Gestalt zu lesen ist Bildung, Inspiration, Erfüllung, vor allem aber auch – ein Vergnügen. Welch eine Genugtuung, die Worte verwenden zu können, die Buchrezensenten so oft für Prosawerke benutzen:»äußerst lesenswert«. Und es liest sich in der Tat hervorragend; das ist keine geringe Leistung für ein ernsthaftes Werk über Theorie und Techniken einer der bedeutendsten Entwicklungen auf dem Gebiet der Psychotherapie – Gestalt.

Daß sein Buch ein Vergnügen und eine spannende Lektüre ist, ist integraler Bestandteil des Geistes und Geschmacks seines ambitionierten Unternehmens.

Vor allem anderen ist der Verfasser mit einer Klarheit des Stils gesegnet, die anscheinend das Ergebnis seines engagierten Bemühens um Verstehen und seiner Leidenschaft für das Lehren ist. Ohne Gefahr kann ich sagen, daß Claudio unfähig ist, einen unverständlichen Satz zu schreiben. Wie ist eine so glückliche Lage zu erklären? Ich glaube, sie stammt aus einem kräftigen intellektuellen Verdauungssystem und einem instinktiven Talent zum Klären, Umbilden und Assimilieren.

Fritz Perls betonte immer wieder die Parallelen zwischen gutem Essen und den Erfordernissen für emotionales Wachstum und das Lösen von Konflikten. Emotionale Erfahrungen sollten – wie Essen – sorgfältig geschmeckt, gekaut, verflüssigt, geschluckt, verdaut und assimiliert werden. Dann werden sie wirklich integriert und nicht zu einem Knäuel unverdaulichen Zeugs im Bauch, das Verstopfung und Schlaflosigkeit bereitet.

Es gibt Anzeichen dafür, daß Claudio Naranjo einen empfindsamen intellektuellen Magen hat, der leicht von Essen vordorben wird, das nicht sehr»bekömmlich« ist. So arbeitet er und kaut daran (nicht, daß dieser Aspekt seiner Vorbereitung auch nur im mindesten sichtbar wäre) und wenn er soweit ist, etwas mitzuteilen, ist es schmackhaft, sättigend, nahrhaft.

Nehmen wir beispielsweise einen so relativ esoterischen Ausdruck wie Gurdjieffs»bewußtes Leiden«. Naranjo bezieht es treffsicher auf das in der

7

Gestaltarbeit wichtige»Nichtvermeiden von Schmerzen«. Was in Gurdjieffs undurchsichtigem Stil ziemlich rätselhaft klang, wird nun schlicht als die Vorstellung der Konfrontation mit Schmerz und Frustration anstatt ihrer Vermeidung gesehen. Diese meisterhaften Hinweise auf Parallelen und Überschneidungen aus ganz unterschiedlichen Gebieten sind überall im Buch reich gesät.

Beachtliche Sorgfalt wurde offenbar auf die Titelwahl verwendet. Die meisten Bücher hätten Standardtitel wie»Theorie und Praxis der ...« bekommen. Naranjo macht klar, daß die Entscheidung für die»innere Haltung« anstelle von»Theorie« für seine Thematik ganz wesentlich ist. Das erinnert mich an zwei persönliche Vorfälle zwischen mir und Fritz. Früh in meiner Ausbildung bei ihm war ich ihm ständig mit Fragen über»Technik« auf den Fersen. Schließlich konnte er nicht länger an sich halten.»Abe, du machst mich wahnsinnig mit all diesen Fragen nach Technik. Auf Technik kommt es nicht an, worauf es ankommt, ist *Perspektive*.« Das saß, obwohl ich noch Jahre brauchte, es wirklich zu assimilieren. Bei anderer Gelegenheit sprachen wir über seine erstaunliche therapeutische Begabung. Er sagte:»Ich bin gut darin, weil ich Augen und Ohren habe und nicht ängstlich bin.«

So haben wir hier einen erfreulichen Kommentar über die Frage der Praxis. Naranjo weist darauf hin, daß Gestalt als System einzigartig ist, weil es nicht auf Theorie, sondern auf intuitivem Verstehen aufbaut. In all den verschiedenen Kapiteln über Ausdruck, Integration, Interpretation von Träumen etc. enthält das Buch eine Fülle von Anschauungsmaterial, wie diese Intuition bei einer Vielzahl von Patienten ins Spiel gebracht wird.

Kapitel zwei über die Zentrierung im Jetzt ist eines der Juwelen in diesem Buch. Es ist ein Kapitel, das ursprünglich in Fagans und Shepherds frühem Kompendium *Gestalt Therapy Now* erschien. Hier wird uns mit den Zitaten aus der britischen und lateinischen Dichtung, die die zu verdeutlichenden Punkte anmutig untermalen, ein üppiger kultureller Festschmaus geboten. Ich finde es höchst befriedigend, zu sehen, wie ein lebhafter, gutgerüsteter Geist arbeitet, der die Dinge auf natürliche Weise in großen Zusammenhängen und breiter Perspektive sieht. Die Ergebnisse sind alles andere als»Intellektualisierungen«, sie sind vielmehr einnehmend intelligent und führen den Leser auf eine Reise, auf der jedes beobachtete Fleckchen zu einer interessanten Erfahrung wird, sowohl für sich genommen als auch an seinem Platz in der größeren Ordnung – wie angemessen für einen Autoren, der über Gestalt schreibt.

Noch eine Bemerkung zur Wahl des Titels: erinnern wir uns an den Untertitel von Perls Hauptwerk *Gestalt Therapy*. Seltsamerweise ist dieser

Untertitel nirgends erwähnt und ich wage zu vermuten, daß wenige Gestalttherapeuten sich an ihn erinnern. Der Untertitel lautet:»Erregung und Wachstum in der menschlichen Persönlichkeit.«

Das vorliegende Buch enthält viel Erregendes; Erregung einer handfesten Art, die entsteht, wenn Licht und Verstehen auf so viele Ecken und Winkel des Lebens geworfen wird.

Auf Seite 62 lesen wir:»Wir können in unserer Sklaverei unsere Freiheit entdecken und unter dem Mantel des Zwanges unsere tiefste Freude.« Auf Seite 70 begegnet uns der Gedanke:»Sobald wir uns auf das Nichts einlassen, wird uns alles weitere gegeben.« Eine bessere Auslegung der nicht so leicht verstandenen Vorstellung von der fruchtbaren Leere ließe sich schwerlich finden.

Claudio hatte reichlich Gelegenheit zu engem Kontakt mit Fritz Perls und entwickelte eine tiefe Wertschätzung für seine einzigartigen Talente und seine kreative Begabung. Wie tief Claudios Wertschätzung ging, läßt sich an seiner Aussage nachempfinden:»... besonders gilt das in der Gestaltarbeit, wo der Therapeut mehr als anderswo aufgefordert ist, nackter Mensch und Künstler zugleich zu sein.« Anerkennung braucht keine größeren Höhen, als in einer solchen Aussage zum Ausdruck kommt.

Zur gleichen Zeit macht diese Wertschätzung der Leistungen Perls Naranjo keineswegs blind für die Begrenzungen, die in Fritzens Person und in einigen Gestaltaspekten als Weg zu innerem Wachstum liegen. Unter Verwendung Fritzens eigener Idee der»Löcher«, also blinder Flecken oder unentwickelter Bereiche in einem Individuum, identifiziert Naranjo richtig einige wichtige»Löcher« in der Gestalttherapie selber. Die Verachtung für das Interpretative, die überstrenge Vermeidung jeden intellektuellen Verstehens, der Hang zu einer»strengen« Haltung gegenüber Patienten statt einer helfenden, sanften oder freundlichen – das alles sind echte Beschränkungen des Gestaltansatzes. Kein Schaden kann dem Geist der Gestalt in ihrer Essenz entstehen, wenn diese Beschränkungen korrigiert werden. Ein großer Verrat an der Gestalt-Arbeit hingegen wäre es, wenn wir unser Interesse an ihrer Vertiefung und Erweiterung und unserer Möglichkeiten zum Handeln nicht ständig wachhielten.

Abschließend ein letztes Wort der Wertschätzung. Es gibt viele vernünftige, fundierte, kompetente Werke auf unserem Gebiet der Psychotherapie. Aber nicht so viele zum Schwelgen. Und dieses Werk, mit seinem Strom an Beobachtungen, Analysen, Integrationen ist wahrlich ein Festmahl. Ich glaube, das Buch kann – dem Neuling ebenso wie dem erfahrenen Therapeuten – einen fundierten Überblick über einige der Probleme der Psychotherapie geben und ihr Verhältnis zu der explosionsartigen Interessezunahme an transpersonalen und spirituellen Wegen. Man spürt, in seinem Schreiben, in seiner Art zu Denken, nichts geringeres als die ehrfürchtige Faszination am immerwährend menschlichen Bemühen und Streben nach Selbsterkenntnis, Selbsttranszendenz und Selbsterschaffung.

Es ist allzu offenkundig, wie hocherfreut ich über die Gelegenheit zu diesem Vorwort bin. Es ist mir eine große Freude, Claudio Naranjos Beitrag zur Vertiefung unseres Vertändnisses zu feiern und unsere geschätzte Freundschaft zu bekunden.

ABRAHAM LEVITSKY
Berkeley, California
April 1991

Vorwort zur
englischen Ausgabe

Infolge der Initiative ausländischer Verleger ist das vorliegende Werk – das erste, das ich in englischer Sprache geschrieben habe – bereits auf Spanisch und Italienisch erschienen. Der Titel der spanischen Ausgabe *La Vieja y Novísima Gestalt*, der eigentlich bezweckte, in etwa die Entsprechung zu »jene alte und immer neue Gestalt« zu vermitteln, wurde vielfach eher als »Alte Gestalt im Vergleich zu neuer Gestalt« verstanden, und ich wurde zu einem Neubegründer erklärt. Nichts lag mir ferner in meiner Absicht mit diesem Buch. Es ist zwar richtig, daß ich neuartige Reflexionen über den transpersonalen Aspekt der Gestalttherapie und ihrer Stellung unter den traditionellen »Wachstumswegen« beitrug, und es ist auch richtig, daß ich eine Vielzahl von Gestaltübungen schuf und ein Kapitel über eine »Vierte Weg«- Charakterologie hinzunahm, die meine eigene Praxis und die meiner Studenten sehr bereichert hat, aber genauso richtig ist auch, daß das Buch überwiegend ein Echo der von Fritz Perls erlernten Gestalttherapie darstellt, so wie meine eigener Arbeitsstil ein Echo seines Stils ist.

Eigentlich hätte ich das Buch in Hinblick auf die Unterscheidung, die Fritz Perls' New Yorker Mitarbeiter nach seinem Tod einführten, ebensogut *California Gestalt* nennen können. Dieser Ausdruck implizierte meist eine abwertende Bedeutung – wie in »das ist nur *California Gestalt*«, wobei Kalifornien für ein Assoziationsgemisch aus New Age und spirituellem Supermarkt steht. Doch ist es durchaus möglich, *California Gestalt* mit Würde zu sagen, denn viele von uns sind überzeugt, daß Fritzens Jahre in Kalifornien seine reifsten waren. Auch ist es nicht unerheblich, daß Kalifornien als Mekka einer weltweiten kulturellen Bewegung wie auch als Ausgangspunkt der humanistisch-transpersonalen Revolution in der Psychologie angesehen wird.

In der Einleitung, die ich bereits vor fünf Jahren schrieb, erkläre ich, warum ich ursprünglich »innere Haltung und Praxis« anstelle von »Theorie und Praxis« verwendete. Ich glaube, es besteht kein Zweifel an Fritz Perls' anti-intellektuellem Stil während seiner kalifornischen Jahre, als die

Ausdrücke »mind-fucking« »verbiage« und »bullshit« in seinem Wortschatz vorherrschten. Sicher besaß er genügend Weisheit, die großen Ideen seiner Zeit, die organismische und holistische Auffassung zu würdigen, und insbesondere den Prozeß der Gestaltentstehung wertzuschätzen. Dennoch meine ich, daß sein theoretisch Bestes in seinen späten Jahren zu finden ist, als er für sich in Anspruch nahm, zum Therapieren oder Leben nicht länger einen Begriffsapparat zu brauchen, und durch nichts mehr getragen zu sein, das außerhalb von ihm selbst, d.h. seinem Bewußtsein in der Gegenwart lag. Zu dieser Zeit, können wir sagen, schrieb er mit Blut – als er auf seinen eigenen zwei Beinen stand und, von allem entblößt, ganz er selbst war.

Obwohl ich mich als Theoretiker spiritueller Disziplinen und der Psychotherapie gleichermaßen bezeichnen kann und ein Buch über Persönlichkeitstypen verfaßt habe, dessen Erscheinen im Anschluß an das vorliegende geplant ist, bin ich, wenn ich Gestalt praktiziere, mindestens genauso atheoretisch wie Fritz und fühle mich seiner Position nicht nur zutiefst verbunden, sondern bin auch interessiert, sie zu einer Zeit zu pflegen, in der die meisten Gestalt-Therapeuten vor den Akademikern in Verlegenheit geraten, die auf sie herabblicken, da ihnen ein hinreichendes theoretisches Lehrgebäude fehlt (d.h. eines, das in seiner Differenziertheit vergleichsweise an das der Psychoanalytiker oder Behavioristen herankäme und als notwendiger Rückhalt für die Erlaubnis zum Praktizieren gilt). Wie Fritz, der uns in seiner Autobiographie an seinem Traum teilhaben ließ, wie die Ausbildung einer Generation von Arzt-Philosophen zu bewerkstelligen sei, habe auch ich die intellektuelle Komponente der Ausbildung, ob von Therapeuten oder Menschen allgemein, nie unterbewertet, und vielleicht bin ich in diesem Punkt nicht so ambivalent wie Fritz, der, wie ich glaube, in dieser Frage noch keinen Frieden gefunden hatte. Er besaß einen anti-intellektuellen Zug und auch, wie ich es sehe, eine intellektuelle Unsicherheit, die ihn oft bombastisch wirken ließ und seinen Traum von der Ausbildung der Arzt-Philosophen ausgelöst haben mag. (Ich bin überzeugt, daß seine Heftigkeit gegenüber »bullshit« die Kehrseite seiner früheren Exzesse war). Sein atheoretischer Stand war, wie mir scheint, am reinsten und haltbarsten in Hinblick auf die Ansicht, daß die therapeutische Tätigkeit durch die Hemmung des Begriffsdenkens intensiviert und durch Intuition besser gelenkt werden kann als durch diskursives »Kalkulieren«. Mit Sicherheit hatte es nichts mit der Anschauung zu tun, daß Therapeuten unwissend sein sollten.

Soweit habe ich das meiste zum neuen Titel meines Buches gesagt, bleibt mir also nur noch darauf hinzuweisen, daß Gestalt als Weg nicht nur insofern eine Erfahrungswissenschaft ist, als sie – vom Gesichtspunkt des Therapeuten – *aus* der Erfahrung *heraus* arbeitet, sondern als sie für das Individuum, das sich ihr unterzieht, *durch* das *Durch*machen von Erfahrungen einen Weg bietet – einen Weg, bei dem der Anstoß zum Weitermachen sozusagen durch das Erfahren selber entsteht – durch Vertiefung der Bewußtheit und Klärung des erfahrenen Verständnisses (dies umfaßt die Erfahrung und das Verstehen der eigenen Haltung angesichts der Erfahrung).

Wie Fritz Perls' Vermächtnis an die zeitgenössische Psychotherapie viel umfassender war, als nur als Anstoß für ein Spezialgebiet zu dienen, hoffe ich, daß das vorliegende Buch auch all jenen dienen möge (wie Abe Levitsky in seinem großherzigen Vorwort vorwegnimmt), die an Therapie allgemein interessiert sind, einschließlich derer, die weder Experten noch Berufspsychologen sind. Insbesondere hoffe ich, daß es all jene inspirieren und stimulieren möge, die mit dem wachsenden Netzwerk psychologisch fundierter Hilfs- und Begleittherapiegruppen zu tun haben.

Claudio Naranjo
Berkeley, Kalifornien
1992

Einleitung des Autors

Es war 1966, als Michael Murphy auf der Wiese vor dem Hauptgebäude des Esalen Instituts auf mich zukam und mich bat, einen Artikel über Gestalttherapie zu schreiben, den er als Esalen-Monographie herausgeben wollte, was er schließlich auch tat. Er hatte vorher bereits Fritz Perls darum gebeten, der jedoch vorschlug, daß er statt dessen mich ansprechen sollte. Ich hatte damals an einigen seiner Seminare teilgenommen, und er würdigte meine Teilnahme unter anderem dadurch, daß er mir ein Dauerstipendium für seine Arbeit in Esalen gewährte. Ich nahm dieses Angebot freudig an, und das Ergebnis war meine erste englischsprachige Veröffentlichung. Dies war für mich ein besonderer Segen, denn ich entdeckte, daß ich mich in dieser Sprache leichter ausdrücken konnte, als ich vermutet hatte.

Zu jener Zeit gab es so gut wie keine Veröffentlichungen zum Thema Gestalttherapie, außer zwei von Fritz Perls' frühen Büchern, einigen seiner Artikel und einer kurzen Erklärung von Van Dusen, in der er feststellte, daß die Gestalttherapie die schlüssigste therapeutische Anwendung der Phänomenologie sei. Darüber hinaus zirkulierten in der Zeit, in der ich an Perls' und Simkins erstem professionellem Ausbildungsseminar in Esalen teilnahm, zwei weitere Aufsätze in vervielfältigter Manuskriptform: einer von Simkin selbst und ein anderer von John Enright. (Beide sind mittlerweile in chronologisch richtiger Reihenfolge in Stephensons Gestalt Therapy Primer[1] erschienen.)

Diese mir zugeteilte Aufgabe war eine echte Herausforderung, denn ich war mir sehr bewußt, wie schwierig es ist, sich von der Lektüre von Perls' beiden ersten Büchern, die Gestalttherapie in der Praxis vorzustellen. Durch eine Laune des Schicksals zählte ich zu den ersten, die Perls' frühestes Buch über Gestalttherapie lesen durften, denn mein Onkel Ben Cohen, einer der Mitbegründer der Vereinten Nationen, erhielt, als Julian

---

1. *Gestalt Therapy Primer: Introductory Readings in Gestalt Therapy,* F. Douglas Stephenson, ed. (Springfield, Ill.: Charles C. Thomas, 1975)

Press es in den fünfziger Jahren herausbrachte, vom Verlag ein druckfrisches Exemplar zur Ansicht zugesandt. Mein Onkel war damals für die Presse- und Informationsabteilung der Vereinten Nationen zuständig, und auf seinem Schreibtisch stapelten sich die verschiedensten Bücher aus den unterschiedlichsten Quellen. Daher reichte er gelegentlich Titel, von denen er annahm, daß ich ein besonderes Interesse an ihnen hatte, an mich weiter. Insbesondere bei Perls' Buch stellte sich heraus, daß es einen erheblichen Einfluß auf meine spätere berufliche Laufbahn haben sollte – weniger in meiner Eigenschaft als Therapeut, sondern mehr als Forscher und Lehrer. Dennoch muß ich sagen, daß ich mir Perls aufgrund seiner Schriften – trotz der Übungen am Anfang des besagten Buches – als einen jungen Intellektuellen vorstellte und nicht als einen alten erfahrenen Praktiker. Ebensoweit war ich offenbar von der Realität entfernt, wenn ich mir die Praxis der Gestalttherapie vorzustellen versuchte. Jetzt erscheint es mir, daß Fritz hinsichtlich der therapeutischen Interaktion genial veranlagt, als Theoretiker jedoch weder begabt noch angemessen ausgebildet war. In seinen frühen Jahren verließ er sich daher weitgehend auf Kollegen mit eher theoretischen Neigungen, die seinen therapeutischen Ansatz in akademischen Kreisen vorstellten, in denen die Psychoanalyse die vorherrschende Doktrin war. Dennoch bin ich der Meinung, daß die Gestalttherapie von Anfang an ihre theoretischen Formulierungen bei weitem übertraf. Sie fand jedoch erst dann wirklich zu sich selbst, als Fritz sich später in seinem Leben vollkommen von dem »elephant shit« der Theoretiker sowie von der Notwendigkeit befreite, seine Praxis durch akademische Rationalisierungen zu rechtfertigen.

Wahrscheinlich sah Fritz Perls in meinem Artikel eine bessere Darstellung seiner Arbeit als in seinen eigenen frühen Veröffentlichungen, denn ich sah ihn in den gesamten Jahren unserer Freundschaft niemals glücklicher als damals, als er mir erzählte, wie sehr er diesen Aufsatz schätzte – nicht einmal während jenes denkwürdigen Esalen-Meetings, bei dem er das Gefühl hatte, über Maslow gesiegt zu haben, und Abraham Levitsky ins Bein biß.

Als Fritz sich seinem siebzigsten Geburtstag näherte und Jim Simkin Beiträge für eine Festschrift ihm zu Ehren sammelte, verfaßte ich einen Aufsatz mit dem Titel: *Present Centeredness – Technique, Prescription and Ideal* (Zentriertheit in der Gegenwart – Technik, Anwendung und Ideal)[2]. Nachdem Fritz den Artikel gelesen hatte, machte er den Vorschlag, die beiden Aufsätze sowie weitere Beiträge in Form eines Buches zusammenzufügen. Trotz meiner Begeisterung für Arnold Beissers *Theory of Parado-*

---

2. in: Fagan and Shepherd: *Gestalt Therapy Now*

xical Intention (Theorie der paradoxen Intention) und Bob Resnicks *Chikken Soup is Poison* (Hühnersuppe ist Gift) ging die Verwirklichung des Projekts nur langsam voran. Als ich Fritz nach etwa einem Jahr in Chile wiedertraf, berichtete er mir, daß er mittlerweile den »Miami Girls« (Fagan und Shepherd) vorgeschlagen hatte, eine solche Sammlung zu veröffentlichen, und ich entschloß mich, selbst ein Buch über die Gestalttherapie zu schreiben.

Ich glaube nicht, daß ich ohne diese Anregung dieses Buch überhaupt geschrieben hätte. Für das Werk eines fremden Autors zu schreiben, hätte bedeutet, weniger Zeit für die Beschreibung meiner eigenen persönlichen Arbeit zu haben. Auch hatte ich das Gefühl, daß alles, was ich über das, was ich bereits geschrieben hatte, hinaus hätte sagen können, zu offensichtlich erschien. Im Laufe der Jahre jedoch – nachdem ich gelesen hatte, was seit Fagan und Shepherds *Gestalt Therapy Now* geschrieben wurde – bekam ich den Eindruck, daß das, was mir offensichtlich erschien, für andere keineswegs so offensichtlich war.

Außer den ersten zwei Kapiteln wurde das vorliegende Buch in den Wochen verfaßt, die auf den Tod von Fritz Perls im Jahre 1970 folgten. Da mein einziger Sohn in den Big Sur Hills tödlich mit dem Auto verunglückte, während ich auf Fritz' Beerdigung war, wurde dieses Buch in einer Zeit tiefer Trauer verfaßt. Die Tatsache, daß ich dieses Buch überhaupt in Angriff nahm, zeigt, wie wichtig es für mich in jener Zeit war, dieses »unerledigte Kapitel« in meinem Leben zu Ende zu bringen. In erster Linie war dies eine Zeit, in der ich mich für eine Reise bereit machte, die, wie ich in der Einleitung zu *Die Reise zum Ich* erläuterte, eine Reise ohne Wiederkehr werden sollte. Ich hatte mich entschlossen, mich in einer Haltung vollkommener Hingabe, einem spirituellen Lehrer anzuvertrauen. Es schien mir, daß ich noch eine Schuld an meiner Vergangenheit zu begleichen hatte, bevor ich mich auf eine neue Stufe meines Lebens begeben konnte, frei von allen Lebensplänen und Verpflichtungen. Das Gestalttherapiebuch war eines meiner unvollendeten Projekte, und die Zeit nach Fritz Perls Tod schien mir geeignet zu sein, es in Angriff zu nehmen.

Obwohl die Reise, die ich 1970 in die chilenische Wüste unternahm, in einem gewissen, inneren Sinne tatsächlich als eine Reise ohne Wiederkehr erschien, kam ich 1971 zurück nach Berkeley und bot Stuart Miller, der damals die Esalen-Buchreihe des Viking Verlages betreute, das Gestalttherapiebuch an. Der Verlag hatte bereits einige meiner früheren Titel, *The One Quest* und *Die Psychologie der Meditation* [3] veröffentlicht. Das

---

3. *How to Be,* Claudio Naranjo, Los Angeles: Jeremy Tarcher, 1991

Manuskript wäre auch längst gedruckt worden, wenn es nicht in einem Kopierladen verlorengegangen wäre. Seither war mein Leben sowohl innerlich als auch äußerlich so geschäftig, daß überhaupt nicht daran zu denken war, in alten Aktenordnern nach den Originalen zu kramen, aus denen das Buch wieder hätte zusammengesetzt werden können. Nur ein Teil des Buches wurde unter dem Titel *Techniken der Gestalttherapie* veröffentlicht, zuerst nur für meine Studenten in Berkeley, dann als Bestandteil von Hatcher und Himmelsteins *Handbook of Gestalt Therapy*[4] und schließlich im *The Gestalt Journal.*

Dennoch ist nun die Zeit gekommen, dieses so häufig unterbrochene und verschobene Werk vor dem Hintergrund anderer Projekte Wirklichkeit werden zu lassen. Es ist wieder einmal, wie damals 1969 und 1970, Zeit, die Früchte meiner Arbeit zu ernten, wobei ich nicht nur damit beschäftigt bin, neue Bücher zu schreiben, sondern auch damit, alte fertigzustellen.

Neben den Kapiteln, die zu der früheren Version von *Die Grundhaltung und Praxis der Gestalt Therapie* gehören, stelle ich unter dem Titel *Gestalt Therapie in neuem Licht* eine Reihe von Statements vor, die in die Zeit einer Rückkehr zur Psychotherapie gehören, die sich an meine kurze, aber zutiefst lebensverändernde Pilgerfahrt nach Südamerika anschloß. Während ich in dem Buch von 1970 im wesentlichen meine Erfahrung der Gestalttherapie mit Perls und Simkin schilderte, enthält die spätere Sammlung von Essays einen kürzeren persönlichen Beitrag: der grundlegende transpersonale Aspekt von Gestalt, eine Kritik der »Löcher« in dem Ansatz dieser Therapieform, einige Erläuterungen meiner späteren klinischen Arbeit, eine Schilderung meiner Einstellung bezüglich therapeutischer und ausbildungsbezogener Übungen einschließlich einiger besonderer Einblicke in meine persönliche »Trickkiste« sowie Überlegungen zu Übereinstimmungen zwischen Gestalt und einigen spirituellen Traditionen. Die ersten drei dieser Aufsätze sind bereits im *The Gestalt Journal* erschienen (der zweite ist ein überarbeitetes Transkript der Eröffnungsansprache der Baltimore Conference 1981). Zwei weitere gehen aus Vorträgen hervor, die ich auf der Zweiten Internationalen Gestaltkonferenz in Madrid 1987 gehalten habe, während das Kapitel über Gestaltübungen – meine besondere Spezialität – eigens für dieses Buch geschrieben wurde. Kurz vor Drucklegung entschloß ich mich, ein weiteres Kapitel hinzuzufügen: *Gestalt nach Fritz,* das sich mit der Geschichte der Gestaltbewegung

---

4. *The Handbook of Gestalt Therapy,* edited by Chris Hatcher and Philip Himelstein, New Jersey: Jason Aronson, Inc., 1990

auseinandersetzt. Es beruht auf einem Vortrag, den ich auf der Vierten Internationalen Gestaltkonferenz in Siena 1991 hielt, und bedarf keiner weiterer Erläuterung.

Trotz dieser Ergänzungen gibt es jedoch noch ein Thema, das in diesem Buch fehlt: In meiner Besprechung der Lebensphilosophie, die der Gestalttherapie zugrundeliegt, habe ich es versäumt, das Vertrauen in die Selbstregulierungskräfte des Organismus zu erwähnen. Ich habe gesagt, daß Gestalt (von Seiten des Patienten) aus fünfzig Prozent Aufmerksamkeit und fünfzig Prozent Spontaneität besteht. In dem Kapitel »Integrationstechniken« habe ich jedoch mehr das Gewahrsein als die Spontaneität betont.

Fritz Perls' Vertrauen auf die Selbstregulierung des einzelnen ist für die moderne Psychotherapie von ähnlich wichtiger Bedeutung wie Rogers' Vertrauen auf die Selbstregulierung von Gruppen: Beider Haltung war unabhängig von den Abgrenzungen verschiedener Strömungen und hat die psychotherapeutische Praxis durch ihren Einfluß, der verschiedene Ansätze vereinigte, nachhaltig geprägt.

Ich habe eine umfangreiche Textsuche nach dem Ausdruck »organismische Selbstregulierung« in den Titeln und Abhandlungen von zweihundert psychologischen und medizinischen Zeitschriften angestellt, die seit 1966 erschienen sind, und es erscheint mir sehr kennzeichnend, daß die Formulierung kein einziges Mal auftaucht. Es war sicherlich Fritz Perls, der den Ausdruck populär machte, und er gebrauchte ihn auf eine Weise, die den Eindruck erweckte, als handele es sich um einen bekannten Begriff. Ich glaube, ich war nicht der einzige seiner Zuhhörer, der sich in dem Glauben befand, er zitiere Sherrington oder Goldstein. Sicherlich war der Begriff seinen Hörern bekannt, und trotzdem war die unterschwellige Verwendung des Begriffs »Selbstregulierung« im Sinne eines durch wissenschaftliche Autorität sanktionierten Konzeptes eher ein schamanistischer Taschenspielertrick. Das Vertrauen auf die Selbstregulierung des Organismus ist in der Gestalttherapie als Vertrauen auf die Spontaneität verkörpert – und diese wiederum geht Hand in Hand mit dem, was ich als »humanistischen Hedonismus« bezeichnet habe. Das ist nichts anderes als eine biologische Übertragung des existentiellen Begriffs, »man selbst« zu sein. In beiden Fällen ist ein Leben gemeint, das von innen heraus gelebt wird, im Gegensatz zu einem äußerlich orientierten Leben aus Gehorsam, Pflichtgefühl oder Sorge darum, wie man vor anderen erscheint. Die Ideale der Spontaneität und Authentizität beinhalten ein Vertrauen, das der innenwohnenden Vollkommenheit im Mahayana Buddismus und anderen spirituellen Traditionen ähnelt.

Es ist kennzeichnend, daß der Ort, an dem Fritz Perls die Blüte seiner Jahre erlebte und als der bekannt wurde, der er wirklich war – völlig losgelöst und fernab aller Konventionen –, das Esalen Institute war, ein Zentrum, das teilweise durch Alan Watts' Hilfe und Unterstützung entstand und zu dessen ersten Bewohnern Gia-Fu-Feng gehörte, der damals viele Wände mit seinen wunderschönen Kalligraphien verzierte, Tai-Chi lehrte und uns später eine der zeitgemäßen Übertragungen von LaoTse schenkte. Diese äußeren Umstände kamen einer Vorliebe von Fritz für taoistische Ideen sehr entgegen, die sich in seinem Leben und Werk widerspiegeln. Wenn Fritz von »organismischer Selbstregulierung« sprach, dann meinte er damit auch das »Tao« zumindest im Sinne des »Tao des Menschen«, das die Taoisten vom überindividuellen »Tao des Himmels« unterscheiden. Das »Tao des Menschen« bezeichnet ein angemessenes, von Intuition, statt von Vernunft bestimmtes Handeln, das zudem eher dionysisch auf Vorlieben abzielt, statt im Sartreschen Sinne auf Gelegenheiten zu warten.

In seinem Festhalten an der Vorstellung von einer Selbstregulierung des Organismus stellte sich Perls nicht nur in die Nachfolge Freuds, der erstmals die schädlichen Folgen der Triebunterdrückung aufzeigte, sondern auch in die Wilhelm Reichs (seines Analytikers), der als erster mehr auf den Instinkt als auf die zeitgenössische Zivilisation vertraute. Anstelle eines eigenen Kapitels über die organismische Selbstregulierung in diesem Buch möchte ich die Thematik in dieser Einleitung umreißen, bevor ich auf das Thema Gewahrsein eingehe – ein Begriff, der für die innere Haltung der Gestalttherapie eine wichtige Rolle spielt und der vorwiegend dionysischen Qualität ihrer Ethik entspricht.

Ich habe unter der Rubrik »Theorie« meine Aussagen über die Betonung der inneren Haltung im Gegensatz zu den Techniken der Gestalttherapie sowie meine Anmerkungen zur Gegenwartsbezogenheit zusammengestellt. Trotzdem habe ich es von Anfang an bewußt vermieden, dieses Buch »Theorie und Praxis der Gestalttherapie« zu nennen. Die Wortwahl »Grundhaltung und Praxis« beruht auf meiner Überzeugung, daß die Gestalttherapie nicht als die Anwendung eines theoretischen Lehrgebäudes entstanden ist, das man als ihre Grundlage bezeichnen könnte, sondern vielmehr mit einer bestimmte Weise des Daseins in der Welt zu tun hat.

Es ist in erster Linie Fritz Perls' psychologische Perspektive, die mich interessiert, und natürlich könnten wir seine Sichtweise in allen Einzelheiten darstellen und darin – wie in *Das Ich, der Hunger und die Aggression*[5] dargelegt – eine bestimmte Sichtweise des Ego als internem Störfaktor sowie als »Identifikationsfunktion« entdecken. Wir würden darüber hinaus bestimmte Vorstellungen über das Selbst und seine Beziehungen fin-

---

5. *Das Ich, der Hunger und die Aggression*, F.S. Perls

den, neben der Sicht des Organismus als offenes System innerhalb seiner Umwelt und dem ganzheitlichen Ansatz der Gestalttherapie. Obwohl wir all dies und mehr finden können, empfinde ich die psychologischen Vorstellungen Fritz Perls' eher als den Kontext seiner Arbeit und weniger als die Grundlage, als Erläuterung, nicht als Skelett. Daher vermied ich bei der Darstellung Esalens und Herbert Ottos in *I and Thou Here and Now* (Ich und du hier und jetzt) Mitte der sechziger Jahre jegliche Begriffsdefinition (was von einem Kritiker in Etc.: *The Journal of General Semantics* besonders bemerkt wurde), indem ich die Gestalttherapie einfach als den »Ansatz, der seinen Ursprung in der Arbeit Fritz Perls hat«[6], bezeichnete.

Als ich in den späten sechziger Jahren nach einem besseren Verständnis der »theoretischen Grundlagen« der Gestalttherapie suchte, wendete ich mich an Gene Sagan (über den Fritz in den frühen Sechzigern sehr begeistert war und der dessen Verbindung zum Esalen Institut hergestellt hatte). Überraschenderweise sagte er mir, daß er der Meinung sei, daß die Gestalttherapie mehr mit der Stanislawski-Schule des Schauspiels zu tun habe als mit der Gestaltpsychologie. Ich stimme in dieser Beziehung noch immer mit ihm überein. Ebenso vertrat ich auf der Konferenz in Baltimore die Auffassung, daß Fritz eine wissenschaftliche Untermauerung der Gestalttherapie erst dann suchte, als er sie gegen akademische Kreise verteidigen mußte.

Ich bin weit davon entfernt, theoriefeindlich eingestellt zu sein, und habe erhebliche Einwände gegen die anti-intellektuelle Einstellung Fritz Perls', die von vielen anderen übernommen wurde. Wenn die Gestalttherapie überhaupt eine Theorie braucht, dann ist sie nicht in einer Sammlung von Fritz Perls' persönlichen Auffassungen zu finden, wie etwa: »Angst ist Erregung minus Atem« oder: »zu sterben und wiedergeboren zu werden ist nicht einfach«, so tiefschürfend diese auch sein mögen. Der Psychotherapeut kann einen weitaus größeren Nutzen aus einem Verständnis der Psyche und des Wachstumsprozesses ziehen, als aus einer trockenen, spezifischen Gestalttheorie. Zumindest persönlich bin ich eher an einer Theorie von Gesundheit und Krankheit interessiert (um es anspruchsvoller auszudrücken: eine Theorie von Erleuchtung und Verdunkelung), die nicht nur die Inspirationen der Gestaltpsychologie zusammenbringen würde, sondern auch all das, was wir über Prägung, Psychodynamik und darüber hinaus über die Einflüsse der östlichen spirituellen Traditionen wissen.

Weniger ehrgeizig als ein solch umfassendes Unterfangen und dennoch relevanter als Paul Goodmans Versuch Mitte der fünfziger Jahre (jene »Ge-

---

6. »Contributions of Gestalt Therapy« in: *Ways of Growth: Approaches to Expanding Awareness,* edited by Herbert Otto and John Mann (New York: Grossman, 1968)

stalttheorie«, die durch die gegenwärtig sich entwickelnde Orthodoxie in der Gestalttherapie vereinnahmt wird) wäre eine »Theorie der Gestalttherapie« – ein Vorhaben, vergleichbar mit der Theorie einer psychoanalytischen Therapie, die sich seit einiger Zeit als Alternative zur psychoanalytischen Theorie des Geistes entwickelt hat. Darüber habe ich in diesem Buch berichtet, ohne dies jedoch in den Vordergrund zu stellen, und meine Sicht kann in folgender Formel zusammengefaßt werden:

Gestalttherapie =
(Gewahrsein/Natürlichkeit + Verstärkung/Konfrontation) Beziehung

In anderen Worten: Der therapeutische Prozeß beruht auf der Seite des Patienten auf zwei transpersonalen Faktoren: Gewahrsein und Spontaneität, während der Therapeut (wie ich im Kapitel über die Gestalt-Techniken zeigen werde) die authentischen Ausdrucksformen anregt und unterstützt und Pathologisches negativ verstärkt (»Ego-Reduktion«). Soweit Psychotherapie überhaupt erlernt werden kann, bildet diese Aktivität der Anregung authentischen Verhaltens und des Ansprechens der Fehlfunktionen eine Strategie; soweit Therapie eine Funktion des Grades der Wesensentwicklung des Therapeuten ist, werden beide das spontane Ergebnis ungekünstelter Beziehung und individueller Kreativität sein.

Erster Teil

Innere Haltung und Praxis
der Gestalttherapie

I.
Theorie

Kapitel 1

Die Bedeutung der inneren Haltung

Die verschiedenen Schulen der Psychoanalyse und insbesondere der Verhaltenstherapie basieren auf der Anwendung bestimmter Ideen und Theorien, die auf der Annahme beruhen, daß psychische Phänomene nach bestimmten Gesetzmäßigkeiten ablaufen. Solche Annahmen führen zu den charakteristischen Verfahren und Techniken der verschiedenen Ansätze. Die Techniken sind der praktische Ausdruck der Ideen, die jene Systeme charakterisieren, und können als die Verhaltensdefinition der jeweiligen psychotherapeutischen Schule betrachtet werden.

Doch sind es überhaupt die Techniken, die zum vermeintlichen Erfolg derjenigen, die sie praktizieren, führen? Wenn die Wirksamkeit einer Psychotherapie vollkommen von der Gesamtheit ihrer Techniken abhängig wäre, könnten wir davon ausgehen, daß eines Tages ein Computer die Funktion des Therapeuten übernehmen kann, und daß sich im Grunde jeder selbst heilen kann, statt sich einem Therapeuten anzuvertrauen, wenn er nur genau weiß, was er zu tun hat. Wir könnten meinen, daß ein Aufzeigen der Selbsthilfetechniken ebenso wirksam wäre wie ein Gespräch von Person zu Person.

Dies ist eine Sichtweise, die heutzutage die meisten Psychologen ablehnen würden, aus der Überzeugung, daß für den Prozeß der Heilung eine persönliche Beziehung zwischen Arzt und Patient unerläßlich ist. Welcher Art eine solche Beziehung ist, darüber gibt es jedoch noch viel zu sagen, denn die Meinungen von Psychotherapeuten gehen in dieser Hinsicht ebenso weit auseinander wie in ihren theoretischen Ansichten.

Die mittlerweile zu den Klassikern zählenden Studien von Fiedler über das Wesen der therapeutischen Beziehung waren deswegen so wichtig, weil sie gezeigt haben, daß die Experten verschiedener Schulen miteinander mehr gemeinsam haben als mit den weniger erfahrenen Therapeuten der eigenen Schule, sowohl was ihre Vorstellung einer idealen therapeutischen

Beziehung als auch was ihr Verhalten während der Sitzungen mit ihren Patienten angeht. Wenn es jedoch darum geht, das Wesen einer solchen erfolgreichen Behandlung zu definieren oder das Ideal zu beschreiben, das von den erfahreneren Therapeuten vertreten wird, sind Fiedlers Informationen unbefriedigend, denn das einzige von ihm klar umrissene Merkmal im Verhalten des Therapeuten ist sein »Verständnis« für den Patienten. Therapeuten verschiedener Schulen unterschieden sich in Hinblick auf unterstützendes oder tadelndes, direktives oder nondirektives Verhalten sowie die Wahrung der Position der Überlegenheit oder die egalitäre, kooperative Rolle des Therapeuten. Doch alle erfolgreicheren Vertreter dieser Ansätze wurden als verständnisvolle Zuhörer ihrer Patienten gesehen, die sie ausreden ließen, statt ihre Gedankenabläufe zu unterbrechen oder aufgrund eigener persönlicher Bedürfnisse nicht auf sie einzugehen.

Die experimentelle Bestätigung einer Konvergenz der psychotherapeutischen Systeme auf den höheren Verständnisebenen bestätigt nach meiner Überzeugung das, was viele von uns in ihrer Praxis erlebt haben. Darüber hinaus reflektiert es die gegenwärtig wachsende Erkenntnis, daß eine ähnliche Konvergenz »an der Spitze« zwischen den Wegen der verschiedenen Religionen stattfindet. Wenn der bedeutende Punkt einer solchen Konvergenz und des besprochenen »persönlichen Elements« nicht in den gedanklichen Formulierungen oder den konkreten Techniken zu finden ist, die die verschiedenen Ansätze unterscheiden, können wir uns fragen, ob sie überhaupt in einer Liste von »Handlungsweisen« gefunden werden kann, und nicht vielmehr in einer Haltung, einem Zustand, einer typischen geistigen Verfassung, die für solche Verhaltensformen so etwas ist wie eine Gestalt der Elemente, aus denen sie zusammengesetzt ist.

Laura Huxley stellt in ihrem Buch *You Are Not The Target* (Du bist nicht das Ziel) einen Punkt in den Vordergrund, der für diese Diskussion von großer Bedeutung ist. Immer wieder betont sie im Zusammenhang mit verschiedenen Therapien, daß »sie nur funktionieren, wenn *du* funktionierst«. Dasselbe könnte man von vielen spirituellen Disziplinen sagen. Trotzdem ist dies möglicherweise die größte Einschränkung einer individuellen Praxis. Selbst beim Erlernen einer Sprache oder eines Musikinstruments bringen nur wenige Menschen die Geduld auf, auch nur die einfachsten und oberflächlichsten Aspekte der betreffenden Fähigkeit ohne fremde Hilfe zu meistern. Wenn es um inneren Wandel geht, wird es ungleich schwieriger, denn wer will sich überhaupt verändern, und wer ist überhaupt in der Lage, wirklich zu »funktionieren«?

Aus behavioristischer Sicht setzt sich eine psychische Störung aus Sucht- und Vermeidungsstrategien zusammen, die nur durch Strafe und Belohnung in der gewünschten Richtung beeinflußt werden können. Aus psychoanalytischer Sicht ist eine psychische Störung das Ergebnis von Verteidigungsstrategien, die sich zwangsläufig in der Psychotherapie als Widerstände manifestieren. Angesichts solcher Formulierungen besteht die Rolle des Psychotherapeuten nicht bloß darin, bestimmte Techniken anzuwenden, sondern darin, den Patienten dazu zu bringen, selbst mit diesen Techniken zu arbeiten – gegen seine eigenen inneren Widerstände.

Die Strategien des einzelnen, den therapeutischen Absichten entgegenzuwirken, sind jedoch weitaus subtiler als eine bloße Nichtanwendung. So kann er sich beispielsweise in dem Glauben befinden, daß er frei assoziiert, seine gegenwärtgen Gefühle ausdrückt und ganz er selbst ist, obgleich er in Wirklichkeit etwas ganz anderes tut oder – noch subtiler – rein mechanisch und gefühllos auf die Indikationen reagiert und den Schritten der gegebenen Technik folgt. Wenn dies geschieht, dann tut er nur scheinbar etwas, und es ist kaum verwunderlich, daß er nichts erreicht.

Ein erfahrener Psychotherapeut ist in erster Linie jemand, der zum wirklichen Tun verhelfen kann, jenseits aller oberflächlichen Handlungen, die, wenn sie nicht von der richtigen Haltung getragen werden, nicht mehr sind als ein leeres Ritual. Er ist imstande, die richtige Haltung zu identifizieren, zu verstärken, herauszufordern und zu lehren, weil er sie bei sich selbst kennengelernt hat. Jedes Buch kann eine Technik beschreiben, aber eine innere Haltung kann nur von einer Person vermittelt werden.

Die zentrale Rolle der adäquaten inneren Haltung kann nicht nur im Bereich der Psychotherapie beobachtet werden, sondern in jeder psychologischen Übung oder spirituellen Disziplin. Wenn wir das Herz einer Technik suchen, werden wir mit Sicherheit Anleitungen finden, die über eine Verhaltensbeschreibung hinausgehen, schwierig zu vermitteln sind, selbst durch persönliche Supervision, und häufig als unerklärbar beschrieben werden. Es könnte beispielsweise notwendig sein, daß ein Mensch, der sich einer bestimmten Praxis widmet, eine Haltung der »Offenheit« einnimmt, daß er »losläßt«, empfänglich, hingebungsvoll, gelassen, vertrauensvoll, gläubig, voller Sehnsucht und so weiter wird. Selbst in einer Praxis, die dem aktiven Tun so abhold ist wie die Zen-Meditation, versucht der Meditationslehrer zu vermitteln, wie die Technik in die Praxis umgesetzt werden muß, um wirksam zu sein. Obwohl die äußeren Aspekte des Nicht-Handelns klar sein mögen, »umfaßt das bloße Sitzen alle Koans«, wie Shunryo Suzuki feststellte.

Um nicht nur ein Vorführer von Techniken zu sein, sondern jemand, der sich auch darum kümmert, daß sie ihre Funktion erfüllen können, muß der Therapeut, ebenso wie der spirituelle Lehrer einer bestimmten

Tradition, ein Experte für das Wie der Techniken sein. Man könnte ihn mit dem Uhrmacher vergleichen, der eine beträchtliche Summe für einen Fausthieb auf eine kaputte Uhr berechnet. »Soviel Geld für einen Schlag auf die Uhr?«, wäre die natürliche Reaktion des Kunden, obwohl er zugeben müßte, daß die Uhr nun einwandfrei funktionierte. »Keineswegs. Der Schlag hat nur zehn Pfennige gekostet, der Rest ist für das »Gewußt Wo« wäre die Antwort. Ein Großteil der ausführlichen Literatur über psychotherapeutische Systeme befaßt sich mit den Techniken, und dennoch geht es – ebenso wie in der Geschichte mit dem Uhrmacher – nicht eigentlich um die Techniken. Techniken, so könnte man sagen, sind – sowohl für den Patienten als auch für den Therapeuten – eine Gelegenheit zum Ausdruck der inneren Haltung, welche die wirkliche Arbeit ausmacht. Sie bestehen aus einer Reihe von Handlungen, die *in einem bestimmten Geist* vollführt werden müssen, und der Therapeut ist derjenige, der diesen Geist bis zu einem gewissen Grad repräsentiert. Sein Wissen, was zu tun ist und wie man sich zu verhalten hat, beruht nicht in erster Linie auf komplizierten Formeln, sondern auf einem umfassenden Verständnis dafür, wie es um den Patienten bestellt ist – ein Verständnis, das er nicht unbedingt in Worten ausdrücken können muß. Darüber hinaus braucht sein implizites Verständnis – das er durch Lebenserfahrung und Ausbildung entwickelt hat –nicht unbedingt an sein theoretisches Niveau geknüpft zu sein.

Die Gestalttherapie ist unter den großen Schulen der Psychotherapie einzigartig wegen des Ausmaßes, zu dem dieses System auf intuitivem Verständnis, statt auf Theorie beruht. Das heißt jedoch nicht, daß die Intuition für die kreative Arbeit von Freud, Jung oder anderen nicht wichtig war. Wahrscheinlich beruht jedes wirksame System zu einem gewissen Grad auf persönlichen Erkenntnissen. Ebensowenig bedeutet es, daß die Intuition nicht auch Bestandteil des psychotherapeutischen Prozesses im allgemeinen ist. Die Einzigartigkeit der Gestalttherapie liegt jedoch in der Tatsache, daß die direkte Verwurzelung der Praxis in der Intuition und in einem lebendigen Verständnis niemals durch eine Grundlage theoretischer Voraussetzungen ersetzt wurde. Ideen sind sicherlich Teil des Systems, doch sind Ideen die Blüten und nicht die Wurzeln. Darüber hinaus besteht das Wesen dieser Ideen im allgemeinen aus einer Erläuterung der Einstellungen, statt auf theoretischen Konstrukten. Es sind Ideen, die auf Erfahrung beruhen, statt auf Spekulation, und nicht zur Unterstützung der therapeutischen Aktivität dienen, sondern zu dieser eine alternative Ausdrucksform bilden.

Perls vertrat die Auffassung, daß ein Psychotherapeut ganz er selbst zu sein hat und daß umgekehrt jeder Mensch, der ganz er selbst ist, zu einem gewissen Grad über therapeutische Fähigkeiten verfügt. Er entwickelte und verwendete Techniken (ebenso wie man Stifte zum Schreiben und Besteck zum Essen verwendet), aber warnte uns vor »Requisiten« – Prozessen, die in der Erwartung angewendet werden, daß sie etwas ausrichten, während wir uns zurücklehnen und untätig sein können. In seinem Denken gab es keine Trennung zwischen seinem Leben und seiner Arbeit. Das, was er »lehrte«, wenn er Psychotherapeuten »ausbildete«, bestand im wesentlich darin, daß er sie dazu brachte, sie selbst zu sein. Er vertraute darauf, daß das Sein ansteckend war und daß das für das intrinsische Erlernen der Psychotherapie ausreichend sei. Zu sein bedeutete für ihn, hier und jetzt zu sein, geistesgegenwärtig und verantwortungsvoll – das heißt, hinter all seinen Handlungen und Gefühlen zu stehen.

Diese drei Dinge – die Präsenz, das Gewahrsein und die Verantwortung – stellen den Kern der Grundhaltung der Gestalttherapie dar. Obwohl dies äußerlich drei völlig verschiedene Einstellungen sind, sind es doch nur Aspekte oder Facetten eines einzigen Seinsmodus in der Welt. Verantwortlich zu sein, das heißt, angemessen auf die aktuelle Situation antworten zu können, und beinhaltet, daß man präsent ist, hier und jetzt. Und wirklich präsent zu sein heißt, sich der Gegenwart gewahr zu sein. Gewahrsein wiederum ist auch Präsenz – Realität –, unvereinbar mit der Illusion der Unverantwortlichkeit, durch die wir unserem Leben aus dem Wege gehen. Es ist das Wissen, daß wir in Illusionen leben, ganz gleich, was wir auch denken mögen.

Die Philosophie der Gestalttherapie

Die grundlegende Haltung des Aufgeschlossenseins für die gegenwärtige Realität, des Gewahrseins und der Verantwortung wird in einer Reihe spezifischer Haltungen deutlich, die Gestalttherapeuten in ihrer Ausbildung erlernen und in ihrer Arbeit weitergeben, ohne jedoch andere missionieren zu wollen. Diese spezifischen Haltungen können als die natürlichen Folgen der Aufgeschlossenheit, des Gewahrseins und der Verantwortung gesehen werden. Ich bin der Meinung, daß diese Haltungen zusammen mit ihrer dreifachen Grundlage die eigentliche Tradition der Gestalttherapie bilden, während die Techniken nur die praktischen Mittel zum Ausdruck und zur Weitergabe ihres Verständnisses sind. Um einige Beispiele zu nennen:

1. In der Gestalttherapie gibt es eine Haltung des Respekts vor der Krankheit eines Menschen, statt des Versuchs, einen Wandel zu bewirken. Es ist paradox zu sagen, daß psychotherapeutisches Handeln, das wir na-

türlich als auf Wandel gerichtet sehen, in diesem Fall darauf beruht, die Person so zu akzeptieren, wie sie ist. Auf der anderen Seite kennen wir aus allen Richtungen der Psychotherapie das Phänomen, daß in der Tat, wenngleich auch nicht in der Theorie, Akzeptanz (als Annahme des Selbst, die manchmal durch aufrichtige Hilfe von außen erleichtert wird) zu Wachstum führt und nicht zu Stagnation. Das Leben ist ein Prozeß, und es bedarf nichts weiter, als es zu leben, um seinen Fluß aufrechtzuerhalten. Aus Sicht der Gestalttherapie ist es eine Art, nicht zu leben, wenn man neben dem Leben steht und sich sagt, was man tun und was man lassen sollte. Durch das »Sollte« verstärken wir nicht etwa unser Sein, sondern verlieren aus dem Blick, was wir sind. Die Gestalttherapie hebt sich in dieser Beziehung besonders dadurch ab, was sie *nicht* tut. Sie geht davon aus, daß Gewahrsein allein ausreichend ist, daß es zum Wandel nichts weiter bedarf als der Präsenz, des Gewahrseins, der Verantwortung. Dr. Arnold Beisser nannte dies »die paradoxe Theorie des Wandels«. Ich habe jedoch wegen der experimentellen Grundlage dieser Haltung Bedenken gegen den Begriff »Theorie« in diesem Zusammenhang. Im besten Fall ist es nicht die intellektuelle Einstellung: »Ich weiß, daß er sich verändern wird, sobald er aufhört, sich zu bemühen. Ich werde auf diese Theorie vertrauen und ihn aus seinem Teufelskreis heraustricksen.« Es ist vielmehr ein echtes Interesse daran, daß der Patient der sein kann, der er ist (oder ein Desinteresse daran, ihn zu verändern). Wenn ein Therapeut überhaupt einen Wandel will, dann will er mehr von dem, was bereits da ist. Er will, daß der Patient stärker präsent ist, verantwortlicher für das, was er ist, und geistesgegenwärtiger. Der Patient, der »sich ändern« will, will sowenig wie möglich von sich selbst und fängt an zu vermeiden, zu lügen, vorzuspiegeln und so weiter. Und doch wird er eines Tages durch die bloße Erfahrung des Seins lernen, daß er nichts anzustreben braucht, was er nicht ist.

2. Ein weiterer Ausdruck dessen, was ich die »Grundhaltung der Gestalttherapie« nenne, ist jene besondere Einstellung, die Dr. Resnick in seinem Aufsatz »*Chicken Soup is Poison*« (Hühnersuppe ist Gift) vorgestellt hat. Wenn unser Sein (Präsenz, Gewahrsein, Verantwortung) alles ist, was wir brauchen, ist es doch nicht alles, was wir wollen. Aus der Sicht der Gestalttherapie basieren viele unserer Wünsche nicht auf Bedürfnissen, sondern sind Gelüste auf materielle Ersatzbefriedigungen für das, was uns in unserem Sein ermangelt. Perls verstand unter persönlicher Reife den Übergang von der Unterstützung durch die Umwelt zur Unterstützung durch das Selbst. Gestalttherapeuten sind sich der doppelten Auswirkungen bewußt, die Unterstützung im therapeutischen Zusammenhang hat: Sie kann eine Basis für Wachstum, aber auch Ersatz für Wachstum sein.

Sie sehen die therapeutische Rolle eines »Helfers« mit Vorbehalten, denn sie sind der Meinung, daß eine »Hilfestellung« das Haupthindernis zur wirklicher Hilfe sein kann. Folglich löst er sich von seiner zwanghaften Liebenswürdigkeit und sucht entweder jene Balance von Unterstützung und Frustration, die dem Wachstum am zuträglichsten ist, oder den spontanen Ausdruck seiner selbst.

3. Eine weitere natürliche Folge der Grundhaltung der Gestalt-Psychotherapie ist die Haltung, mit der der Therapeut die scheinbar unerwünschten Aspekte der Persönlichkeit des Patienten betrachtet. Der Gestalttherapeut ist im besten Fall gleichermaßen aufgeschlossen für die impulsive Natur des Patienten wie für seine Verteidigungsstrategien. In beiden sieht er Energien, die auf destruktive Weise wirken, wenn sie im Dunkel bleiben, aber im Gewahrsein ihren konstruktiven Ausdruck finden. Um sagen zu können, daß es für den Therapeuten ausreichend ist, das Gewahrsein seines Patienten zu erhöhen sowie seine Präsenz und seine Verantwortung zu unterstützen, zu sagen, daß diese drei Dinge für uns genügen, um zu ganzen Menschen zu werden, erfordert ein *Grundvertrauen in das Gutsein unserer Natur*. Wenn dieses Vertrauen gegeben ist, bedarf es auch keiner weiteren Manipulationen, weder für uns selbst noch für andere, um unsere »gute Natur« zu erhalten und die Katastrophe des Chaos oder der Zerstörung zu vermeiden. Der Gestalttherapeut geht davon aus, daß solche Manipulationen nicht nur überflüssig und eine Vergeudung unserer Energien sind, sondern auch destruktiv wirken, denn sie entfremden uns von dem, was wir sind, erzeugen inneres und äußeres Unwohlsein und führen zu einem Bedürfnis nach noch mehr Manipulationen, um das Elend zu vermeiden und die innere Leere zu füllen.

Wenn man sagt, daß der Gestalttherapeut auf das Gutsein der menschlichen Natur vertraut, heißt das jedoch nicht, daß er auf ausschließliche Authentizität als einen reibungslosen und schmerzfreien Zustand baut. Wie Fritz Perls sagte: »Alles, was ich überhaupt tun kann, ist, den Menschen zu helfen, mit sich ins Reine zu kommen, um besser zu funktionieren, sich des Lebens mehr zu erfreuen, zu empfinden und – das ist sehr wichtig – sich wirklicher zu fühlen. Was willst du mehr? Das Leben besteht nicht nur aus Geigen und Rosen.«

Der Gestalttherapeut sagt nicht etwa, daß Aggression nicht zerstört und verletzt, sondern daß ein gewisses Maß von Aggression zur Funktion unseres Organismus gehört und daß dieses aggressive Potential, wenn es nicht erkannt, sondern unterdrückt, abgelehnt oder verzerrt wird, wahrscheinlich zu verstärkter Destruktivität und persönlichem Unglück führt. Folglich ist die Arbeit des Gestalttherapeuten zu einem hohen Maß gekennzeichnet durch das Ausmaß, mit dem er explosives Verhalten ermuntert, aggressiv oder anderweitig. Er fürchtet keine extremen Gefühle noch den Verlust der Kontrolle, sondern sieht diese im Gegenteil als Gelegenheiten für das erforderliche Gewahrsein der Impulse und dafür, daß der Patient die Verantwortung für sie übernimmt und sie als Teil seines Wesens akzeptiert.

Was für den Ausdruck von Impulsen gilt – insbesondere den von Wut – gilt gleichermaßen für den Ausdruck von Beherrschung. Die Gestalttherapie sieht innere Widerstände nicht als etwas an, was zerstört werden sollte, sondern als eine weitere Aktivität, der es sich bewußt zu werden und für die es die Verantwortung zu übernehmen gilt. Verteidigungsstrategien sind nicht etwas, was uns geschieht und von denen uns jemand befreien könnte, sondern etwas, was wir tun. Wir können uns entscheiden, ob wir damit weitermachen oder nicht, entsprechend der Bewertung unser Bedürfnisse und der jeweiligen Situation. Wie im Judo oder beim Tai Chi Chuan besteht die Haltung des Gestalttherapeuten darin, den Patienten zum Gebrauch der Energien anzuleiten, denen er sich ansonsten entgegenstellt. Um dies zu tun, muß er erst einmal mit dem, was er bekämpft, mit seinem »Gegner«, in Berührung kommen: er muß auf ihn hören, sehen, worum es sich handelt. Irgendwann wird er erkennen, daß es gar keinen »Gegner« gibt.

4. Die Haltung des Gestalttherapeuten zeigt sich ebenfalls dadurch, daß er Erklärungen, Interpretationen, Rechtfertigungen und Begriffsbildungen im allgemeinen ablehnt. Die Ableitung dieser Einstellung aus dem, was ich die »Grundhaltung« nenne, ist leicht ersichtlich, wenn wir bedenken, daß wir, wenn wir *über* etwas sprechen, uns sogleich außerhalb unserer direkten Erfahrung des Besprochenen stellen.

Rechtfertigungen entspringen gewöhnlich einem Mangel an Selbstakzeptanz – zumindest im Moment der Rechtfertigung – was enthüllt, daß die Person es bevorzugt, ihr unangenehmes Erleben zu vermeiden, indem sie äußere Anerkennung sucht. Ein Gestalttherapeut würde eine solche Person als erstes dazu anhalten, von ihrem Erleben Besitz zu ergreifen, statt ein gesellschaftliches Spiel zu treiben. Darüberhinaus könnte er dem Patienten helfen, für seine Selbstanklage die Verantwortung zu übernehmen oder, falls diese ein Phantom sein sollte, sie im Gewahrsein aufzulösen und sich selbst mit seinem Tun zu versöhnen. Erklärungen beruhen gewöhnlich auf demselben emotionalen Grund wie Rechtfertigungen. Hinter den meisten »Warums« steckt das unausgesprochene Echo der elterlichen Warnung: »Wenn du deine Reaktion – oder deine Handlung – nicht erklären kannst, dann hast du kein Recht darauf.« Diese Art Erklärung könnte als Rechtfertigung der Gründe gesehen werden, statt eine Rechtfertigung der Absichten und Ziele oder der extrinsischen Maßstäbe. Rechtfertigungen, seien sie vergangenheits– oder zukunftsbezogen, auf Gründe oder Ziele orientiert, sind Versuche, den Ist-Zustand auf eine Erfahrung außerhalb der Gegenwart zurückzuführen. Für den Gestalttherapeuten gibt es keine Realität außer *dieser,* hier und jetzt. Das, was wir hier und jetzt sind, anzunehmen, heißt, Verantwortung für das zu übernehmen, was wir sind. Es nicht zu tun, würde bedeuten, eine Illusion, die größer ist als die Realität, zum Götzen zu machen.

Die Gestalttherapie hat im Gegensatz zur Psychoanalyse wenig zur dynamischen Interpretation psychopathologischer Phänomene hinzuzufügen. Sie ist mehr Therapie als Theorie, mehr Kunst als psychologisches System. Dennoch hat die Gestalttherapie durchaus eine philosophische Grundlage. Die oben beschriebenen Grundhaltungen sowie ihre dreifache Prämisse bilden eine philosophische Basis der Gestalttherapie. Mehr noch: Die Gestalttherapie beruht auf einer impliziten philosophischen Orientierung, die vom Therapeuten an den Patienten oder den Auszubildenden ohne die Notwendigkeit weiterer Erläuterungen weitergegeben wird. Ich würde sogar noch weitergehen und sagen, daß die Erfahrung und Übernahme solcher impliziten Weltsichten ein verborgener Schlüssel für den therapeutischen Prozeß sind. Dies führt zu der Überzeugung, daß eine spezifische Lebensphilosophie der Hintergrund der Gestalttherapie ist, ebenso wie eine spezifische Psychologie zur psychoanalytischen Therapie gehört.

Die Übertragung der Haltungen wie die oben beschriebenen durch den Gebrauch der Werkzeuge, die für die Gestalttherapie charakteristisch sind, kann mit dem Prozeß verglichen werden, durch den ein Bildhauer mit den Werkzeugen seiner Kunst eine Form gestaltet. In beiden Fällen transzendiert der Inhalt die Werkzeuge, obwohl diese eigens für diesen Ausdruck konzipiert wurden. Unglücklicherweise ist es eine unserer menschlichen Schwächen, darauf zu vertrauen, daß Formeln und Techniken alles für uns leisten können. Diese immerwährende Versteinerung der Wahrheit in starren Formeln können wir in der Geschichte aller Kulte und Sekten beobachten.

Wenn ich die Philosophie der Gestalttherapie »implizit« nenne, sage ich nicht, daß sie wie in der Psychoanalyse »verdeckt« ist. Sie ist einfach implizit, was auf die Natur ihres Gehalts zurückzuführen ist: Der Gestalttherapeut legt mehr Wert auf Taten als auf Worte, auf Erfahrungen statt Gedanken. Er vertraut auf den lebendigen Prozeß der therapeutischen Interaktion und den inneren Wandel, der daraus resultiert, statt auf die Beeinflussung der Überzeugungen. Handeln zieht Substanz nach sich und berührt sie. Ideen sind flüchtig und können leicht die Realität verdecken oder sie sogar ersetzen. Nichts könnte der Gestalttherapie ferner liegen als zu predigen. Dennoch beinhaltet sie eine Art Überzeugungsarbeit, frei von Befehlen und Glaubenssätzen – so, als würde ein Künstler seine Weltsicht und seine Orientierung bezüglich des Seins durch seinen Stil zum Ausdruck bringen.

Ideen sind als Ersatz für echte Erfahrungen ebenso gefährlich wie Techniken, denn sie sind durch ihre Klarheit und ihre deutlichen Grenzen für uns verführerisch. Wir sind geneigt, in die »magische« Falle der Gleichsetzung von Wissen und Sein, Verständnis und Handeln, Äußerung und Wirkung zu gehen. Dennoch haben wir nichts als Ideen und Techniken, und wir müssen akzeptieren, daß das, was uns dient, uns ebenso in den Schlaf führen und unseren Platz einnehmen kann.

Moral jenseits von Gut und Böse

»Gut« und »Böse« sind für den Gestalttherapeuten verdächtige Begriffe, denn er ist gewöhnt, die meisten menschlichen Handlungsanweisungen als subtile Manipulationen zu sehen, ebenso, wie er Diskussionen über moralische Themen als Selbstrech
tfertigungen und Rationalisierungen von Bedürfnissen sieht, Aussagen über Wert und Unwert als Verallgemeinerungen und Projektionen persönlicher Erfahrungen auf die Umwelt als Versuch, Verantwortung für die eigenen Gefühle und Reaktionen zu vermeiden.

Fritz Perls drückte dies folgendermaßen aus:

Gut und Böse sind Reaktionen des Organismus. Wir sagen: »Du machst mich wahnsinnig«, »Du machst mich glücklich« und weniger oft: »Du machst mir gute Gefühle« oder: »Du machst mir schlechte Gefühle«. Bei den Naturvölkern sind solche Aussagen äußerst häufig. Immer wieder sagen wir: »Ich fühle mich gut« oder »Ich fühle mich miserabel«, ohne uns zu überlegen, woher das Gefühl kommt. Tatsache ist, daß ein eifriger Schüler dem Lehrer ein gutes Gefühl gibt, ebenso wie das folgsame Kind den Eltern. Der siegreiche Boxer schenkt seinem Fan ein gutes Gefühl, ebenso wie der zärtliche Liebhaber seiner Geliebten. Ein Buch oder ein Bild tut dasselbe, wenn es unseren ästhetischen Bedürfnissen entspricht. Umgekehrt: Wenn Menschen oder Gegenstände unseren Bedürfnissen nicht entsprechen und uns nicht befriedigen, fühlen wir uns ihretwegen schlecht.

Der nächste Schritt besteht darin, daß wir unsere Erfahrungen, statt sie uns anzueignen, nach außen projizieren und die Verantwortung für unsere Reaktionen auf den Reiz abschieben. (Das liegt möglicherweise daran, daß wir Angst vor unserer eigenen Erregung haben, fürchten, wir könnten vor Aufregung versagen, und uns vor unserer Verantwortung drücken wollen und so weiter.) Wir sagen, der Schüler, das Kind, der Boxer, der Liebhaber, das Buch, das Bild »sind« gut oder schlecht. In dem Augenblick, in dem wir den Reiz als »gut« oder »böse« einordnen, schließen wir das »Gut« und das »Böse« aus unserer eigenen Erfahrung aus. Sie werden zu Abstraktionen, und der Gegenstand des Reizes wird folglich erst einmal beiseitegelegt. Dies bleibt jedoch nicht ohne Folgen. Wenn wir erst einmal unser Denken vom Fühlen, unser Urteil von unserer Intuition, unsere Moral von unserem Selbstgefühl, unser beabsichtigtes von unserem spontanen Handeln, das Verbale vom Nonverbalen getrennt haben, verlieren wir unser Selbst, die Essenz des Seins, und werden entweder zu frigiden menschlichen Robotern oder zu verwirrten Neurotikern.[7]

Trotz solcher Sichtweisen von Gut und Böse steckt die Gestalttherapie voller Empfehlungen bezüglich erwünschter Einstellungen dem Leben und der Erfahrung gegenüber. Dies sind moralische Vorschriften, denn sie beziehen sich auf eine gute Lebensführung. Obwohl der Begriff der Moral im gewöhnlichen Sprachgebrauch auf das Bemühen hinweist, gemäß der dem Menschen intrinsischen Maßstäbe zu leben, ist es möglich, daß alle großen moralischen Themen einst einer humanistischen Ethik entstammten, in der Gut und Böse nicht aus den menschlichen Lebensumständen herausgelöst waren. Daher wies der Begriff der Rechtschaffenheit im Judentum, jener eminent gesetzestreuen Religion, auf Lebensumstände hin, die sich im Einklang mit dem Willen und Gesetz Gottes befanden. Im nontheistischen China würde dies dem »Tao« entsprechen, dem Befolgen des rechten Weges. Es scheint, daß das, was in einer lebendigen Vision des Lebens als richtig, gerecht, angemessen oder gut gesehen wird, sich gegen den Menschen richtet, nachdem es in Gesetzen ausgedrückt wird und ihn versklavt, indem es eine Autorität beansprucht, die größer ist als er selbst.

Wenn wir die impliziten moralischen Ansprüche der Gestalttherapie auflisten, können wir eine lange oder eine kurze Liste anfertigen, je nachdem, wie allgemein oder speziell man in seiner Analyse ist. Ohne den Anspruch, systematisch oder vollständig zu sein, hier ein grober Überblick über den Lebensstil der Gestalttherapie:

1. Lebe jetzt: Befasse dich mit der Gegenwart, statt mit der Vergangenheit oder der Zukunft.

2. Lebe hier: Setze dich mit dem Gegenwärtigen, statt mit dem Abwesenden auseinander.

---

7. Complex, #9, 1955 (pp. 42-52) ©1955 by the 5 x 9 Press. Abdruck mt freundlicher Genehmigung des *The Gestalt Journal*

3. Hör auf, deiner Einbildung zu folgen: Erfahre das Wirkliche.

4. Stoppe unnötige Gedanken. Öffne statt dessen deine Sinne, deinen Geschmack und deine Augen.

5. Drück dich aus, statt zu manipulieren, zu erklären, zu rechtfertigen und zu beurteilen.

6. Laß dich auf Unangenehmes und Schmerzen ebenso ein wie auf Angenehmes. Begrenze nicht dein Gewahrsein.

7. Akzeptiere kein »Sollte« oder »Müßte«, wenn es nicht von dir selbst kommt. Verehre keine Götzen.

8. Übernimm die volle Verantwortung für dein Tun, dein Fühlen und dein Denken.

9. Gib dich so, wie du bist, dem Sein hin.

Das Paradox, daß solche Handlungsvorgaben Teil einer Moralphilosophie sein können, die sämtliche Handlungsvorgaben aufzugeben empfiehlt, kann gelöst werden, wenn wir sie als Aussagen über den Status quo, statt als Pflichten sehen. Verantwortung zum Beispiel ist kein Muß, sondern eine unvermeidliche Tatsache. Wir *sind* für alles, was wir tun verantwortlich. Die einzige Alternative ist, unsere Verantwortung anzunehmen oder nicht. Alles, was die Gestalttherapie dazu sagt, ist, daß man, indem man die Wahrheit akzeptiert – was eher auf ein Nicht–Verändern als auf ein Tun hinausläuft –, das Richtige tut: Gewahrsein heilt. Natürlich heilt es uns von nichts anderem als von unseren Lügen.

Ich glaube, daß all diese spezifischen Anweisungen der Gestalttherapie unter die drei allgemeineren Prinzipien untergeordnet werden können, die bereits oben vorgestellt wurden:

1. Sinn für das Gegenwärtige (zeitlich gegenwärtig, statt vergangen oder zukünftig), räumlich (anwesend, statt abwesend) und substantiell (Handlung, statt Symbol)

2. Sinn für das Gewahrsein und die Akzeptanz der Erfahrung

3. Sinn für das Ganze oder Verantwortung

Diese drei Punkte lediglich als technische Gesichtspunkte oder therapeutische Mittel zu sehen, hieße, ihre Rolle zu unterschätzen. Stellen Sie sich beispielsweise eine Interaktion wie die folgende vor, die für eine Gestalttherapiesitzung nicht außergewöhnlich ist:

Über das Gegenwärtige

P.: Ich war gestern sehr deprimiert…

T.: Wie es ausschaut, fängst du an, mir eine Geschichte zu erzählen.

P.: Stimmt… Es ist wahr, daß ich jetzt nicht deprimiert bin, aber ich dachte,

es könnte gut sein, zu verstehen, was passiert ist; sonst mache ich mir
Sorgen, daß es das nächstemal…

T.: Siehst du, wie du dir Sorgen machst?

P.: Nun, wenn ich nicht über meine Zukunft nachdenken soll, was tue ich
dann hier?

T.: Laß uns das mal herausfinden.

Oder stellen Sie sich folgenden Dialog über die Verantwortung vor:

P.: Ich bin ganz ängstlich, weil ich fühle, daß Sie erwarten, daß ich irgend
etwas erzähle…

T.: So? Tue ich das?

P.: Nun, ich stelle mir das vor… oder vielmehr, ich würde Ihnen gerne gefallen oder einen guten Eindruck machen… obwohl ich das eigentlich nicht
sollte.

T.: Wer sagt das?

P.: Ich möchte mich eigentlich gern ganz anders fühlen. Es führt dann dazu,
daß ich mich ganz schwach fühle.

T.: Was führt dazu?

P.: Ich selbst mache mich schwach. Ich schrumpfe und werde ganz klein. Es
ist, als würde ich den Strom ausschalten.

T.: So machen Sie sich also selbst ängstlich…

P.: Ja, das mache ich. Ich habe die Wahl…

Ich habe das Gefühl, dies sind die Fälle, in denen die Interaktion des Therapeuten als praktische Demonstration für den Wert oder das Verdienst
einer Lebensphilosophie gelten kann. Sehr häufig wird es nur einen speziellen Aspekt im Leben betreffen, aber die Konsistenz der Perspektive wird
eine allmähliche Weiterentwicklung der persönlichen Überzeugungen bewirken. Ein Patient kann beispielsweise experimentell herausfinden, daß
die Gefühle, die er vermieden hat, sich verwandeln, wenn er sich mit ihnen auseinandersetzt, daß sie sich verändern, wenn er sie akzeptiert, während sein gewöhnliches Abwehrverhalten sie nur noch verstärkte. Oder er
entdeckt in dem Prozeß absichtlichen »Vergessens« vergangener und zu-
künftiger Sorgen zu seinem großen Erstaunen, daß er nicht immerzu an
ihnen festhalten muß, sondern tatsächlich mit dieser neuen Einstellung
nicht etwa schlechter, sondern besser zurechtkommt. Diese Art von Interaktion hat eine Parallele im Zen:

Sengtsan befragte Huike. Er sagte: »Es geht mir so schlecht: Ich flehe
dich an, wasch mich von meinen Sünden rein.« Huike erwiderte: »Bring
mir deine Sünden, und ich werde dich von ihnen reinigen.« Sengtsan dachte

eine Weile nach und sagte dann: »Ich kann sie nicht fassen.« Huike antwortete: »Dann habe ich dich schon von ihnen gereinigt.«

Mehr als Haltung: direkte Erfahrung

Die Grundhaltung, sich auf das Gegenwärtige und die eigene Präsenz einzulassen sowie Gewahrsein und Verantwortung zu zeigen, entwickeln sich
– so, wie das weiße Licht zu den Farben des Regenbogens gebeugt wird –
zu den spezifischeren Haltungen oder Idealen, die das Verhalten des Gestalttherapeuten in der Praxis inspirieren. Jede dieser spezifischen Haltungen oder impliziten Gebote leitet sich aus der dreifachen Grundhaltung
ab, deren drei Aspekte verschiedene Ausdrucksformen eines einzigen Ge-
setzes sind. Doch wäre es nicht zutreffend, ihre Ableitung in rein logischen
Kategorien zu sehen, wenngleich ihre Verwandtschaft in logischen Begriffen aufgezeigt werden kann.

Wenn ich von »Grundhaltung« spreche, habe ich in der Tat zuwenig
Betonung auf die *Erfahrungsgrundlage* des Verhaltens oder der Prämissen
gelegt, die weiter oben beschrieben wurden. Der Begriff »Haltung« ist
insofern angebracht, als er eine allgemeine Reaktion beschreibt. Er deutet
auf eine bestimmte Lebensphilosophie und auf Verhaltensaspekte hin. Es
sollte jedoch klargestellt werden, daß das Erlernen der Einstellungen, die
ich als den zentralen Prozeß in der Gestalttherapie darstelle, nicht als eine
Veränderung des individuellen Glaubenssystems oder als eine Imitation
eines bestimmten Verhaltens gesehen werden darf. Der Inhalt der Vermittlung, die in der Psychotherapie stattfindet, besteht nicht aus Ideen oder
Verhaltensstilen, sondern in einer Erfahrung, aus der sowohl Ideen als auch
Verhalten resultieren können – keine Beschreibung, sondern die Erfahrung von Präsenz, Gewahrsein, Verantwortung, in der Gewißheit, grund-
sätzlich gut zu sein, und mit einem Blick für die Möglichkeiten anderer.
Jemand, der *ist,* kann nicht nur auf seinen eigenen Beinen stehen, sondern
er kann auch das Wesentliche sehen, wonach andere streben und dabei
ihre Energie verschwenden, weil sie ihre Suche falsch angehen. Er muß
dazu nicht eine bestimmte Einstellung übernehmen. Er erfährt sich selbst
als der Existenz würdig und erlebt so auch seine Mitmenschen. Ebenso
wie der Therapeut für sich selbst da ist, so ist er auch für den Patienten da,
nicht etwa gegen ihn, sondern lediglich desinteressiert an den Spielchen,
die das Wesentliche verdecken.

Es ist offensichtlich, wenn man sagt, daß der Lernprozeß, der in der
Gestalttherapie stattfindet, auf Erfahrung basiert, statt auf intellektueller
Erkenntnis, und über bloße Verhaltensrichtlinien hinausgeht. Wenn dies

der Fall ist, dann kann man zu Recht sagen, daß *der therapeutische Prozeß aus der Vermittlung einer Erfahrung besteht.* Über die Psychotherapie als Technik ist viel geschrieben worden – jedenfalls vom Standpunkt der Einwirkungen oder Interpretationen des Therapeuten auf den Patienten. In derartigen Beiträgen werden die Erfahrungen des Patienten immer als durch bewußte Entscheidungen des Therapeuten *hervorgerufen* beschrieben. Was jedoch dabei ausgelassen wird, ist die Vorstellung, daß *Erfahrungen weitergegeben werden können* und daß, da aus Lebendigem wiederum Lebendiges hervorgeht, eine bestimmte Tiefe der Erfahrung möglicherweise nur durch die *Präsenz* eines anderen herbeigeführt werden kann, der an dieser Tiefe teilhat, und nicht durch Manipulationen. Wenn die Grundhaltung mehr ist als eine Technik, und wenn Techniken aus Haltungen hervorgehen, dann ist die Erfahrung eine Voraussetzung für eine bestimmte Haltung, ihre Quelle. Ohne die angemessene innere Haltung werden Techniken zu Leerformeln. Ohne Erfahrung wird selbst eine Haltung zum Dogma aus zweiter Hand. Ebenso wie ein toter Organismus sich nicht selbst reproduzieren kann, kann die leblose Form einer Pseudo-Haltung keine entsprechende Haltung in einem anderen erzeugen. Erfahrung jedoch vervielfältigt sich von selbst. Sie erzeugt die äußere Gestalt, die ihr pulsierendes Herz überträgt.

Ich glaube, daß dies für jede erfolgreiche Psychotherapie zutrifft, besonders jedoch für die Gestalttherapie, in der ein Therapeut sich einer größeren Herausforderung gegenübergestellt sieht als in anderen, sowohl ein bloßer Mensch als auch Künstler zu sein. In demselben Sinne, in dem Beethoven von seiner Musik sagte, daß sie »von Herz zu Herz« ginge, sehe ich die Handlungen des Gestalttherapeuten als nur insoweit bedeutsam an, als sie, mehr als Techniken, *Ausdruck einer Perspektive* sind, Verkörperungen eines lebendigen Verständnisses, die Verständnis in einer anderen Person hervorrufen können. Soweit sie in diesem lebendigen oder erfahrungsgebundenen Verständnis verwurzelt sind, werden sie das Vertrauen oder die Zuversicht hervorrufen können, die erforderlich sind, um die Psychotherapie zu einer Kommunikation zu machen, die in die Tiefe geht, statt wie ein Wortspiel an der Oberfläche zu verharren.

Kapitel 2

Die Gegenwart im Mittelpunkt

Für mich existiert nichts weiter als das Jetzt.
Jetzt = Erfahrung = Gewahrsein = Wirklichkeit.
Die Vergangenheit ist nicht mehr und die Zukunft noch nicht.
Nur das Jetzt existiert.
FRITZ PERLS

A) ALLE THEMEN IM SPIEGEL DER GEGENWART

Im vorangegangenen Kapitel habe ich folgendes postuliert:

1. daß die Techniken der Gestalttherapie in bestimmten Haltungen verwurzelt sind;

2. daß diese Haltungen Verkörperungen einer inneren Grundhaltung sind, die sich unter dem dreifachen Aspekt – Gewahrsein, Verantwortung und Präsenz – zusammenfassen läßt;

3. daß diese Grundhaltung keine Ideologie ist, sondern selbst auf Erfahrung beruht: die Evidenz des Gegenwärtigen (Verständnis für die Tatsache, daß wir im Hier und Jetzt leben und eins mit unserem konkreten Tun sind); die Evidenz der Verantwortung (der Tatsache, daß wir tun, was wir tun und nichts anderes sind, als das, was wir sind) und die Evidenz des Gewahrseins (daß wir auf einer bestimmten Ebene wissen, was wir tun und erfahren, ganz gleich, wie sehr wir uns selbst belügen und so tun, als wüßten wir es nicht).

Auf den folgenden Seiten werde ich einen Aspekt der dreifachen Haltung der Gestalttherapie im Detail darstellen, als Beispiel für eine Form der Erläuterung, die mit jeder der drei Haltungen durchgeführt werden kann. Vor allem werde ich den Aspekt der Gegenwärtigkeit oder Präsenz erläutern, der gleichzeitig ein Aspekt der Philosophie der Gestalttherapie ist. Wie ich aufzeigen werde, spiegeln sich alle Themen in diesem Aspekt, ebenso wie in allen anderen, denn die Fragen der Präsenz, des Gewahrseins und der Verantwortung sind nur an der Oberfläche verschieden. Wenn wir genauer hinsehen, können wir beispielsweise entdecken, daß die Frage der Präsenz nicht allein mit der Würdigung von zeitlicher und örtlicher Gegenwart zu tun hat, sondern mit der Würdigung der konkreten Realität, des Spürens und Fühlens, statt des Denkens und Vorstellens, mit Gewahrsein und Selbstbestimmung. Weiterhin hoffe ich, daß die folgenden Seiten zeigen werden, daß der Wille, in der Gegenwart zu leben, untrennbar mit der Frage der Offenheit für Erfahrungen verknüpft ist, mit dem Vertrauen in die Abläufe der Realität, mit dem Unterscheidungsvermögen zwischen Realität und Phantasie, Aufgeben der Kontrolle und Inkaufnehmen einer möglichen Enttäuschung, eine hedonistische Weltsicht, Bewußtheit des möglichen Todes und so weiter. Alle diese Themen sind Facetten einer Gesamterfahrung des In-der-Welt-Seins, und die Betrachtung einer solchen Erfahrung aus der Perspektive der Gegenwartsbezogenheit ist eine Möglichkeit unter vielen.

B) GEGENWARTSBEZOGENHEIT ALS TECHNIK

Obwohl die Formel *hic et nunc* in der scholastischen Literatur ein wiederkehrendes Thema ist, hat sich die Beziehung der modernen Psychologie zum Hier und Jetzt nur allmählich entwickelt.

Die Psychoanalyse begann mit einer vergangenheitsorientierten Verfahrensweise. Freuds Entdeckung der freien Assoziation hatte ihren Ursprung in seinen Erfahrungen mit der Hypnose, und seine ersten Erkundungen der Technik waren eher ein Versuch, ohne Trancezustand auszukommen und dennoch dieselben Schlüssel zum Verständnis der Vergangenheit seines Patienten zu finden. Er stellte gewöhnlich dem Patienten eine Frage und bat ihn, den ersten Gedanken wiederzugeben, der ihm in dem Moment kam, während er seine Stirn berührte. Mit zunehmender Erfahrung fand er heraus, daß er die Berührung der Stirn auch weglassen konnte, ebenso wie die Frage, und statt dessen jede Äußerung als eine Assoziation zur vorangegangenen in dem spontanen Fluß der Gedanken, Erinnerungen und Phantasien ansehen konnte. Zu seiner Zeit war dies für ihn nicht mehr als das Rohmaterial für einen Deutungsversuch, wobei die kostbarsten Assoziationen diejenigen waren, die mit der Kindheit des Patienten zu tun hatten. Freud ging davon aus, daß der Patient sich nur von seiner eigenen Vergangenheit befreien kann, indem er in der Gegenwart für sie Verständnis findet.

Der erste Schritt hin zu einem Interesse an der Gegenwart in der Psychoanalyse war Freuds Entdeckung des Phänomens der Übertragung. Da die Gefühle des Patienten für den Analytiker als Abbild seiner früheren Gefühle für seine Eltern oder Geschwister gesehen wurden, gewannen sie sofort an Bedeutung für das Verständnis der noch immer im Mittelpunkt stehenden Vergangenheit des Patienten.

Anfangs hielt sich die Analyse der Übertragung noch immer an die retrospektive Deutung der Vergangenheit, aber wir können davon ausgehen, daß sie sich immer mehr in Richtung eines verselbständigten Interesses bewegte, denn der nächste Schritt war die allmähliche Verlagerung der Betonung von der Vergangenheit in die Gegenwart, nicht nur als das untersuchte Medium oder Material, sondern als das eigentliche Ziel des Verständnisses. Daher wurde aus dem Verständnis der Gegenwart zum Zweck der Vergangenheitsbewältigung die heutige Deutung der Kindheitserlebnisse als Mittel zum Verständnis der Gegenwartsdynamik.

Die Entwicklungslinien, die zu dieser Verschiebung führten, sind zahlreich. Melanie Klein beispielsweise pflegt eine interpretative Sprache, die auf Annahmen über frühe Kindheitserfahrungen beruht, wenngleich die Tendenz ihrer Schule in der eigentlichen Praxis fast ausschließlich auf das Verständnis der »Übertragungsbeziehung« abzielt. Ein ähnlicher Schwerpunkt auf die Gegenwart wurde von Bion auf die Gruppensituation angewendet.

Wilhelm Reichs Schwerpunktverlagerung auf die Gegenwart war das Ergebnis seiner Interessenverlagerung von Worten zu Taten. In seiner Charakteranalyse ist der Schwerpunkt auf das Verständnis der Ausdrucksform des Patienten gelegt, statt auf das, was er sagt. Dies geschieht am besten dadurch, daß man sein Verhalten in der jeweiligen Situation beobachtet.

Ein dritter Beitrag für die Evaluation der Gegenwart im therapeutischen Prozeß geht auf Karen Horney zurück und berührt die eigentliche Grundlage der Interpretation von Neurosen. Aus ihrer Sicht werden Störungen, die in der Vergangenheit ihren Ursprung haben, in der Gegenwart durch eine falsche Identität aufrechterhalten. Der Neurotiker hat irgendwann im Austausch für ein glänzendes Selbstbild seine Seele an den Teufel verkauft und zieht es weiterhin vor, diesen Pakt zu respektieren. Wenn ein Mensch versteht, wie er sein wahres Selbst in diesem Augenblick verbirgt, kann er frei werden.

Die wachsende Betonung der Orientierung auf die Gegenwart in der zeitgenössischen Psychotherapie kann auf den Einfluß zweier Quellen außerhalb der Psychoanalyse zurückgeführt werden: Encounter-Gruppen und östliche spirituelle Disziplinen. Über letztere sind mittlerweile auch im Westen Informationen weit verbreitet, und die Praxis von einigen nimmt zu. Besonders Zen kann als Einfluß genannt werden, der zur Entwicklung der Gestalttherapie in ihrer gegenwärtigen Form beigetragen hat.

Das Jetzt in der Aktualisierung und im »Gewahrseinskontinuum«

Die Gegenwartsbezogenheit spiegelt sich im methodischen Repertoire der Gestalttherapie auf mindestens zweierlei Weise wider. Die eine ist die ausdrückliche Aufforderung des Patienten, alles, was in den Bereich seiner gegenwärtigen Aufmerksamkeit eintritt, zu registrieren und zum Ausdruck zu bringen. In den allermeisten Fällen wird dies damit verbunden sein, daß der Therapeut den Patienten bittet, den Fluß seiner Gedanken zugunsten der puren Selbstwahrnehmung aufzugeben. Die andere ist die Aktualisierung der Vergangenheit und der Zukunft (oder der Phantasietätigkeit im allgemeinen). Dies kann als innerer Versuch geschehen, vergangene Ereignisse neu zu erleben oder sich mit ihnen zu identifizieren oder, in den allermeisten Fällen, als ein aktives Nachvollziehen der Szenen mit Gesten, Körperhaltungen und Stimme, nach Art eines Psychodramas.

Beide Techniken haben Vorläufer in spirituellen Disziplinen, die weit älter sind als die Psychotherapie, was angesichts ihrer Bedeutung kaum verwunderlich ist. Die Technik der Aktualisierung findet man in der Geschichte des Schauspiels, in Magie und Ritual wie auch in der Inszenierung von Träumen bei einigen Naturvölkern. Das Verweilen in der Gegenwart ist das Fundament einiger Meditationsarten. Dennoch finden die Aktualisierung und das Verweilen in der Gegenwart in der Gestalttherapie eine unverwechselbare Verkörperung und Nutzungsweise, die es lohnt, ausführlich vorzustellen. Auf den folgenden Seiten werde ich mich auf das Verfahren konzentrieren, das man in der Gestalttherapie die Übung des »Gewahrseinskontinuums« nennt. Da sie sehr einer in Worte gefaßten Meditation ähnelt und ihre Rolle der Rolle der freien Assoziation in der Psychoanalyse vergleichbar ist, werde ich sie überwiegend in vergleichender Form vorstellen.

Gestalttherapie und Meditation

Die Übung der Aufmerksamkeit für die Erfahrung der Gegenwart hat in zahlreichen spirituellen Traditionen ihren Platz. Im Buddhismus ist es die natürliche Folge der »Rechten Achtsamkeit«, einer der Bestandteile des »Edlen Achtfachen Pfades«. Ein Aspekt der »Rechten Achtsamkeit« ist die Übung der bloßen, ungerichteten Aufmerksamkeit.

Die bloße Aufmerksamkeit befaßt sich mit nichts anderem als der Gegenwart. Sie lehrt, was viele Menschen vergessen haben: im vollen Gewahrsein des Hier und Jetzt zu leben. Sie lehrt uns, uns der Gegenwart zu stellen, ohne in Gedanken über Vergangenheit und Zukunft abzuschweifen. Vergangenheit und Zukunft sind für das gewöhnliche Bewußtsein kein Gegenstand der Wahrnehmung, sondern nur der Reflektion. Im gewöhnlichen Leben werden Vergangenheit und Zukunft jedoch höchst selten zum Gegenstand wahrhaft weiser Reflektion, sondern sie sind meistens Anlaß zu Tagträumen und allerlei Phantasien, die die Haupthindernisse für die rechte Achtsamkeit ebenso wie für die rechte Versenkung darstellen. Bloße Aufmerksamkeit, die treu an ihrem Beobachtungspunkt festhält, verfolgt achtsam und ohne innere Bindung den unaufhörlichen Lauf der Zeit: Sie wartet geduldig darauf, daß die zukünftigen Dinge vor ihren Augen erscheinen, zu Gegenwärtigem werden und wieder in der Vergangenheit verschwinden. Wieviel Energie wird durch nutzlose Gedanken an die Vergangenheit verschwendet: in untätiger Sehnsucht an längst vergangene Tage, in vergeblichem Bedauern und Reue und durch die sinnlose und geschwätzige Wiederholung aller Banalitäten der Vergangenheit in Worten oder Gedanken. Gleichermaßen überflüssig ist ein Großteil der Gedanken, die der Zukunft gewidmet sind: vergebliche Hoffnungen, phantastische Pläne und hohle Träume, unbegründete Ängste und unnötige Sorgen. All dies wiederum ist die Ursache für vermeidbare Enttäuschungen und Belastungen, die durch bloße Aufmerksamkeit vertrieben werden können.[8]

Vergangenheit und Zukunft sind als »Ding an sich« ungeeignet, weil sie von Natur aus der Vorstellung entspringen. Gleichzeitig sollte man sie lieber meiden, weil das Verharren bei ihnen einen Verlust von Freiheit mit sich bringt: Die Illusion verwickelt uns in immer neue Illusion. Wie Nyaponika es ausdrückt:

> Rechte Achtsamkeit fördert für den Menschen die verlorene Perle seiner Freiheit wieder zutage, entreißt sie den Fängen des Drachen Zeit. Rechte Achtsamkeit befreit den Menschen aus den Fesseln der Vergangenheit, die er in seiner Torheit ständig zu verstärken sucht, indem er zu häufig zurückschaut, mit sehnsuchtsvollem Blick, in Reue oder Zorn. Rechte Achtsamkeit bewahrt den Menschen sogar vor den Fesseln der Gegenwart, die er sich durch die Einbildungen seiner Ängste und Hoffnungen auf vorweggenommene zukünftige Ereignisse anlegt. So bringt die Rechte Achtsamkeit dem Menschen eine Freiheit zurück, die nur in der Gegenwart gefunden werden kann.

Die wichtigste Übungsform im Zusammenhang mit diesem Zitat ist die Meditationsweise, die im Chinesischen wu-hsin (Ideallosigkeit) genannt wird und, wie Alan Watts feststellte, vor allem aus »der Fähigkeit, das nor-

---

8. Nyaponika Thera, *The Heart of Buddhist Meditation* (London: Rider, 1962) p.41

male und alltägliche Bewußtsein beizubehalten und gleichzeitig loszulassen« besteht.

Das heißt, man beginnt, eine objektive Sichtweise des Gedankenflusses, der Eindrücke, Gefühle und Erlebnisse einzunehmen, die unaufhörlich durch unseren Geist fließen. Statt zu versuchen, sie zu kontrollieren und einzugreifen, läßt man es einfach fließen, wie es will. Während jedoch normalerweise das Bewußtsein sich von dem Fluß forttragen läßt, ist es in diesem Falle wichtig, ihn wahrzunehmen, ohne sich davon beeinflussen zu lassen.

Dies ist ein Zustand, in dem

> … man die Erfahrungen einfach so annimmt, wie sie kommen, ohne einerseits in sie einzugreifen und andererseits sich mit ihnen zu identifizieren. Man beurteilt sie nicht, bildet keine Theorien über sie, versucht sie nicht zu kontrollieren und bemüht sich nicht, ihre Natur in irgendeiner Weise zu beeinflussen. Man läßt ihnen die Freiheit, genau das zu sein, was sie sind. »Der Vollkommene« sagte Chuang-tzu, »nutzt den Geist als Spiegel; er hält nichts fest, er weist nichts zurück, er empfängt, doch behält nichts«. Dieser Zustand muß jedoch klar unterschieden werden von der bloßen Leere des Geistes auf der einen und dem undisziplinierten Umherschweifen der Gedanken auf der anderen Seite.[9]

Die Übung, die Aufmerksamkeit auf die Gegenwart zu richten, stellt sich im Zusammenhang der Gestalttherapie sehr ähnlich dar wie die in Worte gefaßte Meditation. Mehr noch, es ist eine in den interpersonellen Bereich gebrachte Meditation in Form einer Selbstoffenbarung. Dies erlaubt die Supervision der Übung durch den Therapeuten (was für unerfahrene Anfänger unerläßlich sein kann) und kann den Inhalten des Gewahrseins Signifikanz verleihen.

Ich habe keinen Zweifel, daß die Suche nach Worten und der Prozeß des Berichterstattens mit bestimmten Geisteszuständen in Konflikt geraten kann. Gleichzeitig jedoch trägt der Vorgang des Ausdrückens etwas zur Übung des Gewahrseins bei und geht über die bloße Informationsgewinnung zum Zwecke der Intervention des Therapeuten hinaus.

Das verbalisierte Gewahrsein hat gegenüber der stillen Meditation zahlreiche Vorteile:

1. Der Vorgang des Ausdrückens ist eine Herausforderung für die Schärfe des Gewahrseins. Es entspricht nicht ganz der Wahrheit, wenn wir sa-

---

9. Alan Watts, *The Supreme Identity* (New York: Farrar, 1957)

gen, wir wissen etwas, können es aber nicht in Worte fassen. Natürlich sind Worte nur Worte, und wir können niemals irgend etwas in Worte fassen. Dennoch geht die Klarheit der Wahrnehmung in begrenztem Maße Hand in Hand mit der Fähigkeit, sich auszudrücken. So ist ein Künstler in erster Linie ein Meister des Gewahrseins und erst in zweiter ein geschickter Zeichner, und in der Kunst der Psychotherapie ist die Aufgabe der Kommunikation gleichzeitig eine Herausforderung, wirklich genau hinzusehen, statt nur vom Hinsehen zu träumen.

2. Die Gegenwart eines Zeugen führt normalerweise zu einer Erhöhung sowohl der Aufmerksamkeit als auch der Bedeutsamkeit des Beobachteten. Ich bin ebenfalls der Meinung, daß unsere Aufmerksamkeit durch die bloße Gegenwart eines außerordentlich wachsamen und bewußten Menschen geschärft werden kann, so, als sei Bewußtsein ansteckend oder als könne man sich nur schwer dem entziehen, was von jemand anderem intensiv wahrgenommen wird.

3. Die Bewußtseinsinhalte eines interpersonellen Settings neigen von Natur aus dazu, durch interpersonelle Beziehungen geprägt zu sein, während der allein Meditierende, wenn er sich auf das Hier und Jetzt konzentriert, in seinem Gewahrseinsbereich solche Inhalte niemals finden wird. Da unter psychopathologischen Bedingungen hauptsächlich Beziehungs- und Selbstwahrnehmungsprozesse gestört sind, ist dieser Faktor bei der gemeinsam durchgeführten therapeutisch orientierten Hier-und-Jetzt-Übung nicht zu übersehen.

4. Die interpersonelle Situation erschwert die Gegenwartsbezogenheit zusätzlich, weil sie im allgemeinen Projektionen, Vermeidungsstrategien und Selbsttäuschung hervorruft. Was zum Beispiel für den einsam Meditierenden eine Reihe von Beobachtungen körperlicher Zustände sein kann, wird im Kontext der Kommunikation möglicherweise von einem Gefühl der Angst durchsetzt, daß der Therapeut sich langweilen könnte, oder von der Annahme, daß solche Beobachtungen trivial sind oder die Wesensleere des Patienten entlarven könnten. Das Einlassen auf solche Gefühle und Phantasien ist wichtig:

a) Wenn die Konzentration auf die Gegenwart eine erwünschte Lebensweise ist, die gewöhnlich durch die Wechselfälle interpersoneller Beziehungen getrübt wird, führt die Herausforderung des Kontakts zu einer idealen Trainingssituation. Ich möchte meinen, daß die Praxis des Lebens im Augenblick eine wirkliche Übung ist und nicht nur eine Gelegenheit zur Selbsteinsicht. Ebenso wie in der Verhaltenstherapie handelt es sich um einen Prozeß der Befreiung von neurotischen Spannungen, bei dem der Mensch sich von der zentralen Konditionierung zur Vermeidung von

Erfahrung befreien und lernen kann, daß es nichts gibt, was er zu fürchten hätte.

b) Damit einher geht die Tatsache, daß es das Gewahrsein der Schwierigkeiten bei der Gegenwartsbezogenheit ist, das den ersten Schritt zu ihrer Überwindung bilden kann. Die Erfahrung der Zwanghaftigkeit des Grübelns und Pläneschmiedens ist möglicherweise untrennbar mit der Würdigung der Alternativen dazu verbunden sowie mit einem wirklichen Verständnis des Unterschiedes zwischen diesen Gemütszuständen und der Gegenwartsbezogenheit.

5. Der therapeutische Kontext erlaubt eine genaue Beobachtung des Prozesses der Selbstwahrnehmung, wodurch der Therapeut den Patienten in die Gegenwart zurückbringen kann, nachdem er von ihr (von sich selbst) abgelenkt worden ist. Es gibt im wesentlichen zwei verschiedene Möglichkeiten, dies zu tun. Die einfachste (außer der bloßen Erinnerung an die Aufgabe) besteht darin, ihn allmählich auf die Dinge aufmerksam zu machen, die er unwillkürlich tut. Dies wird erreicht, indem man seine Aufmerksamkeit auf Aspekte seines Verhaltens lenkt, die anscheinend einen Teil seiner automatischen Verhaltensmuster ausmachen oder mit seinen absichtlichen Handlungen kollidieren. Ein solches einfaches Funktionieren als Spiegel für den Patienten kann dabei helfen, sich auf seine Beziehung zu sich selbst und auf sein Handeln im allgemeinen zu konzentrieren.

P.: Ich weiß nicht, was ich jetzt sagen soll…
T.: Ich merke, daß du mich jetzt nicht anschaust.
P.: (kichert)
T.: Und jetzt hältst du dir eine Hand vors Gesicht.
P.: Du machst mir so ein schlechtes Gefühl.
T.: Und jetzt hältst du dir beide Hände vors Gesicht…
P.: Hör auf! Das ist ja unterträglich!
T.: Was fühlst du jetzt?
P.: Es ist mir so peinlich. Schau mich bitte nicht so an!
T.: Bleib eine Weile bei dieser Peinlichkeit.
P.: Mein ganzes Leben habe ich dieses Gefühl. Ich schäme mich für alles, was ich tue. Meinem Gefühl nach habe ich nicht einmal das Recht auf mein Leben.

Eine Alternative zu diesem Prozeß der einfachen Reflexion des Verhaltens des Patienten besteht darin, sein Scheitern bei der Gegenwartsbezogenheit als Schlüssel zu seinen Problemen zu betrachten (oder vielmehr als lebendige Beispiele für sie), ebenso wie in der Psychoanalyse das Scheitern der freien Assoziation zum Gegenstand der Interpretation wird. Statt einer

Interpretation haben wir es in der Gestalttherapie jedoch mit einer *Aufdeckung* zu tun: die Aufforderung an den Patienten, sich selbst der Erfahrung bewußt zu werden, die seiner Gegenwartsvermeidung zugrundeliegt, und sie auszudrücken. Denn eine der Voraussetzungen der Gestalttherapie ist, *daß die Gegenwartsbezogenheit natürlich ist:* tiefes, gegenwartsbezogenes Erleben ist das, was wir am meisten wollen, und daher sind Abweichungen von der Gegenwart eher den Vermeidungsstrategien oder zwangsläufigen Opfern zuzuordnen als zufälligen Alternativen. Selbst wenn diese Annahme nicht für die interpersonelle Kommunikation im allgemeinen gültig wäre, wird sie doch in der Gestalttherapie besonders durch die Aufforderung des Patienten verstärkt, in der Gegenwart zu bleiben. Innerhalb einer solchen Struktur können Ablenkungen entweder als Scheitern interpretiert werden, als Boykott der eigentlichen Absicht oder als ein Mißtrauen gegenüber dem gesamten Ansatz einschließlich des Psychotherapeuten.

In der Praxis wird daher der Therapeut nicht nur dem Patienten zu einer dauerhaften Aufmerksamkeit für seine gegenwärtige Erfahrung verhelfen wollen, sondern er wird ihn ermuntern, sich seiner Erfahrung bewußt zu werden und sie zum Ausdruck zu bringen, besonders wenn ihm die Aufgabe nicht gelungen ist. Das führt letztendlich dazu, daß man innehält, um die Lücken des Gewahrseins zu füllen:

P.: Mein Herz schlägt heftig. Meine Hände schwitzen. Ich habe Angst, Ich erinnere mich, als ich das letztemal mit dir arbeitete und…

T.: Was willst du mir sagen, wenn du dich an vergangene Woche erinnerst?

P.: Ich hatte Angst, mir eine Blöße zu geben, und dann fühlte ich mich wieder erleichtert, aber ich glaube, daß ich das Richtige nicht rausgebracht habe…

T.: Warum willst du mir das jetzt erzählen?

P.: Ich würde mich gern dieser Angst aussetzen und alles herausbringen, was ich bisher vermieden habe.

T.: Gut. Das ist es also, was du jetzt möchtest. Bitte fahre fort mit deiner Erfahrung im jetzigen Augenblick.

P.: Ich würde gerne hinzufügen, daß ich mich diese Woche viel besser fühle.

T.: Könntest du mir etwas von deinem jetzigen Erleben mitteilen, während du mir dies erzählst?

P.: Ich bin dir sehr dankbar, und ich möchte es gern zum Ausdruck bringen.

T.: Okay. Nun vergleich bitte einmal diese beiden Aussagen: »Ich bin dankbar« und die Mitteilung, daß du dich diese Woche viel besser fühlst. Kannst du mir sagen, was dich dazu gebracht hat, diese Geschichte der direkten Mitteilung deiner gegenwärtigen Gefühle vorzuziehen?

P.: Wenn ich sagen würde: »Ich bin dir dankbar«, hätte ich das Gefühl, ich müßte es noch erklären…

Oh! jetzt weiß ich es. Über meine Dankbarkeit zu sprechen, ist mir zu direkt. Ich fühle mich sicherer, wenn ich dich es erraten lasse oder dir nur ein gutes Gefühl vermittele, ohne dir etwas über meine Gefühle zu sagen.

In diesem besonderen Fall können wir sehen, daß der Patient: 1) es vermeidet, für seine Gefühle die Verantwortung zu übernehmen und sie zum Ausdruck zu bringen (wie später in seiner Ambivalenz deutlich wird), und 2) seine Gefühle ausagiert, statt sie zu offenbaren, in einem Versuch, die Gefühle des Therapeuten zu beeinflussen und ihn zufriedenzustellen, statt sich seines Bedürfnisses bewußt zu werden, ihm zu schmeicheln.

Wenn durch solches Befragen deutlich wird, daß der Patient über das bloße Gewahrsein hinausgehende, erlebnismotivierende Aktivitäten entfaltet hat, geschieht es häufig, daß er die Umwege seines Ausdrucksverhaltens, mit dem er von der Gegenwart abgelenkt hat, loslassen kann. Direkter Ausdruck wiederum kann zu einem reicheren Gewahrsein führen.

T.: Jetzt sehen wir, wie es sich anfühlt, wenn du mir so direkt wie möglich von deiner Dankbarkeit erzählst.

P.: Ich möchte dir danken für alles, was du für mich getan hast. Ich habe das Gefühl, ich müßte dich für deine Aufmerksamkeit in irgendeiner Weise entschädigen… Wow! Ich habe ein ziemlich unangenehmes Gefühl, wenn ich dir dies sage. Ich habe das Gefühl, daß du denken könntest, ich bin ein Heuchler und ein Schleimer. Ich glaube, ich habe das Gefühl, das war eine ziemlich geheuchelte Aussage. Ich fühle mich gar nicht so dankbar. Ich möchte nur, daß du glaubst, ich sei so dankbar.

T.: Bleiben wir mal dabei. Wie fühlst du dich, wenn du willst, daß ich das glaube?

P.: Ich fühle mich klein, ungeschützt. Ich habe Angst, du könntest mich angreifen, also will ich dich für mich einnehmen.

Wir können die vorangegangene Illustration so verstehen, daß der Patient anfangs keine Verantwortung für seine vermeintliche Dankbarkeit übernehmen will. Denn schon bald wurde deutlich, daß dies an seiner Ambivalenz lag und an seiner Unwilligkeit, eine ausdrückliche Lüge zu erzählen (oder zumindest eine Halbwahrheit). Als er schließlich die Verantwortung dafür übernahm, *den Therapeuten dazu bringen zu wollen, ihn als dankbar wahrzunehmen,* konnte er seine Angst als die Wurzel des ganzen Ereignisses erkennen. Es ist wahr, daß seine erste Aussage sich auf das Schlagen seines Herzens und auf seine Angst bezog, aber da er jetzt von seiner Erwartung spricht, der Therapeut könne ihn angreifen, geht er tiefer auf die Substanz seiner Angst ein. Wenn man sich die Mitschrift noch einmal anschaut, scheint es logisch, anzunehmen, daß er in dem Moment von der Gegenwartsbezogenheit abwich, als er implizit begann, zu manipulieren, statt zu erfahren. Das bloße Bestehen auf eine Rückkehr in die Gegenwart hätte möglicherweise nur weitere Inhalte aus seinem oberflächlichen Bewußtsein zutage gebracht, aber nicht vermocht, die Funktion seiner Vermeidung zu enthüllen, die außerhalb seines Gewahrseins lag.

Das Gewahrseinskontinuum und die freie Assoziation

Der Platz, den das Mitteilen der gegenwärtigen Erfahrung in der Gestalttherapie einnimmt, ist durchaus der freien Assoziation in der Psychoanalyse vergleichbar. So ist der Unterschied zwischen diesen beiden Verfahren gar nicht so deutlich, wie dies von den Definitionen her den Eindruck macht.

Im Prinzip betont die »freie Assoziation der *Gedanken*« zwar das, was die Gestalttherapie am meisten vermeidet: Erinnerungen, Überlegungen, Erklärungen, Phantasien. In der Praxis jedoch kann der psychoanalytische Patient in seiner Kommunikation durchaus in erster Linie erfahrungsorientiert sein, während der Gestalttherapiepatient häufig von dem Gebiet der gegenwärtigen Sinneswahrnehmungen, des Fühlens und Tuns abschweift. Neben den Anleitungen, die dem Patienten in der Gestalttherapie gegeben werden, um seine Kommunikation auf das Gegenwärtige und den Bereich der unmittelbaren Erfahrung zu beschränken, gibt es einen weiteren Unterschied in der Einstellung des Therapeuten zur Verständigung mit dem Patienten.

Nehmen wir den Fall eines Patienten, der in Erinnerungen an ein angenehmes Ereignis schwelgt. Ein Analytiker wird möglicherweise zuerst den Patienten dazu anhalten, sich mit der Bedeutung des erinnerten Ereignisses auseinanderzusetzen. Der Gestalttherapeut wird darauf zu sprechen kommen, warum der Patient nicht über das spricht, was *jetzt* mit ihm geschieht, und, statt in der Gegenwart zu bleiben, lieber in Erinnerungen lebt. Mehr als mit dem *Inhalt* seiner Erinnerungen befaßt er sich damit, was er gegenwärtig tut: nämlich ein vergangenes Ereignis aktualisieren und darüber sprechen.

Auch der Analytiker kann sich jedoch mit der Gegenwart des Patienten befassen. In diesem Fall wird er wahrscheinlich dessen Erinnerungen entweder als Ersatzhandlung und Abwehrhaltung angesichts seiner gegenwärtigen Gefühle interpretieren oder als Schlüssel oder indirekten Hinweis auf seine aktuellen erfreulichen Gefühle. Der Gestalttherapeut hingegen wird Interpretationen für Botschaften an den analytischen Geist des Patienten halten, der sich von der Realität entfernen muß, um »darüber nachzudenken«. Er wird sich darum bemühen, die gegenwärtige Entfremdung der Erfahrung gegenüber, die aus Abstraktion und Interpretation resultiert, zu reduzieren. Daher wird er statt dessen die Fähigkeiten des Patienten als »Co-Phänomenologe« nutzen, um statt des Theoretisierens oder Einordnens dieses Erinnerungsvorganges an ein angenehmes Ereignis ihn einfach nur wahrzunehmen. Das Gewahrsein des »ich erinnere mich an etwas Angenehmes« ist bereits ein Schritt über das Erinnern hinaus, der einen Weg zum Verständnis des eigentlichen Motivs oder der Absicht hinter dem Prozeß eröffnet. So kann es beispielsweise zu der Erkenntnis führen, daß »ich dir das Gefühl vermitteln möchte, daß ich viele gute Freunde habe, damit du denkst, ich bin ein toller Kerl«, oder: »ich wünsche, daß ich mich ebenso wohlfühlen könnte wie damals. Bitte hilf mir dabei«, oder: »ich fühle mich im Augenblick sehr gut aufgehoben – fast wie damals« und so weiter.

Wenn der Patient sich darüber im klaren wäre, was er tut, während er sich erinnert, Dinge vorwegnimmt und interpretiert, dann wäre eigentlich alles »in Ordnung«. Das Problem ist nur, daß solche Handlungen meistens eine gegenwärtige Erfahrung ersetzen, verdecken und dazu führen, daß sie ausagiert wird, statt sie zu erkennen und anzunehmen. Es ist also nicht »in Ordnung«, wenn die Handlungen aus der Annahme herrühren, daß etwas nicht stimmt, und daß unser Bewußtsein sich in ihnen verfängt, bis wir uns selbst vergessen. Alan Watts schreibt dazu, daß nach einer Zeit der Übung des Lebens in der Gegenwart deutlich wird:

> … daß es in der wirklichen Realität unmöglich ist, außerhalb dieses Augenblicks zu leben. Natürlich sickern unsere Gedanken an Vergangenheit und Zukunft in die Gegenwart ein, und in diesem Sinne ist es unmöglich, sich auf irgend etwas zu konzentrieren, außer auf das, was gerade geschieht. Wenn man jedoch *versucht,* einfach in der Gegenwart zu leben, indem man das reine »momentane« Gewahrsein des Selbst kultiviert, entdeckt man in der Erfahrung ebenso wie in der Theorie, daß der Versuch unnötig ist. Wir lernen, daß das Zeitdenken des Egos keinen einzigen Moment mit dem ewigen und momentanen Bewußtsein des Selbst in Konflikt geraten ist. Tiefer als alle Erinnerungen, Zukunftsgedanken, Ängste und Wunschvorstellungen liegt jederzeit dieses Zentrum des reinen und unbewegten Gewahrseins, das sich zu keiner Zeit jemals von der gegenwärtigen Realität getrennt hat und daher niemals wirklich von der Kette der Träume gefesselt werden konnte.

Nachdem dies erkannt ist:

... wird es wiederum möglich, Erinnerungen und Zukunftsgedanken gewähren zu lassen und dennoch frei von ihrer bindenden Kraft zu sein. Denn sobald man in der Lage ist, auf Erinnerung und Zukunftsgedanken als etwas Gegenwärtiges zu schauen, hat man sie (und das Ego, welches sie bilden) objektiviert. Davor waren sie subjektiv, weil sie aus der Identifikation mit vergangenen oder zukünftigen Ereignissen, mit der zeitlichen Verkettung, die das Ego ausmacht, bestanden. Wenn man jedoch beispielsweise in der Lage ist, einen Gedanken an die Zukunft als etwas Gegenwärtiges zu betrachten, identifiziert man sich nicht mehr länger mit der Zukunft und trennt damit den Blickpunkt des Selbst von dem des Egos. In anderen Worten: Sobald die Identifikation des Egos mit der Zukunft als etwas Gegenwärtiges gesehen werden kann, sieht man es von einem Standpunkt, der dem des Ego übergeordnet ist: dem Standpunkt des Selbst. Daraus folgt, daß sobald das Zentrum unseres Bewußtseins sich auf den streng gegenwärtigen und momentanen Ausblick des Selbst verschoben hat, Erinnerungen und Zukunftsgedanken die peripheren und objektiven Bewegungen des Geistes leiten und unser Sein nicht mehr von der egoistischen Funktion des Denkens dominiert und identifiziert wird. Wir haben alle Ruhe und Gelassenheit, das schärfste Gewahrsein und die ganze Freiheit von der Bindung an die Zeit. Wir leben vollständig in der Gegenwart, jedoch ohne die absurde Einschränkung, sich nicht an die Vergangenheit erinnern und nicht für die Zukunft planen zu können.[10]

Die Übung des Gewahrseinskontinuums und Askese

Trotz dieser Feststellungen kann es als psychologisches Faktum gelten, daß ein Mensch sich kaum dauerhaft auf die Gegenwart konzentrieren kann, während er sich an etwas erinnert, wenn er nicht vorher unter den erleichterten Bedingungen des Entzugs von Erinnerungen einen Geschmack davon bekommen hat. Dasselbe gilt, nebenbei gesagt, auch für den Kontakt zur Erfahrung während des Nachdenkens. Gewöhnlich vertreibt das Denken die Fähigkeit zur Selbstwahrnehmung als denkendes Selbst und zur Wahrnehmung der Gefühle, die die Basis der Denkmotive bilden, ebenso, wie die Sonne die Wahrnehmung der Sterne verhindert. Die Erfahrung des Denkens, ohne sich in den Gedanken zu verlieren, ist ein Zustand, der am leichtesten herbeigeführt werden kann, indem man in Momenten der Abwesenheit von Gedanken Kontakt zur Grundlage der Erfahrung bekommt. Darin gleichen die Techniken der Gestalttherapie des Entzugs von Erinnerungen, Zukunftsgedanken und anderen Gedankeninhalten der Askese im allgemeinen: Bestimmte Deprivationen werden auf sich genommen, um mit dem in Kontakt zu kommen, was gegenwärtig durch die

---

10. Ibid.

psychischen Bewegungen infolge der entsprechenden Situationen verdeckt wird. Demzufolge begünstigt der Entzug von Schlaf, Sprechen, sozialer Kommunikation, Komfort, Essen oder Sex angeblich den Zugang zu außerordentlichen Bewußtseinszuständen, aber ist kein Selbstzweck – außer in seiner kulturell verwässerten Form.

Die Übung der Aufmerksamkeit für den Strom des Lebens ähnelt der Askese im allgemeinen nicht nur deshalb, weil sie eine freiwillige Aufhebung der Ego-Befriedigung und einen Entzug beinhaltet, sondern auch dadurch, daß sie die Person mit der Schwierigkeit konfrontiert, auf eine Weise zu funktionieren, die den Gewohnheiten entgegenläuft. Da die Übung nichts anderes zuläßt, als die Inhalte des Gewahrseins auszudrükken, schließt sie die Funktionen des »Charakters« – der Organisation der Bewältigungsmechanismen und sogar das Tun als solches aus. Darin erweist sich die Übung des Jetzt als Verlust des Ego, wie dies im Buddhismus hervorgehoben und von Watts in obenstehendem Zitat beschrieben wurde.

c) GEGENWARTSBEZOGENHEIT ALS MITTEL DER WAHL

Sind psychologische Techniken Rezepte zur Bewältigung des Alltags?

Nicht alles, was als psychologische Übung einen Wert hat, muß auch notwendigerweise für das Leben taugen. Freie Assoziation kann eine nützliche Übung sein, aber nicht unbedingt ein gutes Verfahren für ein persönliches Gespräch, ebenso wie der Kopfstand im Hatha Yoga nicht die beste Körperhaltung für die meiste Zeit des Tages ist. Psychologische Techniken haben ein mehr oder weniger großes Potential, um in den Alltag transportiert zu werden und das ganze Leben zu einer Gelegenheit zu innerem Wachstum zu machen. Es ist jedoch nicht nur der individuelle Wert eines bestimmten Verfahrens, der für seine Alltagstauglichkeit entscheidend ist, sondern auch seine Verträglichkeit mit anderen erstrebenswerten Zielen im Leben, der Grad der Konfrontation, den es mit der existierenden sozialen Struktur bewirkt, und besonders seine Verträglichkeit mit der Vorstellung von einer guten Gesellschaft. So kann beispielsweise das Abreagieren von Feindseligkeit in einer psychotherapeutischen Situation wertvoll sein, aber trägt dieses Verfahren zur Optimierung der Gesundheit und des Wohlergehens in der Gesellschaft bei?

Ich glaube, die Meinungen darüber würden erheblich auseinandergehen, selbst in der Frage: »Was ist wahr, und was ist unwahr?« Obwohl

Aggression eher als unsozial gilt und in den Zehn Geboten steht: »Du sollst nicht töten!«, wird die Wahrheit gemeinhin als Tugend angesehen und die Lüge als Sünde. Man könnte daher erwarten, daß die Technik des offenen Selbstausdrucks – wertvoll im Kontext der Psychotherapie – ohne weiteres auf das Leben übertragbar wäre. Angesichts der gewöhnlichen Verfassung der Menschheit jedoch war und ist die Wahrheit nicht nur oft unbequem, sondern gelegentlich sogar gefährlich. Die Beispiele von Sokrates, Jesus Christus oder den Häretikern zur Zeit der Inquisition zeigen, daß eine bedingungslose Verpflichtung zur Wahrheit möglicherweise das Annehmen des Märtyrertums bedeutet, für das – so bin ich sicher – die Mehrzahl der durchschnittlichen Menschen nicht gerüstet ist. Der Wunsch, Gefühle zuzulassen, kann in Fällen, in denen die Gesellschaft solche Vorhaben nicht gestattet, einer der impliziten oder expliziten Beweggründe sein, um spezielle Gemeinschaften zu bilden für jene, die das gemeinsame Ziel eines Lebens der inneren Suche teilen. In solchen Gruppen, die manchmal im Geheimen wirken, suchen Menschen ein Leben gemäß Prinzipien, die nicht verträglich sind mit anderen, die nicht monastisch, therapeutisch oder auf andere Weise außergewöhnlich sind.

Humanistischer Hedonismus

Das Leben im Augenblick scheint im Gegensatz zu anderen Praktiken ein vollkommen angemessenes Rezept für das Leben zu sein. Darüber hinaus erscheint es eher wie die Systematisierung einer Lebensformel als wie die Verschreibung einer Technik. Die Idee einer Rezeptur mag Bilder suggerieren wie das eines übelriechenden Tonikums, das Kindern »zu ihrem Besten« eingeflößt wurde, bevor die Zeit von Gelatinekapseln und der Geschmacksstoffchemie angebrochen war. Dies ist Teil eines dualistischen Weltbildes, in dem »die guten Sachen« etwas anderes zu sein scheinen als das, was »uns guttut«, und das Ziel der Selbstvervollkommnung etwas anderes als »bloß zu leben«.

Dies ist jedoch nicht das, was die klassischen Anwendungen der Konzentration auf die Gegenwart vermitteln. Nehmen wir beispielsweise König Salomos: »Iß freudig dein Brot, und trink vergnügt deinen Wein« (Kohelet 9,7) oder die spätere Version desselben Gedankens im Zweiten Paulusbrief an die Korinther: »Laßt uns essen und trinken, denn morgen werden wir sterben«.

Der Charakter dieser Äußerungen ist ebenso hedonistisch wie die meisten Aussagen, die sich mit dem Wert des Gegenwärtigen beschäftigen. Und wie sollte es auch anders sein, denn wenn der Wert der Gegenwart nicht in etwas Zukünftigem liegt, dann muß er intrinsisch sein: Die Gegenwart muß ihre eigenen Belohnungen enthalten.

Heutzutage scheint der hedonistische Blickwinkel sich von der Religiosität getrennt zu haben und ihr sogar zuwiderzulaufen – ebenso wie er auch allgemein im Leben nicht unbedingt empfehlenswert zu sein scheint. Da »Körper« und »Geist« als unvereinbare Werte betrachtet werden, gelten Idealismus und Spiritualität als entsagungsvoll und todernst, während die Vertreter der Lebenslust häufig zynische Pragmatiker und hartnäckige und unverbesserliche »Realisten« sind. Das war anscheinend jedoch nicht immer so, und wir wissen, daß es Zeiten gab, in denen religiöse Feste regelrechte Freudenfeste waren. Wenn wir in der Bibel lesen: »Laßt uns essen und trinken, denn morgen werden wir sterben«, dann sollten wir diesem Satz nicht unsere gegenwärtige Trennung von Körper und Geist überstülpen und auch nicht jene amüsiersüchtige Haltung, für die solche Aussagen immer wieder herhalten müssen. Ursprünglich stand dahinter eine Lebenshaltung, gemäß der ein erfülltes Leben in der Gegenwart eine heilige Handlung war, ein Weg in Übereinstimmung mit dem göttlichen Willen.

Nur selten finden wir diese Balance von Transzendenz und Immanenz im westlichen Denken, mit der Ausnahme jener bemerkenswerten Individuen, die jedoch zu ihrer Zeit eine eher beiläufige Rolle gespielt haben – Häretiker für die religiösen und Narren für die gewöhnlichen Menschen. William Blake zum Beispiel war ein solcher Mensch, wenn er postulierte: »Die Ewigkeit ist voller Liebe für die Werke der Zeit«.

Sogar in der Psychoanalyse, die in der Praxis viel für das »Es« der Menschheit getan hat, wird auf das »Lustprinzip« als etwas Kindisches und Lästiges herabgeschaut, das ein »reifes« wirklichkeitsorientiertes Ego unter Kontrolle halten muß.

Im Gegensatz dazu sieht die Gestalttherapie eine viel stärkere Verbindung zwischen Lust und Lebensqualität, und man könnte ihre Philosophie, im Sinne der guten alten Hedonismen der vorchristlichen Zeit geradezu hedonistisch nennen. Ich möchte hier den Begriff eines »hedonistischen Humanismus« einführen, der nicht notwendigerweise eine theistische Haltung beinhaltet und dennoch diese Einstellung von dem hedonistischen Egoismus eines Hobbes, dem utilitaristischen Hedonismus eines J.S. Mill und von dem der gewöhnlichen Lustsucher unterscheidet. (Wer sich an dieser Stelle fragt, wie die Gestalttherapie gleichzeitig asketisch und hedonistisch genannt werden kann, dem sei gesagt, daß Epikurs Vorstellung von einem höchst angenehmen Leben im wesentlichen zwei Voraussetzungen hatte: die Möglichkeit zur philosophischen Reflexion und eine einfache Ernährung aus Brot, Milch und Käse.)

Carpe diem

Die hedonistische Denk- und Lebensweise ist untrennbar mit einem tief-gehenden Einlassen auf die Gegenwart verbunden, und das nicht nur in der Gestalttherapie, sondern auch im Denken vieler Menschen (haupt-sächlich Dichter und Mystiker), die ein ähnliches Rezept für ein gutes Leben ausgaben. Am deutlichsten hat dies möglicherweise Horaz vertre-ten, dessen Devise carpe diem (Ergreife den Tag!) zum Inbegriff eines Motivs geworden ist, das sich durch die gesamte Literaturgeschichte zieht. Hier ist die Äußerung in ihrem ursprünglichen Kontext:

> *Dom loquimur fugerit invide aetas:*
> *carpe diem, quam minimum credula postero.*

Da wir bloß reden,
wird entflohen sein die Zeit des Neides:
so pflücke den Tag,
vermeide leichtgläubiges Hoffen auf morgen.
(Horaz)

Horaz' Gegenwartsbezogenheit geht mit seiner Wahrnehmung der flie-henden »Zeit des Neides« einher: der unwiederbringliche Verlust des Le-bens, der die Alternative zu einem Leben in der Gegenwart ist. In der biblischen Anweisung, zu essen, zu trinken und es sich gutgehen zu lassen, ist ebenfalls der Tod das Argument und zugleich der Lehrer. Dasselbe gilt für zahlreiche andere Spruchweisheiten, wie die in Ovids »Die Kunst der Liebe«:

> *Corpite florem*
> *Qui nisi corptas erit turpiter ipse cadet*

Pflücke die Blume,
denn pflückst du sie nicht, wird sie welken und vergehen.

> *Gather therefore the rose whilest yet is prime,*
> *For soon comes the age what will her pride deflowre;*
> *Gather the rose of love whilest yet is time,*
> *Whilest loving thou mayst love be with equal crime.*
> SPENSER: THE FAERIE QUEENE

Pflücke die Rose dann, wenn sie blüht,
schon bald kommt die Zeit, da wird sie ihrer Pracht beraubt;
pflücke die Rose der Liebe in deiner Zeit,
wenn du liebst, dann ergehe dich in Liebe genauso weit.
(Spenser: The Faerie Queene)

> *Make use of time, let not advantage slip;*
> *Beauty within itself should not be wasted;*
> *Fair flowers that are not gathered in their prime,*
> *Rot and consume themselves in little time.*
> SHAKESPEARE: VENUS AND ADONIS

Nutze die Zeit, laß den Vorteil nicht enteilen;
Schönheit in Schönheit soll nicht unnütz verweilen;
Anmut der Blumen, die nicht in ihrer Blüte gebunden,
Welkt im Nu und ist verschwunden.
(Shakespeare: Venus und Adonis)

> *If you let slip time, like a neglected rose*
> *it withers on the stock with languished head.*
> MILTON: COMUS

Laß die Zeit nicht entgleiten, sonst
welkt sie am Stock dahin,
wie eine vergeßne Rose
mit hängendem Kopf.
(Milton: Comus)

Die Konzentration der Gestalttherapie auf die Gegenwart ist untrennbar von ihrer Wertschätzung für Bewußtheit an sich, die ihren Ausdruck im Aufgeben der Vermeidungsstrategien findet, an denen unser Leben krankt. Der Gegenwart nicht aus dem Weg zu gehen, heißt, es nicht zu vermeiden, in ihr zu leben – wie wir es alle zu häufig tun, in dem Versuch, den Folgen unseres Handelns aus dem Wege zu gehen. Insofern, als die Konfrontation mit der Gegenwart eine Hingabe an das Leben ist, bedeutet sie auch Freiheit: die Freiheit, wir selbst zu sein, gemäß den Vorlieben unseres Seins zu wählen: unseren Weg zu wählen. Die Begegnung mit der Gestalttherapie kann die Erfahrung ermöglichen, daß die Gegenwart, wenn man sich ohne auszuweichen und im Geist der Lebensfreude auf sie einläßt, zu dem wird, was Dryden in ihr sah:

This hour's the very crisis of your fate,
Your good and ill, your infamy of fame,
And the whole colour of your life depends
On this important now.
THE SPANISH FRIAR

Die Stunde jetzt ist deines Schicksals Gipfel,
dein Gut und Schlecht, deine Schande, dein Ruhm,
die Farbe deines ganzen Lebens
hängt an diesem
bedeutsamen
Jetzt.
(The Spanish Friar)

Es dreht sich um das Jetzt, aber wir erkennen es nicht in unserem halbherzigen Lebensstil. Statt dessen funktionieren wir das Leben zu einem tödlichen Ersatz seiner selbst um. Wir »schlagen die Zeit tot« oder ziehen uns jenen »Verlust der Zeit« zu, der laut Dante »weise Menschen höchst verärgert«. Ebenso deutlich erscheint dieser Aspekt des Lebens in der Gestalttherapie in dem Begriff der Verschlossenheit. Ebenso wie sich in der Gestaltpsychologie Verschlossenheit auf die Wahrnehmung bezieht, so bezieht sie sich in der Gestalttherapie auf das Handeln:

Wir wollen ständig das Unfertige, die unvollendete Gestalt, vollenden und vermeiden dennoch gleichzeitig, es wirklich zu tun. Durch unser Unvermögen, in der Gegenwart zu handeln, erhöhen wir das Maß des Unvollendeten und steigern unsere Verpflichtungen gegenüber der Last unserer Vergangenheit. Horaz drückte es in einer seiner Episteln folgendermaßen aus:

»Derjenige, welcher die Stunde des Lebens vor sich herschiebt, ist wie der Bauer, der darauf wartet, daß der Fluß wegfließen möge, bevor er ihn überquert; doch er fließt weiter und wird ewig weiterfließen.«

Möglicherweise würden wir uns dem Leben in der Gegenwart nicht verschließen, wenn wir nicht ständig von zukünftigen Handlungen oder Befriedigungen träumen würden. In diesem Zusammenhang stellt die Gestalttherapie ihren Realismus unter Beweis, indem sie sich an dem Greifbaren, Existierenden orientiert, statt an dem Begrifflichen, Symbolischen, nur in der Einbildung Existierenden. Nicht nur die Zukunft, sondern auch die Vergangenheit kann in der Gegenwart nur als Gedankenform, Erinnerung oder Phantasie existieren. Die Gestalttherapie zielt auf die Unterord-

nung dieser Formen unter das Leben ab. Diese Haltung findet ihren Ausdruck in einem Gedicht von Longfellow:

> *Trust no future, howe'er pleasant,*
> *Let the dead Past bury its dead!*
> *Act, act in the living Present!*
> *Heart within and God o'erhead.*

> Trau nicht der Zukunft, wie angenehm auch immer,
> laß die tote Vergangenheit ihre Toten begraben!
> Handle, handle im lebendigen Jetzt!
> Herz im Innern und über dir Gott.
> (Longfellow)

wie auch in dem persischen Sprichwort:

> *Ergreife die Jetztzeit, denn niemals wirst du*
> *mit dem verflossenen Wasser die Mühle antreiben.*

oder einem weiteren, demnach

> *Derjenige, welcher die Zeit besitzt und dennoch nach besseren Zeiten*
> *Ausschau hält, die Zeit verliert.*

Alle diese Aussagen beziehen sich auf die Vorstellung der Unterschiedlich-
keit eines Lebendigseins in der Gegenwart auf der einen und einer ereig-
nislosen (und daher vergleichsweise unrealen) Vergangenheit und Zukunft
auf der anderen Seite:

> *Nothing is there to come, and nothing past,*
> *But an eternal now does always last.*
> ABRAHAM CAWLEY

> Nichts wird da kommen, nichts ist vergangen,
> doch ein ewiges Jetzt
> wird immer dauern.
> (Abraham Cawley)

Vieles entgeht uns im Leben allein dadurch, daß wir Substanz durch Symbole ersetzen, Erfahrungen durch geistige Konstrukte, Wirklichkeit durch

Reflektion über die Wirklichkeit im Spiegel des Intellekts. Das Aufgeben von Vergangenheit und Zukunft zugunsten einer andauernden Gegenwart ist ein Aspekt des gestalttherapeutischen Slogans: »Lose your mind, and come to your senses«.

D) GEGENWARTSBEZOGENHEIT ALS IDEAL

Der den rechten Augenblick ergreift
Das ist der rechte Mann.
JOHANN WOLFGANG GOETHE

Der Begriff des »Ideals« bedarf einiger Erläuterung. Ideale haben häufig den Beigeschmack von Pflichterfüllung und/oder eines Gutseins an sich, die der Philosophie der Gestalttherapie fremd sind.

Wenn wir dem Ideal das »Sollte« und »Müßte« nehmen, bleibt von ihm nichts weiter übrig als eine Aussage über das erwünschte Mittel zu einem bestimmten Zweck, das heißt ein Hinweis, oder ein »angemessenes« Verhalten. Damit meine ich den *Ausdruck* von Gutsein, und weniger einen Weg oder ein Verbot: ein Zeichen oder Symbol für eine optimale Lebensbedingung. In diesem Sinne spricht man beispielsweise von den »Idealen« des Taoismus, obwohl es sich um eine Philosophie des Nicht-Strebens handelt. Trotz seiner Freiheit von Geboten beschreibt das Tao Te King ständig die Wesenszüge des Weisen: »Aus diesem Grund kümmert sich der Weise um den Bauch und nicht um die Augen« oder: »Der Weise ist frei von Krankheit weil er die Krankheit als Krankheit erkennt« oder: »Der Weise weiß, ohne hinauszugehen« und »erfüllt, ohne zu handeln«. In demselben Sinne gilt die Gegenwartsbezogenheit als ein Ideal, wenn es in einem englischen Sprichwort heißt: »*Jetzt* ist die Parole des Weisen«.

Einige Hinweise für ein besseres Leben sind zwar Mittel zu einem bestimmten Zweck, unterscheiden sich aber qualitativ von einem solchen Zweck. Dies gilt jedoch nicht für die Gegenwartsbezogenheit. Für diese (wie für die Gestalttherapie im allgemeinen) gilt, *daß das Mittel zum Zweck darin besteht, sofort und ohne zu zögern den erwünschten Zustand einzunehmen:* das Mittel, um glücklich zu sein, ist, jetzt glücklich zu sein, der Weg zur Weisheit ist, die Beschränktheit in diesem Moment abzulegen – ebenso wie der Weg zum Schwimmen darin besteht, schwimmen zu lernen. Das Rezept zum Leben im Jetzt ist daher die Konsequenz der Tatsache, daß wir nur im Jetzt leben, und dies ist etwas, was jeder gesunde Mensch weiß, aber der Neurotiker nicht erkennt, während er in einer traumartigen Pseudoexistenz verwickelt ist.

Im Buddhismus ist das Jetzt nicht bloß eine spirituelle Übung, sondern die Lebensform des weisen Menschen. In einer Passage des Pali Kanon spricht Buddha erstmals die Anweisung aus:

> *Häng dein Herz nicht an vergangene Dinge*
> *und hege keine Hoffnungen für die Zukunft:*
> *Die Vergangenheit hast du längst verlassen,*
> *die Zukunft liegt noch vor dir.*

und dann das Ideal:

> *Doch wer klar und deutlich im Auge hat*
> *die Gegenwart, die hier und jetzt ist,*
> *ein solcher Weiser ist auf das eingestellt,*
> *was niemals verlorengehen oder erschüttert werden kann.*

Während die buddhistische Version des Jetzt-Gebotes den Illusionscharakter der Alternativen betont, legt die christliche Perspektive Wert auf Vertrauen und Hingabe, die zu einer Verwurzelung in der Gegenwart führen. Wenn Jesus sagt: »Sorgt euch also nicht um morgen, denn der morgige Tag wird für sich selbst sorgen« und wenn er das Beispiel der Lilien auf dem Felde (Matthäus 6) anführt, dann meint er damit nicht: »Handelt nicht aufgrund der schlimmsten Erwartungen«, sondern er drückt es positiver aus: »Habt Vertrauen!«. Während die christliche Version in eine theistische Vorstellung vom Universum eingebettet ist und Vertrauen immer Vertrauen in den himmlischen Vater meint, kann man die Grundhaltung doch als dieselbe wie das Ideal in der Gestalttherapie betrachten, das man als Vertrauen in die eigene Fähigkeit beschreiben könnte, mit dem Jetzt umzugehen, wie es kommt. Darin sehen wir, daß die Idee der Gegenwartsbezogenheit mit Erfahrung zu tun hat und weniger mit Manipulation, mit Offenheit und Akzeptanz des Erlebten, statt mit Festhalten und Verteidigen angesichts neuer Möglichkeiten. Solche Haltungen verdeutlichen zwei Grundvoraussetzungen der Weltanschauung der Gestalttherapie:

1. Nur so und nicht anders können die Dinge im Augenblick sein, und

2. Achtung! Die Welt ist sehr gut!

Wenn die Gegenwart nicht anders sein kann, als sie ist, wird der Weise nichts anderes tun, als sich auf sie einzulassen. Und wenn darüber hinaus die Welt auch noch gut ist, warum dann nicht, wie Seneca es ausdrückt, »freudig die Gaben der gegenwärtigen Stunde entgegennehmen und allen Groll vergessen«. Von irgend etwas zu sagen, es sei gut, ist natürlich eine Aussage, die der Gestalttherapie fremd ist, denn sie geht davon aus, daß etwas nur gut für uns sein kann. Das wiederum hängt davon ab, was wir aus unserem Leben machen. Die Existenz, wie wir sie gegenwärtig erleben, ist jedoch voller Leid, Hilflosigkeit und Unterdrückung. Wie Edmund Burke vor mehr als zweihundert Jahren feststellte, »Sich über die Zeit, in der wir leben, zu beklagen, die gegenwärtigen Inhaber der Macht schlecht-zumachen, der Vergangenheit nachzuhängen und sich extravagante Hoff-nungen auf die Zukunft zu machen, sind die häufigsten Übel eines Groß-teils der Menschheit.«

Aus der Sicht der Gestalttherapie sind solche Klagen und Beschwerden nichts weiter als ein schlechtes Spiel mit sich selbst – ein weiterer Aspekt der Ablehnung der möglichen Glückseligkeit des Jetzt. Im tiefsten Inneren sind wir, wo wir sein wollen, tun, was wir tun wollen, selbst wenn es letzt-lich auf eine scheinbare Tragödie hinausläuft. Wir können in unserer Skla-verei unsere Freiheit entdecken und unter dem Mantel des Zwanges unse-re tiefste Freude.

Der gesamte Prozeß der Entfremdung von der Gegenwart als der Wirk-lichkeit, wie sie im ewigen Jetzt gegeben ist, kann als ein Mangel an Ver-trauen gesehen werden, daß alles gut wird. Statt dessen stellt man sich etwas Katastrophales vor oder bestenfalls eine Leere, die wir zu füllen ver-suchen, indem wir uns ein Paradies aus Idealen und Zukunftserwartungen oder einer glorifizierten Vergangenheit vorstellen. Von solchen »Idolen« aus schauen wir auf unsere gegenwärtige Lebenswirklichkeit herab, die niemals an unsere Konstrukte heranreicht und daher niemals vollkommen genug erscheint. So verbindet sich die Frage der Gegenwartsbezogenheit mit dem Annehmen des Erlebten im Gegensatz zu seiner Be- und Verur-teilung. Wie Emerson schrieb:

Auf der Suche nach der idealen Rose sehen wir nicht, daß jede Rose die äußerste Vervollkommnung ihrer selbst ist. Aus Angst, wir könnten nicht

Jene Rosen unter meinem Fenster haben nichts mit früheren, möglicherweise noch schöneren Rosen zu tun. Sie sind, was sie sind. Sie existieren mit Gott, heute. Sie haben nichts mit der Zeit zu tun. Es gibt nur »die Rose«. Sie ist vollkommen in jedem Augenblick ihrer Existenz… aber der Mensch weist sie ab und lebt in Erinnerungen… er kann solange nicht glücklich und stark sein, bis auch er mit der Natur in der Gegenwart, über der Zeit lebt.[11]

---

11. Zitiert von Watts

die Rose finden, die wir suchen, hängen wir dem Inbegriff der »Rose« nach und merken niemals, daß »eine Rose eine Rose eine Rose ist«. Nur unsere Unersättlichkeit und Ungeduld hindern uns daran, die Ersatzfunktion fallenzulassen, durch die wir uns mit einem Abklatsch der Wirklichkeit in Form eines Versprechens oder einer Möglichkeit begnügen und gleichzeitig davon abgehalten werden, uns an ihrer Gegenwart zu erfreuen. Die Vorstellung eines Verlorenen Paradieses und des Gelobten Landes sind zwar besser als eine totale Gefühllosigkeit, aber weit von der Erkenntnis entfernt, daß diese direkt vor unseren Augen liegen. Khayaam wußte, wovon er sprach:

> Sie sagen, Eden sei mit Houris wie mit Juwelen besetzt;
> ich antworte, der Traubennektar hat keinen Preis –
> So belache den Langzeitkredit, nimm die Münze,
> trotze den fernen Trommeln, die dein Begierdeohr betören.

Und:

> Kümmere dich nie um die Sorgen von morgen.
> Lebe stets im paradiesischen Jetzt –
> das sich schon bald der Fügung treu
> den anderen auf siebentausend Jahre vergangenen
> hinzugesellt;

> Einer nach dem anderen verschwinden meine Zechkumpanen,
> unschuldige Opfer eines flüchtigen Todesstreichs.
> Alle waren ehrbare Trinker, doch versagten alle;
> zwei Runden vor der letzten leerten sie den Krug nicht mehr.

> Steh auf, warum die flüchtige Menschenwelt beweinen?
> Verbringe dein Leben in Dank und Freude ganz und gar.
> Wäre die Menschheit befreit von Schoß und Grab,
> wann wäre denn deine Stunde gekommen, zu leben, zu lieben?

> Laß keinen Schatten von Bedauern dich umwölken,
> keinen Kummer sinnlos deine Tage verdunkeln.
> Verzichte nie auf Liebeslieder, Wiesen oder Küsse,
> bis dein Lehm sich wieder mit dem älteren Lehm vermischt..[12]

---

12. *The original Rubayyat of Omar Khayaam,* a new translation with critical commentaries by Robert Graves and Omar Ali-Shah (New York: Doubleday, 1968)

II.
Techniken

Kapitel 3

Einführung in die Techniken
der Gestalttherapie

Die Gestalttherapie verfügt über zahlreiche Techniken, die ein breites Spektrum von Verhaltensweisen betreffen – verbale und nonverbale, strukturierte und unstrukturierte, introspektive und interpersonale, nach innen und nach außen gerichtete, symbolische und nicht-symbolische. Einige dieser Techniken sind nicht auf die Gestalttherapie beschränkt, und viele können als mehr oder weniger bewußte Variation von Techniken betrachtet werden, die in anderen Spielarten der Psychotherapie oder im spirituellen Bereich zu finden sind. Dennoch ist eine gestalttherapeutische Sitzung unverwechselbar, denn das Verfahren selbst bildet sozusagen eine neue und einzigartige *Gestalt*.

Die Einzigartigkeit der Gestalttherapie liegt weder in den einzelnen Techniken noch in der individuellen Haltung, sondern in dem Zwischenbereich, in dem die Haltung sich in methodischen Ansätzen ausdrückt und aus den zur Verfügung stehenden Möglichkeiten eine neue Synthese hervorbringt.

Gestalttherapie auf der methodischen Ebene ist vor allem eine Synthese. Typisch für sie ist jene besondere Wendung, die traditionellen Ansätzen gegeben wird, der Standort und die Bedeutung, den jeder dieser Ansätze einnimmt, das organische Gespür, mit dem der Therapeut von einem Ansatz zum anderen übergeht und dabei seine Aufmerksamkeit mehr auf das Thema richtet als auf eine starre Formel.

Wenn die Praxis der Gestalttherapie eine Sammlung von Techniken ist, so ist dies genau der Grund, warum sie keine streng methodische Ausrichtung besitzt. Eine Synthese gibt es nur, wenn sich viele Teile um ein einigendes Zentrum kristallisieren können. Das Zentrum, das eine überraschende Vielfalt von Hilfsmitteln hervorbringt, ist in diesem Fall jener Bereich, der über die Techniken hinausführt und den wir weiter oben als den Bereich von Präsenz-Gewahrsein-Verantwortung bezeichnet haben.

Sein Leben lang hat Fritz Perls sein Repertoire mit allem angereichert, was seinem Ziel gedient hat, seine Patienten bewußter und verantwortlicher zu machen. Er übernahm, borgte, kombinierte Techniken und erfand ständig neue – nicht absichtlich, sondern mit jener Spontaneität, die allem Lebendigen eigen ist, wenn es assimilierend Neues erschafft.

Aus der freien Assoziation entwickelte er die Idee des Gewahrseinskontinuums, wobei er sein Interesse vom Inhalt auf die Form lenkte; von Reich übernahm er das Verständnis des Widerstands als eines motorischen Ablaufs und die Einschätzung der Bedeutung des Ausdrucks; von Karen Horneys »Tyrannei des ›Sollte‹« leitete er im Laufe der Zeit die Personifizierung des Topdog ab, vom Psychodrama das Ausleben von Konflikten; aus der Dianetik das wiederholte Durchleben traumatischer Episoden und die Technik der Satzwiederholung; aus dem Zen-Buddhismus die Regel, Intellektualisierung einzuschränken.

Wir neigen jedoch keineswegs dazu, Gestalttherapie als ein Gemisch von Ansätzen oder als einen rein eklektischen Weg zu betrachten. Genauso wie wir Bachsche Musik nicht als ein Gemisch vorangegangener italienischer, deutscher und französischer Stile sehen (was sie in gewisser Hinsicht ist) und eher von der Einzigartigkeit der entstehenden Synthese als von der Wahrnehmung ihrer Komponenten ergriffen sind, beeindruckt uns das neue Gebäude der Gestalttherapie mehr als die alten Bausteine.

Ich will in dem folgenden Kapitel zeigen, wie eine bestimmte Haltung – die Gegenwartsbezogenheit – einige Bausteine zu einem Teil des Gestalttherapie-Gebäudes zusamengefügt hat: Die Übung des »Gewahrseinskontinuums«. Der Keim war die Erfahrung, »präsent zu sein«; von Perls entdeckt, und zwar nicht in irgendeiner Form der Psychotherapie, sondern in seinem eigenen Gewahrsein (besonders in persönlichen Erfahrungen, auf die er sich mit dem Begriff *Satori* bezog). Perls legte diesen Keim, der in der Menschheitsgeschichte verschiedene Arten der Meditation hervorgebracht hatte, in den ihm vertrauten fruchtbaren Boden der freien Assoziation und fand heraus, daß jene Technik dem erleuchteten Auge eher als freie Dissoziation erschien, die am Wesentlichen vorbeiging. Das Wesentliche war in diesem Fall das *Offensichtliche*.

Ich habe die Zentrierung in der Gegenwart als *Ideal* (als Aspekt einer Lebensqualität) betrachtet, das der Therapeut dem Patienten als allgemeine Anweisung anbietet, und das er mit Hilfe einer spezifischen *Technik* zusammen mit dem Patienten einübt. Dasselbe kann von jedem Aspekt des dreifachen Ideals der Gestalttherapie – Präsenz-Gewahrsein-Verantwortung – gesagt werden.

Man kann praktisch jede Technik in der Gestalttherapie als eine spezielle Anwendung der allgemein gefaßten Anweisung: »Sei präsent!« sehen. Diese Anweisung ist Ausdruck der Überzeugung und Erfahrung des Therapeuten, daß wirkliches Leben nur im Gewahrsein der Gegenwart möglich ist und daß das Licht des Gewahrseins alles ist, was wir brauchen, um aus unserer Verwirrung herauszukommen, die Beschränktheit dessen wahrzunehmen, was unsere Konflikte schafft, und die Phantasien zu zerstreuen, die unsere Ängste verursachen.

Ebenso können wir praktisch jede Technik der Gestalttherapie als eine besondere Konkretisierung der Anweisung: »Übernimm die Verantwortung für dein Handeln, erfahre dich selbst als den Handelnden, erfahre *dich!*«, betrachten. Dieses Rezept bringt die auf Erfahrung basierende Überzeugung des Therapeuten zum Ausdruck, daß wir nur dann sagen können, daß wir leben, wenn wir der sind, der wir *sind*. Erst wenn wir beginnen, wir selbst zu sein – oder anerkennen, was wir bereits sind – finden wir eine Erfüllung, die größer ist als die Befriedigung unserer jeweiligen Wunschvorstellungen.

Daß die Gestalttherapie darauf abzielt, das Gewahrsein, den Sinn für das Gegenwärtige und für Verantwortung zu wecken, bringt nichts anderes zum Ausdruck, als daß es um die Fähigkeit geht, zu erleben und Erfahrungen zu machen.

In einem gewissen Sinn »erfahren« wir immer irgend etwas. Dennoch sind wir nur in kümmerlichem Kontakt mit unserem eigenen Erleben, nur halbwach gegenüber der Realität. In diesem Sinn können wir sagen, daß wir nicht wirklich etwas *erfahren.*

Aus der Sicht des Gestalttherapeuten wirkt das wahre Erleben von sich aus therapeutisch oder korrigierend. Ein wacher Moment – ein Moment der Berührung mit der Realität – und wir sehen die Phantome unserer Tagträume als das, was sie sind. Gleichzeitig ist es ein Augenblick, in dem wir uns im wirklichen Erfahren üben, in dem wir lernen, daß es nichts zu fürchten gibt und daß die Belohnung dafür, lebendig zu sein, größer ist als die Schmerzen oder Verluste, die wir in unserem Schlummer gern vermeiden würden.

Der Hunger nach Erfahrung gehört zum Leben. Häufig ist es jedoch der Wunsch nach immer neuen anderen Erfahrungen als jenen, die gerade aktuell sind. Die Sehnsucht nach *mehr* ersetzt das Bedürfnis nach *Tiefe,* die unseren natürlichen Umgang mit der Welt prägen könnte, wenn wir nicht so abgestumpft wären. Wir suchen intuitiv diese Tiefe und Fülle des Gewahrseins, die unser angeborenes Recht ist, und wenn wir sie nicht finden, suchen wir unsere Reize in der Umwelt: scharfes Essen, Bergsteigen, Autorennen, Konkurrenzkampf und den schönen Schein der Medienlandschaft.

Der Ansatz in der Gestalttherapie ist umgekehrt. Erfahrung wird zwar gesucht, aber nicht durch Reizüberflutung, sondern durch Sensibilisierung. Äußerliche Reize werden vom Gestalttherapeuten als eine Form der Unterstützung durch die Umwelt gesehen, die nicht notwendig ist für jemanden, der seine sinnlich erfahrbaren Reize von innen erhält.

Die Techniken der Gestalttherapie können auf zweierlei Weise dazu dienen, den Patienten in Kontakt mit seiner Erfahrung zu bringen. Ein Weg ist, Vermeidungsstrategien aufzugeben und aufzuhören, Erfahrungen zu überdecken. Der andere Weg besteht darin, unsere Energien durch gesteigerte Aufmerksamkeit und absichtliche Übertreibung auf den Inhalt unseres Gewahrseins zu lenken. Obwohl diese beiden Wege so eng ineinandergreifen, daß man sie als die linke und rechte Hand des Psychotherapeuten bezeichnen könnte, werde ich sie in getrennten Kapiteln behandeln.

Kapitel 4

Restriktive Techniken

Habt ihr jemals an einer sogenannten »Gruppentherapie« teilgenommen?
Jeder macht den anderen zum Opfer seiner Ergüsse, und jeder orakelt über
jeden. Streit, verbales Ping-Pong, bestenfalls ein Frontalangriff: »Jetzt
projizierst du aber, mein Schatz«, oder der Auftritt einer Heulsuse, die »Ich
armes Würmchen« spielt. Welche Art Wachstum kann man von solchen
»Selbstverbesserungsclubs« erwarten?
FRITZ PERLS

Die erste Voraussetzung dafür, das ganze Potential unserer Erfahrung aus-
zuschöpfen, ist aufzuhören, ständig etwas *anderes* zu tun. Ständig haben
wir etwas zu tun, haben keine Zeit, achtsam und wir selbst zu sein, halten
uns so beschäftigt, daß wir kaum noch Aufmerksamkeit für den Augenblick übrig haben, in dem wir leben. Wir brauchen nur einmal aufzuhören, einige unserer gewohnten Spielchen zu spielen, und schon werden wir
merken, daß Erfahrung nichts ist, was wir suchen müssen, sondern daß
wir sie gar nicht vermeiden können. Tatsächlich machen wir ständig irgendwelche Erfahrungen – auf einer Ebene, mit der wir nur gelegentlich
in Kontakt sind und mit der wir uns nicht identifizieren. Unsere Augen
sehen, »wir« sehen nicht. Unsere Träume können sich an das erinnern, was
wir nicht bewußt sehen, und sie erzählen uns Dinge, die »sie« wissen, nicht
»wir«.

Um zu erfahren, müssen wir präsent, *hier* und *jetzt* sein. Das, was vergangen oder nicht anwesend ist, können wir nicht erfahren, sondern nur
in unserer Phantasie wiederschaffen. Die Realität ist immer jetzt. Sogar
während wir uns an etwas erinnern, besteht die Realität in unserer gegenwärtigen Handlung des Erinnerns, unserem Uns-erinnern-wollen und
unseren Reaktionen auf unsere Erinnerungen hier und jetzt.

In gewöhnlichen Gesprächen gibt es wenig Raum für das Jetzt. Vieles
von dem, was wir sagen, besteht darin, Anekdoten zu erzählen, Pläne aus-
zutauschen, Überzeugungen oder Meinungen mitzuteilen. Nicht einmal

wenn wir ganz allein sind, sind wir in Gedanken in der Gegenwart. Vieles dreht sich um Zukunftsvisionen, Erinnerungen, Phantasien und Spielereien, wer zu wem und was zu was paßt. Wir Gestalttherapeuten sehen solche Aktivitäten mit Mißtrauen. Sie alle haben ihren Platz und können sinnvoll sein, doch benutzen wir sie meistens nicht für einen konstruktiven Zweck, geschweige denn zu unserem Vergnügen, sondern – genau wie wir mit unseren Fingern herumspielen oder gedankenverloren Strichmännchen malen, – als rein mechanische Ablenkung. Um es klar zu sagen, alle diese Aktivitäten dienen in der Sicht des Gestalttherapeuten nicht etwa dazu, das Gegenwärtige wahrzunehmen, sondern im Gegenteil, es zu vermeiden.

Mit Hilfe der einfachen Technik, aufzuhören, *irgend etwas anderes zu tun als zu erfahren,* ist es sowohl dem Therapeuten als auch dem Patienten möglich, die Gültigkeit dieser Annahme zu überprüfen.

Die Erfahrung, nichs zu tun, außer auf die Inhalte des Gewahrseins zu achten, kann – wie die Einnahme einer psychedelischen Droge – zu einem lohnendem Kontakt mit der Realität, aber auch zu intensivem Unbehagen führen. Wenn uns nichts bleibt als das Augenscheinliche, werden unsere Einstellungen uns selbst und unserer Existenz gegenüber sichtbar – besonders im Negativen. Wir fühlen uns möglicherweise verlegen und ungeschickt, haben das Bedürfnis, uns zu rechtfertigen, oder machen uns über die Situation lustig. Oder wir kommen uns töricht und langweilig vor. Wir brauchen uns in diesen Fällen nicht zu wundern, warum wir so wenig Zeit in der Gegenwart verbringen und so viel in der Phantasie und Spekulation. Wenn wir die Übung des Gewahrseins als unangenehm oder schmerzlich erfahren haben, wird es uns nicht schwerfallen zu akzeptieren, daß unsere Neigung, in der Vergangenheit, Zukunft oder in Abstraktionen zu leben, ein Vermeiden solchen Unbehagens darstellt.

Es gibt eine besondere Erfahrung, zu der die Einschränkung von Vermeidungshaltungen häufig führt und der der Gestalttherapeut besondere Bedeutung beimißt – die Erfahrung des Nichts.

Von der Erfahrung des »Nichts« zu sprechen, ist in einem gewissen Ausmaß ein Widerspruch in sich selbst, denn eine Erfahrung beinhaltet immer »irgend etwas«. Das »Nichts« ist eine Art Zwischenzustand, in dem die oberflächlichen Spiele der Persönlichkeit zu Ende sind, aber das Gewahrsein des Selbst noch nicht an ihre Stelle getreten ist. Es ist etwas Illusionäres an diesem Nichts, ebenso wie an den erwähnten negativen Gefühlen. Scham, Schuld und Angst sind keine reinen Erfahrungen einer Realität, sondern die Folge einer Haltung, in der wir uns gegen die Realität stellen, sie ablehnen, uns sträuben und Angst haben, uns auf sie einzu-

lassen. Ebenso ist die Erfahrung der Leere oder des Nichts dadurch geprägt, daß wir quasi außerhalb unserer selbst stehen und unser Urteil sprechen: »Nicht genug«. Nichtigkeit, Leere, Bedeutungslosigkeit, Belanglo-
sigkeit – all dies sind Erfahrungen, in denen sich unsere Erwartungen oder
die Maßstäbe, an denen wir die Realität messen, spiegeln. Diese Maßstäbe, die wir scheinbar nicht aufgeben können, stammen nicht aus dem reinen Gewahrsein, sondern aus Vergleichen.

Die Erfahrung des Nichts gewinnt dadurch eine Bedeutung, daß sie
eine Brücke zwischen Vermeidung und Auseinandersetzung bildet, oder –
wie Perls es ausgedrückt hat – zwischen den »phobischen« und den »explosiven« Schichten der Persönlichkeit. Perls hat dieser Phase des therapeutischen Prozesses soviel Gewicht beigemessen, daß er Gestalttherapie sogar
in den entsprechenden Begriffen definiert hat: »Gestalttherapie ist die
Umwandlung der unfruchtbaren in die fruchtbare Leere«.

Wie können wir das verstehen? Das »Nichts« ist nur solange ein Nichts,
wie wir unter dem Zwang stehen, zu meinen, es müsse ein Etwas werden.
Sobald wir uns auf das Nichts einlassen, wird uns alles weitere gegeben.
Das Nichts wird zu einer Leinwand, auf der wir alle Dinge sehen können,
zum ›Hintergrund‹, vor dem sich jede »Figur« abhebt. Sobald wir nicht
schöpferisch sein *müssen,* besteht unsere Schöpfung in dem, was wir ohnehin immer tun. Sobald wir nicht erleuchtet sein müssen, ist unser Gewahrsein die Erleuchtung des Augenblicks. Sobald wir aufhören, uns darum zu kümmern, dieses oder jenes zu sein, und wir ein Nichts in bezug auf
derartige Maßstäbe spüren, nehmen wir wahr, daß wir der sind, der wir
sind.

Der restriktive Aspekt der Gestalttherapie schließt allgemeine Prinzipi-
en ein, und auch – so könnte man es sehen – negative Anweisungen für
den einzelnen: Anforderungen, die sowohl für jeden Patienten gelten als
auch Regeln für die Gruppe bilden, Aufforderungen an einzelne Patienten, jenes spezielle Spiel aufzugeben, das im wesentlichen aus ihrer Vermeidungsstrategie resultiert. Ich werde auf diesen Aspekt noch näher eingehen.

Die wichtigsten Tabus der Gestalttherapie wurden bereits erwähnt:
Geschichtenerzählen, Zukunftsgedanken, Darüberrederei (Aboutism), das
»Sollte« (Shouldism), Manipulation. Ich habe in diesem Kapitel das Thema von Zukunft und Vergangenheit nur kurz angesprochen und werde es
später näher untersuchen, so daß ich es hier der Vollständigkeit halber
erwähne. Auf die anderen Bereiche (Aboutismus, Shouldismus und Manipulation) werde ich detaillierter eingehen und dabei auch die Ausnahmen
zu den Regeln diskutieren.

Aboutism – Reden um den heißen Brei

»Aboutism« ist eine Krankheit, die Perls dem »Spiel Wissenschaft« zuordnet, so wie er das »Sollte« für den Kern des »Spiels Religion« hält. In der therapeutischen Arbeit manifestieren sich diese Haltungen am häufigsten darin, daß (diagnostische) Information angeboten, kausale Erklärungen gesucht, philosophische oder moralische Themen und die Bedeutung von Begriffen diskutiert werden. All dies – zusammen mit höflichen Allgemeinplätzen – wird in der Gestalttherapie als »Geschwätz« tabuisiert. Wie Perls sagte: »*Warum* und *weil* gelten in der Gestalttherapie als Unworte. Sie führen nur zu Rationalisierungen und gehören der zweiten Klasse von Geschwätz an. Ich unterscheide drei Klassen von Geschwätz. *Chicken shit:* Guten Morgen, Wie geht es dir? und so weiter, *Bullshit:* Warum und Weshalb, Rationalisierungen, Entschuldigungen – und *Elephant shit:* Gespräche über Philosophie, existentielle Gestalttherapie und so weiter: das, was ich jetzt tue.«

Besonders der Begriff *Bullshit* fand in der Gestalttherapie aufgrund seiner Drastik Einzug in das technische Vokabular. Er weist auf etwas Auszuscheidendes hin, auf etwas, was im Vergleich zur direkten Erfahrung keinen Wert hat.

Die Mißachtung des Gestalttherapeuten gegenüber Konzeptualisierungen ist häufig für Patienten, die vorher der Psychoanalyse oder psychoanalytischer Literatur ausgesetzt waren sehr frustrierend, denn dort wird Interpretation als der Weg zur Wahrheit betrachtet. Darüber hinaus scheinen viele Leute eine natürliche Tendenz zu haben, durch unverbindliche Erklärungen Erleichterung von psychologischen Spannungen zu suchen. Sollten wir diese psychoanalytischen und spontanen Verständisversuche nur ein unfruchtbares »Gedankenpuzzle« nennen, wie Perls vorschlägt?

Ich bin persönlich davon überzeugt, daß es im Rahmen einer psychotherapeutischen Methodik sinnvoll ist, sich mit intellektuellen Statements zurückzuhalten; ich stimme allerdings nicht mit der verächtlichen Haltung vieler Gestalttherapeuten gegenüber dem Wunsch von Patienten überein, etwas intellektuell zu verstehen. Ich glaube nicht nur, daß sich die Berücksichtigung beider Standpunkte absolut mit der Anwendung der Technik verträgt, sondern daß sie auch wirkungsvoller ist. Wir müssen nicht glauben, daß ein aristotelisches Frage- und Antwortspiel *immer* jene Vermeidungsstrategie, jenes phobische Verhalten ist, das die Richtigkeit der hier diskutierten Regel bestätigt. Es reicht, davon auszugehen, daß Erklärungen *manchmal* Vermeidungen sind. Wenn dies der Fall ist und der Patient das Gestalt-Spiel spielen muß, bei dem die Regeln ein Warum oder Weil nicht zulassen,

wird er früher oder später an den Punkt kommen, wo er sich ohne die gewohnheitsmäßige Krücke unwohl fühlt. Mit anderen Worten: Einige seiner
Erklärungen werden funktional, andere phobisch sein. Wenn er dagegen
aufgefordert wird, Erklärungen überhaupt aufzugeben, wird er bemerken,
daß er einige von diesen nicht leicht aufgeben kann; er wird sich schuldig,
leer und ängstlich fühlen und wird *darüber* sprechen wollen, anstatt das Unbehagen des Moments oder sein Sich-erklären-müssen zu erfahren.

Wenn meine Ansicht stimmt, dann kann die Technik, intellektuelle
Formulierungen zu tabuisieren, ähnlich gesehen werden wie der Entwick-
ler beim Film: als Mittel, ans Licht zu bringen, was sonst unsichtbar geblieben wäre. Ich glaube, daß das ganz allgemein über restriktive Techniken gesagt werden kann.

Wenn man die Wirksamkeit der Technik, Interpretationen wegzulas-
sen, anerkennt, dann muß dies andererseits nicht in der Annahme gründen, daß jegliche Interpretation fruchtlos ist und der Wunsch nach intellektuellem Verständnis ein pathologisches Symptom oder einen Irrweg
darstellt. Es genügt zu sehen, daß Interpretation *manchmal* fruchtlos ist
und der Patient mit der Erwartung, sich durch diese Art des Verständnisses zu ändern, im allgemeinen einen unnötig langen Umweg wählt.

Um es noch einmal zu sagen: Ob interpretieren oder nicht, sehe ich
unter dem Gesichtspunkt, was technisch um der besseren Wirkung willen
vorzuziehen ist, also eher als eine Frage, was vergleichsweise effektiver ist,
und nicht als Ergebnis einer unantastbaren Verordnung, nach der jede
Interpretation an sich »schlecht« ist.

Gestalttherapie ist im wesentlichen ein nicht-interpretativer Ansatz, weil
ihr Ziel Erfahrung, Gewahrsein und nicht intellektuelle Einsicht ist. Die
Psychoanalyse gründet auf der Entdeckung, daß intellektuelle Einsicht zu
emotionaler Einsicht führen kann. Gestalttherapie beruht auf der Überzeugung, daß intellektuelle Einsicht eher zur Falle, zum Ersatz oder zur
Krücke werden und für immer die Erfahrung ersetzen kann, über die sie
spricht. Auf jeden Fall kann Gewahrsein mit direkteren Mitteln angeregt
werden als durch eine intellektuelle Formulierung der vermeintlichen Inhalte. Neben der Indirektheit eines solchen »berechnenden« Ansatzes hat
der Gestalttherapeut auch deshalb etwas dagegen, weil ein »Ich-erzähl-dir-
was-Spiel« darin enthalten ist: eine Beziehung also, welche die Entwicklung von Unabhängigkeit und Selbstverantwortung nicht fördert.

Ich glaube, wenn wir unsere Patienten dazu anhalten, die Regel zu befolgen und sich nicht selbst zu interpretieren, und wenn wir akzeptieren,
unsere eigene Regel nicht zu interpretieren, und gleichzeitig wissen, daß
dies eine Technik und keine moralische Angelegenheit ist, werden wir in

besseren Kontakt zum Patienten kommen, als wenn wir seine Erklärungen implizit als Vermeidungen oder gar als »Sabotage« betrachten. In meiner eigenen Praxis weise ich im allgemeinen darauf hin, daß das Bedürfnis nach Interpretation möglicherweise auf falschen Voraussetzungen basiert, und ich lade meine Patienten dazu ein, das Experiment zu wagen, sich auf eine Situation einzulassen, in der Interpretationen keinen Platz haben. Wenn es dann einem Patienten nicht gelingt, sich an eine Regel zu halten, die er bereits akzeptiert hat, können wir daraus schließen, daß:

1. er an diesem Punkt etwas erfährt, was er vermeiden muß;

2. sein Wunsch, das Spiel »Schau-nur-wie-klug-ich-bin« oder ein ähnliches zu spielen, stärker ist als der, seine Erfahrung mitzuteilen;

3. er es nicht wagt, dem Therapeuten und der Technik zu vertrauen, die dieser anwendet.

In jedem dieser Fälle ist das Versagen des Patienten, sich an die Anweisung zu halten, lediglich seine Erfahrungen zu verbalisieren, für den Therapeuten mindestens genauso wichtig wie sein Erfolg. Wenn er keine intellektuellen Überlegungen anstellt, wird er früher oder später:

1. bemerken, daß er sie zur Selbsterkenntnis nicht braucht;

2. über die »Löcher« in seiner Persönlichkeit stolpern – die Bereiche von Impotenz, Lähmung und Unfähigkeit, Erfahrungen zu akzeptieren, die der Erfahrung der Leere Vorschub leisten. Wie wir gesehen haben, ist dieser Vorgang äußerst wünschenswert.

Wenn der Patient hingegen Erklärungen von sich gibt oder sie bei sich selbst oder beim Therapeuten sucht, kann der Therapeut auf zwei Weisen vorgehen. Er kann:

1. auf die Einhaltung der Regel bestehen;

2. die Aufmerksamkeit des Patienten auf die Erfahrung dessen lenken, was er im Moment erfährt: das Bedürfnis, ein bislang nicht anerkanntes Unbehagen zu vermeiden; den Zwang, wegzuerklären oder sich mit Hilfe von vergangenen Ereignissen zu rechtfertigen; den Wunsch, sich als einsichtsreicher Patient akzeptiert zu fühlen; die Wahl, auf die eigene Weise vorzugehen anstatt so, wie es der Therapeut vorgeschlagen hat, und so weiter.

In den genannten Fällen wird das Versagen des Patienten, sich an die Regel zu halten, als Hinweis verstanden. Die Regel hat dann indirekt der Funktion gedient, den Hinweis sichtbar zu machen. Der Erfolg des Therapeuten hängt bei jeder Therapieform von seiner Fähigkeit ab, aus dem Redefluß des Patienten und dem Fluß seines Gewahrseins solche Hinweise herauszulesen – Aspekte seiner Persönlichkeit, die angesprochen werden müssen. Die restriktiven Regeln der Gestalttherapie sind ein gutes Mittel, jene Momente in der Erfahrung des Patienten zu finden, die ans Licht gebracht werden müssen. Dies sind im allgemeinen solche, in denen es der Patient trotz der Vorgabe des Therapeuten vorzieht, nicht seine gegenwärtige Erfahrung auszudrücken, sondern *über* sich selbst oder andere zu sprechen.

Die Regel, das »Darüberreden« zu vermeiden, schließt ein, weder Erklärungen abzugeben noch zu suchen, weder zu philosophieren noch nach einer Wahrheit außer der offenbaren zu suchen und sich weder zu diagnostizieren noch Informationen zu sammeln, die Interpretationen fördern (nicht einmal über das Wetter oder die Morgennachrichten zu diskutieren). Dies trifft nicht nur für den Einzelpatienten zu, sondern ist besonders in der Gruppeninteraktion wirksam. In der Einzeltherapie können Erklärungen sehr zeitraubend sein. In der Gruppensituation führt eine Erklärung zur nächsten und wieder zur nächsten und wieder zur nächsten, so daß sich eine Ebene des Gesprächs festsetzt, in der nichts Therapierelevantes geschehen kann. Die einfache Regel, die Äußerung von Meinungen, Ideen, Ansichten über die Gefühle anderer Mitglieder zu vermeiden, ist daher beinahe eine Garantie, daß etwas geschieht. Denn das Mitteilen von Erfahrungen löst Erfahrungen aus, und der Ausdruck von »kleineren Gefühlen« führt tendenziell in einer Atmosphäre des Nicht-Vermeidens zu dramatischem Engagement – wie Funken, die zu Feuer werden.

Die Regel, nicht zu intellektualisieren, ist jedoch nicht nur im verbalen Bereich anwendbar. In Einzel- oder Gruppentherapie kann es nützlich sein, sie für sich allein zu praktizieren und auf das gesamte Denken auszudehnen. Das heißt jedoch nicht, daß ein gedankenfreier Geisteszustand ein idealer Wert für *jeden* Moment des Lebens sein sollte. Es bedeutet vielmehr, daß wir uns die meiste Zeit entschließen, lieber genau zu überlegen, was wir sagen, statt uns einfach unserer selbst gewahr zu sein, und daß wir uns dieser Wahl nicht einmal bewußt sind. Die Technik, den »Computer« abzudrehen, kann uns für den Kontakt mit unserer laufenden Erfahrung verfügbarer machen, die durchaus den Wunsch enthalten kann, die Zukunft vorherzuplanen oder auch nicht. Vieles in unserem Denken ist tatsächlich eine Art Generalprobe und zeigt das Bedürfnis, die Zukunft zu kontrollieren. In der Suche nach dieser »Sicherheit« können wir möglicherweise Verlust und Schmerz vermeiden, aber wenn wir zu Computern geworden sind, sind wir auch nicht mehr ganz lebendig.

Die Diktatur des »Sollte«

Uns selbst und anderen zu erzählen, was sein *sollte,* ähnelt der Darüberrederei. Es ist eine andere Möglichkeit, nicht zu erfahren, was ist. Fritz Perls erzählt eine Geschichte, um dies zu illustrieren: Moishe und Abe spielen

Karten. Moishe: »Abe, du schummelst!«. Abe: »Ja, ich weiß«. Fritz ist ein Darüberreder, ein Geschichtenerzähler, Moishe ein Soller, Abe ist ein Ist-ler.

Etwas zu bewerten heißt, sich von der Erfahrung zu entfernen. Wenn wir etwas bewerten, versuchen wir, ein passendes Muster zu finden, das wir aus einer vergangenen Erfahrung für die Gegenwart borgen oder in die Zukunft extrapolieren. Wenn nach unserem Urteil das Maß der Anpassung ausreichend ist, »akzeptieren« wir. Dieses Akzeptieren bedeutet jedoch nicht, daß wir die dem Geschehen eigenen Werte entdecken. Es ist nicht die Liebe zur Einzigartigkeit der zur Verfügung stehenden Erfahrung, keine Freude an ihr um ihrer selbst willen. Es gibt auch kein Entdek-ken, nur einen Anerkennungsstempel, der auf der Anpassung an vorgefer-tigte Normen basiert. Darin liegt Sicherheit. Der Status quo mag erhalten bleiben. Immer dann jedoch, wenn das Maß der Übereinstimmung zwi-schen Normen und Aktualität nicht ausreicht, kümmern wir uns um das, was fehlt, statt um das, was gegenwärtig ist. Vieles von dem, was wir unse-re »Erfahrungen« nennen, sind die unangenehmen Gefühle, die durch die Frustration unserer Erwartungen hervorgerufen werden, statt durch das Gewahrsein dessen, was zu begreifen ist. Wir erfahren nicht etwas, son-dern »erfahren« ein Nichts.

Es mag uns zeitweise gelingen, unsere urteilende Haltung gegenüber der Realität sowie unser ständiges, computerhaftes Nachdenken aufzuge-ben. So können wir zum Beispiel aufhören, die Spiele »Selbstquälerei« oder »Selbstverbesserung« zu spielen. Wenn wir dazu fähig sind, werden wir eine unerwartete Bandbreite echter Gefühle entdecken, die durch unsere mechanische Tendenz, alles zu vereinfachen und Erfahrungen zu meiden, verdeckt wurde.

Jeder, der das flüchtige Glück einer psychedelischen Erfahrung kennt, weiß, was es heißt, ohne den »Topdog« zu leben. Sobald das Monster des *Sollte* künstlich zum Schlafen gebracht ist, ist alles so, wie es wirklich ist. Das »Vergleiche-Spiel« hat aufgehört. Alles zeigt sich von seiner guten Sei-te und erscheint als Paradebeispiel seiner selbst.

Ich entdeckte einen wichtigen Teil des Unterschieds zwischen wirkli-cher Erfahrung und dem »Sollte« durch aufmerksames Schmecken. Vor Jahren war ich einen Morgen lang in einer Gestalttherapie-Sitzung und verließ sie mit dem Gefühl, offen für die Welt zu sein, mich nicht gegen irgend etwas oder irgend jemanden verteidigen zu müssen – ohne Angst, selbst dem Tod zu begegnen. Ich kam ins Eßzimmer; es gab Clam Chow-der zum Lunch. Seit meiner Kindheit haßte ich alles, was nach Meeres-früchten schmeckte so sehr, daß mir davon schlecht wurde. Es erschien mir ziemlich lächerlich, zu denken, daß ich zwar bereit war zu sterben, aber einen Teller Suppe ablehnen mußte. Sobald ich sah, daß ich das Gefühl der Offenheit und Ungeschütztheit, das immer noch in mir war, in die Situation mit der Suppe hineinbringen konnte, *schmeckte* ich zum erstenmal einen Clam Chowder, und ich weiß, daß der Geschmack völlig anders war als der, den ich viele Male vorher »geschmeckt« hatte. Bei früheren Gelegenheiten, wenn ich eine ähnliche Substanz in meinem Mund hatte, war ich so damit beschäftigt, meine Ablehnung zu erfahren, daß ich den Informationen, die mir meine Geschmacksnerven übermittelten, keine Aufmerksamkeit schenken konnte. Ich »schmeckte« eine Phantasievorstellung und war vollkommen damit beschäftigt, eine Barriere zwischen meinem Essen und mir selbst aufzurichten. Dieses Mal – endlich offen – merkte ich, daß Clam Chowder völlig anders war als meine »Erinnerung« an ihn. Bei dem Versuch, den Geschmack zu beschreiben, konnte ich nur sagen: »Gutes altes Protoplasma«.

Es ist ein *Ziel* der Gestalttherapie, so sehr in der Gegenwart leben zu können (zumindest dann, wenn wir dies wollen), daß keine Normen der Vergangenheit unser Gewahrsein trüben: daß wir vollkommen der sind, der wir sind, daß kein Gefühl des *Sollte* unsere Identität vernebelt. Können wir dies jedoch jetzt tun? Wenn nicht, dann ist die Regel, »nicht zu sollen« wahrscheinlich unrealistisch.

Typisch für die Gestalttherapie ist jedoch, daß sie uns vorschlägt, jetzt zu tun, was wir gern morgen erreichen würden. So wie ihr Vorschlag bezüglich des Ideals der Gegenwartszentrierung ist: »Lebe *jetzt* in der Gegenwart«, so ist ihr Vorschlag gegenüber dem Ideal der Freiheit vom »Sollte«: »Hör *jetzt* damit auf, dich selbst zu tadeln und dich selbst zu loben.«

Obwohl dies typisch für die Gestalttherapie ist, ist dieser Ansatz nicht für sie allein gültig. Es mag nützlich sein, uns an die Aussage von Ferenczi zu erinnern, daß die Analyse dann beendet sein kann, wenn der Patient die Fähigkeit zur freien Assoziation erreicht hat. Die freie Assoziation ist in der Psychoanalyse gleichzeitig Ziel und Mittel. Dasselbe kann darüber hinaus von jeder Fertigkeit gesagt werden. Wir lernen schwimmen, indem wir schwimmen, nicht indem wir Bücher darüber lesen oder unsere »Blokkaden« gegen das Schwimmen analysieren.

Der praktische Ausdruck der spezifischen Aufforderung, nicht zu bewerten, liegt in der *einfachen Anerkennung* des Erlebten, zu sehen, ohne zu bewerten oder zu kritisieren:

T.: Was erfährst du jetzt?
P.: Ich fühle mich gut. Ich bin nicht verspannt. Ich fühle mich bei dir geborgen.
   (lächelt) Wundervoll! (Pause)

T.: Ich glaube, daß du dich hier von deiner besten Seite zeigen willst.

P.: Ja! Ich möchte gern, daß jeder sieht, daß ich okay bin. Das ist es, was ich erlebe: Ich will eure Anerkennung, und ich habe Angst, wenn ich euch meinen ganzen Schrott auftische – wenn ich euch meinen Schrott nochmal auftische, werdet ihr genug von mir haben.

Meine Aussage: »Ich glaube, daß du dich hier von deiner besten Seite zeigen willst«, beruhte in diesem Fall auf einer kontroversen Vermutung, und war beinahe eine Interpretation. Meine Gründe, eine solche Vermutung anzustellen, waren folgende:

1. Er traf eine negative Aussage: »Ich bin nicht verspannt.« Wir können uns jedoch nur dessen gewahr sein, was wir *sind*. Negative Aussagen schließen das »Vergleichs-Spiel« ein und sind generell Bewertungen: »Genüge ich diesem oder jenem Standard?« , »Mache ich mich dieser oder jener Sünde schuldig?«

2. Bewertende Begriffe dominierten in seiner Aussage gegenüber den Inhalten. »Gut, »geborgen«, »wundervoll« sind keine wahrnehmungsorientierten oder beschreibenden Aussagen. Der Patient scheint mehr am Berichten über sein Gutgehen interessiert zu sein als an dem, was er in seinem Gutgehen spürt. Schließlich spürte er mich, seine Hände, das Meer, und ich konnte sehen, daß es ihm gutging, ohne daß er es mir hätte berichten müssen.

Der Wendepunkt in der Erfahrung des Patienten war schließlich seine Bereitschaft, zu prüfen und zum Ausdruck zu bringen, was er erfuhr und was er vorher unter seinem »Gutgehen« verborgen hatte. Seine Angst, abgelehnt zu werden, sein Zwang, sich gut zu fühlen und seine ständige Zurückhaltung, die im Grunde ein Heucheln war, waren ihm durchaus bewußt. Zunächst ersetzte er all dies durch einen blinden Fleck in seiner Wahrnehmung. Als er aufhörte, die offensichtliche Realität des Augenblicks zu vermeiden, begann er, auch für seine Umwelt offen zu sein.

Es ist schwieriger, sich an die Regel zu halten, nicht zu urteilen, als an die ähnlich gelagerte Regel, nicht zu denken. Das liegt zum Teil daran, daß das Urteilen sich auf einer feineren Ebene abspielt. Im oben genannten Beispiel war der Patient überzeugt, daß er lediglich seine Erfahrung zum Ausdruck brachte, während er sich Wirklichkeit in der Defensive befand. Bevor jemand damit aufhören kann, ständig zu bewerten, muß er klar sehen, wie es kommt, daß er es tut, was eine erhebliche Vorarbeit erforderlich machen kann. Einer der Wege in der Gestalttherapie, dieses Gewahrsein hervorzubringen, besteht darin – wie wir später noch detailliert zeigen werden –, eben jene Mängel zu übertreiben, die wir überwinden wollen. Um in der Gegenwart zu leben, können wir entdecken, daß es nützlich ist, der Vergangenheit ihren Tribut zu zollen oder auch einmal absichtlich unseren Zukunftsphantasien nachzuhängen. Genauso müssen wir – bevor wir aufhören zu urteilen – so absichtlich urteilen, daß wir bemerken, wie wir es tun, und vor allem erkennen, daß wir selbst entschieden haben, es zu tun.

> P.: Ich fühle nichts Besonderes. Ich sehe dich auf dem Baumstamm sitzen. Ich fühle den Wind in meinem Gesicht. Ich habe das Gefühl, daß mir alles egal ist. Alles, was ich wahrnehme, ist schön, aber ich bin nicht zufrieden. Mir fehlt etwas. Ich weiß, daß ich anders fühlen kann. Ich erinnere mich an bessere Zeiten…
>
> T.: Das Spiel, das du spielst, heißt »Das-ist-nicht-genug«. Von jetzt an sage hinter jedem deiner Sätze: »Das ist nicht genug«.
>
> P.: Ich sehe dich, und das ist nicht genug. Ich rieche den Duft dieser Büsche, und das ist nicht genug. Ich warte darauf, daß das nächste Ding in mein Gewahrsein kommt und ich davon berichte, und das ist nicht genug. Jetzt schaue ich in den Himmel, und das ist nicht genug. Ich habe das Gefühl: Das *ist* genug! Ha! Ich lache, und das ist nicht genug. Mir macht dieses Spiel Spaß, und das ist nicht genug. Natürlich, ich mache das die ganze Zeit, und das ist ein blödsinniges Spiel.
>
> T.: Sehr gut. Jetzt möchte ich, daß du einige Zeit das Gegenteil tust. Nach jedem Stück Gewahrsein füge hinzu: »Das ist genug« oder: »Das ist mehr als genug«.
>
> P.: Ich sitze hier, und das ist genug. – Klar ist es das. Ich bin mir deiner Anwesenheit bewußt, und du gibst mir deine Zeit, und das ist genug. Ich bin dir dankbar. Ich sehe den Eukalyptus gegen den Himmel, das ist genug. – Es ist ein herrlicher Baum. Ich sehe seine Rinde so zerbrechlich, sie ist mir wertvoll. Ich habe fast das Gefühl, daß *ich* der Eukalyptus *bin*. Der Wind bringt mir den Geruch, und das ist mehr als genug. Es ist, als wenn der Baum meinen Gedanken antworten würde, und mir ist dieser Geruch so lieb. Jetzt spüre ich die Atmosphäre, die Sommerhitze. Ich fühle die Luft wie eine Art goldener Bienen, die geschäftig immer denselben Ton summen. Süß und warm wie der Sonnenschein… Im Moment möchte ich nichts anderes.

Streng genommen sind Gefühle wie Angst, Schuld und Scham keine direkten Erfahrungen, sondern das Ergebnis von Bewertungen: ein vom Verstand erschaffener Vorhang, den wir zwischen uns selbst und die Welt schieben. Hinter jedem Schuldgefühl steckt ein Ideal, das wir nicht erreichen – hinter jedem Fall von Angst der Wunsch, die Zukunft so zu manipulieren, wie wir denken, daß sie sein sollte. Wenn wir jemanden auffordern, seine *Erfahrungen* - und nicht mehr als das – zum Ausdruck zu bringen, dann fordern wir ihn letztlich dazu auf, dieses Maya zu überwinden und zu beschreiben, *wie sich ihm die Dinge darstellen, wenn er aufhört, sie durch seine Einstellungen zu färben.* Wir sagen: Angst und Schuld sind Gefühle, die du selbst erzeugst, oder die zu fühlen du dich entscheidest. Sie sind nicht mit deiner Wahrnehmung der Welt identisch.

Im engeren Sinne sind Schuld, Angst und damit in Beziehung stehende Gefühle nicht nur Erfahrungen, sondern es sind Erfahrungen, die dem Gewahrsein des einzelnen am nächsten stehen.

Wie weit man mit der Regel, nicht zu bewerten, in diesen Fällen geht, ist eine Angelegenheit, für die ich keine endgültige Lösung gefunden habe, obwohl es nicht schwer ist, die möglichen Alternativen zu sehen. Entweder man geht in die Schuld, die Unzufriedenheit, die Angst hinein, oder man verhindert, daß die jenen Gefühlen zugrundeliegenden Spiele die Erfahrung des Offenbaren stören. Perls legte sehr großen Wert auf letzteren Ansatz: zu sehen, statt zu phantasieren, und zu erkennen, daß das, was uns fehlt, nicht etwa unsere Mutter ist, sondern möglicherweise nur ein Bleistift. Das Scheitern, sich an die Regel des Nicht-Bewertens zu halten kann jedoch, genau wie bei der Darüberrederei, als ein Schlüssel für weitere Arbeit und für die Anwendung anderer Techniken verwendet werden.

Bei der Regel, nicht zu bewerten, entsteht – wie bei der Anweisung, nicht zu denken – die Frage nach der Bedeutung im Leben. Ist sie als reine Methodik aufzufassen, deren Geltung auf die therapeutische Situation eingegrenzt ist? Oder »sollten« wir unsere nicht-wertende Haltung zu einem weiteren »Sollte«, einer Lebensregel, machen? (»Du sollst nicht ›du sollst nicht!‹ sagen!«) Um diese Frage zu beantworten, bedarf es einiger weiterer Erläuterungen, die beispielsweise die Unterschiede zwischen einem Shouldismus und Idealen oder Zielen betreffen.

Ein Ideal ist eine Vorstellung von etwas Wünschenswertem, das entweder auf Glauben oder auf Erfahrung beruht. Ein Ziel ist richtungsweisend für zweckbestimmtes Verhalten, ein Eckstein für unsere Orientierung, der ein Ideal sein kann oder nicht. So wie ich Gestalttherapie verstehe, versucht sie nicht, Vorstellungen von wünschenswerten oder zweckdienlichen Handlungen zu eliminieren, obwohl sie durchaus versucht, eine übertriebene Orientierung auf die Zukunft durch einen guten Anker in der Gegenwart auszubalancieren. Wenn die Gestalttherapie darauf abzielen würde, Ziele und Ideale zu eliminieren, wäre schon das Beweis genug, daß dies nicht der Fall ist: Das Ziel der Ziellosigkeit und das Ideal der Ideallosigkeit sind immer noch Ziel und Ideal. Ein Shouldismus hingegen unterscheidet sich sowohl von einem Ziel als auch von einem Ideal: Es ist eine psychologische Aktivität, mit einer Realität uneins zu sein, die nicht anders sein kann als so, wie sie ist. Wenn wir uns zum Beispiel Vorwürfe machen we-

gen etwas, was bereits vergangen ist, geben wir einem dysfunktionalen Gefühl nach, das weder den Fehler korrigiert, den wir begangen haben, noch
notwendig ist, um es in der Zukunft besser zu machen. Der einzige Nutzen unseres Schuldgefühls ist vielleicht, daß wir uns auf einer gewissen
Ebene nachher »besser« fühlen.

Dasselbe kann über unsere Haltung in bezug auf die Gegenwart gesagt
werden. Unsere Erfahrungen und Handlungen hier und jetzt sind so, wie
sie sind, und können unmöglich anders sein. Weder Tadel noch Eigenlob
machen sie zu mehr oder weniger. Und *uns* machen sie ganz sicher nicht
besser. Wenn es einen Weg zur Erfüllung von Idealen gibt, dann besteht er
sicher nicht darin, sie zu einem Shouldismus zu machen.

Jeder Shouldismus existiert in dem Ausmaß, in dem wir die vorherge-
hende Aussage nicht glauben. Wir glauben, daß wir »den Fluß anschieben« müssen, in der Annahme, daß die Dinge ganz sicher in einer Katastrophe enden, wenn wir sie nicht korrigieren. In diesem Sinn ist ein Shouldismus Ausdruck unserer eigenen Machtbesessenheit, über die ich im nächsten Abschnitt sprechen werde. Unsere katastrophale Erwartung verklei-
det sich gewöhnlich in einer Aussage, die etwa so klingt: »Was würde aus
mir (der Welt) werden, wenn ich (wir) nicht ständig alles *versuchen* würden?« Die Menschen brauchen offenbar ihre »Solltes«, um ihre Probleme
loszuwerden.

Der Standpunkt der Gestalttherapie ist hier wie in anderen Bereichen,
daß das *Gewahrsein genug* ist. Oder besser gesagt: Gewahrsein und Orientierung, wobei letztere ein Aspekt des Gewahrseins selbst ist. Wenn wir
eine Vorstellung des Wünschenswerten haben und wissen, wo wir stehen,
dann ist das alles, was wir für unsere eigene Weiterentwicklung in der gewünschten Richtung brauchen. Eine gute Analogie könnte die eines Kindes sein, das laufen und klettern lernt. Warnungen vor Gefahren, aber
auch Kritik, wie richtig sie auch immer sein mögen, werden nur die Aufmerksamkeit von der Aufgabe ablenken und das Kind verspannt machen.
Wenn solche »Hilfe« ständig kommt, dann verunsichert sie das Kind, statt
zu seinen Fähigkeiten beizutragen.

So wie es dem Erwachsenen, der sein Kind zu sehr beschützt, an Vertrauen in die Fähigkeit des Kindes mangelt, zu lernen und sich zu entwik-
keln, so fehlt uns in unserer Selbstverbesserung – wenn wir uns ständig
drängen und tadeln – das Vertrauen in unseren psycho-physischen Organismus.

Wenn die Gestalttherapie sagt, daß es unnötig ist, den »Fluß anzu-
schieben« (indem man sich ständig bemüht oder nach etwas strebt), so
heißt das nicht, daß sie in der Bewußtheit der eigenen *Grenzen* den Aus-

druck eines überflüssigen Sollens sieht – im Gegenteil: Eine realistische Einschätzung dessen, wo wir bezüglich unserer Ziele oder Ideale stehen, ist nur möglich, wenn unsere Bewertung nicht durch das »Selbstbestrafungs-Spiel« oder kontraproduktive Abwehrhaltungen verzerrt ist. Der Mechanismus, mit dem wir uns schlechter machen, als wir sind, und in den wir soviel unserer Energie investieren, ist ebenso verschieden von einer gelassenen Wahrnehmung unserer Fehlschläge, wie Haß von mitfühlender Liebe.

Ein gutes Beispiel für eine gesunde Haltung den eigenen Fehlschlägen gegenüber wäre ein Lehrer für irgendeine praktische Fähigkeit. Ein Tennislehrer beispielsweise könnte sagen: »Das war zu hoch.«, »Das war gut.«, »Jetzt bist du nicht schnell genug gewesen.«, »Du kannst deine Schulter mehr entspannen.« All dies bringt Tatsachen zum Ausdruck; es sind keine moralischen Aussagen. Der Lehrer geht davon aus, daß der Schüler diese Beobachtungen nutzen will. Weder zwingt noch kontrolliert er ihn. Er fordert nicht, daß sich der Schüler verbessert, sondern dient *dessen* Wunsch.

Was in der Gestalttherapie »Topdog« heißt, ist das genaue Gegenteil dieser Haltung: Der Topdog zwingt dem Underdog seine Wünsche auf – er manipuliert und kontrolliert ihn.

Es wäre zu einfach – zu vereinfachend – zu sagen, daß der Topdog etwas ist, was man besser verschwinden lassen sollte, so dysfunktional wie »er« ist. Ich glaube, daß die Einstellung der Gestalttherapie am besten in der Aussage deutlich wird, daß der Topdog *assimiliert* werden muß. Die »Hilfe«, mit der er den Underdog kontrolliert, um ihn auf dem Pfad der Rechtschaffenheit zu halten, kann man als *Projektion* der eigenen Wünsche des Underdog ansehen. »Pflicht« – wenn sie als ein »Sollte« erfahren wird – ist ein Fall abgegebener Verantwortung. »Meine Pflicht verlangt dies« hat den Platz von »ich entscheide mich dafür« eingenommen – »ich muß« ersetzt »ich möchte«. Wenn wir den Fluß anschieben, tun wir dies mit der Energie des Flusses. Der Fluß unseres Lebens spielt ein übles Spiel mit sich selbst, wenn er sich anschiebt, anstatt zu fließen.

Manipulation

Die Frage der Manipulation ist eng verwandt mit der Evaluation, ebenso wie die Evaluation mit dem »fitting game« des Denkens.

Das Darübergerede weist hauptsächlich auf einen falschen Gebrauch des Intellekts hin (nämlich um zu vermeiden) – und *das Sollte* auf einen Mißbrauch des emotionalen Lebens. Manipulation ist eine ähnliche Fehlfunktion im Bereich des Handelns. Die Regel, nicht zu manipulieren, wird vom Gestalttherapeuten gewöhnlich nicht in ihrer allgemeinsten Form – als Aufforderung zur Unterlassung – formuliert. Trotzdem denke ich, daß das *Ideal,* nicht zu manipulieren, so sehr zum therapeutischen Repertoire gehört, daß es sich lohnt, diesen Punkt hier näher zu erläutern.

Ebenso wie Denken und Fühlen – die sowohl positiv als auch negativ sein können– kann eine Handlung eine Vermeidungsstrategie darstellen. Falls dies paradox klingt, dann nur insofern, als wir aus behavioristischer Sicht das *Vermeiden von Handlungen* oder Situationen des »wirklichen Lebens« mit einer phobischen Haltung gleichsetzen. Die Auffassung des Gestalttherapeuten von Vermeidung ist im Gegensatz dazu prinzipiell die, daß es sich um eine *Phobie vor der Erfahrung* und um ein *Vermeiden von Gewahrsein* handelt. Es ist nicht schwer zu sehen, wie viele unserer Handlungen darauf abzielen, Unbehagen zu verringern, also die inneren Zustände zu vermeiden, die wir nicht akzeptieren wollen. Ganz allgemein kann man sagen, daß die meisten unserer Handlungen ein Vermeiden von Erfahrungen sind. Wenn wir unser Leben aus meditativer, erleuchteter Perspektive betrachten, sehen wir vielleicht das meiste davon als Variation des gewöhnlichen Themas, vor etwas davonzulaufen. Jeder, der sich auf die Übung »nur zu sitzen« im Zen oder in der Vipassana Meditation eingelassen hat, weiß, wie unerträglich es werden kann, nichts zu tun, und wie die einfachste aller Übungen dazu dienen kann, all das offenzulegen, was aufgeregtes Zuvieltun verbirgt. Langeweile, Zukunftsängste, Leere, Traurigkeit – mit all dem wird man sich konfrontieren müssen, wenn man sich darauf eingelassen hat, zu sitzen und alles Versuchen aufzugeben.

Die Aussage, daß die meisten Handlungen des gewöhnlichen Menschen im Vermeiden wurzeln, und daß dies seinerseits ein Vermeiden der Leere darstellt, ist gleichbedeutend mit der Terminologie Maslows, daß Handlungen durch ein Defizit motiviert sind. Wenn wir unsere Gipfel-Erfahrungen, jene vergangenen Augenblicke außerordentlicher Fülle und Offenheit für die Welt ins Gedächtnis rufen, werden wir wahrscheinlich finden, daß sie Augenblicke darstellten, in denen es genug war, *zu sein* - Momente, in denen allein das Gegebene uns so in Ekstase versetzte, daß es keinen Wunsch für irgend etwas anderes gab, kein Bedürfnis zu handeln oder etwas zu verändern.

Aussagen wie diese – die meist von Mystikern stammen, die mehr oder weniger ständig im Zustand solcher Gipfel-Erfahrungen sind – haben oft eine ähnliche Reaktion ausgelöst wie der Gesichtspunkt des Nicht-Sollens: »Was würde aus der Welt werden, wenn jeder so zufrieden mit seiner Existenz wäre? Hätte die Welt ohne ihre Unzufriedenheit derartige Fortschritte machen können? Leiden zu akzeptieren, wie es die Bergpredigt oder der passive hinduistische Mystizismus gern hätten, würde doch nur zur Ausbeutung oder Stagnation führen.«

Solche Aussagen stammen aus der Vermutung, daß Wandel nur aus dem Verlangen nach Wandel entstehen könne, und Handlung nur aus dem Wunsch, Wirkungen oder Ergebnisse hervorzurufen. Diese Annahme läuft mit der vorher diskutierten parallel, nach der wir nichts Gutes tun würden, wenn wir es nicht »versuchten«. Beide Annahmen sind nach der Gestalttherapie Ausdrucksformen dafür, daß das Vertrauen in eine organismische Selbstregulierung fehlt.

Der Gestalttherapeut sagt (um es noch einmal zu wiederholen): »Gewahrsein ist genug.« Im Gegensatz zu Handlungen, die darauf abzielen, Erfahrungen zu vermeiden, handeln wir dann aus unserer Erfahrung heraus und *bringen sie zum Ausdruck*. In ihnen liegt nicht die Absicht, eine Wirkung hervorzurufen, so wie auch große Kunst nicht beabsichtigt, bestimmte Gefühle im Publikum auszulösen; sie verweist lediglich auf ihre eigene Existenz.

Handeln, das aus Defiziten motiviert ist und der Unzufriedenheit ein Ende setzen will, wird ersetzt durch ein Ja zum Leben, durch Handeln, das in seinem intrinsischen Wert verwurzelt ist.

Die Arbeit eines wirklichen Künstlers oder Dichters, der die von ihm wahrgenommene Schönheit in eine Form oder in Worte bringt, ist ein solches Ja – sie ist dem Handeln eines Liebenden ganz ähnlich, der seine Hände den Umrissen seiner Geliebten folgen läßt. Handlungen, die Leben unterstützen und nicht verneinen, die das Selbst offenbaren und nicht verbergen, die zum Ausdruck bringen und nicht unterdrücken, sind in gewisser Weise gar keine Handlungen. Da sie *natürlich* vonstatten gehen, ohne unsere Neigungen zu vergewaltigen, ohne Bedürfnis, uns selbst zu manipulieren, können sie als Weg des geringsten Widerstandes erfahren werden – der einfachste Weg, um im Augenblick zu sein.

Perls hat bemerkt, daß solche Handlungen nicht auf einer *gedanklich begründeten Entscheidung* (einem »fitting game«) beruhen, sondern auf *Vorlieben*. Ich glaube, daß die Erfahrung, von der er gesprochen hat, dieselbe Natur hatte wie die, welche Sengtsan, den dritten chinesischen Patriarchen des Zen, inspirierte, sein Hsin-Hsin-Ming mit dem Vers einzuleiten: »Der Großen Weg ist überhaupt nicht schwer, du darfst nur nicht wählerisch sein.«

Handeln, im Gegensatz zur Manipulation (von sich selbst oder anderen) wird als von innen kommend erfahren und nicht als etwas, was man durchführt, um äußere Normen zu erfüllen – seien sie internalisiert (als Topdog) oder nicht. In dem Ausmaß, in dem wir uns mit der Funktion der Eigenmanipulation identifizieren (und sie »Ich« nennen), können wir damit verbundene Handlungen als etwas erfahren, das nicht »Wir« hervorbringen, sondern *es* bringt *sich selbst* hervor.

»Es« ist ein verpöntes Wort in der Gestalttherapie, denn es ersetzt oft »Ich« oder »Du« und vermeidet so Direktheit und Verantwortung. Wir betonen normalerweise in der Gestalttherapie, daß »es« nicht »passiert«, sondern daß wir tun, was immer wir tun. Dies ist zwar zutreffend, dennoch kann ein »Es« – im Zusammenhang mit Momenten extremer Spontaneität – die Erfahrungsqualität einer Handlung am treffendsten zum Ausdruck bringen. Ein Maler kann das Gefühl haben, daß das Werk sich selbst erschafft, ein Schriftsteller spürt, daß seine Charaktere sich selbständig machen und seinen Absichten zuwiderhandeln und der Tänzer fühlt sich »inspiriert«. Ich bin sicher, daß Perls, obwohl er es konsequent mied, »es« zu sagen, dieser Ausnahme zugestimmt hätte, denn in seinen Mal-Workshops benutzte er oft Anweisungen wie »Entscheide nicht, beeile dich nicht, achte einfach auf die Pinselspitze und laß es gehen, wohin es will.«

Wenn es um die Techniken geht, findet der Gedanke eines Aufgebens aller Manipulationen ebenso wie die anderen Gebote seinen Ausdruck im Gewahrseinskontinuum. Denn – um die Erfahrung des Augenblicks in Worte zu fassen – müssen wir dem Augenblick gegenüber und dem, was er bringt, offen sein und uns nicht ständig mit der Aufrechterhaltung unseres eigenen Programms beschäftigen. Die häufigste Art, wie die Übung des Gewahrseinskontinuums durch Einflußnahme unterbrochen wird, ist vor allem die Selbstmanipulation oder die Manipulation anderer (des Therapeuten, der Gruppe), obwohl beides letztlich zusammengehört.

Manipulation anderer, die wir auch verstehen können als Selbstmanipulation, die darauf ausgerichtet ist, andere zu manipulieren (wie zum Beispiel in der Aussage: »Lächle zurück, damit ich mich gut fühlen kann«), schließt die ganze Skala des »Spiele«-Verhaltens ein. In einem solchen Spiel ist immer die Hoffnung auf ein bestimmtes Ziel enthalten, und ein beeinflussendes Handeln ist in der Regel auf das Erringen eines persönlichen Vorteils ausgerichtet und entstammt nicht dem Bedürfnis, sich selbst zu verwirklichen.

Perls sah Spiele (Spielchen oder *games*) als eine äußere Schicht der Persönlichkeit, »die unechte Schicht«, die »Eric-Berne- oder die Freudianische-Schicht«, und wann immer er diesen Spielen begegnete, zog er sich entweder zurück oder – in seltenen Ausnahmen – interpretierte: »Du spielst hilflos«, »Du spielst taub«, »Wieviele Therapeuten hast du besiegt, bevor du zu mir gekommen bist?«, »Du stellst mir eine Falle.«

Diese Interpretationen (globale Interpretationen, keine kausalen Erklärungen) waren jedoch nicht so sehr als Beobachtungen, sondern eher als Warnungen gemeint: »Wenn du mit mir arbeiten willst, hör besser damit auf.«

Nicht zu manipulieren war bei Perls ein ungeschriebenes Gesetz – ein Teil seiner Forderung nach Authentizität. Er setzte bei seinen Patienten voraus, daß sie in der Lage waren, authentisch zu reagieren. Zumindest setzte er dies als eine Art Zulassungsprüfung ein. Seine Funktion sah er darin, durch die Schichten der Persönlichkeit zur Ebene der Explosion vorzustoßen. Diesen ersten Teil der Arbeit, Spiele zu transzendieren, verstand er als elementaren Schritt, für den der Patient verantwortlich gemacht werden konnte: »Du Neunmalkluger, um mit dir erfolgreich zu arbeiten, brauch ich wenigstens ein kleines bißchen deines guten Willens. Ich selbst kann für dich nichts tun.«

»An diesem kurzen Wochenende werde ich mich dir nicht öffnen, wenn du weiterhin die Atmosphäre so vergiftest, daß man nur noch schlaff und kraftlos herumhängen kann.«

»Wenn du ein Bauernfänger bist, der mich mit ›unschuldigen‹ Fragen aufs Glatteis locken will und nur darauf wartet, daß ich einen falschen Schritt mache, damit er mich aufs Kreuz legen kann, dann werde ich mich vielleicht eine Weile von dir locken lassen, aber in die Falle werde ich dir nicht gehen… «

»Du lächelst wie die Mona Lisa und versuchst, deine Besserwisserei vor mir zu verstecken, und trotzdem erwartest du von mir, daß ich alles unternehme, um dich zu kriegen. Ich schlafe gleich ein.«

»Wenn du mich nur verrückt machen willst, dann werde ich dir nicht lange zuhören. Du bist offenbar ein Verwandter von dem Typen, der die Atmosphäre vergiftet.«

Manipulationen, die eine Person hauptsächlich auf sich selbst anwendet, können schwerer zu bemerken sein als solche, die in interpersonellen Spielchen enthalten sind. Denn in letzteren kann der Therapeut das Hin und Her, die unterschwelligen Erwartungen oder Locksignale spüren, die seine Freiheit eingrenzen oder ihn aus seiner eigenen Mitte bringen wollen. Selbstmanipulation ist jedoch vielleicht genau der Faktor, der den Unterschied zwischen der authentischen Übung des Gewahrseinskontinuums und der Täuschung oder Pseudo-Übung ausmacht, die ein »guter Patient« sehr lange durchhalten kann, ohne irgend etwas von Bedeutung zu erreichen. Diese Verhaltensweisen, die den Fluß der Erfahrung kontrollieren, machen das Gewahrseinskontinuum zu einem Spiel, das man spielt, indem man einfach die Spielregeln einhält. Das Ergebnis ist dann möglicherweise eine lange Aufzählung von Objekten im Raum, Teile körperlichen Gewahrseins, von Tönen und so weiter, die mehr einer Inventur gleichen als einer Selbsterforschung. Was in diesen Fällen geschieht, ist, daß die Regel »Bring deine Erfahrungen zum Ausdruck!« gleichgesetzt wird mit »Beschreibe, was du wahrnimmst!«, was nur oberflächlich die gleiche Aufgabe darstellt.

Dieser Punkt wird klarer, wenn wir ein extremeres Beispiel überdenken: Eine Person macht sich daran, einen detaillierten Bericht zu geben, was sie visuell wahrnimmt. Das Ergebnis ist möglicherweise ein Katalog von Eindrücken, der für einen spezifischen experimentellen Zweck nützlich ist und unter Umständen – nicht notwendigerweise – zu erhöhtem Selbst-Gewahrsein führt. Dasselbe mag zutreffen, wenn Eindrücke der anderen Sinne – des Geruchs, kinesthetische Eindrücke – kundgetan werden. Tatsächlich tun einige Patienten nichts anderes, als zwischen einer und der nächsten Bestandsaufnahme hin- und herzupendeln. Der Unterschied zwischen der oben genannten Aufgabe und der Übung des Gewahrseinskontinuums liegt hauptsächlich in zwei Faktoren: Einmal in der Frage des *Selbst*-Gewahrseins und zum anderen in der Frage der *Einstellung*. Ich werde zu beiden etwas sagen. Ein Patient, der eine Auflistung von Wahrnehmungsinhalten vornimmt, ist sich im allgemeinen seiner eigenen Handlung nicht bewußt: »Ich zähle Dinge auf, die ich wahrnehme«. Das ist seine unmittelbarste Erfahrung, das, was für ihn am offensichtlichsten sein sollte und was für ihn genauso unsichtbar bleibt wie sein eigenes Gesicht. Wenn er sich seiner eigenen Gefühle und Handlungen gewahr werden könnte, würde sich der Bericht vielleicht zu so etwas entwickeln:

Ich schaue auf den Teppich. Ich denke, ich sollte weitermachen und etwas anderes sagen. – Ich wende meinen Blick nach rechts, und jetzt sehe ich die Lampe. Jetzt habe ich eine ganze Weile einen Gegenstand angeschaut und dann einen anderen, und ich glaube nicht, daß ich viel davon habe. – Ich langweile mich jetzt und bin irgendwie müde. Ich wünschte, du würdest mir über meine Langeweile und meine Oberflächlichkeit hinweghelfen…

Wenn die Übung des Gewahrseins oberflächlich bleibt, weil so wie in dem oben kommentierten Beispiel blinde Flecken erhalten bleiben, kann dies korrigiert werden, indem man darauf hinweist, was vor sich geht (»Du zählst Objekte auf«), oder indem man die Aufmerksamkeit der Person auf seine eigene körperliche oder geistige Aktivität lenkt. Sobald der Patient wahrnimmt, was er, außer seine Wahrnehmungen aufzuzählen, noch alles tut, kann er einen Schritt weitergehen und herausfinden, worin seine natürlichen Erfahrungen bestehen. Davor könnte man ihn mit jemandem vergleichen, der auf einem Fuß steht und sich wundert, warum eines seiner Beine sich müde anfühlt, oder mit jemandem, der laut aus einem Buch vorliest, das in seiner Tasche steckte, und sich danach fragt, warum die Therapiesitzung wenig persönliche Bedeutung für ihn hatte.

Ich glaube, der subtilste Punkt bei der Übung des Gewahrseinskontinuums – der wegen seiner Subtilität unmöglich als klare Regel formuliert werden kann – ist die Unterscheidung, offen für die natürliche Erfahrung zu sein oder künstlich Erfahrungen zu konstruieren.

Eine der gängigsten Reaktionen von Patienten auf dem »heißen Stuhl« ist Befangenheit, die mit dem Zwang einhergeht, Theater zu spielen. Theaterspielen ist immer eine Form von Manipulation – etwas geschehen machen, anstatt zu sehen, was da ist. Der Weg, der über das Theaterspiel hinausführt, muß – genau wie bei offensichtlicheren Spielen – mit dem Gewahrsein des Theaterspielens beginnen und möglicherweise weiterführen zu dem subtileren Gewahrsein, daß man versucht, produktiv und interessant für den Therapeuten zu sein, aus Angst davor, trivial zu sein, aus Angst vor der Leere, dem Nichts und psychischem Tod.

> P.: Ich spüre, wie ich zittere. (Pause) Ich warte darauf, etwas sagen zu können, und suche nach etwas Berichtenswertem.
> T.: Glaubst du, daß du leer sein, nichts erfahren würdest, wenn du nicht nach einer Erfahrung Ausschau hieltest?
> P.: Der Gedanke erleichtert mich. (Pause) Ich sehe Dinge da draußen und ich sehe dich, und ich fühle, daß ich hier sitze – nichts davon interessiert mich eigentlich… Jetzt fühle ich mich leer… Ich fühle mich leicht… Es macht mir nichts aus, mich leer zu fühlen! Ich fühle mich wie im Urlaub, ohne zu versuchen, irgend etwas zu tun… Und jetzt sehe ich dich wirklich. Ich hatte vergessen, wer du bist… Ich fühle mich sehr lebendig.

Es gibt Erscheinungen, die das Thema der Manipulation besonders betreffen und die hauptsächlich auftauchen, wenn Gestalttherapie in einer Gruppe angewandt wird. Sie sind so gängig, daß sie für Vorschläge dienen können. Hier sind die wichtigsten:

Fragen

Fragen sind in jeder Gruppensitzung, in der sie zugelassen werden, ein wichtiger Teil des Gesprächs. Wenige Fragen sind jedoch wirkliche Fragen. Ein großer Teil (vorgetäuschte Fragen) sind ein diplomatischer Umweg, um die Ansichten des Fragestellers zum Ausdruck zu bringen, eine Möglichkeit, Zweifel zu äußern, die Aussage eines anderen abzuschwächen und so weiter. Eine Frage ist im allgemeinen eine Form der Manipulation, die darauf ausgerichtet ist, eine Antwort auszulösen und bringt nicht die Erfahrung des Fragestellers zum Ausdruck. Der Fragende braucht eine Antwort, um die Erfahrung besser zu vermeiden, die seiner Frage zugrundeliegt:

Warum ärgerst du dich über mich? = Jetzt wird klar, daß du keinen guten Grund hast, dich zu ärgern. = Ich habe Recht. = Ich kann aufhören, mich darum zu kümmern.

Warum tust du nicht dieses oder jenes? = Schau nur, wie hilfreich ich für dich bin und wieviel besser ich bin als du. = Du brauchst mich. = Ich will, daß du mich brauchst: Diese Schwäche muß ich verstecken, um so zu erscheinen, wie ich will.

Fühlst du dich von ihm angezogen? = Ich möchte wissen, ob ich bei ihr eine Chance habe, aber ich werde so uneigennützig wie möglich erscheinen.

Fragen dienen nicht nur dazu, die Erfahrungen des Fragenden zu maskieren, sondern sie lenken auch den Inhalt der Gruppeninteraktion vom therapeutisch Sinnvollen ab, indem sie die Person, die angesprochen wird, mit Beschlag belegen und in die Richtung lenken, in die der Manipulationswunsch des Fragenden geht. Aus diesem Grund ist es wahrscheinlich, daß die Regel, keine Fragen zu stellen (und vor allem keine Warum-Fragen), die Dichte, mit der Erfahrungen in der Gruppe mitgeteilt werden, erhöht. Eben weil Fragen Erfahrungen verhindern können, ist es jedoch eine nützliche Regel, darauf zu bestehen, daß Erfahrungen ausgesprochen werden. Eine Art, dies zu tun, besteht darin, Fragen in Form von Aussagen zu wiederholen. Zum Beispiel:

Was denkst du?

= Ich mache mir Sorgen um deine Gefühle für mich und möchte es gerne wissen.

Meinst du nicht, daß du Recht hattest?

= Ich möchte dich gern unterstützen. Ich würde gern dein schlechtes Gefühl vermeiden.

Antworten

Bei sehr vielen reaktiven Antworten steigt man auf die Manipulation eines anderen ein. Damit dienen sie weder dem Antwortenden noch der Gruppe. Darüber hinaus sind sie höchstwahrscheinlich für den Fragenden selbst nutzlos, weil seine Frage unecht und ein Ausdruck seines Vermeidens war. Dies ist jedoch nicht der Fall bei *Reaktionen,* das heißt, Erfahrungen, die durch eine Frage angeregt wurden. Die folgende, doppelte Regel ist daher für alle Beteiligten sinnvoll:

1. Der Befragte hat die Freiheit zu antworten oder nicht, ganz wie er will.

2. Gleich ob er antwortet oder nicht, wird er seine Reaktion mitteilen: »Ich stelle mir vor, daß du die Frage stellst, und ich keine Lust habe, darauf einzusteigen.« »Deine Frage macht mich wütend, und ich habe Angst zu antworten.« »Ich bewundere deinen Scharfblick, wenn du dies fragst, und würde gern ein anderes Mal eine intellektuelle Diskussion mit dir führen.«

Um Erlaubnis bitten

Diese Situation tritt häufig im Zusammenhang von Einzel- und Gruppentherapie auf. Die Bitte kann explizit oder implizit vorliegen – in jedem Fall verdient sie es, überdacht oder geklärt zu werden. Wenn jemand um Zustimmung für irgendeine beabsichtigte Handlung bittet (Gruppenzeit in Anspruch zu nehmen, zu schreien, zu weinen und so weiter), dann manipuliert er die Situation dahingehend, daß andere die Verantwortung für seine Handlung übernehmen und er letztlich nicht selbst zu entscheiden braucht. »Um Erlaubnis bitten« ist etwas Anderes als sich nach den Gefühlen eines anderen zu erkundigen oder diese Information zu suchen, um weiterzukommen. Da solches Verhalten der Förderung von Risikobereitschaft und Verantwortlichkeit entgegensteht, weisen die meisten Gestalttherapeuten den einzelnen – wenn er sich so verhält – lediglich auf sein Bedürfnis nach Unterstützung hin und konfrontieren ihn auf diese Art mit seiner eigenen Freiheit und der Angst davor.

Forderungen

Die Haltung des Gestalttherapeuten bezüglich der Äußerung von Forderungen ist sehr flexibel, je nachdem, um wen es sich handelt und unter welchen Umständen die Forderung vorgebracht wird. Häufig ermutigt er in seiner Arbeit mit einer bestimmten Einzelperson oder in einer Gruppenübung das Aussprechen von Forderungen, um so der Unterdrückung von Wünschen entgegenzuwirken, die Teil unserer Konditionierung im Kindesalter war. Auf der anderen Seite ist eine Forderung mehr als das Äußern eines Wunsches. Sogar wenn das therapeutische Ideal darin besteht, daß der einzelne die Freiheit hat, Forderungen zu stellen, so besteht es gleichzeitig auch darin, daß er frei genug ist, um nicht auf Forderungen angewiesen zu sein. Denn Forderungen sind häufig ein Zeichen dafür, daß wir andere nicht so sein lassen können, wie sie sind, und uns nicht für sie öffnen können.

Unser Bedürfnis, andere dazu zu bringen, etwas zu tun oder zu lassen, ist desto größer, je instabiler unser Gleichgewicht ist. Wir fühlen uns immer nur dann wohl, wenn die Umwelt »genau richtig« liegt und niemand unsere wunden Punkte anrührt. Wir können unsere Mitmenschen nicht so sein lassen, wie sie sind, weil wir es nicht fertigbringen, so auf sie einzugehen, wie sie sind, und sie in ihrem Wesen auf uns wirken zu lassen. Sie müssen unserer Idealvorstellung entsprechen, und wenn sie dies nicht tun, ärgern wir uns, und solch schlechte Gefühle können wir uns selbst nicht zugestehen. Oder wir müssen so handeln, daß unsere Vorstellung von der Welt sich nicht zu ändern braucht und wir deshalb nicht traurig sein müssen. Wegen dieser unterschwelligen Forderungen wird der Therapeut manchmal eher auf die »Goldene Regel« bestehen, Erfahrungen (in diesem Fall Wünsche oder Unbehagen) zum Ausdruck zu bringen, anstatt positive oder negative Forderungen zu stellen. Ansonsten wird er Forderungen als Schlüssel zu den Bereichen betrachten, in denen die Person es nötig hat, ihre eigene Erfahrung zu beeinflussen, indem sie andere beeinflußt. Er wird sich so nach diesen Schlüsseln richten, wie er es in der Situation für angemessen hält.

Kapitel 5

Verstärkende Techniken

Gewahrsein kann durch Einschränkung oder durch Verstärkung intensiviert werden. Sich einem Impuls entgegenzustellen, kann das Gewahrsein des Impulses steigern, genauso, wie wir die Strömung eines Flusses sehr viel stärker spüren, wenn wir uns mit der Hand entgegenstellen. Auch beim sich Enthalten von Stereotypen – konditionierten Antworten, Spielen, die einigen unserer Reaktionen zugrunde liegen – werden wir gewahr, wer wir über diese automatischen Reaktionen hinaus sind.

Gewahrsein wird jedoch ebenso wirkungsvoll dadurch intensiviert, daß der Ausdruck eines Impulses übertrieben wird. Darüber hinaus kann man die einschränkenden Techniken, wie sie oben diskutiert wurden, als Mittel sehen, die wahre Ausdrucksform eines Menschen offenzulegen (so, wie die Verminderung von Lärm die Verständlichkeit erhöht).

Wir werden uns unserer selbst hauptsächlich dadurch bewußt, daß wir etwas zum Ausdruck bringen. Unsere Vorstellung davon, wer wir sind, wird vor allem von dem beeinflußt, wenn nicht sogar vollkommen bestimmt, was uns *nicht* gelungen ist, und von dem, was wir getan haben. (Einige Existentialisten würden sogar so weit gehen, zu sagen, daß wir *sind,* was wir tun: Es gibt kein Sein, getrennt von unserer Existenz.) Jedoch sogar dann, wenn wir sind, was wir tun, erfahren wir die konkreten Handlungen und körperlichen Zustände, in denen sich unser Sein offenbart, nur wie durch ein trübes Glas.

Man könnte die Auswirkungen der Verstärkung des Ausdrucks auf das Gewahrsein mit der Wirkung eines Kontrast- oder des Lautstärkereglers vergleichen. In dieser Analogie entspräche die reine Schulung der Aufmerksamkeit, die der allgegenwärtige Hintergrund der Gestalttherapie ist, der Konzentration auf den Bildschirm, der bewußten Wahrnehmung einer Sendung. Den einschränkenden Aspekt der Gestalttherapie kann man hingegen mit dem Löschen des Lichtes oder dem Schließen des Fensters vergleichen, um Ablenkungen durch Straßenlärm zu vermeiden.

Mit Hilfe der Aufforderung, bestimmte Dinge zu unterlassen, schwächt der Therapeut das im Patienten, was nicht authentisch ist, und indem er ihn ermuntert, sich auszudrücken, regt er das an, was authentisch ist. Wenn der Patient fähig wird, das auszudrücken, was bislang unausgedrückt blieb, wird er sich nicht nur anderen gegenüber offenbaren, sondern auch sich selbst – ganz ähnlich, wie ein wahrer Künstler Selbsterkenntnis durch seine Arbeit gewinnt. Selbstausdruck ist nicht nur ein Weg, sich seiner selbst gewahr zu werden, sondern auch Selbstzweck: Die Fähigkeit, sich auszudrücken, ist wie das Bewußtsein Teil einer voll entwickelten Person und deshalb Ziel der Psychotherapie. Sich auszudrücken – das eigene Fühlen und Verstehen in Handlungen, Formen, Worte zu fassen – heißt, sich im buchstäblichen Sinn zu *verwirklichen,* sich selbst wirklich zu machen. Ohne eine solche Verwirklichung sind wir nur ein Schatten unserer Selbst und spüren die Frustration, nicht völlig lebendig zu sein.

Uns selbst auszudrücken (und damit zu aktualisieren), könnte genauso natürlich sein wie das Keimen eines Samenkorns oder das Blühen einer Blume, hätten wir nicht schon früh in unserem Leben Spannung, Angst und Schmerz erfahren und gelernt, mit Hilfe von »Strategien« zu manipulieren, statt zu riskieren, der Welt gegenüber offen zu sein. Und dies war uns – bis zu einem gewissen Punkt – auch dienlich. Die Summe dieser Strategien hat sich jedoch, in Form eines »Charakters« mehr oder weniger verselbständigt, zu einer »Identität« geführt, an der wir uns festklammern und die wir rechtfertigen, während wir uns von dem, was wir wirklich sind, entfremden und uns versagen, unsere Natur zum Ausdruck zu bringen.

In behavioristischen Begriffen könnte man Gestalttherapie als ein Programm positiver Verstärkung von Selbstausdruck, gekoppelt mit negativer Verstärkung von Manipulation und Unechtheit betrachten.

Jeder Selbstausdruck ist im jeweiligen Zusammenhang nicht nur eine Gelegenheit, sich seiner selbst gewahr zu werden, sondern auch die Öffnung eines Weges, der zum Handeln führt – eine korrigierende Erfahrung, mit der der Patient in gewissem Maße lernt, daß er ganz er selbst sein kann, ohne daß sich seine katastrophischen Erwartungen bestätigen: Er riskiert etwas, indem er sein phobisches Verhaltensmuster durchbricht, und lernt, daß es befriedigend und unerläßlich für den Kontakt mit anderen ist, sich zu verwirklichen.

Ein Mann erzählte einen Traum, in dem er ein Bär war. Auf die Aufforderung hin, ein Bär zu werden, fühlte er sich zunächst sehr gehemmt. Nachdem er ermuntert wurde, sich in dieser Rolle vorzustellen und – als Bär – zu tun, wozu er gerade Lust hatte, fing er an, zuerst tastend und dann mit viel Gefühl und Begeisterung, anderen Mitgliedern der Gruppe »Bären-Umarmungen« zu geben. Schließlich rief er aus: »Ich bin viel lieber ein Bär als ich selbst«. Wie jemand zu diesem Phänomen bemerkte: »Es gibt keine wirkungsvollere Art, Verhalten zu ändern als das Verhalten zu ändern.«

Die verstärkenden Techniken der Gestalttherapie können als Bestandteile von drei weitgefaßten Prinzipien gesehen werden: Handlungen anregen, Handlungen vervollständigen, Direktheit anstreben. Oder mit anderen Worten: Unausgedrücktes ausdrücken, Ausdruck vervollständigen, Ausdruck direkt werden lassen.

In den folgenden drei Abschnitten werde ich mich mit diesen drei technischen Aspekten auseinandersetzen.

A) HANDLUNG ANREGEN

Die Gestalttherapie hält ein Großteil des üblichen Verhaltens für phobisch: Es ist so strukturiert, daß es zwar den Anschein hat, als fließe es ungehindert, echter Kontakt wird jedoch vermieden und authentischer Ausdruck unterdrückt. Über die fast universellen Vermeidungshaltungen gegenüber Schmerz, tiefgehendem Kontakt und Ausdruck hinaus gibt es einige Phobien, die für jeden einzelnen typisch sind und die mit der Ablehnung spezifischer Funktionen zu tun haben, die Teil unseres Potentials sind.

Das Vorhaben, Handeln und Ausdruck anzuregen, kommt dementsprechend in der Gestalttherapie auf zweierlei Weise methodisch zur Anwendung: eine allgemein, die andere individuell. Die allgemeine Anwendung zielt darauf ab, Eigeninitiative anzuregen sowie die Bereitschaft zu fördern, Risiken einzugehen und sich in Wort oder Tat offen auszudrükken. Die individuelle Anwendung liefert einen Vorschlag, der auf der individuellen Diagnose gründet. Wenn der Betreffende entsprechend handelt, ist er gezwungen, seine Vermeidungshaltung zu überwinden.

Soviel Ausdruck wie möglich

Dieses Prinzip wird in der Gestalttherapie in verschiedenen Formen angewandt. Eine indirekte Anwendung haben wir bereits vorgestellt: *nicht-expressives Handeln einzuschränken.* Wenn Plattitüden und Geschwätz aufgehört haben, bleibt nur noch die Wahl zwischen Leere und Ausdruck.

Eine zweite Technik, die den Ausdruck stärkt, besteht darin, für *unstrukturierte Situationen zu sorgen.* Soweit eine Situation keine Struktur hat, ist der einzelne auf sein eigenes Potential angewiesen. Überall dort, wo keine Regeln für das Zusammenleben und keine Verhaltensmaßregeln vorgegeben sind, muß er seine eigenen Regeln aufstellen, für sein eigenes Handeln verantwortlich sein. Wenn eine Struktur fehlt, ist der einzelne gefordert, kreativ zu sein, statt in einem vorher festgesetzten Spiel brav mitzuspielen.

Die Abwesenheit von Struktur ist – wie viele andere Aspekte der Gestalttherapie – ein Bestandteil der Grundübung des Gewahrseinskontinuums. Ich glaube außerdem, daß ein Therapeut nur dann, wenn er diese Seite der Übung erkennt, fähig ist, auf den Patienten wirkungsvoll einzugehen.

Bei jeder Wendung innerhalb des Gewahrseinskontinuums folgt der Patient entweder den Eingebungen seiner Wünsche, Impulse und Neigungen des Augenblicks, oder er tut dies nicht. Was immer er tut, *er* tut es. Er entscheidet, und eine Funktion des Therapeuten ist es, ihm seine Entscheidungen bewußt zu machen und ihm erkennen zu helfen, daß er die Wahl trifft – das heißt, daß er verantwortlich ist.

> P.: Ich verspanne jetzt fest meinen Kiefer. Am liebsten würde ich auch noch die Fäuste ballen… und mit den Füßen aufstampfen.
> T.: Und du tust es nicht.
> P.: Ja, ich halte mich zurück…
> Ein Mensch, der nicht integriert ist, wird – sobald er mit seinen eigenen Wahlmöglichkeiten konfrontiert wird – unvermeidlich seine inneren Spaltungen in der Form von Konflikten offenlegen:
> P.: Ich würde am liebsten aufstehen und euch alle anbrüllen.
> T.: Ich sehe, daß du es nicht tust.
> P.: Ich habe Angst, daß es lächerlich wäre.
> T.: *Es?*
> P.: *Ich* würde mich lächerlich fühlen, so etwas zu tun.
> T.: Hier hast du also eine Konflikt: zu brüllen oder die Meinung der Gruppe zu fürchten. Laß uns daran ein bißchen arbeiten…

Die Konflikte, die während der Übung des Gewahrseinskontinuums am häufigsten offenbar werden, bestehen zwischen den organismischen Bedürfnissen einerseits und sozialem Rollenverhalten und der Überlegung, wie andere reagieren könnten, andererseits.

Dies läßt sich in dem Dilemma zusammenfassen:

> *Soll ich nun rülpsen und die Scham ertragen,*
> *oder soll ich es nicht und Bauchweh haben?*

Ich denke, es lohnt den Hinweis, wie wichtig das Fehlen einer Struktur im Umgang mit solchen Konflikten ist. In dieser Situation, in der die Regel

»keine Regel haben« heißt, kann der Patient nicht anders, als den Konflikt als seinen eigenen anerkennen. Mit anderen Worten: Den Konflikt als einen Konflikt zwischen dem Selbst und der äußeren Welt (den sozialen Regeln) zu definieren, würde hier nur bedeuten, sich der Verantwortung zu entziehen. Da die Regel lautet: »Sei du selbst«, muß der Patient sich der Herausforderung seiner Freiheit stellen. Das heißt nicht notwendigerweise, daß er bei anderer Gelegenheit keinem Konflikt in seiner Umwelt begegnen wird oder daß er in jeder Situation seinen Wünschen entsprechend handeln sollte. Dies wird von seiner gereiften Entscheidung abhängen. Alles, was der Mangel an Struktur liefert, ist jene Leere, die er mit dem, was er zum Ausdruck bringt, füllen wird, oder in der er sich andererseits seiner Unfähigkeit gewahr wird, sich auszudrücken. Er kommt zu einem Gewahrsein seiner Konflikte und ihrer Natur.

In der Gruppe bekommt die Abwesenheit einer Struktur eine zusätzliche Dimension, und die Regel »keine Regel« mag einen ausdrücklichen Hinweis wert sein.

Zu Beginn einer Gruppensitzung sage ich normalerweise, daß wir zusammengekommen sind, um die Wahrheit – unsere Wahrheit – zu erforschen und daß wir am meisten davon haben werden, wenn wir riskieren, unsere Gefühle nicht nur verbal offenzulegen, sondern uns auch non-verbal auszudrücken. Was wir sagen oder tun, mag sich als sehr relative Wahrheit herausstellen, oder es mag eine Selbsttäuschung sein – wir können das jedoch nur dann herausfinden, wenn wir uns ausdrücken und dem Maß an Wahrheit entsprechend handeln, mit dem wir im Augenblick in Berührung sind. Die Regel hat auch Ausnahmen, die je nach Therapeut verschieden sind. Ein Beispiel dafür sind die restriktiven Techniken, die im vorigen Abschnitt dargestellt worden sind. Ein anderes ist manchmal die Aufforderung, die Arbeit des Therapeuten mit einer Person nicht zu unterbrechen. Mein eigener Grundsatz ist, daß ich keine Unterbrechungen gestatte, solange ein Teilnehmer intensive Gefühle ausdrückt (also keine Aufforderungen und keine Kommentare). Wenn kein Teilnehmer auf dem »heißen Stuhl« sitzt, lasse ich spontanem Verhalten der Gruppe möglichst viel freien Raum.

Die andere Hauptkomponente, um Ausdruck zu maximieren, liegt in der direkten Aufforderung, sich in Worten oder Handlungen zu äußern. Diese Aufforderung ist bereits in der Beschreibung der Grundübung enthalten, denn der Patient wird gebeten, jeden Augenblick aufs Neue auszudrücken, was er erfährt. Darüber hinaus fordert der Therapeut den Patienten oft dazu auf, sich verbal auszudrücken, wenn er dies von sich aus unterläßt:

T.: Was erfährst du jetzt?

P.: Ich ärgere mich über die Bemerkung von Joe.

T.: Du hast offenbar an dem Punkt aufgehört, deine Erfahrungen mitzuteilen, als du anfingst, dich zu ärgern.

P.: Ja, ich hatte auch Angst.

In der Gruppe kann verbaler Ausdruck auf unterschiedliche Weise angeregt werden. Fritz Perls sagte oft: »Ihr habt immer die Alternative, jemand anderen zu unterbrechen oder euch selbst. Ich möchte, daß ihr öfter andere unterbrecht und weniger euch selbst.« Es empfiehlt sich in jeder Sitzung mehrmals die Zeit zu nehmen, von jedem Gruppenmitglied eine kurze Darstellung dessen, was er gerade erlebt, anzuhören. Es hilft Gefühle oder Reaktionen wachzurufen, die man sonst leicht übergangen hätte. Darüber hinaus kann es auf Dinge oder Personen aufmerksam machen, die Aufmerksamkeit verdienen, und trägt dazu bei, die Kommunikationswege offen zu halten.

Eine Technik, in der die Abwesenheit von Strukturen und die Aufforderung zum Ausdruck zusammenfließen, besteht darin, sich auf ein Gruppenmitglied nach dem anderen zu beziehen, »die Runde zu machen«. Dies kann verbal oder auf andere Weise geschehen, am besten als Einwegkommunikation, bei der keine Reaktion erwartet wird und keine Verpflichtung besteht, den Austausch fortzusetzen.

Eine entsprechende Anweisung könnte zum Beispiel sein: »Sag zu allen Anwesenden etwas« oder: »Sag jedem, was du sagen möchtest« oder: »Sag jedem, was du für ihn fühlst«. Oder – um den nonverbalen Ausdruck hervorzuheben: »Tu etwas mit jedem von uns« oder: » *Tu* mit jedem von uns, wonach du dich gerade fühlst, handle nach deinen augenblicklichen Impulsen.«

Solche Techniken dürfen – ebenso wie alle anderen Techniken der Gestalttherapie – nicht zu stereotypen Ritualen werden, an denen jedes Gruppenmitglied teilzunehmen hat. Sie sind dann am nützlichsten, wenn sie als Teil einer organischen Entwicklung und den momentanen Bedürfnissen des einzelnen entsprechend angewandt werden. Ihre Hauptfunktion ist, die Hemmungen oder Schwierigkeiten einer Person, sich im interpersonellen Bereich auszudrücken, zu überwinden. Die anregende Wirkung anderer wird hier dazu benutzt, um das auszulösen, was das Gewahrseinskontinuum nicht spontan erzeugen kann.

Das aktive Vorgehen ist besonders angebracht im Fall von Menschen, die gern Risiken vermeiden und bei denen verbal-intellektuelles Reagieren und emotional-impulsives Verhalten deutlich getrennt sind. In solchen Fällen kann die Anweisung, etwas zu *tun,* den einzelnen entweder in eine

Sackgasse bringen oder einen Aspekt seiner selbst offenlegen, der auf verbale Weise unzugänglich wäre.

Neben dem Vorschlag, etwas zu sagen oder zu tun – ob zu anderen Gruppenteilnehmern oder nicht – gibt es eine Ausdrucksform, die es wegen des Ausmaßes, in dem sie Unstrukturiertheit und Initiative verbindet, verdient, gesondert angesprochen zu werden: unstrukturierte Vokalisierung oder »Kauderwelsch«. Kauderwelsch ist eine der wenigen Tätigkeiten, die man nicht programmieren oder proben kann. Die Willigkeit, Kauderwelsch zu »sprechen«, kann man als die Bereitschaft sehen, das Unbekannte, das Ungedachte zu formulieren. Das Wesen der Aufgabe liegt jedoch nicht nur in der fehlenden Struktur, sondern auch im Ausdrücken. Jeder, der mit Kauderwelsch experimentiert hat, weiß, daß es etwas vom individuellen Stil und den augenblicklichen Gefühlen eines jeden von uns widerspiegelt. Im Kauderwelsch liegt innerhalb der fehlenden Struktur etwas fast zwangsläufiges – es formt sich, wie ein Kunstwerk, im Einklang mit unserer inneren Realität.

Die Technik, dazu aufzufordern, sich in Kauderwelsch auszudrücken, kann – wie alle unstrukturierten Handlungen – wertvoll sein, um Initiative und Risikobereitschaft allgemein anzuregen; sie hat jedoch noch einen spezifischeren Zweck: Kauderwelsch ist – zumindest für einige – besonders gut geeignet, spontanen Ausdruck zu ermöglichen, den Worte oder andere Handlungen nicht zulassen würden. So kann die Botschaft, die mit diesen scheinbar sinnlosen Silben übermittelt wird, sowohl als Schlüssel wie als Keim dienen, sich seiner selbst gewahr zu werden. Manchmal kann jemand jeden Ärger aus seinen Aussagen, seiner Stimme und seinem Gewahrsein ausblenden und doch ein Kauderwelsch produzieren, das er selbst ohne jeden Zweifel als ärgerlich erkennt. Oder seine normale Stimme und Haltung sind gefaßt, während sein Kauderwelsch flehend klingt, was weitere Arbeit an seiner unterdrückten Bedürftigkeit anregen kann. Der Patient kann später das, was immer er im Kauderwelsch ausgedrückt hat, versuchsweise in Worte fassen, was in den meisten Fällen zu einem erweiterten Gewahrsein führt.

Spezifische Vorschläge

Was immer die Grundlage für die Intuition oder die Wahrnehmung des Therapeuten sein mag, es ist eine Tatsache, daß er manchmal die »Löcher« in der Persönlichkeit eines Menschen sehen kann.

... Jeder von uns hat Löcher in seiner Persönlichkeit. Wilson van Dusen entdeckte dies zuerst bei der Schizophrenie, aber ich glaube, daß jeder von uns Löcher hat. Dort, wo etwas sein sollte, da ist nichts. Viele Leute haben keine Seele. Andere haben keine Geschlechtsteile. Einige haben kein Herz, all ihre Energie fließt ins computerhafte Denken. Andere wieder haben keine Beine, um darauf zu stehen. Viele Leute haben keine Augen. Sie projizieren die Augen weg. Ihre Augen sind weit in der äußeren Welt, und diese Menschen leben immer so, als ob ihnen zugeschaut würde... Die meisten von uns haben keine Ohren; die Leute erwarten, daß die Ohren außerhalb sind. Sie sprechen und erwarten, daß ihnen jemand zuhört. Aber wer hört zu? Wenn die Leute zuhören würden, hätten wir Frieden.[13]

Der Therapeut kann eine Vorstellung davon entwickeln, was der Patient in seinem Leben oder seinem Verhalten vermeidet, was er nicht sehen, zulassen oder zum Ausdruck bringen kann, obwohl es zu ihm gehört. Indem der Therapeut ihn unterstützt, genau die Aspekte seiner Selbst zum Ausdruck zu bringen, die er unterdrückt, hilft er ihm, sich selbst kennenzulernen, die Verantwortung dafür zu übernehmen, wer er ist, und ganz zu werden. Was der Gestalttherapeut auf die oben angesprochene Art intuitiv erfaßt oder wahrnimmt, und was in der gewöhnlichen Psychotherapie Interpretationen oder Kommentaren entstammen würde, wird er dem Patienten höchstwahrscheinlich in den Mund, nicht in die Ohren legen. Die Formulierung von Perls: »Darf ich dir einen Satz vorschlagen?« ist zu einer Standardtechnik geworden, wobei der Patient mit der möglichen Wahrheit experimentiert, die der Therapeut gesehen hat, indem er sie zu einer eigenen Aussage über sich selbst macht. Meist wird dies ein Gefühl dafür auslösen, ob es wahr ist oder nicht, oder eine andere Reaktion, die tiefer geht als eine rein mentale Übereinstimmung oder Ablehnung.

Die Einladung des Therapeuten an den Patienten, etwas zu tun, was er gewöhnlich vermeidet, ist im allgemeinen wirkungsvoller, wenn sie Handlungen und nicht so sehr Aussagen nach sich zieht, oder Aussagen, deren Worte den Stellenwert von Handlungen haben.

T.: Ich sehe, daß du vermeidest, sie anzuschauen.
P.: Ja.
T.: Versuch doch mal das Gegenteil: Schau sie direkt an.
P.: Ich fühle mich nicht wohl dabei. Ich habe das Gefühl, daß ich mit ihr nicht kommunizieren will.
T.: Sag ihr das.

---

13. Aus: *Gestalt-Therapie in Aktion*, von Frederick Perls, Stuttgart, 1979, Abdruck mit freundlicher Genehmigung des Verlages

P.: Ich fühle mich von dir nicht angezogen. Ich fühle mich so, als wenn ich weit weg von dir wäre. Ich würde dich am liebsten überhaupt nicht sehen. (bestimmter) Ich mag nicht in deiner Nähe sein. Die ganze Zeit vereinnahmst du mich mit deinen Forderungen. (laut) Und ich kann dich nicht ausstehen.

In diesem Beispiel ist die Rolle des Therapeuten der einer Hebamme ähnlich. Er hilft, etwas zum Ausdruck zu bringen, was sonst ungesagt bleiben würde. In anderen Fällen mag er größere Sprünge machen. Er kann einen gehorsamen »guten Jungen« dazu auffordern, Zorn auszudrücken, er kann einen Supermann-Typ dazu bringen, um Hilfe zu bitten, oder einen arroganten Intellektuellen, wiederholt zu sagen: »Ich weiß es nicht«. Oft wird der Therapeut hier entsprechend seiner Intuition handeln, die er von dem »Monster« im »braven Jungen«, der Unsicherheit im Alleswisser oder dem Bedürfnis nach Zuwendung im Supermann hat.

In anderen Momenten können solche Vorschläge auf einer Formel beruhen, die nichts mit Intuition oder der Wahrnehmung von Schlüsseln zu tun hat: dem Prinzip der Umkehrung.

Eine der Grundideen von Perls war, die Unterscheidung zwischen Figur und Hintergrund, ganz allgemein auf die Frage der Selbstwahrnehmung und der Persönlichkeitsfunktion anzuwenden. Je nachdem, wie neurotisch wir sind, blähen wir einige unserer Eigenschaften, die wir für Tugenden halten, auf und machen uns blind gegenüber jenen, die wir Laster nennen. In ähnlicher Weise filtern wir unsere Spontaneität, fördern einige Ausdrucksformen und hemmen andere. Was, wenn wir unseren Blickwinkel verändern und das als Gestalt sehen, was wir bisher für den Hintergrund hielten? Was, wenn wir das Experiment durchführen und eine Weile auf dem Kopf stehend in der Welt leben? Wenn wir jetzt, ohne es zu wissen, auf dem Kopf stehen, könnte das Experiment uns völlig neue Möglichkeiten offenbaren.

Unsere gewohnte Selbstwahrnehmung und Handlungsweise umzukehren, kann verschiedene Formen annehmen, die man alle als Mittel ansehen kann, den Ausdruck dessen hervorzubringen, was im Sinne einer unpassenden Gestalt aufgeschoben, übergangen oder unterdrückt wurde. Dem liegt die Annahme zugrunde, daß das Gegenteil der Einstellung des jeweiligen Menschen wahrscheinlich ebenfalls ein – wenngleich schwächer entwickelter – Teil seiner Persönlichkeit ist.

Das Prinzip der Umkehrung kann man nicht nur auf Gefühle, sondern auch auf körperliche Haltungen anwenden. Sich zu öffnen, wenn man in einer verschlossenen Haltung ist, tief zu atmen als Alternative zu einer Einschränkung in der Ein- oder Ausatmung, die motorischen Haltungen der linken oder rechten Körperhälfte zu wechseln und so weiter. All dies kann irgendwann zu unerwarteten Erfahrungen führen. Das folgende ist ein Beispiel dafür:

> Der Therapeut bemerkt, daß der Patient, während er sein gegenwärtiges Erleben zum Ausdruck bringt, sein Reden und Fühlen oft unterbricht und in diesen Momenten schluckt oder schnieft. Der Therapeut schlägt vor, das Gegenteil von Schlucken und Schniefen zu tun. Der Patient läßt sich darauf ein, kräftig und lang auszuatmen, was damit endet, daß er von einem unbekannten und erstaunlichen Gefühl berichtet:
>
> „...so, als wenn ich schluchzen würde, aber auch, als wenn ich gegen einen Widerstand drücken würde, und meine Muskeln sind angespannt, als wenn ich mich beim Gähnen strecke; mir macht die Anspannung Spaß, wenn ich versuche, völlig bis ans Ende auszuatmen, das fühlt sich auch irgendwie wie ein Orgasmus an."
>
> Später entdeckte er, daß er mit diesem Gefühl schon lange gelebt hatte, ohne sich dessen gewahr zu sein:

„Es ist, wie wenn ich platzen, von innen heraus explodieren und eine Art Hülle aufreißen will, in die ich eingepackt und eingegrenzt bin. Und gleichzeitig bin ich diese Zwangsjacke selbst und drücke mich zusammen."

Diese kurze Erfahrung war der Anfang einer spontanen Entwicklung, die in den kommenden Monaten stattfand. Von da an war er sich seiner angespannten Muskeln und der damit einhergehenden Gefühle immer sehr gewahr und war mehr und mehr geneigt, körperliche Übungen zu machen. Er entdeckte die Lust am Tanzen und wurde viel freier in seinem Ausdruck, sowohl in seinen Bewegungen als auch in seiner allgemeinen Haltung. Schließlich konnte er den Zorn spüren, der in seinen Muskelkontraktionen lag, bis er sich dessen in seinen Reaktionen auf andere Menschen in einem vorher nie dagewesenen Maß bewußt wurde.

Ein weiterer Maßstab für die Freisetzung von unterdrücktem Handeln und Ausdruck eines Patienten ist das Gefühl von Unfertigkeit – in der Gestaltterminologie würde man sagen, es fehlt der »Abschluß«. Ungesagtes und Ungetanes hinterläßt eine Spur in uns, die uns an die Vergangenheit bindet. Ein beträchtlicher Teil unserer Tagträume und unseres Denkens ist ein Versuch, in der Phantasie das auszuleben, was uns in der Realität nicht gelingt. Wie wir noch sehen werden, lädt der Therapeut den Patienten manchmal dazu ein, Phantasien realer zu machen, indem er sie darstellt. Ein anderes Mal fragt der Therapeut lediglich, ob der Patient das Gefühl hat, daß etwas unerledigt ist und lädt dazu ein, das zu tun, was er aufgeschoben oder vermieden hat. Diese Idee kann auf verschiedene Weise angewendet werden: in der Phantasie einen unabgeschlossenen Traum zu beenden, zu den Eltern das zu sagen, was während der Kindheit ungesagt geblieben war; vom geschiedenen Ehepartner oder einem toten Verwandten Abschied zu nehmen. In der Gruppentherapie ist es gängige Gepflogenheit, am Ende der Sitzungen oder der Tage zu fragen, ob zwischen den Gruppenmitgliedern etwas nicht erledigt ist. Das Gefühl, etwas ist »unerledigt«, entsteht meistens dadurch, daß der Ausdruck von Anerkennung oder Zorn zurückgehalten wurde. Dies kann eine Gruppenübung direkt erforderlich machen.

Ausdruck vollenden

Wir drücken uns immer nur bis zu einem gewissen Punkt aus. Ein guter Romanautor wird einen besonders gesichtslosen Charakter so darstellen, daß sich sein Mangel an Besonderheit dennoch als Ausdruck seiner selbst offenbart. Es gibt Augenblicke, in denen wir alle Künstler sind. Wir haben die Möglichkeit, das Wunder der Einzigartigkeit eines jeden selbst durch seine scheinbar unbedeutenden Handlungen hindurch zu sehen. Selbstausdruck ist jedoch – genauso wie Gewahrsein – von Person zu Person graduell verschieden. Der Gestalttherapeut verstärkt den Selbstausdruck der jeweiligen Person, indem er die Augenblicke oder die Elemente echten Ausdrucks in einer Handlung erkennt und ihre Entfaltung unterstützt:

T.: Was erfährst du jetzt?
P.: Nichts besonderes.
T.: Du hast mit den Achseln gezuckt.
P.: Ich glaube ja.
T.: Du hast es jetzt wieder gemacht (zuckt mit den Achseln).
P.: Ich vermute, das ist eine Angewohnheit.
T.: Tu es bitte noch einmal.
P.: (tut es)
T.: Jetzt übertreib' diese Geste.
P.: (zuckt mit den Achseln, verzieht das Gesicht und macht eine ablehnende Geste mit den Ellenbogen oder den Händen.) Ich glaube, ich sage damit: »Geh mir nicht auf den Wecker«. – Ja: Laß mich in Frieden.

Um der Klarheit willen können wir vier Arten von Vorgehensweisen unterscheiden, die dazu führen, Handlung zu intensivieren:

1. Einfache Wiederholung
2. Übertreibung und Entfaltung
3. Explizierung oder Übersetzung
4. Identifikation und Handlung.

Ich werde nacheinander auf diese vier Punkte eingehen.

1. Einfache Wiederholung

Diese Technik hat den Zweck, das Gewahrsein der Person gegenüber einer gegebenen Handlung oder Aussage zu verstärken. Dies kann als ein Schritt gesehen werden, der über die Tätigkeit des Therapeuten, lediglich widerzuspiegeln oder zu reflektieren, hinausgeht. Das oben genannte Beispiel des Achselzuckens kann dies verdeutlichen. Manchmal kann die verbale Wiederholung eine dramatische Wirkung haben, indem der Betreffende sich selbst dazu bringt, mit ganzem Herzen etwas mehr und mehr zu sehen, was er bisher herunterspielte oder unter einer Maske versteckte.

> P.: (spricht zu ihrer Mutter) Ich will überhaupt nichts mehr von dir. Ich will
> bloß, daß du von uns wegbleibst. Dräng dich uns nicht auf. Ich bin nicht
> mehr deine Tochter. Ich war es eigentlich nie wirklich. Du hast mich nie
> verstanden. Mich ärgert das. Du ärgerst mich, und es tut mir weh, weil du
> mich nicht verstehst. Du siehst mich nicht. Ich hätte so gern, daß du mich
> siehst.
> T.: Wiederhol das.
> P.: Ich möchte, daß du mich siehst, Mutter. Sieh mich. Hier bin ich für dich,
> damit du mich siehst. Ich möchte, daß du mich sehen kannst. Schau nicht
> weg. Mach keine Theorien über mich. *Das hier* bin ich. Nimm mich, wie
> ich bin: nicht mehr und nicht weniger. Kannst du mich *sehen?*
> T.: Kann sie es?
> P.: Ich glaube, sie kann es. (überläßt sich ihren Tränen)

Manchmal führt Wiederholung nicht zu einem Gefühl größerer Bedeutung; wenn die ursprüngliche Aussage dem wahren Selbst des Patienten konträr war, führt sie zu zunehmender Bedeutungslosigkeit und zu einer Reaktion gegen die ursprüngliche Aussage.

Die Technik der Wiederholung kann an die Gruppensituation angepaßt werden, indem die zu wiederholenden Aussagen oder Handlungen an verschiedene Teilnehmer gerichtet werden. In diesen Fällen besteht Raum für einige Variationen der Übung:

1. Genaue Wiederholung (zum Beispiel zu jedem ›Auf Wiedersehen‹ sagen).

2. Genaue Wiederholung, doch anschließend modifiziert der Patient seine Aussage so, daß sie auf das betreffende Gruppenmitglied paßt.

3. Wiederholung des Inhalts, wobei die Form der Aussage jeder Person angepaßt wird.

4. Wiederholung der Haltung mit einer Änderung des Inhalts (zum Beispiel: Ich drücke Ärger aus, und zwar auf eine Weise, wie sie mir für das jeweilige Gegenüber passend erscheint).

Wie bei anderen Techniken kann man auch davon keine Wunder erwarten. Wenn die einfache Wiederholung jedoch mit der richtigen inneren Haltung angewandt wird, bietet sie die Gelegenheit, etwas Neues zu entdecken. Es ist Sache des Therapeuten, den Ablauf zu überschauen und den einzelnen davor zu bewahren, in mechanisches Verhalten, Schauspielerei oder eine Vermeidungshaltung abzugleiten. Wenn jemand dazu ermutigt wird, sich seiner Gefühle und Handlungen gewahr zu bleiben, wird dies nicht ohne Folgen sein.

2. Übertreibung und Entfaltung

Übertreibung führt einen Schritt weiter als die einfache Wiederholung und geschieht oft spontan, wenn jemand dazu aufgefordert wird, etwas Bestimmtes einige Male zu tun oder zu sagen. Eine Geste wird ausladender oder genauer, eine Aussage wird lauter oder auch zu einem Flüstern, wodurch das, was der ursprüngliche Gefühlston war, intensiver zum Ausdruck kommt.

Wenn jemand zur Übertreibung aufgefordert wird und dies einige Male tut, kann er dabei etwas Neues entdecken, wahrscheinlich keine völlig neue Qualität, sondern etwas, was wie ein unsichtbarer Keim in seinem ursprünglichen Verhalten angelegt war und nur durch eine Übertreibung offengelegt werden konnte.

Im folgenden Beispiel (das ich nach mehreren Jahren rekonstruiere) spielt Fritz Perls die Rolle des Therapeuten, während ich der Patient bin.

T.: Ich habe dir ein Geschenk mitgebracht. Hier (bringt eine Schale mit Sand).
P.: (nimmt die Schale)
T.: Iß!
P.: Ich bin verdutzt. Ich weiß nicht, ob du wirklich willst, daß ich das esse, oder ob du mir etwas mitteilen willst, was ich nicht verstehe.
T.: Iß!
P.: (nimmt ein bißchen Sand zwischen zwei Finger und steckt ihn in seinen Mund)
T.: Was machst du für eine Erfahrung?
P.: Ich fühle die Sandkörner im Mund und zwischen den Zähnen, und ich höre das Geräusch der Körner, wenn ich sie kaue. Ich merke, daß mehr und mehr Speichel in meinen Mund kommt, und ich spüre den Wunsch, den Sand wieder loszuwerden. Ich fange an, einige Körner auszuspucken, aber

sie kleben immer noch an meiner Zunge. Ich nehme meine Zunge zwischen die Finger, um sie sauber zu machen – jetzt klebt der Sand an meinen Fingern. Ich reibe meine Finger aneinander – während ich weiter spukke.

T.: Übertreibe das.

P.: Ich reibe meine Hände aneinander und an meinen Hosen und werfe weiter den Sand weg, werfe ihn weg, weg, weg! (mit ausladenden Bewegungen der Arme und Hände) Ja. – Das ist es, was ich fühle. – Ich habe zuviel heruntergeschluckt, was nichts mit mir zu tun hatte. Ich werde dich loswerden. Hinaus aus mir! Vielen Dank für deinen Sand!

Übertreibung ist eine Art, eine Handlung zu enwickeln, aber eine Entwicklung ist nicht immer mit einer Übertreibung verbunden. Manchmal – wenn wir durch Wiederholung bei der Handlung oder der Aussage bleiben – wird diese Betonung dazu führen, daß wir die entsprechende Handlung verändern, und zwar so, daß eine Bewegung zur nächsten führt, ein Gefühl oder Gedanke zum anderen. Die Anweisung »Führ das weiter aus« lädt den Patienten dazu ein, die Richtung seiner Bewegung, seiner Geste, Haltung, Stimmlage oder seines visuellen Bildes zu erforschen. Auf diese Weise kann der Drang, der in einer flüchtigen Handlung nur undeutlich zum Ausdruck kam, sich vielleicht zu einem Tanz, einem Musikstück oder zur Poesie entwickeln.

P.: Ich habe keine ausgeprägten Gefühle. Ich weiß überhaupt nicht, wozu ich meine körperlichen Empfindungen aufzählen soll…

T.: Bitte sprich mit derselben Stimme weiter, aber ohne Worte.

P.: Da da da da da da da da da da da (mit einem Ausdruck von Hoffnungslosigkeit)

T.: Übertreib diesen Ausdruck in deiner Stimme.

P.: (macht weiter, dieses Mal mit offensichtlicher Traurigkeit)

T.: Noch mehr. Übertreib es und schau, was sich entwickelt.

P.: (seine Stimme wird zu einer traurigen und majestätischen Melodie – sie wird mächtiger) Das ist es, was ich mein ganzes Leben lang tun wollte. Singen! (unter Tränen) Das war wirklich ich, mehr als alle meine Worte! Wie wunderbar! Ich will gar nicht mehr aufhören! (singt weiter)

3. Explizierung oder Übersetzung

Ich ordne den Begriff »Explizierung« (explicitation) einer der ursprünglichsten Techniken der Gestalttherapie zu, die der Therapeut im allgemeinen einleitet mit: »Verleih deinem Kopfnicken Worte«, »Wenn deine Tränen sprechen könnten: Was würden sie sagen?«, »Was würde deine linke

Hand zu deiner rechten sagen?«, »Schenk deiner Einsamkeit eine Stimme«. Dabei wird der Patient dazu aufgefordert, ein Stück nonverbalen Ausdrucks in Worte zu übersetzen – eine Geste, ein visuelles Bild, ein körperliches Symptom – und er wird dadurch veranlaßt, einen Inhalt explizit zu machen, der nur implizit vorhanden war.

> T.: Was hast du zu Martha zu sagen?
> P.: (mit völlig lebloser Stimme) Ich habe dir nicht viel zu sagen. Ich mag deinen Ausdruck und was du heute gesagt hast, aber ich habe ein bißchen Angst vor dir…
> T.: Sprich zu ihr in Kauderwelsch.
> P.: (wird sehr agitiert, während er dies tut, lehnt sich nach vorn, lächelt und gestikuliert mit den Händen)
> T.: Jetzt übersetz das in richtige Worte.
> P.: Martha, du bist nett; ich würde dich gern streicheln, dich küssen, für dich sorgen. Ich habe sehr zärtliche Gefühle für dich. Du bist wie eine schöne Blume, und ich möchte immer in deiner Nähe sein.

Im Prozeß der Explizierung muß sich der Patient notwendigerweise in den Aspekt seines Selbst oder seiner Wahrnehmung einfühlen, den er in Worte zu fassen versucht. Er muß das Ereignis sozusagen mehr von innen erfahren, nicht wie ein Zuschauer von außen: Das Ergebnis kann überraschen, wenn dies auf die Wahrnehmung von Menschen oder Traumbildern – beides Abbilder unserer Projektionen – angewandt wird. In diesen Fällen kann das projizierte Phantom wachsen und in seiner phantastischen Qualität deutlich werden. Auf der anderen Seite kann eine echte Wahrnehmung ans Licht kommen, die durch eine Projektion überdeckt war:

> P.: Ich haßte ihn. Und ich hasse ihn immer noch. Er war ein widerlich geiler alter Mann. Es hat ihm immer Spaß gemacht, mich zu berühren und zu küssen, und ich hatte solche Angst vor ihm...
> T.: Laß ihn sprechen. Stell dir vor, was er gesagt hätte, wenn er mit völliger Ehrlichkeit über seine Gefühle hätte reden können.
> P.: Er hätte gesagt: »Du bist ein schönes kleines Mädchen. Du bist so, wie ein kleines Mädchen sein sollte: so gesund, so rein! Es ist, als wenn ich frisches Wasser mitten in der Wüste trinke. Ich fühle mich so einsam und vom Leben abgeschnitten, und all meine Einsamkeit ist fort, wenn ich mit dir zusammen bin.«
> T.: Wie fühlst du dich jetzt ihm gegenüber?
> P.: Jetzt empfinde ich Mitgefühl. Ich wünschte, ich wäre nicht so gemein zu ihm gewesen. Es gab nichts, wovor ich hätte Angst haben müssen.

Der Prozeß der Explizierung führt zu dem gewünschten Resultat der Interpretation durch einen völlig anderen Ansatz. Zunächst ist wichtig, daß nicht der Therapeut dem Patienten die vermutete »Bedeutung« seiner Handlung, seiner Gesten und seiner Stimme erklärt, sondern daß dem Patient die Möglichkeit gegeben wird, mit seiner Botschaft selbst in Kontakt zu kommen. Zweitens liegt hier der große Unterschied zwischen dem Nachdenken über einen Verhaltensaspekt oder ein Symbol einerseits und dem Hineinfühlen andererseits.

Im ersten Schritt der Explizierung wird der Gefühlsinhalt der Handlung, der explizit werden soll *erfahren*. Der zweite Schritt besteht darin, diesen Inhalt in das alternative Medium der Worte zu übersetzen. Dies ist ein ähnlicher Prozeß, wie wir ihn aus der Poesie oder aus der bildenden Kunst kennen. So besteht beispielsweise der Versuch, etwas zu zeichnen, in erster Linie darin, sich bewußt zu machen, wie man es *sieht*.

Dieser Prozeß, mit einer Erfahrung in Kontakt zu kommen und sie dann in Worten auszudrücken, kann als ein weiterer Fall von Verstärkung und Entfaltung einer ausdrucksorientierten Tätigkeit gesehen werden. Der Unterschied liegt darin, daß bei der Explizierung die Entfaltung nicht innerhalb eines einzigen Erfahrungsbereiches (Bewegung, Stimme, Worte) bleibt, sondern von einem in einen anderen fließt.

Wenn eine (bisher unsichtbare) Botschaft aus Handlungen, Tönen oder Bildern in Worte übersetzt wird, verdient dieser Prozeß zu Recht die Bezeichnung »Explizierung«, da die motorisch visuelle Aktivität normalerweise unseren automatischen und unbewußten Prozessen näher ist, während das Verbale und Begriffliche einem »sekundären Prozeß« verbunden ist, der Teil unseres wachen Handelns ist. Der Prozeß der Übersetzung braucht jedoch nicht von Handlung zu Worten zu führen, um dem allgemeinen Ziel der Verdeutlichung zu dienen:

T.: Was fühlst du jetzt?
P.: Ich fühle mich unruhig. Ich bin ungeduldig mit mir selbst, weil mir nichts Bedeutendes einfallen will. Und ich bin mir der Gruppe sehr bewußt – ein sehr aufmerksames Publikum.
T.: Ich sehe, daß du mit dem linken Fuß aufstampfst.
P.: (übertreibt die Bewegung) Ja.
T.: Jetzt tu mit deinem ganzen Körper, was der Fuß tut.
P.: (entfaltet die Bewegung allmählich, bis er schließlich mit beiden Füßen heftig aufstampft, während er mit seinen Handflächen auf die Schenkel schlägt und seine Zähne zeigt)
T.: Mach auch ein paar Töne.
P.: Ah! Ah! Ah! (heftiges Ausatmen, das immer mehr in Gelächter übergeht)

T.: Jetzt *tu* etwas mit derselben Haltung.

P.: (zieht die überkreuzten Arme eines Gruppenmitgliedes auseinander und richtet seine Haltung auf) Wach auf, Mann! (geht herum, stampft mit seinen Füßen und bewegt Arme und Hände so, als ob er zeigen wollte, wie man aufsteht) Wacht alle auf! Laß uns weggehen von diesem kranken, dunklen Platz! (macht die Tür auf und schiebt jemanden aus dem Zimmer) Oder ihr geht raus. Ich werde in diesem Haus aufräumen und all euren Mist rausschmeißen (zieht jemanden am Arm). Seid rein und glücklich oder verschwindet!

4. Identifikation und Darstellen

Darstellen ist ein wichtiger Teil der Gestalttherapie und zwar sowohl im äußerlichen Sinn – durch die Bewegungen zu gehen, die zu einer gegebenen Rolle passen – als auch im inneren Sinn – sich selbst als einen anderen zu erfahren oder sich vorzustellen, daß man über die Eigenschaften und Handlungsweisen anderer Wesen oder Dinge verfügt.

Darstellen kann – soweit es einer Idee, einem Gefühl oder einem Bild motorischen Ausdruck verschafft – als weiteres Beispiel für die Übersetzung einer Ausdrucksform in eine andere gesehen werden. Es ist eigentlich die Umkehrung der Explizierung: Bei der Explizierung geben wir unseren Bewegungen Worte, beim Agieren verleihen wir einem Gedanken Bewegung. Agieren kann deshalb als eine weitere Möglichkeit gesehen werden, Ausdruck zu vervollständigen oder zu ergänzen. Das Privatverhalten, das wir »Denken« nennen, könnte man als unvollständiges oder symbolisches Agieren sehen. Wenn wir es verkörpern oder in das Medium von Fleisch und Blut hineintragen, führen wir den Akt zu seiner vollen Ausdrucksstärke. Dasselbe kann von Antizipation und Erinnerung gesagt werden. Wenn der Gestalttherapeut einen Patienten auffordert, seine Erinnerungen oder Erwartungen darzustellen, so ist das nichts anderes, als wenn er ihn einlädt, eine Handlung körperlich zu vollziehen, die er – manchmal häufig wiederholt – in der Phantasie ausführt. Dabei kann der Patient entdecken, daß er an dieser speziellen Erinnerung oder Phantasie deshalb hängt, weil sie so »unerledigt« ist, das heißt, daß er seinen Wunsch, zu handeln, chronisch verhinderte und durch halbherziges Probieren ersetzte.

Neben dem Prinzip der Vervollständigung gibt es noch eine andere Bedeutungsebene, auf der das Darstellen die Einstellung der Gestalttherapie zum Ausdruck bringt. In einem inneren Sinn schließt das Darstellen oder Schauspielern einen Prozeß der Identifikation ein, nämlich mit dem Teil eins zu werden, den wir spielen bzw. »seine« Erfahrung als unsere eigene zu erkennen. Die Anweisung »*Sei* er«, »*Sei* deine Hand« oder: »*Sei* deine Stimme« führt einen Schritt über die Einfühlung hinaus, die in der Explizierung angestrebt wird. Das »Gib der Heulsuse in dir eine Stimme« und das »Sei die Heulsuse« unterscheidet sich im Maß der Identifikation mit uns selbst als dem Handelnden. Die Aufgabe wird wahrscheinlich schwieriger für den Patienten sein, wenn es darauf ankommt, sich mit einer unangenehmen Seite seiner selbst zu identifizieren, die er hartnäckig loszuwerden versucht. Auf der anderen Seite wird er in dem Ausmaß, in dem er fähig ist, sich mit allen seinen guten oder schlechten Seiten zu identifizieren, auch Verantwortung für sich selbst übernehmen.

Identifikation und Darstellen verkürzen nicht nur die Distanz des Ich zu seinen Arbeitsweisen, sondern sind auch wesentliche Wege zum Gewahrsein. Wir können, indem wir »etwas« oder »jemand« sind, mehr in Erfahrung bringen, als wenn wir über »es« oder »ihn« nachdenken. Darstellen verlangt mehr als jede andere Aufgabe das ganzheitliche Verständnis, das die Funktion der Intuition ist. Spezifisch für die Anwendung des Darstellens in der Gestalttherapie ist jedoch, daß die Einladung hinter jeder Frage eine Variation der Aufforderung ist: »Sei wer du bist«. Szenen und Charaktere sind keineswegs Gottheiten eines religiösen Rituals oder die Schöpfungen eines klassischen Autors, sondern Aspekte unseres eigenen Lebens, die wir allzu leicht als zufällig, trivial oder bedeutungslos abtun: eine gewohnte Redewendung, eine Geste, eine Phantasievorstellung.

Darstellen wird in der Gestalttherapie hauptsächlich als Aufführung von Träumen, Erwartungen an die Zukunft (die hinter den meisten wirklichen Schwierigkeiten im Leben stecken) eingesetzt sowie als Aktualisierung der Vergangenheit und Darstellen der verschiedenen Teile, die in der Persönlichkeit im Konflikt miteinander stehen. Ich werde auf den Ansatz der Gestalttherapie bei der Traumarbeit und bei der Beschäftigung mit der Vergangenheit und Zukunft an anderer Stelle eingehen und deshalb hier nur über das szenische Darstellen von Persönlichkeitsmerkmalen sprechen.

Zu den dramatischsten Augenblicken einer Gestalttherapie-Sitzung gehören die, in denen der Patient Rollen verschiedener Seiten seiner Persönlichkeit einnimmt, die nicht integriert sind oder Teilaspekte seiner selbst darstellen, die miteinander in Konflikt stehen: den braven Jungen und den boshaften Lümmel, den brutalen Kerl und den Menschenfreund, den liebevoll Sorgenden und den Selbstsüchtigen, den Männlichen und den Weiblichen, den Aktiven und den Passiven, Elternteil und Kind, Topdog und Underdog und so weiter.

Meiner Meinung nach besteht die Kunst eines Therapeuten zum großen Teil in seiner Fähigkeit, dem Patienten die Schlüsselrollen zu zeigen, die er durch Darstellen erforschen kann, was – wie alles in der Gestalttherapie – ein feines Gespür für den Augenblick verlangt. Die Annahme oder das Wissen, daß sich praktisch jeder als etwas Besonderes fühlen möchte, reicht nicht aus, um einer bestimmten Person zu sagen: »Sei besonders!« oder: »Verhalte dich außergewöhnlich!«. Damit ein solches Rollenspiel erfolgreich sein kann, muß der Patient mit diesem Bereich seiner Psyche Schritt für Schritt in Kontakt kommen, so daß das »eigentliche« Darstellen der Höhepunkt einer natürlichen Entwicklung während der Sitzung ist.

Hier sind einige Anhaltspunkte, die dem Therapeuten zeigen, daß eine für die szenische Darstellung geeignete Haltung vorliegt:

Psychische Symptome, wie Angst, Schuld, Scham. In den meisten Fällen gehen folgende Symptome mit der Angst einher:

Das eingebildete Urteil oder die eingebildete Reaktion anderer (wie beim Lampenfieber). Der andere kann zum Thema des Rollenspiels gemacht werden, wodurch der Spieler schließlich erkennt, daß er es hier mit seiner eigenen Haltung sich selbst gegenüber zu tun hat.

Oder:

Eine Katastrophenphantasie von der Zukunft, die in ähnlicher Weise inszeniert werden kann, also Versagen, Schande, Tod und so weiter.

Bei Schuld liegt immer eine Selbstanklage oder eine projizierte Selbstanklage vor, die ähnlich dramatisiert werden kann, indem man zuerst den Schuldigen voll ausspielt und anschließend den Ankläger. In beiden Fällen können andere Gruppenteilnehmer als Zielscheibe benutzt werden, indem man sie als Richter oder Underdog betrachtet.

Das Gefühl der Scham oder der Verlegenheit – also das Gefühl, ausgesetzt zu sein – impliziert ebenfalls einen Zuschauer oder einen beurteilenden Zeugen; diese Einstellungen können näher untersucht werden, indem man den Zuschauer oder den beurteilenden Zeugen darstellt.

Konflikte. Sogar winzig kleine Konflikte – zum Beispiel: Lächeln oder nicht, den Therapeuten anschauen oder nicht und so weiter – sind gewöhnlich Ausdruck einer größeren Spaltung als jene, die in der spezifischen Handlung, um die es jeweils geht, offensichtlich wird. Wenn der Patient beide Alternativen in diesem Konflikt augenblicklich explizit macht oder übertreibt, findet er mit großer Wahrscheinlichkeit zwei übergreifende Aspekte seiner psychischen Struktur.

Übertreibung und Umkehrung. Die Verstärkung buchstäblich jeden Gefühls oder jeder Ausdruckshandlung – von Geste, Haltung, Stimmfall, verbaler Aussage – kann schnell eine weitreichende Einstellung offenlegen, die es wert ist, durch szenische Darstellung weiter untersucht zu werden. Sobald sie umrissen ist, kann die entgegengesetzte Einstellung ebenfalls erforscht werden.

Eine Diskrepanz zwischen verbalem und nonverbalem Ausdruck kann der Schlüssel zur Untersuchung einer weiteren Spaltung sein. Ein Patient erzählte zum Beispiel, daß er Angst habe und zittere, während seine Stimme, seine Haltung und sein Gebaren jedoch große Gelassenheit und Sicherheit vermittelten. Ich forderte ihn auf, abwechselnd seine Ängstlichkeit und seine Gelassenheit offen zu zeigen und in beiden Fällen das verbale und nonverbale Verhalten einander anzupassen. Er entdeckte bald, daß er immer so tat, als sei er völlig gelassen, daß er Angst hatte, seine Schwäche zu zeigen und daß er die topdogmäßige Zwanghaftigkeit besaß, immerzu Herr der Situation sein zu müssen. In einem anderen Fall sprach ein Patient ruhig und gesammelt, berichtete von angenehmen Gefühlen, während er sich zugleich auf seinem Stuhl hin- und herwand und seine schwitzenden Hände rieb. Ein ähnlicher Hinweis wie der oben genannte – nämlich abwechselnd jemand zu sein, der ängstlich ist und jemand, der sich »gut fühlt« – öffnete ihm den Blick für seine eigene Heuchelei und für die Tatsache, daß er nicht nur dann »cool« spielte, wenn er dazu aufgefordert wurde, sondern immer.

Gesamtes Verhalten. Manchmal kann der Therapeut die Rolle eines Patienten durch dessen gesamtes Verhalten besser erkennen als durch einzelne Anhaltspunkte. Je subtiler das von ihm entdeckte Spiel ist, desto mehr wird er sich auf sein intuitives Verständnis der Gestalt des Patientenverhaltens verlassen. Wenn er seine Beobachtung überprüft hat (zum Beispiel durch die Aussage: »Du scheinst den Unschuldigen zu spielen« oder: »Ich glaube, du stehst gern im Scheinwerferlicht«) und wenn diese Beobachtung vom Patienten bestätigt wurde, dann kann er einen Schritt weitergehen und die Übertreibung und das Inszenieren der relevanten Charakterzüge vorschlagen.

c) DIE FRAGE DER DIREKTHEIT

Abschwächung

Selbstausdruck wird oft durch Abschwächungen, »negative Verstärkungen«, Verallgemeinerungen, Verschwommenheit und ähnliches verunklärt. In solchen Fällen führt erhöhte Direktheit zu mehr Verständigung und weniger Störungen in der Kommunikation des einzelnen:

P.: Ich fühle mich etwas müde und gelangweilt. Vielleicht bin ich auch ein bißchen ärgerlich auf dich. Es könnte sein, daß es mir im Moment nicht sonderlich viel Spaß macht, hier zu sein…

T.: Ich merke, daß du viele abschwächende Ausdrücke benutzt: »etwas müde«, »ein bißchen dies oder jenes«, »vielleicht«, »es könnte sein« und so weiter.

P.: Ich glaube, du hast recht.

T.: (ironisch) Du »glaubst«, daß es *vielleicht* stimmen könnte?

P.: Ja, Ich benutze eine Menge abschwächender Worte. Es ist… ein Art Ange-wohnheit.

T.: »Eine *Art?*«.

P.: Es ist eine Gewohnheit.

T.: Bitte erzähle uns noch einmal von deinen Gefühlen und laß diesmal das »Vielleicht« und »Eventuell« weg. Könntest du das, was du vorhin gesagt hast, so noch einmal wiederholen?

P.: Ich fühle mich müde. Ja, das stimmt. Und ich fühle mich verärgert und gelangweilt. Ich würde lieber ins Bett gehen, als hier zu sein. Nein, ich würde es nicht lieber: Ich möchte mich sehr gern ausruhen und bin trotz-dem interessiert genug, um zu bleiben.

»Aber«

Eine häufige Quelle der Abschwächung steht mit der Konjunktion »aber« in Beziehung; deshalb kann man dieses Wort als Signal auffassen, sobald es auftaucht. Neben gültigen Bedeutungen, die die Existenz dieses Wortes in unserer Sprache erforderlich machen, wird »aber« nur allzuoft benutzt, um eine Aussage zu disqualifizieren oder etwas von ihrem Gewicht oder ihrer Gültigkeit zu nehmen. »Aber« ist auf jeden Fall ein hörbares Spiegel-bild eines Konflikts. »Ja, aber… « – »Ich würde das gerne tun, aber… « – »Ich mag dich, aber… « Durch diese Ambivalenz vermeidet der Betreffen-de die Entscheidung für eine Position oder das volle Spüren der einen oder anderen Hälfte seiner Aussage – jede Hälfte entkräftet die andere. Neben den Hinweisen, die ihm der Therapeut an diesem Punkt geben kann – also sich auf eine Seite zu schlagen oder beide Seiten zu übertreiben – wird er ihn manchmal auffordern, auf das Wort »aber« zu verzichten und es durch das Wort »und« zu ersetzen.

P.: Ich halte Abstand zu dir, aber ich mag deine innere Ruhe.

T.: Probiere »und« aus anstelle von »aber«.

P.: Ich halte Abstand zu dir, *und* ich genieße deine innere Ruhe. Klar! Das stimmt viel mehr.

»Es« und »Man«

Eine andere Redewendung, die eng mit dem Thema der Direktheit zu-sammenhängt, ist das Wörtchen »Es« anstelle eines spezifischen Inhalts.

P.: Er wollte, daß wir etwas tun, was ich eigentlich nicht wollte. Und er bestand so sehr darauf, daß es das Thema endloser Streitereien zwischen uns wurde...

T.: Könntest du uns sagen, was *es* ist?

P.: (lange Pause) Er wollte, daß wir auf einen psychedelischen Trip gehen.

Oft ist die eigentliche Bedeutung, die durch »es« ersetzt wird, »ich« oder »du«. »Es« wirkt hier als Puffer, um die Direktheit einer Begegnung zu dämpfen.

A.: Es ist meine Hand, die diese Bewegung macht...

B.: Macht »es« diese Bewegung?

A.: Ich bewege meine Hand so... und jetzt kommt mir der Gedanke...

B.: Der Gedanke »kommt« dir?

A.: Ich habe den Gedanken.

B.: Du »hast« ihn?

A.: Ich denke. Ja, ich denke, daß ich das Wörtchen »es« sehr viel gebrauche, und ich bin froh, daß ich es mir nun, indem ich mir dessen bewußt werde, es mir wieder zurückholen kann.

B.: »Es« zurückholen?

A.: *Mich selbst* zurückholen. Ich bin dankbar dafür.

B.: »Dafür«?

A.: Über deine Idee mit dem »es«.

B.: Über »meine Idee«?

A.: Ich bin *dir* dankbar.

Perls hat erstmals in *Das Ich, der Hunger und die Aggression* vorgeschlagen, »ich« statt »es« zu benutzen, und er hat diesem scheinbar oberflächlichen Sprachdetail große Bedeutung beigemessen. Er schreibt in der oben erwähnten Arbeit: »Jedesmal, wenn du die Sprache des Ichs anwendest, um dich auszudrücken, hilfst du der Entwicklung deiner Persönlichkeit.«

Ich ziehe es jedoch vor – wie bei vielen Techniken – dies auch hier als eine nützliche Requisite anzusehen, deren Wert dadurch bestimmt wird, wie angemessen ihr Gebrauch dem Augenblick ist. Ich habe Therapeuten auf Worten herumhacken und damit wenig erreichen sehen, da dies für den Moment offensichtlich unfruchtbar war. Ich bin persönlich dazu bereit, viele »es« durchgehen zu lassen, wenn die Umformulierung ein Gefühl unterbrechen, die Konzentration auf ein Bild stören, den Patienten davon ablenken würde, sich mit einem Teil seines Traumes zu identifizieren und so weiter. »Ich« zu vermeiden läuft nicht immer parallel mit der Einführung eines »Es«. Hier sind einige andere Möglichkeiten:

P1.: Wir sind alle nervös, und ich glaube nicht, daß wir mit dem, was hier vor sich geht, besonders zufrieden sind.

P2.: Sprich für dich selbst.
P1.: Ja, ich bin nervös...

In diesem Fall dient »wir« als der Wald, der den Baum versteckt, und schließt die mangelnde Bereitschaft ein, die Verantwortung für eine Erfahrung zu übernehmen.

Ein anderer Schutzschirm ist »man«.

A.: Das schafft man nicht so einfach.
B.: »Man«?
A.: Ich habe Schwierigkeiten, mich vor euch auszudrücken.
   Unpersönliche Aussagen kommen häufig vor und gelten als wissenschaftlich:
P.: Ich sehe deine Augen, die mich anschauen... da ist Schweiß an meinen Händen... und da ist ein Zittern in meiner Stimme... da ist Angst...
T.: Deine Redeweise ist die eines sehr distanzierten Beobachters. »Da ist« dies oder jenes, nie:« Ich habe Angst« oder: »Meine Stimme zittert«.
P.: Ja, das stimmt völlig. Das ist das, was ich mir am meisten wünsche: fähig zu sein, »ich« zu sagen.

Retroflexionen

Eine besondere Art von Indirektheit, die Gegenstand einer spezifischen Technik der Gestalttherapie ist, ist die Retroflektion. Um Retroflektionen rückgängig machen zu können, muß ein Impuls neu ausgerichtet werden, der so fehlgeleitet wurde, daß er – anstatt das beabsichtigte Objekt zu treffen – auf den Handelnden selbst zurückfällt.

Perls hat das Verhalten Retroflexion genannt, bei dem ein Mensch »sich selbst antut, was er ursprünglich anderen Personen oder Objekten antat oder es versuchte«. Anstatt so zu handeln, daß sich seine Energien auf die Umwelt richten, die seine Bedürfnisse befriedigen kann, »lenkt er seine Aktivität nach innen und macht sich selbst anstelle seiner Umwelt zur Zielscheibe seines Verhaltens«. In dem Ausmaß, in dem er dies tut, spaltet er seine Persönlichkeit in einen Täter und ein Opfer.

Retroflexion ist eine Folge umweltbedingter Widerstände gegen spontanen Ausdruck, die zu einer aktiven Zurückhaltung geführt haben. In der Zurückhaltung tut der Mensch sich selbst das an, was ihm ursprünglich von der Umwelt angetan wurde (er introjiziert), und benutzt für diese Aktivität die Energie seiner eigenen Impulse (er retroflektiert).

Retroflexion kann nach Perls jedoch sehr zweckdienlich sein: »Verfallt bloß nicht dem Irrtum, daß wir meinten, es sei gut, wenn wir alle ohne weiteres unsere Hemmungen fallenlassen könnten! In manchen Situationen ist es notwendig, sogar lebensrettend, sich zurückzuhalten – zum Beispiel unter Wasser den Atem anzuhalten. Die richtige Frage ist, ob jemand *vernünftige Gründe* hat, unter gewissen Umständen sein Verhalten im Augenblick zu bremsen.«

Viele unserer Retroflexionen sind allerdings unbewußt und nicht zweckmäßig. Für Perls ist die Repression eine »vergessene« Retroflexion.

Ich glaube, daß das Konzept der Retroflexion für den Psychotherapeuten besonders wertvoll ist, denn es lenkt seine Aufmerksamkeit auf den aktiven Aspekt der Depression und der Hemmung. Wie Perls gesagt hat: »Die Psychoanalyse betont die Wiederherstellung des Gewahrseins des Verdrängten, des blockierten Impulses. Wir hingegen betonen die Wiederherstellung des Gewahrseins des Blockierens selbst, des Gefühls, *daß* man es tut und *wie* man es tut. Sobald jemand seine retroflektierende Tätigkeit erkennt und wieder die Kontrolle darüber gewinnt, kommt der blockierte Impuls automatisch zum Vorschein... Der große Vorteil, mit dem retroflektierenden Teil der Persönlichkeit – dem aktiv unterdrückenden Aspekt – umzugehen, liegt darin, daß dieser in Reichweite des Gewahrseins liegt, direkt erfahren werden kann und nicht von spekulativen Interpretationen abhängt.

Der Inhalt der Retroflexionen ist variabel und dementsprechend auch das Ergebnis: Selbsthaß, Selbstmitleid, gierige Selbstausbeutung und so weiter. Sogar die Selbstbeobachtung wird von Perls als retroflektive Selbstbeschau angesehen: »Diese Form der Retroflexion ist so gängig in unserer Kultur, daß die psychologische Literatur es häufig für selbstverständlich hält, daß jeder Versuch, Selbst-Gewahrsein zu steigern, notwendigerweise introspektiv sein muß... Der Beobachter ist vom beobachteten Teil abgespalten. Erst wenn diese Spaltung geheilt ist, wird eine Person ganz erkennen, daß Selbst-Gewahrsein, das keine Introspektion darstellt, möglich ist. Wir können echtes Gewahrsein mit der Glut vergleichen, die in einer brennenden Kohle selbstzündend von innen heraus entsteht, während die Introspektion so ist, als richte man den Strahl einer Taschenlampe auf ein Objekt und mache seine Oberfläche mit Hilfe der reflektierten Strahlen sichtbar.«

Ich glaube, daß die in der Psychotherapie am häufigsten auftauchende Art der Retroflexion die Aggression ist. Ebenso wie Aggression gegen andere eine Projektion der Aggression sich selbst gegenüber sein kann, kann auch Selbstaggression die Retroflexion eines Impulses sein, der sich ursprünglich auf andere richtete. So kann man Ärger in Selbstanklagen und Schuldgefühle verdrehen, Sarkasmus in ein Gefühl der Lächerlichkeit, Haß in das Gefühl, keine Existenzberechtigung zu haben, und verschiedenes mehr. Allgemein gesagt, wird aus retroflektierter Aggression, wie die Psychoanalyse schon seit langem festgestellt hat, eine Depression.

Ob das Gefühl eines Menschen sich selbst gegenüber eine Retroflexion ist oder nicht, wird in der Gestalttherapie nicht durch Interpretationen, sondern durch Experimente überprüft. Wenn ein Patient aufgefordert wird, einem anderen das anzutun, was er sich selbst antut, kann er herausfinden, ob er genau dies eigentlich wollte, und dadurch – wenn dies der Fall war – mehr Direktheit im Ausdruck zurückgewinnen.

Der Vorschlag, eine Retroflexion umzukehren, stößt oft auf beträchtliche Angst und Scham – oder auf Schuldgefühle. Wenn die Retroflexion schließlich aufgelöst ist, kann das zu sozial unangemessenem oder kindischem Verhalten führen. Dies ist dann jedoch einer der Fälle, in denen die szenische Darstellung dem Patienten schnell helfen kann, das Unterdrückte zu erkennen und den entsprechenden Impuls umzuorientieren. Perls, Hefferline und Goodman geben uns folgendes Beispiel:

> Ein religiöser Mensch zum Beispiel, der unfähig ist, seine Wut und Enttäuschung über Gott herauszulassen, schlägt sich selbst auf die Brust und rauft sich die Haare. Derartige Selbstaggression – offensichtlich eine Retroflexion – ist dennoch eine Aggression und befriedigt tatsächlich den retroflektierenden Teil der Persönlichkeit. Es ist grobe, primitive, undifferenzierte Aggression – ein retroflektierter, kindischer Wutausbruch – aber der angegriffene Teil der Persönlichkeit ist immer gegenwärtig und setzt sich dem Angriff aus. Selbstaggression kann sich ihres Opfers immer sicher sein.
>
> Eine solche Retroflexion mit einem Schlag umzukehren würde bedeuten, daß der betreffende Mensch dann andere auf die gleiche unwirksame und urtümliche Weise angreifen würde. Er würde dieselbe überwältigende Gegenaggression auslösen, die ihn zuallererst dazu brachte, zu retroflektieren. Dies zu erkennen macht bereits die Möglichkeit, Retroflexionen umzukehren, so angsterregend. Dabei wird leicht übersehen, daß die Änderung durchaus in kleinen Schritten vollzogen werden kann.
>
> Als erstes kann man die Tatsache entdecken und akzeptieren, daß der Betreffende »sich gegen sich selbst wendet«. Er kann sich der Emotionen des retroflektierenden Teils seiner Persönlichkeit gewahr werden – vor allem der grimmigen Freude, die er empfindet, wenn er sich selbst Strafen auferlegt. Wenn ihm dies gelingt, hat er bereits einen beträchtlichen Fortschritt gemacht. Denn Rachsucht ist sozial so geächtet, daß es höchst schwierig ist, sie anzuerkennen und zu akzeptieren, sogar wenn man andere vermeintlich davon ausspart und sie ausschließlich gegen sich selbst richtet. Nur wenn sie akzeptiert wird, wenn sie als bestehende, dynamische Kom-

ponente der eigenen Persönlichkeitsstruktur anerkannt wird, hat man die Möglichkeit, sie in einen gesunden Ausdruck umzuformen, zu differenzieren und umzuleiten. Wenn die eigene Orientierung in der Umwelt sich verbessert, wenn das Gewahrsein dessen, was man wirklich tun will, klarer wird, wenn man Ansätze macht, begrenzte Versuche riskiert, um zu sehen, was dann passiert, entwickeln sich die eigenen Ausdruckstechniken in bezug auf die vordem blockierten Impulse ebenfalls. Sie verlieren ihren primitiven, beängstigenden Aspekt, sobald man sie differenziert und ihnen die Chance gibt, die erwachseneren Teile der Persönlichkeit einzuholen.

Der schrittweise Ansatz, auf den sich Perls bezieht, ist – genau gesagt – keine technische Angelegenheit, sondern das, was ich *Strategie* nenne, das heißt eine Anordnung von Techniken im Zusammenhang einer Sitzung. Ich werde mich diesen Bereichen im dritten Teil des Buches zuwenden.

Kapitel 6

Integrative Techniken

Im weitesten Sinn ist jede verstärkende Technik eine Technik der Integration, wenn sich auszudrücken bedeutet, das, was dissoziiert war, zurück ins Gewahrsein zu bringen, oder das, was der Betreffende als dissoziiertes – und deshalb unwirksames – Gedankengut, Bild oder Gefühl im Kopf hatte, wieder in den Bereich des Tuns zu überführen.

Es gibt jedoch gezieltere Wege, mit denen wir in der Gestalttherapie eine Integration der Persönlichkeit ermöglichen. Manchmal wird der Therapeut ein Hilfsmittel aufzeigen, das zu der jeweiligen Situation paßt – zum Beispiel, wenn er ein Rollenspiel vorschlägt, das eine Verbindung der Elemente ermöglicht, die in der Psyche des Patienten im Konflikt miteinander stehen. Meistens jedoch ermutigt er die Integration von sich streitenden inneren Stimmen mittels einer der beiden Techniken, die ich im folgenden vorstellen werde: der intra-personalen Begegnung oder der Assimilierung von Projektionen.

Intra-personale Begegnung

Eine für die Gestalttherapie typische Technik besteht darin, die Teilaspekte des Selbst miteinander in Kontakt zu bringen, indem der Betreffende die jeweiligen Teile abwechselnd spielt und seine »Charaktere« miteinander sprechen (oder in irgendeiner anderen Art miteinander in Beziehung treten) läßt. Dies ist so sehr ein Teil der Gestalttherapie, daß Fritz Perls im Spaß sagte, alles, was er bräuchte, wären sein Geschick, die Mitarbeit des Patienten, Papiertaschentücher, den »heißen Stuhl« und einen leeren Stuhl. Zwei Stühle deshalb, weil der Patient bei diesen inneren Dialogen aufgefordert wird, zwischen dem einen und dem anderen Stuhl hin- und herzuwechseln, um die Identifikation mit den sich abwechselnden Teilaspekten des Selbst realistischer zu gestalten.

Die Idee der intra-personalen Begegnung ist sehr einfach: Man läßt zwei oder mehr Seiten einer Person miteinander in Beziehung treten, so daß ein Dialog entsteht. Perls gab oft die Anweisung: »Entwickle einen Sketch.« Auf diese Weise kann sich ein Gespräch zunehmender Tiefe und Bedeutung entwickeln: zwischen der guten Mutter und dem kleinen Mädchen, das Aufmerksamkeit braucht; zwischen der Zielgerichtetheit einer Person und ihrer Neigung zur Improvisation; zwischen Verstand und Herz. Wirkung und Erfolg dieser Verfahrensweise liegen jedoch in Faktoren, deren Einschätzung die Feinfühligkeit eines Therapeuten erfordert. Ich nenne einige von ihnen:

1. Eine derartige Begegnung darf nicht vorschnell stattfinden. Bevor der selbstsüchtige mit dem selbstlosen Joe reden kann, ist es zum Beispiel notwendig, daß Joe sich dieser Seiten seiner selbst ausreichend bewußt geworden und mit ihren spezifischen Gefühlen in Kontakt gekommen ist.

2. Die Begegnung darf nicht zu einer intellektuellen Diskussion oder einem Ping-Pong-Spiel gegenseitiger Anklagen und Verteidigungsreden degenerieren – der Kontakt zwischen den Teilaspekten des Selbst muß auf der Gefühlsebene verfolgt werden. Wenn zum Beispiel der Underdog dafür eintritt, »nicht schuldig« zu sein, kann der Therapeut einschreiten und fragen: »Was fühlst du angesichts einer solchen Anklage?« Der Dialog könnte anschließend damit weitergehen, daß der Underdog seine Schamgefühle oder seine Wut zum Ausdruck bringt.

Hier sind einige Beispiele für intra-personale Begegnungen, die ich aus einer früheren Veröffentlichung entnehme:

1. Eine Frau erklärt, daß sie sich gern an einen Traum der letzten Nacht erinnern würde. Sie erhält die Anweisung, den Traum zu rufen, sich direkt an ihn zu wenden, und sie sagt mit sehr leiser, eintöniger Stimme: »Komm, Traum, ich möchte mich an dich erinnern.« Als man ihr sagt, daß es ihrem Anruf an Gefühl mangelt, versucht sie es mehrfach noch einmal. Dabei ist sie fähig zu spüren, daß sie sich eigentlich gar nicht an den Traum erinnern möchte. Er ist ihr eher gleichgültig, und sie hat sich selbst falsch interpretiert, als sie annahm, einen solchen Wunsch zu haben. Sie kann jetzt sehen, daß sie den »guten Patienten« gespielt hat.

2. Eine Frau hatte einen Traum, in dem sie sich selbst auf allen Vieren durch einen Raum kriechen sah. Irgend jemand fragt, was sie tut, und sie antwortet: »Ich möchte mich mit dieser Wand konfrontieren«. »Warum nicht lieber mit einem Menschen?« Sie antwortet: »Menschen sind Wände«.

In dem Traum wurde der Mensch nicht nur durch eine Wand ersetzt, sondern die Wand selbst wurde nie erreicht und »konfrontiert«. Als ihr dies in einer Sitzung gesagt wurde, tat die Frau dasselbe wie im Traum. Sie nahm dieselbe Haltung ein, kniete sich hin und beugte sich nach vorn:

»Ich möchte durch dich durch, Wand«. Als sie die Rolle der Wand übernahm, war ihre Antwort distanziert, hart und verächtlich gegenüber ihrer Sanftheit und Fügsamkeit, ihrer Haltung und ihrer schwachen Klage. Nachdem sie mehrere Male die Rollen gewechselt hatte, stand sie auf und spielte die Wand und sich selbst, stark, aufrecht und hart, wobei sie sich zwei Wände vorstellte, die einander gegenüberstanden. Dies schien die Konfrontation zu sein, nach der sie suchte. Eine Woche später berichtete sie, daß sie zum ersten Mal fähig gewesen sei, einem Mann in derselben Haltung entgegenzutreten.

Sehr viele und vielleicht die meisten bedeutungsvollen Begegnungen sind Erscheinungsformen einer weit verbreiteten Spaltung der Persönlichkeit, des »Ich sollte« gegenüber dem »Ich möchte«. Dies mag als Dialog mit einem vorgestellten Elternteil, mit einer entkörperten Selbstanklage oder mit »Leuten im allgemeinen« stattfinden, aber die Beteiligten erscheinen immer und immer wieder in dem speziellen Muster, dessen Protagonisten Perls (bei seiner Neigung für eine phänomenologische Nomenklatur) »Topdog« und »Underdog« nannte:

Den Topdog kann man als rechtschaffen, brutal, hartnäckig, autoritär und primitiv beschreiben.

Der Underdog entwickelt großes Geschick, den Anforderungen des Topdog auszuweichen. Da der Underdog nur mit halbem Herzen beabsichtigt, den Anforderungen nachzukommen, antwortet er: »Ja, aber...« , »Ich versuch es ja immer wieder, aber nächstes Mal werde ich es besser machen« und: »Morgen, morgen, nur nicht heute«. Der Underdog kommt in dem Konflikt gewöhnlich besser davon.

Topdog und Underdog sind wie zwei Clowns, die ihre verrückten und überflüssigen Spiele auf der Bühne des toleranten und stummen Selbst aufführen. Integration oder Heilung kann nur erreicht werden, wenn das Bedürfnis zwischen Topdog und Underdog, sich gegenseitig zu kontrollieren, aufhört. Nur dann werden die beiden »Kontrahenden« einander zuhören. Sobald sie zur Vernunft kommen und sich gegenseitig zuhören, öffnet sich die Tür für Integration und Vereinigung. Die Chance, aus einer gespaltenen eine ganze Person zu machen, nimmt zu.

Die folgende Auseinandersetzung (von einem Gruppenteilnehmer während einer therapeutischen Sitzung geschrieben) führt nicht zu völliger Integration, liefert aber ein Beispiel für die Verfahrensweise.

Der Therapeut schlägt eine Begegnung zwischen dem Mönch und dem Verführer vor.

Mönch: Schrecklich, schrecklich, die Leiden des Fleisches.

Neues Ich: Im Moment sind Leiden unangebracht – höre einfach dem Forellenquintett zu und erfreue dich am Sonnenschein, genieße die wohligen Schauer, die ganze Welt steht dir offen!

Mönch: Ich fühle mich in deiner Gegenwart so einsam, Charles.

Neues Ich: Danke, daß du mich beim Namen nennst. Jetzt kann ich ja getrost zum Beischlaf übergehen oder zumindest etwas, *hier* unten zwischen den Beinen *spüren.*

Mönch: Das ist nichts weiter als ein Hund, der seinen Schwanz einklemmt.

Neues Ich: Dann sind Sie ein Hund, mein Herr!

Mönch: *Wie kannst du es wagen!*

Neues Ich: Jetzt benimmst du dich wie Fräulein Henriette. Greif da runter, Mann, und spür zur Abwechslung mal deine Eier.

Mönch: Sei nicht so vulgär!

Neues Ich: Allein dafür sollte ich Sie zu neunzig Tagen und Nächten extremer Lust verdonnern, mein Herr.

Mönch: Meinetwegen alles, nur nicht diese japanische Musik. Allein der Gedanke daran treibt mir den Angstschweiß auf die Stirn.

Neues Ich: Ich werde sie spielen, Mann, und zwar genau dann, wenn das »Forellen-Quintett« zuende ist. Diese japanische Musik ist sehr angenehm – ziemlich unschuldig.

Genau so fängt man an, in aller Unschuld.

Puer aeternis, das bist du, ebenso wie jeder andere schöne Mensch.

Ja, es ist Grausamkeit mir selbst gegenüber, meinem Körper gegenüber, daß ich mir das Kruzifix über das Bett gehängt habe: »Der Mann der sein Leben gab«.

Mönch: Ich bin zu dem geworden, was ich bin, weil du deine Playmates in Minnesota gelassen hast.

Neues Ich: Unsinn.

Mönch: »Lose your head and come to your senses.«.

Neues Ich: Jetzt wirst du ganz schön scharf, Mann.

Mönch: Danke, daß du mich so nennst, Sohn.

Neues Ich: Ich bin nicht dein Sohn, Gott sei Dank.

Mönch: Ich sehe, du kennst mich.

Neues Ich: Ich nehme an, du meinst, daß jeder, der seinen Körper unterdrückt, meine Mutter ist. Nebenbei gesagt, merkst du eigentlich, daß wir inzwischen die Rollen vertauscht haben?

Mönch: Es war nicht so wichtig, wie wir dachten, oder?

Dieser letzte Satz entsprang dem Gefühl, daß die beiden Charaktere sich nicht mehr in antithetischen Rollen befanden. Beide haben sich so weit geändert, daß sie dieselben Züge teilen. Das »Neue Ich« quält, der Mönch fühlt sich als Opfer. So macht es keinen großen Unterschied mehr, wer bei welchem Namen genannt wird oder wer in welcher Rolle ist.

Projektionen assimilieren

Wenn wir sagen: »Es fühlt sich gut an« anstelle von: »Ich fühle mich gut dabei«, »Es fühlt sich unbequem an«, statt: »Mir gefällt das nicht«, »Es fühlt sich richtig an«, statt: »Ich stimme zu« – dann projizieren wir uns selbst in das »Es«. Manchmal mag es sich dabei wirklich um eine gewisse Vorliebe handeln, unser persönliches Engagement zu verheimlichen, unser Geltungsbewußtsein herunterzuspielen oder die Verantwortung für unsere Reaktionen zu kaschieren. In anderen Fällen kann die Projektion jedoch so weit gehen, daß wir dabei unseren eigenen Anteil an einer Erfahrung völlig verleugnen: Ein bestimmter Mensch *ist* gut – nicht etwa, daß wir persönlich ihn mögen; oder: Dieser Mensch *ist* schlecht – nicht etwa, daß wir persönlich ihn nicht mögen.

Verschiedene Formen der Projektion sind in der psychologischen Literatur gut dokumentiert. Uns interessiert hier vor allem der Abwehrmechanismus, von dem die Psychoanalyse spricht: der Prozeß, bei dem wir einem Menschen oder einem Ding in der Umgebung Qualitäten oder Gefühle unserer selbst zuschreiben, die wir nicht als die unseren zu erkennen bereit sind. Dies führt häufig dazu, »den Splitter im Auge des anderen zu sehen, statt den Balken im eigenen.« Soweit wir Teile aus unserem Bewußtsein ausblenden, beziehungsweise einige unserer Charakterzüge nicht anerkennen, sehen wir unsere Realität nicht so, wie sie ist, sondern verzerren unsere Wahrnehmung durch alles, was wir in uns selbst ablehnen. Dies trifft vor allem auf die Wahrnehmung von Personen zu (und möglicherweise noch stärker auf unser persönliches Engagement für andere). In der Gestalttherapie behandeln wir auch Traumbilder als Projektionen unserer selbst, mit dem Unterschied, daß sie nicht auf die wirkliche Umwelt, sondern auf die imaginäre Umwelt des Traumzustandes projiziert werden.

Projektionen sind gleichzeitig Illusion, aber auch Realität. Sie sind insofern illusionär, als sie oft nicht zur Person oder Sache gehören, der wir sie zuschreiben (obwohl Projektionen und Realität zusammenfallen können). Sie sind insofern Realität, als sie Bilder unseres inneren Lebens und Wege zu uns selbst sind.

Ein wichtiger Aspekt der Gestalttherapie besteht darin, Projektionen zu assimilieren. Das heißt, uns das zu eigen zu machen, was wir ausgeblendet haben, das als Teil unserer Erfahrung zu erkennen, was wir außerhalb unserer selbst gestellt haben.

Die Haupttechnik für die Assimilierung von Projektionen wurde bereits vorgestellt: sich mit der Projektion zu identifizieren und sie zu inszenieren:

T.: Was fühlst du jetzt?

P.: Ich fühle mich beobachtet. Ich glaube, daß du mich nicht magst.

T.: Sei für eine Weile ich. Stell dir vor, an meinem Platz zu stehen, und verleih den Gefühlen und Gedanken, die ich vielleicht haben könnte, Worte.

P.: »Sie ist schrecklich langweilig. Ich wäre lieber zu Hause, als ihr zuzuhören. Sie ist einfach uninteressant, und ich sitze hier mit ihr fest, weil ich ihr helfen soll.«

T.: Bitte wiederhol das jetzt als deine eigene Aussage über dich selbst und schau, ob es paßt.

P.: Ich bin schrecklich langweilig. Ich bin uninteressant, und ich kann nicht glauben, daß du mich magst oder mir gern deine Aufmerksamkeit schenkst, da ich dir nichts geben kann, was dies rechtfertigen würde. Natürlich. Das ist genau das, was ich denke.

In dem gegebenen Beispiel dient das Spiel als Mittel, mit dem die Patientin den Inhalt ihrer Projektion erfährt. Das war aber nicht genug. Was den Kontakt mit ihrer eigenen Erfahrung (ihrer Selbstbeurteilung, uninteressant zu sein) herstellte, war der Vorschlag, die projizierte Erfahrung als *ihre eigene* umzuformulieren. Dies ist das gleiche, wie »es« durch »ich« zu ersetzen, und kann auf verschiedene Weise unternommen werden. Manchmal genügt eine Frage: »Ist das dein eigenes Gefühl?«, »Erkennst du dies als einen Teil deiner selbst?« und so weiter. Andere Male mag eine vollständige Umformulierung der Erfahrung, bei der das Selbst durch das eines anderen ersetzt wird, notwendig sein. Auf kurze Aussagen angewandt, nennt man die Verfahrensweise im Gestaltjargon »anprobieren«.

P.: Ich mag deine Unaufrichtigkeit nicht. Du ziehst dich zurück und tratschst, und ich weiß nie, wo du gerade bist.

T.: Zieh dir das mal an und probiere, ob es paßt.

P.: Ich mag meine Unaufrichtigkeit nicht. Ich ziehe mich zurück und tratsche, und die Leute wissen nie, wo ich gerade bin. Ja. Ich glaube, das stimmt.

In anderen Fällen kann die Assimilierung einer Projektion dadurch hervorgerufen werden, daß ein interpersoneller in einen inneren Dialog umgewandelt wird:

P.: Ich fühle mich nicht wohl in deiner Gegenwart, Jane, weil du auf mich den Eindruck machst, als wenn du etwas Großartiges von mir erwartest, und ich habe immer Angst, dich zu enttäuschen.

T.: Stell dir vor, du bist Jane und sprichst so zu Henry, daß er sich nicht wohlfühlt.

P.: (schlüpft in Janes Rolle und spricht zu sich selbst) Du bist so ein begabter Typ und trotzdem sagst du so viele Dummheiten. Benutz dein Talent, Henry. Du kannst es dir nicht leisten, ein niemand zu sein. Du weißt, daß du mehr verdient hast.

T.: Gut, jetzt setze Henry auf diesen Stuhl und erzähle ihm, was Jane dir gerade gesagt hat.

P.: Du bist ein Genie, Henry. Und du wirst dem nicht gerecht. Du verschwendest dein Leben. Du handelst wie einer dieser Typen, und du weißt, daß dein Potential viel größer ist. Du solltest dich selbst ernster nehmen und der Welt zeigen, wer du bist.

T.: Gut. Sei jetzt der Underdog und antworte auf das, was du gerade gesagt hast.

P.: Scher dich zum Teufel, Mann. Ich habe die Nase voll davon, zu versuchen, ein Genie zu sein, nur um dir zu gefallen und das zu sein, was meine Mutter von ihrem wunderbaren kleinen Jungen erwartete. Ich bin *ich* und damit hat sich's. Ich bin hier, um mir selbst zu gefallen, und ich kümmere mich einen Dreck um deine Erwartungen.

T.: Setze den Dialog fort.

P.: Vorsichtig, Henry. Diese neue Philosophie von dir klingt sehr verlockend und richtig, aber sie ist nur ein vorübergehender Trend. Wenn du aufhörst, mir zuzuhören und einfach das tust, was dir gefällt, wirst du nur für eine Weile herumspinnen und dich schließlich ganz leer fühlen. Du bist jetzt nur jemand, weil ich mir soviel Mühe mit dir gegeben habe. Du bist so sehr gewachsen in diesen Jahren, und jetzt bist du dabei, alles kaputtzumachen.

In diesem Beispiel entsprechen Projektionen häufig den Aspekten der Persönlichkeit, die wir in der Gestalttherapie »Topdog« und »Underdog« nennen. Als letzterer fühlt sich der Betreffende kritisiert und unfähig, Anforderungen zu begegnen, schuldig oder beschämt, während er sich bei ersterem urteilend über andere stellt und die fordernde Rolle spielt. In beiden Fällen kann die Projektion aufdecken, was einfache Introspektion oder eine rasche intrapersonale Begegnung nicht würde, und der Therapeut kann einige Zeit darauf verwenden, den Ausdruck von Projektionen (zum Beispiel durch das Mittel, Krach zu machen) und ihre Explizierung oder Entfaltung zu ermutigen, bevor irgendein Versuch gemacht wird, sie zu reassimilieren.

Nach Perls, Hefferline und Goodman ist die neurotische Angst, selbst abgelehnt zu werden, eine Folge der projizierten Ablehnung anderer.

> Neurotiker reden viel davon, abgelehnt zu werden. Dies ist meistens eine Projektion der Ablehnung, die sie anderen zuteil werden lassen, auf sich selbst. Sie weigern sich, ihren latenten Widerwillen gegen das zu spüren,

was sie ihrer eigenen Persönlichkeit einverleibt haben. Wenn sie dies tun würden, müßten sie sich übergeben und viele ihrer »geliebten« Identifikationen ablehnen – Identifikationen, die ungenießbar und voller Haß waren, zu der Zeit, in der sie sie geschluckt haben. Oder sie müßten durch den anstrengenden Prozeß gehen, sie hervorzuholen, durchzuarbeiten und schließlich zu assimilieren.«

Perls, Hefferline und Goodman haben auch die Kastrationsangst, die in der Psychoanalyse eine so große Rolle spielt, als eine Projektion von Aggression interpretiert:

> Die *Vagina dentata,* die häufige Phantasie der Kastrationsangst, ist der unerledigte Biß des Mannes, projiziert auf die Frau. Bei der Arbeit an Kastrationsphantasien kann man wenig erreichen, ehe nicht die dentale Aggression wieder mobilisiert wurde – sobald aber diese natürliche Destruktivität in die Persönlichkeit integriert ist, schrumpft nicht nur die Angst, am Penis verletzt zu werden, sondern auch die Angst vor anderen Schäden, an der Ehre, am Besitz, am Augenlicht und so weiter, auf ihre angemessene Größe.[14]

Als Folge des Verzichts auf Ekel und Aggression – die gesunden Mechanismen der Ablehnung – muß das Individuum alles »schlucken«, was die Umwelt »füttert«, ob es nun zu seinen Bedürfnissen paßt oder nicht. Die Person bleibt ein Kind im Säuglingsstadium, unfähig, ihre Erfahrungen »durchzukauen«, sich durch Hindernisse durchzubeißen oder zu wählen. Die Konsequenz dieser Haltung ist die Introjektion dessen, was man als psychologische Fremdkörper betrachten kann. Eine Introjektion wird in der Gestalttherapie als eine unerledigte Situation betrachtet. Etwas wurde in die Persönlichkeit inkorporiert, ohne daß es angemessen assimiliert wurde, was heißen soll: psychologisch durchgekaut, analysiert und in seinen Einzelteilen oder als Ganzes selektiv einverleibt beziehungsweise zurückgewiesen. Perls sah eine enge Entsprechung zwischem dem Prozeß der Assimilation auf der psychologischen Ebene und der Einverleibung von Nahrung auf der physiologischen Ebene. Genauer gesagt: Er sah eine Entsprechung zwischen einer Fixierung auf das passiv-orale Stadium und der Unfähigkeit, richtig zu kauen. Deshalb empfahl er eine Anzahl von Übungen, die Gewahrsein während des Essens und die Remobilisierung oraler Aggression mit einschloß:

> Weil wir ›nach Stundenplan‹ gefüttert wurden und andere ›wissenschaftliche Praktiken‹ auf uns als Kinder angewandt wurden, ist die Blockierung oraler

---

14. Aus: *Gestalt Therapy: Excitement and Growth in the Human Personality,* von Frederick Perls, Highland, New York.

Aggression, wie sie weiter oben beschrieben wurde, wahrscheinlich bis zu einem gewissen Grad in uns selbst gegenwärtig. Dieser Zustand ist die Grundvoraussetzung für die Neigung zu introjizieren – unzerkaut hinunterzuschlucken, was nicht in deinen Organismus gehört. Wir werden das Problem deshalb an der Quelle – nämlich beim Prozeß des Essens – packen. Die Lösung schließt mit ein, Ekel wieder zu mobilisieren, was nicht angenehm ist und starke Widerstände hervorbringen wird. Wir schlagen deshalb in diesem Fall das folgende motorische Experiment nicht als etwas vor, das man in spontaner Weise ausprobiert, um dann zu sehen, was passiert, sondern wir wenden uns an deinen Mut und erlegen es dir als Aufgabe auf.
Während jedes Essens nimm einen Biß – denk daran, nur einen, einen einzigen Biß! – und durchsetze die Nahrung völlig mit Flüssigkeit, während du kaust. Laß kein einziges kleines Stück deiner Zerstörung entkommen, sondern suche es mit deiner Zunge heraus und bring es in die Position, um weiter darauf herumzukauen. Wenn du zufrieden bist, daß die Nahrung völlig verflüssigt ist, trink sie hinunter...
... Als funktionelles Gegenstück der Aufgabe, einen einzigen Bissen Nahrung zu kauen, gib dir selbst dieselbe Übung im intellektuellen Bereich. Nimm zum Beispiel aus einem Buch einen einzigen schwierigen Satz, der ›zähes Fleisch‹ ist und analysiere ihn, das heißt, nimm ihn gründlich auseinander. Komm zu dem genauen Begriffsinhalt jedes Wortes. Entscheide gegenüber dem Satz als Ganzem, wie klar er ist oder wie vage, wie wahr oder wie falsch. Mach ihn dir zu eigen und mach dir selbst klar, welchen Teil davon du nicht verstehst. Vielleicht hast du nicht dabei versagt, ihn zu verstehen, sondern der Satz selbst ist unverständlich. Entscheide dies für dich selbst.« (Perls)

Ein anderes nützliches Experiment, das die funktionelle Gleichartigkeit voll nutzt, die zwischen dem Essen von physischer Nahrung und der Einverleibung einer interpersonellen Situation besteht, ist folgendes:

Wenn du in einer ungeduldigen Stimmung bist – wütend, ärgerlich, voller Ablehnung – und deshalb dazu neigst, zu schlingen, lenke deine Aggression in eine bewußte Attacke auf etwas Eßbares. Nimm einen Apfel oder ein hartes Stück Brot und laß deine Rache daran aus, so wie es zu deiner Stimmung paßt, so ungeduldig, hastig, bösartig, grausam, wie du kannst. Aber beiß und kau – und schlinge nicht![15]

15. Aus: *Gestalt Therapy: Excitement and Growth in the Human Personality*, von Frederick Perls, Ralph Hefferline & Paul Goodman, 1992 edition, The Gestalt Journal Press, Highland, New York.

III.
Strategie

Kapitel 7

Strategie als Meta-Technik

Die in den vorangehenden Kapiteln beschriebenen Techniken sind für die Gestalttherapie das, was die Steine für ein Haus sind. Die verschiedenen Bausteine weisen familiäre Ähnlichkeiten oder einen gemeinsamen Stil auf, der sich daraus ableitet, daß sie insgesamt Ausdruck einer bestimmten Sichtweise sind und als Bestandteile einer gemeinsamen Struktur gesehen werden können. Über die Struktur selbst habe ich jedoch noch nichts ausgesagt.

Von außen betrachtet, wird die Struktur einer psychotherapeutischen Sitzung von der Reihenfolge bestimmt, in der ein Therapeut die verschiedenen Werkzeuge und Techniken zum Einsatz bringt, die er entweder von anderen übernommen oder selbst erfunden hat. Höchstwahrscheinlich gibt es, ungeachtet einer gewissen Allgemeingültigkeit jeder Technik, für jeden Menschen jederzeit eine bestimmte Richtung, die vielversprechender ist als die jetzige – einen Weg des geringsten Widerstandes. Obwohl der Therapeut durch eine Kombination von intuitiver, emotionaler und rationaler Reaktion auf den Prozeß der Begegnung mit dem Patienten eine Bewertung vornimmt, ob eine Technik an der Zeit und angemessen ist, werde ich seine Wahl als Strategie bezeichnen. Sicherlich ist der entscheidende Faktor in dieser Art von Strategie die Intuition des Therapeuten, und seine Kreativität besteht genau darin, auf einzigartige Situationen mit einzigartigen Mitteln zu reagieren. Es gibt nur wenige Noten auf der Tonleiter, und doch ist die Anzahl der Lieder unbegrenzt. Ebenso ist die Anzahl guter Interpreten größer als die guter Komponisten.

Wie auf dem allgemeineren Gebiet der Schönen Künste scheint das Erlernen einer Strategie hauptsächlich auf persönlicher Erfahrung sowie auf der Beobachtung anderer gelungener Therapieabläufe zu beruhen. Die Vorbildung von Fritz Perls' kalifornischen Schülern bestand im wesentlichen aus einer Kombination von persönlicher Psychotherapie und genauer Beobachtung der Arbeit des Meisters. Zweifellos kann es zusätzlich zu diesen Elementen (sowie natürlich der Supervision) hilfreich sein, den therapeutischen Prozeß nicht nur zu beobachten, sondern zu reflektieren. Das Verständnis einer Strategie kann besonders gefördert werden, wenn man Gelegenheit hat, an der mündlichen Nachbereitung teilzunehmen, die der Therapeut anschließend an seine Interventionen vornimmt. Ich habe daher die Transkripte durch eigene Kommentare ergänzt. Außer den Bemerkungen über das erste Transkript (Len), die ich während der Überarbeitung dieses Buches 1987 hinzugefügt habe, wurden diese Beobachtungen kurz nach den Sitzungen (1970) aufgezeichnet, anläßlich einiger Treffen mit einer kleinen Gruppe von Schülern.

Zusätzlich zu den Mitteilungen und Reflektionen über meine Therapiearbeit habe ich den Versuch gemacht, das klinische Material mit einigen theoretischen Anmerkungen zu versehen. Im achten und neunten Kapitel beschreibe ich zwei spezifische Strategien, die nach meiner Auffassung ein permanentes Gerüst für die Strategieentscheidungen des Therapeuten bilden. Ebenso wie sich der Gestalttherapeut auf der methodischen Ebene für das Zurückhalten von Impulsen oder für deren Verstärkung entscheiden kann, kann er auf der strategischen Ebene den Patienten entweder auffordern, gegen seine Symptome anzugehen (indem er beispielsweise direkt und aufrichtig ist), oder ihn dazu ermutigen, auf seine Symptome »abzufahren« – seine Psychopathologie zu übertreiben oder sich damit zu brüsten – als alternativen Weg, sie zu verstehen, zu integrieren und zu überwinden. Dieser Weg erfordert im einzelnen die Alternative, entweder in der Gegenwart zu bleiben oder mit der Vergangenheit und Zukunft umzugehen, ebenso wie sich die Erfahrung anzueignen oder abzugeben. Vergangenheit und Zukunft haben ebenso einen Platz in der Gestalttherapie wie die Gegenwart und wie eine »Strategie der Verantwortungslosigkeit« und das Übernehmen der Verantwortung – wie ich im folgenden aufzeigen werde.

Kapitel 8

Mit Gerald im Hier und Jetzt:
Eine kommentierte Fallstudie

Gerald: Meine Nase ist total verschleimt. Ich möchte gerne wissen, was *hinter* meiner verschnupften Nase steckt, was ich mir da antue. Munson hat mich darauf gebracht, als er gestern abend sagte, daß jedes Symptom und jede Beschwerde künstliches Getue sind.[16] Also sagte ich mir: »So ist das also mit dem Schnupfen. Was soll das ganze Getue?« Und dann habe ich noch so einen starren Blick. Manchmal, wenn ich etwas ganz genau sehen will, dann werde ich fast blind[17], und ich merke, wie mein Hals innendrin ganz trocken wird, und ich brauche etwas zu Trinken. Ich merke, wie meine Stimme weicher wird, ich kratze mich an der Nase, am rechten Nasenflügel, und fühle mich ein bißchen wie ein Analytiker. Ich merke, wie ich meine Augen schließe, ein wenig schwer seufze und vielleicht sage, daß ich lieber in eine

---

16. Dies ist ein Thema, an dem sich die Geister der Gestalttherapeuten scheiden. Er spricht über etwas, was nicht direkt jetzt geschieht, und dennoch denke ich, daß Symptome, ebenso wie Träume, so wichtige Schlüssel enthalten, daß sie ein wertvoller Ausgangspunkt sind, ganz gleich, ob sie zum Hier und Jetzt gehören oder nicht. Ich entmutige niemals eine Person, zu Beginn einer Sitzung ihre Symptome zu schildern, um in der Lage zu sein, selbst zu beurteilen, ob ich mit ihnen arbeiten will oder nicht. Obwohl gelegentlich das Symptom Bestandteil des Spieles ist, das die Person spielt (»sieh nur, all die Probleme, die ich habe« oder: »bedaure mich!«), kann es ebensogut sein, daß dies Dinge sind, die sonst überhaupt nicht zur Sprache kämen. Wenn Träume, die nicht hier und jetzt sind, in die Gegenwart gebracht werden können, um mit ihnen zu arbeiten, dann kann dies auch mit Symptomen getan werden. Im allgemeinen lasse ich dies offen, oder ich bitte gelegentlich den Patienten, sich dazu zu äußern, was er will, warum er überhaupt gekommen ist.

17. Von dem ersten Symptom, der laufenden Nase, hat er bereits eine Vorstellung: Er gibt damit an. Weil Munson (oder möglicherweise auch Perls) gesagt hat, daß Symptome etwas mit Vorspiegelungen zu tun haben, glaube ich, daß er hier versucht, ein »guter Junge« zu sein und das Gefühl hat, daß das stimmen muß. »Mein Symptom weist auf etwas hin, was mit mir nicht stimmt, und ich sollte es korrigieren.« Es wäre ein unmögliches Unterfangen, seinen Selbstverbesserungseifer zu erklären und ihn damit zu konfrontieren, was er im Augenblick tut. Ich war schon darauf gefaßt, ihm weiter zuzuhören, und schon macht er mit einem zweiten Symptom weiter: seinem starren Blick.

Art Schlaf oder Müdigkeit abdriften würde. Ich merke, daß du mich ziemlich genau anschaust, mit der rechten Hand an deinem Bart. Wieder merke ich, daß ich ganz genau hinsehen möchte, und sehe schließlich doch nicht soviel von dir, wie ich gerne möchte.[18] Ich merke, wie ich mir die Lippen lecke. Ich merke auch, wie ich den Wunsch äußere, dich zu bitten, zu mir zu sprechen, indem ich mit einem verführerischen Lächeln sage: »Kannst du mir etwas über das, was ich gerade gesagt habe, sagen?«. Ich weiß nicht, ob mein Lächeln wirklich verführerisch ist, aber irgendwie lächle ich, winke mit der Hand, das Gewicht meines rechten Arms auf den Beinen, die Bewegungen im Handgelenk, die Schultern hochgezogen, den Blick gesenkt. Ich bin ein wenig ängstlich, meine Handflächen werden etwas feucht. Meine Stimme wird leiser. Wieder Lippenlecken.

Ich: Du hast dir mehrmals die Lippen geleckt, du spürst die Feuchtigkeit, und die Nase läuft dir. Experimentiere ein wenig mit dem Lecken, übertreibe es, schau, wie es sich anfühlt.[19]

Gerald: Ich spüre das Gefühl des Salzes in meinen Haaren, das Ziehen auf der Rückseite meiner Zunge, nicht unangenehm, nicht so sehr das Lecken, wie das Herausstrecken der Zunge und das Gefühl des Drucks hinter den Augen. Ich habe das Gefühl, ich lerne erst jetzt meine Lippen kennen. Und meine Augen fühlen sich ein wenig freier, direkt über den Wangenknochen.[20]

---

18. Ich glaube, es ist wünschenswert, daran zu denken, was die Alternativen im Gewahrseinskontinuum sind. Man kann sich auf die innere Welt oder auf die körperlichen Empfindungen konzentrieren, aber auch auf die Außenwelt, die Fritz die »äußere Region« nannte. Oder es gibt die Möglichkeit, sich auf seine Phantasien und Gedanken zu konzentrieren – nach Fritz die »Zwischenregion«. Es kommt mir immer verdächtig vor, wenn eine Person, nur eines tut, es sei denn, es entwickelt sich etwas, was dies rechtfertigt.

19. An dieser Stelle habe ich mich zu einer Intervention entschlossen. Er scheint recht flüssig. Er spricht von mir, von seinen Bewegungen, seinen Gefühlen, und ich wähle eine Bewegung heraus, die Anfeuchtung seiner Lippen, die relevant erscheint – teilweise weil ich dachte, daß er nicht so mit seinem Handeln in Kontakt ist wie mit den anderen Bereichen, und teilweise weil es zu dem paßt, was er ursprünglich als Symptom berichtete: eine laufende Nase – ein Symptom, das mit der Mund- und Nasenregion zu tun hat.

20. Ich bin erstaunt darüber, daß sich seine *Augen* freier anfühlen, obwohl er nur das Lecken seiner *Lippen* übertrieben hat. Sein Lippenlecken hat etwas Gezwungenes, was möglicherweise die Wirkung auf seine Augen erklärt. Die zwei ursprünglichen Symptome waren Nasentriefen und ein starrer Blick, und von daher scheinen sie irgendwie verwandt zu sein. Gleichzeitig habe ich das Gefühl, daß er dadurch, daß er absichtlich tut, was er die ganze Zeitlang spontan getan hat (was so etwas Ähnliches war wie ein kleines Symptom),

Ich: Wenn deine Zunge zu den Lippen sprechen könnte, was würde sie dann sagen?[21]

Gerald: Ich bin Geralds Zunge: Lippen, ich habe euch vermißt. Ihr seid immer draußen, und ich komme nur sehr selten raus. Ich frage mich, warum ihr Angst vor mir habt, warum ihr mich immer eingeschlossen haltet? Was ist denn schon dabei, die Zunge rauszustrecken, was hält euch davon ab, mich zwischen euch zu lassen?[22]

Warum eigentlich? Ich habe das Gefühl, ich will überhaupt nicht mehr rauskommen. Ich fühle mich hier unten eingeschlossen, und ich bin so müde, daß ich gar keine Lust mehr habe, nach oben zu kommen. Ich bin es einfach leid, immer wieder zu versuchen, herauszukommen, weil ihr immer wieder den Eingang zumacht.

Ich: Könntest du dasselbe noch einmal als Gerald wiederholen und dir vorstellen, daß du diese Gefühle über dich selbst ausdrückst?[23]

Gerald: Ich möchte herauskommen. Ich möchte mich zwischen euch drängen. Ich habe euch vermißt. Ich bin es leid, herauskommen zu wollen und von euch gefangen gehalten zu werden. Ich kann mich nicht mehr erinnern, was ich sonst noch alles gesagt habe.

Ich: Du sagtest, du seist müde. Ich glaube, du sprachst vom Müdewerden.

Gerald: Ja, schwere Augenlider, und ein Drang nach unten. Ich würde gern einschlafen. Ich möchte mich zurückziehen.

---

ein gesundes Bedürfnis befriedigt. Anders gesagt, es gibt eine organische, korrigierende Tendenz hinter seiner Lippenbewegung. Sie erfüllt irgendein Bedürfnis, sei es symbolisch oder real.

21. Ich habe ihn zuerst auf dieses Symptom hingewiesen. Anschließend bat ich ihn, die Bewegung zu wiederholen. Er tat dies ebenfalls in übertriebener Weise. Nun bitte ich ihn, das Ganze explizit zu machen. Nicht das wörtliche Ergebnis ist das Wichtigste, sondern die Tatsache, daß er, um etwas aus der Körpersprache in die Sprache der Worte zu übersetzen, in engeren Kontakt mit sich selbst kommen muß. Wenn wir versuchen, etwas auszudrücken, erkennen wir, inwieweit wir es verstehen oder nicht.

22. Der Inhalt bis jetzt ist ein Gefühl der Einsamkeit, des Ausgeschlossenseins und Hereinwollens, sowie eine Sehnsucht nach Zuwendung: in psychoanalytischen Begriffen ein verbreitetes Muster. Das Subjekt ist in Kontakt mit seinen Bedürfnissen, die es in oralen Begriffen erfährt.

23. Nun bitte ich ihn, die Erfahrung, die er projiziert hat, zu *assimilieren*. Was er erzählt hat, war die Erfahrung seiner Zunge, nicht seine eigene. Dennoch fühlt er höchstwahrscheinlich sich selbst eingeschlossen und möchte sehr gern herauskommen, um jemanden zu treffen oder etwas zu erleben. Das Hilfsmittel, einen grammatischen Wechsel vorzunehmen und die Aussage seiner Zunge in der ersten Person zu wiederholen kann für ihn ein Mittel sein, zu entdecken, ob dies wirklich seine Gefühle sind.

Ich: Ich möchte, daß du das bis zu Ende spielst. Mach weiter und zieh dich
zurück. Schließ die Augen. Laß dich zurücksinken.

Gerald: Es macht mir Angst. Ich fange an zu schwitzen.[24] Ich merke, wie
ich mit den Zähnen knirsche, die Zähne zusammenbeiße, nicht loslassen will.[25] Jetzt komme ich wieder etwas zurück. Grinse und ertrage
es.

Ich: Geh damit noch ein wenig weiter und sieh, wohin es dich führt.[26]

Gerald: (Nach einer kurzen Phase der Stille mit geschlossenen Augen) Ich
hatte das Gefühl, um mich schlagen zu wollen, und ich merkte, wie
ich Schläge abwehrte. Ich halte mich auf den Beinen. (Als ob ich nach
einer gehörigen Trance allmählich wieder in die »Realität« zurückkeh-
re): Ich dachte, ich wehre Schläge ab. Und dann aufgeben, mich hin-
geben. Und ich höre etwas Verletztes in meiner Stimme. Und ich habe
gemerkt, wie sich etwas auflöst, etwas entlädt.

Ich: Ich sehe einen großen Kontrast zwischen deinem Ausdruck, deinen
Bewegungen, dem, was du jetzt sagst, und deiner gewöhnlichen Art.
In deiner normalen Stimme und Haltung liegt viel vom »Guten Jun-
gen« und die Sorge, das Richtige zu sagen. Möglicherweise ist dieser
Wunsch, um sich zu schlagen und Schläge abzuwehren, das Gegenteil
dieses Strebens, das versucht herauszukommen. Vielleicht könntest
Du einen Weg finden, diesem Zustand jetzt noch Laute hinzuzufü-

---

24. Ich glaube, das ist interessant. Sobald er sich aus der Kommunikation zurückzieht,
bekommt er Angst und fängt an zu schwitzen. Mein Eindruck ist, daß dieser Rückzug für
ihn etwas Lebensfeindliches hat: Er ist ein Symptom. An dieser Stelle verrät er seine
tieferen Impulse, seine organischen Bedürfnisse, sein Bedürfnis nach Leben, nach Vertrauen: Im Moment des Rückzuges wird er sich selbst untreu und fühlt sofort die Anzeichen des Verlustes an Leben: seine Angst. Er hat eine schlechte Wahl getroffen und bekommt ein weiteres Symptom, eine Strafe, was das Leben anbelangt. Das Leben läßt
nicht zu, daß man mit seiner Natur herumprobiert.

25. Ich bin versucht, hier eine psychoanalytische Interpretation vorzunehmen. Er kann
nicht saugen, er kann nicht zugreifen, er läßt keinen natürlichen Verhaltensablauf zu, und
schließlich muß er zubeißen. In strengen psychoanalytischen Begriffen würde das Beißen
als orale Aggression verstanden, die anstelle der früheren oralen Empfänglichkeit tritt.
Dies kann ebenso zutreffen in einem ganz allgemeinen Sinn, daß die Aggression wenn
man einen Impuls blockiert, als Korrekturmechanismus einsetzt: zurechtbeißen, was falsch
ist.

26. Auch hier möchte ich eigentlich nicht interpretieren, also bitte ich ihn, es zu übertreiben, noch einmal mit gesteigerter Intensität, das zu tun, was er bereits tut (beißen), dadurch wird, wenn das, was ich mir vorstelle, wahr ist, diese Wahrheit Gelegenheit bekommen, von selbst offenbar zu werden. Ich bitte ihn, das Beißen zu übertreiben.

gen, und es mehr in den Hals zu bringen. Drück diese Haltung auch einem anderen Menschen gegenüber aus, wenn möglich mit Gestik und Stimme. Geh auf jemanden zu.

Gerald: Ich habe Angst, ich könnte jemandem wehtun. Ich habe mich zurückgehalten, weil ich dachte, ich brauche die Erlaubnis, jemandem wehzutun. Aber ich weiß nicht, ob ich ihm überhaupt wehtun würde. Aber ich merkte, wie ich mich zurückzog, als ich es sagte. Ich zog mich zurück. (Laute) Erstickt. Schwindlig. Irgend etwas hier. Hitzewellen. Schwierigkeiten beim Schlucken. Wärme. Irgendwelche plötzlichen Leeregefühle.

Ich: Wenn du den Ärger rausläßt, fühlst du dich dann schlecht?

Gerald: Ich würge dran.

Ich: Du hast die Augen geschlossen gehalten. Gehen wir ein Stück weiter in die Kommunikation hinein und versuchen wir es mit offenen Augen. Schau der Person, mit der du es machst, in die Augen.[27]

Gerald: Nicht! Wenn du mich schlägst, schlage ich zurück. (Laute)

Ich: Ganz offensichtlich steckt sehr viel Kraft in dieser Seite von dir. Kannst du dir jetzt jemanden vorstellen, der als Zielscheibe für diese Gefühle an diesem Punkt in deinem Leben dient?

Gerald: Ich spüre meine Hand an meinem Hals, so als würde ich mich selbst würgen wollen. Ich habe ein Bild von meiner Mutter vor Augen, aber es ist kein visueller Eindruck, sondern nur das Wort »Mutter«.[28] Und ich will... ich will es nicht sehen. Meine Augen sind ge-

---

27. Das ist ein weiterer Schritt in die Richtung eines vollständigeren Ausdrucks: Zuerst übertrieb er, dann gab er Laute von sich, aber dann schloß er die Augen. In Augenblicken ungewöhnlicher Nähe schließen Menschen oft die Augen. Wir suchen jedoch die Nähe anderer. Indem ich ihn nun bitte, dasselbe mit offenen Augen zu tun, bitte ich ihn, seine Gefühle in Beziehung zur Welt zu bringen. Selbst wenn er seine Gefühle nicht auf andere richten kann, muß er die Freiheit haben, zu erleben, was er angesichts anderer erlebt, muß trotz der Gegenwart anderer Verantwortung für seine Gefühle übernehmen, statt sie für sich zu behalten. Ich versuche ihm zu helfen, sich mit dem, was er in Gestik und Stimme ausdrückt, mehr zu Hause zu fühlen. Meine Annahme ist, daß seine Rolle als »Guter Junge« viel mit seinem sozialen Verhalten und seiner Wahrnehmung anderer zu tun hat, während er seine Aggressionen und sein Böser-Junge-Muster nur als körperliche Empfindungen zuläßt oder wenn er allein für sich ist.

28. Das erste, was ich an ihm beobachtete, war eine Gute-Jungen-Art, in der Art und Weise, wie er sein Symptom schilderte. Anschließend jedoch übte er in flüssiger Weise das Gewahrseinskontinuum, aber es gab einen Eifer, etwas hervorzubringen und das Richtige zu tun. Ich erwähnte dies damals nie. Ich hielt seine Haltung nicht für eindeutig genug, um gewinnbringend den Ablauf zu reflektieren, und hatte noch eine andere Wahl. Jetzt sehe ich zum erstenmal, daß er darüber hinaus ist. Seine Stimme hört sich anders an, und

schlossen. Und es ist jetzt schmerzhaft, sehr, sehr schwer. Ich schaue auf etwas Häßliches, etwas, was ich nicht mag und nicht verstehe. Und ich will es nicht sehen.

Ich: Mach noch einmal dieselben Gesten, die du diesem häßlichen Etwas entgegengebracht hast. Hast du das Gefühl, du kommunizierst mit diesem häßlichen Etwas, indem du diese Abwehrgesten vollführst? (Töne)

Gerald: Mir ist warm. Ich schwitze. Ich glaube, ich möchte noch einmal schauen. Ich hatte einen Moment lang Bedenken, daß etwas auf meiner linken, weiblichen Seite noch nicht ganz fertig war. Und es war mehr von dem, was ich zweifellos abwehrte und immer noch abwehre.

Ich: Hattest du eine Vorstellung von dem, was du abwehrtest?

Gerald: Ich habe wieder ein Wort: »Mutter«, aber kein Bild.

Ich: Sieh mal, ob du zu dem werden kannst, was du abwehrtest. Sieh, ob du dich selbst als Ausgestoßenen erleben kannst. Sieh, ob du dich beschreiben kannst und ob das Bild dann Formen annimmt.

Gerald: Mit oder ohne Worte?[29]

Ich: In Worten.

Gerald: Ich fühle mich jetzt wohler dabei. Ich möchte es. Ich brauche dich. Ich möchte mich an dich anlehnen. Verletz mich nicht. Ich bin schon verletzt. So etwas.Und wenn ich sie dann zurückweisen würde, dann geschähe es unter vielen Tränen, Ausbrüchen der Verletztheit.

Ich: Sei verletzt und sei du selbst.

---

seine ganze Art ist anders. Er kann wahrscheinlich genau spüren, daß er Abstand zu seiner früheren Rolle gefunden hat, und sie im nachhinein betrachten. Ich erwähne jetzt, was ich sehe, für den Fall, daß er dafür empfänglich ist. Ich dränge ihn nicht, darüber zu sprechen, sondern bitte ihn wiederum, seine aggressiven Bewegungen durch Übertreibung weiterzutreiben.

29. Es ist klar, daß alles, was er zum Ausdruck brachte, für ihn befriedigend war. Er fühlt sich danach besser. Er bringt offenbar etwas zum Ausdruck, was nicht Bestandteil seines gewohnten Selbst ist, etwas, was er unterdrückt. Sogar jetzt fühlt er sich noch unvollständig. Er ist sich immer noch nicht sicher, wer diese Person ist, außer einer unbestimmten Assoziation zu seiner Mutter. Anstatt der Frage verstandesmäßig nachzugehen, versuche ich, seinem Bewußtsein von seiner Mutter auf die Sprünge zu helfen, indem ich ihn bitte, in die Rolle jenes Wesens mit den unbestimmten mütterlichen Eigenschaften zu schlüpfen. Ich entscheide mich dafür, ihn nicht direkt in die Begegnung mit seiner Mutter zu führen, denn schließlich ist es wahrscheinlich nicht seine Mutter, die er ablehnt, sondern ein Teil seiner selbst, der Eindruck seiner Mutter in seiner eigenen Persönlichkeit.

Gerald: Es gibt hier etwas Scham, ein Senken des Kopfes, ein Senken der Augen.

Ich: Kannst du diese Scham etwas mehr in Worten ausdrücken?

Gerald: Ich schäme mich, weil du meine Schwäche gesehen hast. Ich schäme mich, weil ich nicht mit all deinen Katastrophen fertigwerde, die über mich hereingebrochen sind und die auf dich übertragen wurden. Ich schäme mich, daß ich nicht mehr beeinflussen kann, wie wir auf andere wirken. Das haben wir nicht gewollt. Ich hätte mir etwas anderes gewünscht. Für uns.

Ich: Wer ist »wir«?

Gerald: Meine Mutter. Und Ich.

Ich: Kannst du den Dialog mit ihr fortsetzen?

Gerald: (Als er selbst) Ich verstehe das. Kannst du nicht sehen, daß ich das verstehe? Mein Schnupfen! Er ist ein innerliches Weinen! Er ist ein Wasserfall oder so etwas! Was will ich da hinausweinen?

Ich: Schau einmal, ob du deinem Weinen Worte verleihen kannst, ohne es zu unterdrücken.[30]

Gerald: Mein rechter Arm zittert. Ich sehe, wie ihr euch gegenseitig verletzt. Ich sehe, wie überflüssig all dies ist. Ich sehe so viele guten Absichten und so wenige Fähigkeiten, sie umzusetzen. Ich sehe, wie du genau das, was du erreichen willst, kaputtmachst. Ich verstehe das nicht. Ich fühle mich hilflos, weil auch ich diese guten Absichten habe, diese guten Wünsche, und ich fühle mich hilflos, weil ich nicht weiß, was ich mit ihnen anfangen soll. Laßt euch in Ruhe. Laßt mich in Ruhe. Laß sie in Ruhe. Laß ihn in Ruhe.

Ich: Jetzt versuche, diese Aussage an deine Mutter zu richten.

Gerald: Ich schüttelte den Kopf. Ich lehne sie oder irgend etwas ab. Ich weiß es nicht. Es ist, als würde ich etwas von hier oben bis dort unten durcheinanderschütteln wollen. Als ob ich so eine Blockierung loswerden könnte, die hier quer hindurch geht. Da ist eine Blockierung,

---

30. Ich befürchte, daß jede Anweisung, die ich geben würde, mit seiner Erfahrung in Konflikt kommen würde. Ich möchte das, was er gerade tut, nicht unterbrechen. Auf der anderen Seite fürchte ich, daß er sich selbst unterbrechen wird, wenn ich ihn nicht genug in der Richtung halte, in die er sich ohnehin schon bewegt. Also mache ich einen Kompromiß und sage: »Verleihe deinem Weinen Worte, ohne es zu unterbrechen«. Ich möchte sicherstellen, daß er nicht als ein solch »guter Patient« agiert und den Kontakt zu seinen Gefühlen verliert, nur um sich genau an die Anweisungen zu halten.

und ich dachte, ich könnte sie vielleicht so heftig schütteln, daß sie herunterrasseln würde. Irgend etwas würde die Blockierung durchbrechen.

Ich: Du siehst angewidert aus.

Gerald: Ich bin es. Ich fühle mich bei dieser Sequenz so hoffnungslos, mit meinem Gefühl der Hilflosigkeit nicht angenommen. Geh fort! Du vermittelst mir ein Gefühl von Hilflosigkeit.

Ich: Vor einer Weile drücktest du dich mit Hilfe deines Körpers aus, und dann wendetest du dich an deine Mutter. Kannst du dir vorstellen, du tust ihr das an, körperlich, aber auch mit diesen nonverbalen Äußerungen? Diesmal drückst du es in deinen Worten aus. Sag etwas wie: »Laß mich allein«. Nur statt es einfach in Worten zu sagen, kombinierst du es mit den Abwehrgesten. Bring deine Worte mit deiner Körpersprache zusammen.

Gerald: Ich spüre eine große Trockenheit. Ich merke, wie ich irgendwie intellektuell werde, wenn ich sage, daß dies eine banale Emotion ist. Gestern Abend sah ich, wie Carol das tat. Ich beurteile mich selbst. Ich beurteile mein Beurteilen. Ich versuche, dabei zu bleiben. Ich brauche auch Feuchtigkeit. Ich brauche Luft. Ich muß irgend etwas tun, um diese Trockenheit aus dem Hals zu bekommen. Ich bin mir bewußt, daß ich nicht sehen will. Meine Augen sind wieder geschlossen. Sie sind sehr dicht. Kurzer Atem. Mein rechter Arm… ein Zurückziehen. Noch mehr Trockenheit. Mehr Trockenheit. Ich kann es nicht hinunterschlucken. Ich kann keine Öffnung machen, die groß genug ist. Die Zunge will nicht weit genug herauskommen, um hinten im Hals eine Öffnung zu machen, die groß genug ist.

Ich: Groß genug für was?

Gerald: Ich weiß nicht.

Ich: Du hast das Gefühl, du schluckst etwas runter? Du mußtest etwas schlucken?

Gerald: Nein. Ich fühle es immer noch. Und ich kann den Hals nicht weit genug aufbekommen. Aber wer sagt mir eigentlich, was ich zu schlucken habe, und wer sagt mir, daß man es überhaupt schlucken muß?

Ich: Ich verstehe jetzt ein wenig mehr davon, warum du würgen mußt. Ich möchte, daß du noch einmal auf jene Bewegung zurückkommst, die du vorher hattest, die Wut und Abwehr, diesmal jedoch auf deine Mutter gerichtet.

Gerald: Die Trockenheit kommt wieder. Für kurze Zeit war sie verschwunden. Vorübergehend. Sie ging weg, und jetzt kommt sie wieder zurück.

Ich: Dies ist das zweitemal, daß ich dies vorschlage, und jedesmal hast du diese Symptome hervorgebracht.[31]

Gerald: Ich nehme an, ich weiß, daß ich meine eigenen Symptome hervorbringe. Du sagst mir etwas darüber, wie ich es tue. Und ich will es nicht… und dennoch tue ich es, weil ich hier bin. Ich habe jetzt etwas in meinem Mund. Ich meine den Ausdruck, ich habe hier das Gefühl, ich weiß nicht genau, was das bedeutet. Mutter, wenn du hier wärst, und ich würde dir sagen, dir antun, was ich tat, würde ich sagen: »Mutter, hör mit deinem verdammten Gejammer auf! Hör auf, verletzt zu sein. So sehr, so leicht. Hör auf, deinen Stolz runterzuschlukken, hör auf, die Welt runterzuschlucken und zu sagen, es sei dein Fehler. Komm runter vom Kreuz. Hör auf, andere zu verletzen. Hör auf, so verdammt voller guter Absichten zu sein. Hör auf, mich zu erdrücken. Sei nicht so verdammt stark. Hör auf, uns da hineinzuziehen. Hör auf, so stark zu sein. Sogar in deiner Schwäche stark. Du wirst zum Herrscher über die Familie. Du kannst die Hauptrolle spielen, sogar wenn du unter der größten Katastrophe leidest. Hör auf, so besorgt um mein Wohlergehen zu sein. Hör auf zu fordern.«

Ich: Wie fühlst du dich?

Gerald: Irgendwie erleichtert.

Ich: Wie klingst du?[32]

Gerald: Zu sanft, um wütend zu sein. Ich glaube nicht, daß ich ein Bedauern spürte. Es war mehr wie… das ist so ziemlich alles, dessen ich mir bewußt war… wie ich meine Handflächen in den Stuhl bohre, dachte ich wohl, ich sei der beherrschte, wohlerzogene Mann, der seine Meinung sagt. Denn, wenn ich etwas über meine Mutter sagen würde, würde ich sagen: »Du hast genug ertragen. Ich glaube, ich muß dir das sagen, bevor jemand anders es tut. Ich bin nie zu dir durchgedrungen. Und dies war meine Art zu bohren, zu dir durchzukommen, wo ich niemals zuvor durchgekommen bin.« Aber es war immer noch, ich habe immer noch versucht, zartfühlend genug zu sein.

---

31. Er hat sich vor diesem letzten Schritt gedrückt, und die Sitzung hat für eine Weile stagniert. Bevor jemand Widerstände ausdrücken kann, muß er sich bewußt werden, daß es Widerstände gibt. Ich habe ihm dies erst eben gesagt, ihn auf sein Zögern hingewiesen. Nach meinem Gefühl wäre mehr zu diesem Zeitpunkt noch nicht angebracht.

32. Ich frage ihn, wie er sich fühlt und wie er klingt, in der Hoffnung, daß er sich seiner Kontrolle bewußt wird, die in dieser Rede immer offensichtlicher geworden ist und das Selbstbewußtsein in seiner Stimme vermindert hat.

Ich: Könntest du etwas weniger beherrscht und höflich sein?[33] Versuche einige der Dinge, die du gesagt hast, noch einmal zu wiederholen, und laß dich diesmal mehr gehen.

Gerald: Es wird nur zur Verletztheit noch mehr Verletztheit hinzufügen, und mein Hals wird wieder ganz trocken. Das schlucke ich nicht.

Ich: (wiederum in bezug auf die Erzeugung von Symptomen) Es hat Methode.

Gerald: Das kann ich nicht schlucken, aber ich möchte nicht zu der Verletztheit noch mehr Verletztheit hinzufügen.

Ich: Du verletzt nur deinen eigenen Mechanismus, indem du gegen seine Grenzen angehst.

Gerald: Vielleicht hast du Recht. Ich glaube, ich kann eine Stütze gebrauchen.

Ich: Sag einfach immer wieder: »Erstick mich nicht« oder wiederhole eine der anderen Aussagen, die du bereits gemacht hast. Und wiederhole sie mitsamt der Gestik, der Bewegung.[34]

Gerald: Erstick mich nicht! Hör auf mit deinen taktischen Manövern! Hör auf! Hör auf! Hör auf! Hör auf! Was nutzt es, mit ihr zu reden? Ich komme ja ohnehin nicht zu ihr durch. Ich möchte am liebsten aufgeben. Meinen Kopf vergraben. Etwas Ruhe haben. Vielleicht ein andermal noch einmal probieren.

Ich: Das ist dasselbe, was du vorher mit deiner Müdigkeit und mit der eingeschlossenen Zunge erlebtest. Aufgeben.

Gerald: Ja, ich hatte das Gefühl, ich will schlafen.

Ich: Kannst du dich wieder zurückziehen?

Gerald: Ich habe das Gefühl, ich bin in diese Position hineingeprügelt worden. Ich hatte ein Bild von Striemen am Rücken. Und ich wollte da raus. Aber ich wollte nicht dafür kämpfen. Ich merke, wie ich sage:

---

33. Jetzt ist die Situation eine andere. Er ist sich bereits seiner Beherrschung bewußt geworden, also bin ich nun in der Position zu sagen: »Kannst du etwas weniger beherrscht sein?« Ich kann ihn auffordern, das zu modifizieren, dessen er sich bewußt ist.

34. Ich schlage ihm vor, von der Wiederholung Gebrauch zu machen, als Aufhänger für die nonverbale Wirkung. Wie wir bereits wissen, kann er seine Gefühle recht gut in Gesten und Lauten äußern, ebenso wie er sich gut in Worten ausdrücken kann. Zu keiner Zeit hat er sich zugleich verbal und nonverbal ausgedrückt. Wenn er Worte braucht, stellt er seine physische Spontaneität ab. Sein sprechendes und fühlendes Selbst scheinen nicht eins zu sein. Also gebe ich ihm bereits ein Sortiment von Dingen, aus denen er wählen kann, bitte ihn, zu wählen und dabei zu bleiben. Das ist etwas anderes als ihm zu sagen, er solle sich mehr ausdrücken. Er hat nichts, was er entwickeln könnte. Seine einzige Aufgabe ist die Integration: beides gleichzeitig zu tun, sowohl mit den verbalen als auch mit den nonverbalen Elementen des Musters in Kontakt zu sein.

›Zieht mich raus. So hilf mir doch jemand und hol mich hier raus!‹ Ich merke, wie ich mich hier selber unterstütze, also sage ich: ›Ich will nicht, daß du alles machst, aber du mußt den Anfang machen. Vielleicht kennst du einen Weg da hindurch, den ich nicht kenne, um mit der Verletzung aufzuhören.‹ Es ist irgendwie trocken hier. Ich wollte nicht hierbleiben. Aber, du siehst, ich bin draußen.

Ich: Ich habe den Eindruck, du würdest gern durchkommen, aber nicht zu deiner Mutter, sondern zu dir selbst. Ich glaube nicht, daß es eine Alternative gibt zum Annehmen.

Gerald: Zum Annehmen von was?

Ich: Zum Annehmen dieses Gefühls, das du mit deinem Körper vermittelst. Von allem, was du bisher angedeutet hast – deine Mutter, die dieses (demonstriert) Würgen und Drücken veranstaltet –, glaube ich, daß du keine andere Reaktionsmöglichkeit hast außer der Aggression.

Gerald: Mal sehen, ob ich das gerade richtig verstanden habe. Du hast den Eindruck, daß dies mein Kiefer ist, mein Zähneknirschen, und ich akzeptiere das nicht in mir selbst.

Ich: Du schwankst zwischen Zurückziehen und Zubeißen und findest keinen Ausweg. Dies sind die beiden Alternativen. Das erstemal, als du dich zurückgezogen hast, endete es in: (demonstriert das Zubeißen).

Gerald: Ja.

Ich: Wenn Du das bis zum bitteren Ende durchhältst (bissige Angriffsgeste), wirst du dich schließlich doch zurückziehen. Du bist nicht frei in dieser Bewegung.

Gerald: Ich sehe mich als Pendel ohne Ruhepunkt.

Ich: Wahrscheinlich hättest du einen Ruhepunkt, wenn du Endpunkte hättest. Wenn du deinen Ärger bis zu Ende ausleben könntest, aber jedesmal, wenn du zum Beispiel diesen Gedanken hast, wütend auf deine Mutter zu werden, kommt deine Trockenheit zurück. Und du ziehst dich zurück.

Gerald: Ja.

Ich: Also sehe ich immer noch, daß du ein wenig lockerer werden mußt.

Gerald: Jetzt glaube ich, daß mein Vater ein gewalttätiger Mann war.

Ich: Du willst nicht so sein wie er.

Gerald: Nein, nicht in dieser Hinsicht. Er hat mir mit Stock und Besenstiel übel zugesetzt. Vom Denken her kann ich sagen, ja, Aggression ist etwas anderes als Wut, und Wut ist etwas anderes als Gewalt, aber ich weiß nicht, wo ich die Grenze ziehen soll. Ich glaube, es kam heraus, als ich zu dir kam und sagte: »Ich will nicht, weil ich dir wehtun würde‹‹ oder so etwas ähnliches.

Mann: Du sagtest: »Wenn du mich schlägst, schlage ich zurück«.

Gerald: Das habe ich gesagt? Was habe ich dir gesagt, Claudio? Ich dachte, ich hätte zu irgend jemandem, ich glaube, zu mir selbst, gesagt: »Ich möchte zu einer Verletzung nicht noch eine Verletzung hinzufügen«.

Frau: »Ich möchte dich nicht mehr länger verletzen.« Du glaubst also, daß es nur zwei Alternativen gibt: Entweder wirst du gewalttätig, verrückt wie dein Vater, oder du mußt alles schlucken, und die Tränen laufen über dein Gesicht. Dies sind die einzigen Alternativen.

Mann: Ich wäre gewillt, es auf eine körperliche Begegnung ankommen zu lassen.

Gerald: Ich habe das Gefühl, man muß mir etwas auf die Sprünge helfen. Mir geht einfach zuviel durch den Kopf.

Ich: Ich mißtraue deiner Angst, jemanden zu verletzen. Ich glaube, die Grenzen, die du dir selbst setzt, geben…

Gerald: … geben mir mehr Macht, als ich eigentlich habe.

Ich: Um nicht zu verletzen, mußt du dich würgen lassen.

Gerald: Woher willst du das wissen?

Ich: Durch Experimentieren. Wie ist es, wenn man für eine Weile die Kontrolle verliert? Herausfinden. Ob man es überlebt oder nicht. Oder wie furchtbar es ist. Ich weiß nicht, was tatsächlich passiert. Ich wollte nur deine Vorstellung unterstützen, in eine körperliche Auseinandersetzung mit ihm zu kommen, und ich schlage vor, du findest heraus, wie sich das anfühlt.

Gerald: Ich müßte es versuchen. Ich weiß nicht, wie es sich anfühlt.

Ich: Wäre dies eine völlig neue Erfahrung für dich?

Gerald: Nein. Ich habe schon einmal jemanden verprügelt. Ich ging einmal jemandem an den Hals. Und was ich toll fand… hey, es fiel mir gerade ein, daß es das war, was ich tat: Ich ging ihm an den Hals. Und das Interessante daran ist, daß er mich wieder beruhigen konnte, obwohl ich völlig außer mir war. Wir hatten uns stillschweigend Grenzen gesetzt, und dann gab er mir etwas. Er sagte: »Du bist schön, wenn du wütend bist«. Ich weiß also nicht ganz. Ich habe ein bißchen Angst vor dir. Ich glaube du bist größer als ich, schwerer.

Mann: Ich vermute, du bist wahrscheinlich stärker als ich. Ich glaube aber nicht, daß das wichtig ist. willst du anfangen, indem du mich anfaßt? Was fühlst du?

Gerald: Als du mich das fragtest, war da ein Gefühl, du solltest mich, um anzufangen, auf deine Handflächen schlagen lassen (Geräusch).

Mann: Du wirfst mich nicht um!

Gerald: Du bist unten! Du bist unten!

Mann: Wirklich?

Gerald: Du bist unten! (keuchend) Ich hatte das starke Gefühl, du hättest aufgegeben, als ich anfing, mich zu wehren. Hast du dich absichtlich zurückgehalten?

Mann: Solange ich in der Defensive war, warst du sehr stark.

Gerald: Stimmt.

Mann: Als ich anfing zu kämpfen, fühlte ich deine ganze Kraft schwinden.

Gerald: Ich habe also keine Angst, dir wehzutun. Ich habe Angst vor etwas anderem. Ich habe Angst, verletzt zu werden. Als du mich am Boden hattest, war es teilweise körperliche Erschöpfung. Was für mich überraschend war, war, daß ich immer noch biß. Und ich hatte keine andere Wahl. So kam das Gefühl der Hilflosigkeit wieder. Okay. Ich kenne keine anderen Kampftricks mehr.

Mann: Würdest du versuchen, mich am Boden zu halten?

Gerald: Dich am Boden halten?

Mann: Ja, einfach versuchen, wie es ist, zu versuchen, mich am Boden zu halten. (Kampfgeräusche) Erstaunlich! (Gelächter)

Gerald: Ich frage mich, was das Beißen zu bedeuten hat.

Mann: Beißen? Ich dachte, das war ein Kuß.

Gerald: Ja. Ich dachte erst auch, daß es etwas anderes wäre. Als ich auf dein Gesicht heruntersah und du anfingst zurückzubeißen und zu knurren…

Mann: Noch einmal: Ich glaube, daß du sehr viel Kraft hast, die du noch nicht nutzen konntest, von der ich noch nicht gespürt habe, daß du sie gegen mich einsetzt. Sogar als du mich am Boden hieltest, habe ich nur so getan, als käme ich nicht mehr hoch. In Wirklichkeit hätte ich dich einfach nur umschmeißen brauchen. Du hast so starke Muskeln, die jedoch nur verspannt sind, ein Muskel gegen den anderen. Ich habe noch nie die wirkliche Kraft gespürt, die dir zur Verfügung stehen sollte – so, wie du ausschaust.

Gerald: Das stimmt… Weil sie irgendwann mal die Form eines leichten Kopfschmerzes angenommen hat.

Mann: Du hast sie selbst dazu gemacht.

Gerald: Ja. Und was soll ich nun mit dem Ganzen anfangen?

Ich: Wo bist du jetzt?

Gerald: Ich erfahre verschiedene Teile meines Körpers. Ich fühle den Schweiß von der Stirn rinnen, von meinen Händen und im Haar. Das Atmen im Hals, der ziemlich geöffnet zu sein scheint. Leicht angefeuchtete Lippen. Irgend etwas ist hier drin gelockert. Ich versuche, Atem zu holen oder zu einem anderen Atemrhythmus zu gelangen.

Mann: Willst du eine Runde Armdrücken mitmachen? Es ist eine einfache Kraftprobe, ohne Verletzungsgefahr.

Gerald: Was meinst du, käme dabei heraus?

Ich: Du hörst sofort auf, wenn du... nun, das erstemal, als du abschaltetest, war, als du das Gefühl hattest, du verlierst. All diese Bewegung gegen etwas und weg von etwas, all das hat etwas mit Aufgeben zu tun. Hoffnungslosigkeit: Du hast keine Ahnung, ob du gewinnen wirst...

Gerald: Das ist typisch. Ich werde bis zu einem Punkt drücken und dann aufgeben. Ich weiß nicht, warum ich den Kampf nicht fortsetzen will oder nicht fortsetze. Daher nehme ich an, daß möglicherweise die Gefahr, verletzt zu werden, etwas damit zu tun haben könnte. Es klingt, als würde ich sagen, daß ich schon genug verletzt worden bin. Ich möchte nicht noch einmal verletzt werden.

Ich: Vielleicht möchtest du das ja durch etwas herausfinden, bei dem du nicht verletzt werden kannst?

Gerald: Jetzt oder später?

Mann: Jetzt.

Gerald: Okay. Du mußt mir sagen, was ich tun soll, und nicht gleich aufgeben, wenn ich aufgebe (Gelächter).

Mann: Vielleicht werde ich mir gleichzeitig auch sagen, was ich tun soll.

Gerald: Kaum hat der Kampf angefangen, und schon bin ich ziemlich müde.

Mann: Okay, bereit zu verlieren? (Kampfgeräusche)

Gruppe: Du hast es wirklich geschafft! Du hast ihn nicht wieder hochkommen lassen!

Gerald: Siehst du, das ist das Problem. Ich bin wirklich stark. (Gelächter) Ich werde nicht noch einmal verlieren. Ich habe mehr Kraft, als der Doktor denkt. (Noch ein Kampf)

Mann: Noch einmal dasselbe. Du hast nicht aufgegeben. Du bist anders als vorher.

Gerald: Ich fühle mich gut. Ich fühle mich wie ein Hund, der von der Leine losgelassen wurde.

Frau: Ich hätte Lust, mit dir einen Wettkampf zu veranstalten, wer von uns am besten hoffnungslos spielen kann. Ich kann hoffnungsloser sein als du.

Gerald: Ich glaube, da brauchen wir uns gar nichs vorzumachen.

Kapitel 9

Psychologisches Judo

Wie ich bereits im zweiten Kapitel feststellte, besteht der Weg der Gestalt-
therapie häufig in der Verwirklichung seines therapeutischen Ideals – des
Ideals der Authentizität und der Gegenwartsbezogenheit – und, anstatt an
einer zukünftigen Erfüllung zu arbeiten, dem Anstoß zu einer gesunden
Haltung in der Gegenwart durch die Konfrontation mit den eigenen »Spielen« und Vermeidungsstrategien. Der Weg zum authentischen Sein, der
Wunsch, »echt« zu sein – sich zu entschließen, aufrichtig zu sein und alles
Darumherumgerede aufzuhören – geht über das Echtsein in diesem Moment. Der Weg zur Eigenständigkeit führt durch die Übernahme der Verantwortung für unser gegenwärtiges Handeln und Nichthandeln. Der Weg
zu organismischer Selbstregulierung führt über das Loslassen der Schutz-
mechanismen der konditionierten Persönlichkeit in diesem gegenwärtigen Moment.

Dieser Ansatz ist jedoch nur die eine Hälfte der Gestalttherapie. Wir
könnten sie den »direkten Weg« nennen. In der Praxis weisen die Interventionen des Therapeuten jedoch häufig in eine andere Richtung: Er lädt
den Patienten ein, nicht authentisch zu sein, sondern seine Torheiten zu
übertreiben. Statt seinen spontanen Ausdruck zu ermutigen, kann er ihn
bitten, sich mit seinen Über–Ich zu identifizieren oder zu schauspielern
und sein gesamtes Augenmerk auf eine Selbstkritik zu legen, Forderungen
an sich zu stellen oder sich zu behindern, zu kritisieren oder zu sabotieren.
Statt den Patienten dazu zu drängen, sein mechanisches Grübeln und sein
Phantasieren so gering wie möglich zu halten, kann der Therapeut ihn
ebensogut bitten, seiner Neigung zum Phantasieren nachzugehen – wie in
Desoilles geleiteten Tagträumen – oder auch zu predigen, lange Vorträge
zu halten. Allgemein gesagt, kann der Therapeut dem Patienten vorschlagen zu übertreiben und sich auf die Seite seines psychischen Defektes,
seiner Vermeidungsstrategien und aller Tendenzen in ihm zu schlagen, die
seinem therapeutischen Ideal widersprechen.

Diese Haltung des Parteiergreifens für die Symptome kann man in
William Blakes Satz zusammenfassen: »Wenn der Narr zu seiner Narretei

stehen würde, dann würde er zum Weisen werden«. Perls maß diesem Prinzip häufig einen allgemeingültigen Wert zu: Man überwindet niemals etwas, indem man sich ihm widersetzt. Man kann etwas nur überwinden, indem man tiefer hineingeht. Wenn du gehässig bist, sei es ganz. Wenn du schauspielerst, schauspielere noch stärker. Was immer es sei, wenn du tief genug hineingehst, wird es sich wandeln und verschwinden. Es wird assimiliert. Jeglicher Widerstand ist nicht hilfreich. Du mußt voll hineingehen – mitmachen. Mach mit deinen Schmerzen mit, deiner Ruhelosigkeit, was immer da ist. Nutze deine Gehässigkeit. Nutze deine Umgebung. Nutze alles, wogegen du kämpfst und was du ablehnst. Spiel dich auf damit! Gib damit an, was für ein großer Saboteur du bist! Wenn du im letzten Weltkrieg im Widerstand gewesen wärst, dann wärst du wahrscheinlich ein Held geworden.

Das Prinzip ist ähnlich wie im Judo oder Tai Chi Chuan, bei dem der Kämpfer es schafft, seinen Gegner zu besiegen, ohne sich ihm entgegenzustellen, sondern indem er seine Kraft ablenkt oder ihn weiter in die Richtung seiner Bewegungen hineinzieht. Ebenso wie ein Kämpfer in seiner Sanftheit stark sein kann, wenn er die Kraft seines Gegners nutzt, statt sich ihr entgegenzustellen, kann der Gestalttherapeut (oder der Patient) die Energie, die in Symptomen oder Widerständen gespeichert ist, nutzen, indem er einfach ihren Ausdruck anregt und sanft ihren Kurs lenkt. In den meisten Fällen findet schließlich eine Verwandlung des Neurotischen in eine gesunde Emotionalität statt, fast eine Art Exorzismus.

Ich bin mir im Gegensatz dazu nicht sicher, ob man wirklich »niemals etwas überwinden kann, indem man sich ihm widersetzt«. Ich vertrete die Ansicht, daß die Gestalttherapie über weite Strecken als eine Trainingssituation gesehen werden kann, in der wir den Versuchungen, zu vermeiden, vorzugeben, berechnend zu sein und so weiter, widerstehen und dadurch lernen, uns auch ohne die Krücken, die Teil unserer Persönlichkeit geworden sind, wohlzufühlen. In anderen Worten: Ich glaube, daß wir imstande sind, unseren Verirrungen wenigstens teilweise zu widerstehen, und das durchaus erfolgreich. Jegliches Maß von Erfolg in dieser Richtung bewirkt die Erfahrung eines erneuten Erlebens und einer emotionalen Korrektur. Der indirekte Weg jedoch – die Strategie, mit den Symptomen zu gehen, statt gegen sie zu kämpfen – setzt an einem Punkt ein, an dem wir an unsere persönlichen Grenzen gestoßen sind. Ich glaube, daß ein erfolgreicher Gestalttherapeut sich dessen bewußt ist und zwischen dem direkten Weg und der Alternative des »entgegengesetzten« Verfahrens wählen kann. (Dies ist einer »normalen« gesunden Haltung insofern entgegengesetzt, als es eine zeitweise Unterordnung unter etwas einschließt, was

GESTALT

scheinbar das Gegenteil von uns selbst ist.) Der Therapeut ermutigt die
Person gewöhnlich, sich der Herausforderung des direkten Weges zu stellen, und sieht das Scheitern bei dieser Aufgabe als Schlüssel, die er in seiner weiteren Arbeit mit Hilfe der Verstärkung, Explizierung, Weiterentwicklung und Identifikation weiterverfolgen kann. Ein Großteil des Erfol-
ges eines Gestalttherapeuten beruht meines Wissens auf seiner Fähigkeit,
einen neurotischen Charakter zu erkennen und einen klaren Blick für Abweichungen von einem gesunden Selbstbewußtsein und spontanem Verhalten zu haben. Geleitet von seiner guten Nase für Dubioses, regt oder
leitet der Therapeut den Patienten an, das Gegenteil von sich selbst zu
werden: zu dem, was am weitesten von den überentwickelten Eigenschaften entfernt zu sein scheint. In der Strategie, die die Gestalttherapie wie
ein roter Faden durchzieht, führt der Therapeut den Patienten durch einen Prozeß, der dem ähnelt, was ein Kind lernen muß, wenn es auf einem
Stuhl sitzen will: Es muß sich in den Stuhl hineingeben, statt sich nur in
die Richtung zu bewegen.

Dies ist eine Entdeckung, die viele Patienten irgendwann in einer typischen Gestalttherapiesitzung machen, die jedoch nicht unbedingt von einem außenstehenden Beobachter wahrgenommen wird. Der Patient entdeckt beispielsweise, daß seine Abwehr eine verbogene und abwegige Form
von gesunder Aggression war, aber der Beobachter ist möglicherweise er-
schrocken über den scheinbaren Verlust der Beherrschung. Während der
Patient eine tiefgreifende und reinigende Trauererfahrung macht, die durch
die Übertreibung seiner inneren Leere herbeigeführt wird, kann ein Beobachter, der mit der Gestalttherapie nicht vertraut ist, möglicherweise be-
fürchten, daß der Therapeut seinen Patienten in den Selbstmord treibt,
indem er die Schwere seiner Symptome noch betont. Die Fähigkeit des
Therapeuten, einen Patienten an einen Wendepunkt zu bringen, an dem
seine entfremdeten destruktiven Energien zu *seiner eigenen* geläuterten Kraft
werden, werden zum Großteil nicht allein auf Techniken beruhen. Es kommt
auf die gelebte Erfahrung an und auf das Vertrauen in die konstruktiven
Energien, die sich in verzerrter Form, aufgrund ungesunder Vermeidungsstrategien, in pathologischen Verhaltensweisen äußern können. Das Gewahrsein der Gegenwart führt zur Selbstheilung dieser destruktiven Energien.
Vertrauen in den vorgezeichneten Heilungsprozeß kann den Therapeuten
in die Lage versetzen, diesen Prozeß auf wirkungsvolle Weise zu begleiten,
trotz eventueller chaotischer, wütender oder unkontrollierter Aktionen des
Patienten. Darüber hinaus ist das Vertrauen in die Selbstheilung die Grundlage für das notwendige Vertrauen in den Patienten, die innere Gewißheit,
daß er loslassen und sich dem Heilungsprozeß anvertrauen wird.

144

Die Tatsache, daß sowohl der direkte als auch der entgegengesetzte Weg einen Wert haben, fordert vom Therapeuten praktisch auf jeder Stufe einer Sitzung eine erneute Entscheidung. Wenn der Patient nicht offen ist, kann ihn der Therapeut entweder bitten, es zu sein oder seine Verschlossenheit zu verstärken. Wenn der Patient Kontakt vermeidet, kann der Therapeut ihn entweder auffordern, die Kontaktvermeidung zu beenden oder sie zu übertreiben. Hier ist ein Beispiel aus einer Sitzung, die ich mit Jim Simkin hatte:

> Ich schaue auf den Teppich. Jetzt schaue ich zur Decke. Jetzt schaue ich auf einen Punkt direkt über deinem Kopf. Und jetzt zu deinen Füßen. Ich fange an, mich wohlzufühlen. Ich schaue wieder auf den Teppich. Er ist sehr schön, wie er in der Sonne glänzt. Ich höre draußen einen Vogel. Ich sehe die Tür. Ich blicke zwischen euch beide. Ich sehe den Umriß des Raumes zwischen euren Köpfen und Hälsen. Es macht mir großen Spaß – ich fühle mich so frei, euch nicht anzuschauen! Mein Leben lang hatte ich Schuldgefühle, mich zurückzuziehen, und jetzt erlaube ich es mir, unter eurer aller Blicke. Ich habe so warme Gefühle für euch alle, daß ihr mir diese Freiheit laßt! Ich möchte euch noch nicht anschauen, und doch fange ich schon an, euch zu lieben.

Ein Beispiel für den indirekten Weg, der noch nie beschrieben und dennoch meines Erachtens von vielen implizit beschritten wurde, ist das, was ich die »Strategie der Verantwortungslosigkeit« nenne. Während das Ziel der Gestalttherapie darin besteht, den Patienten an einen Punkt zu bringen, an dem er hinter dem steht, was er tut und fühlt, gibt es Momente in dem Prozeß, die wir als Trick verstehen können, durch den der Therapeut vorübergehend die Illusion und die Freiheit des Patienten von Verantwortung beläßt und sogar unterstützt. Ich glaube, daß man diesen Gedanken am besten durch einen Vergleich mit der Hypnotherapie verstehen kann. In tiefer hypnotischer Trance lädt der Therapeut den Patienten häufig (wenngleich nur implizit) ein, unter der Voraussetzung zu handeln: »Dies bin nicht ich.« »Was auch immer ich sage oder tue, liegt nicht mehr länger in meiner Verantwortung, und ich bin daher auch nicht verantwortlich dafür. Von jetzt an bin ich in ›Trance‹, und mein Unterbewußtsein, nicht ich, wird an die Oberfläche kommen. Ich weiß nicht und will auch nicht wissen, was ich fühle oder zum Ausdruck bringe, während ich schlafe. Der Therapeut und ich, wir wissen, daß all dies mein Alter ego sein wird – nicht ich selbst. Er wird mich nicht für Abläufe verantwortlich machen, die außerhalb meines Wissens und meiner Kontrolle liegen.« Die Konsequenz dieser Haltung ist, daß die Person in Hypnose sich möglicherweise an Dinge erinnert, die zu schmerzhaft für ihn »selbst« wären, um sich daran zu erinnern, daß er Gefühle ausdrückt, die auszudrücken ihm sonst der Mut fehlen würde, daß er Dinge auf Weisen wahrnehmen würde, für die er sonst nicht offen wäre, aus Furcht, daß seine gegenwärtigen Ansichten sich wandeln müßten. Sobald er all dies jedoch einmal erfahren hat, entdeckt er häufig, daß all diese Gefühle, Ansichten und Erinnerungen, die er für unerträglich gehalten hat, etwas sind, was er durchaus ertragen kann. Der Trancezustand hatte die Funktion einer Generalprobe vor einer verantwortungsvollen Konfrontation, vergleichbar einer Leinwand, auf die bestimmte Erfahrungen projiziert werden, bevor sie vollständig anerkannt oder erneut zurückgewiesen werden können. Durch eine genaue Betrachtung erreicht der Patient die Integration des vermeintlich Unerträglichen. Mit Hilfe der Illusion der Freiheit von jeglicher Verantwortung wird er in die Lage versetzt, seine Wirklichkeit besser zu akzeptieren und für sich selbst verantwortlich zu sein.

Was für den hypnotischen Zustand zutrifft, gilt ebenso für Projektionen sowie für die absichtliche projektive Identifikation bei der Dramatisierung expressiven Verhaltens. Ich vermute, daß sogar ein Teil des explosiven Verhaltens, das stattfindet, wenn Gestalttherapiepatienten ihre Konflikte dramatisieren, möglicherweise seine Intensität aus der Tatsache gewinnt, daß der Patient in eine leichte hypnotische Trance gegangen ist, in der er zeitweise den gewöhnlichen psychischen Schwerpunkt, seine gewohnte Rolle samt der entsprechenden Kontrolle, aufgibt.

Ein Fall, bei dem der Therapeut die psychische Sicherheit des Patienten schützt, indem er seine Projektion ermuntert, besteht darin, daß er ihn bittet, einen unvollendeten Traum in der Phantasie zu Ende zu spinnen.

Wenn ein Therapeut dies tut, dann verläßt er sich auf die Tatsache, daß der einzelne im Wachzustand imstande sein kann, das zu träumen, was in dem wirklichen Traum – wegen des Gefühls der Realität von Träumen – für ihn unerträglich war. Der Patient weiß dies jederzeit während seiner Phantasiereise: »Dies ist nur Phantasie«, und er ist, wie der Zuschauer eines Dramas, der seinen Platz im Publikum kennt, imstande, mehr wahrzunehmen und zu erkennen, als wenn er komplett darin involviert wäre. Sobald jedoch die Phantasiereise beendet ist, wird der Therapeut ihn aus seiner Zuschauerrolle befreien, damit er nun sein Handeln tatsächlich als sein eigenes erleben kann – indem er es erst einmal inszeniert.

Dasselbe kann man von interpersonellen Projektionen sagen. Wenn man jemanden bittet, seine Wahrnehmung von anderen zu schildern und auf die Gefühle einzugehen, von denen er meint, daß die anderen sie für ihn haben, dann drückt er möglicherweise in einem bestimmten Maß die Aspekte seiner selbst aus, die er auf andere projiziert. Wenn er aufgefordert wird, von »ihnen« zu sprechen, wird er von sich selbst sprechen, und die psychologische Tiefe seiner Aussagen kann proportional zu seinem Mangel an Bewußtheit, dies zu tun, sein. Sobald er jedoch die »anderen« beschrieben hat, hat er den ersten Schritt gemacht, aufzudecken, daß seine Beschreibung ein Teil von sich selbst ist.

Ein weiteres Beispiel ist der nonverbale Ausdruck. Eine Person kann durch ihre Bewegungen, durch ihren Tonfall oder durch ihr Geplapper mehr zum Ausdruck bringen, als sie dies durch normales Reden tun würde, gerade weil sie nicht weiß, was sie eigentlich sagt. Der Zensurmechanismus in uns ist sehr gut entwickelt in Hinblick auf alles, was wir in Worte fassen und kategorisieren können. Unsere Körpersprache läuft jedoch schneller ab, als uns das, was wir da zum Ausdruck bringen, überhaupt gewahr wird. Erst nach vollbrachtem Tun kann man sich der Bedeutung dessen, was man in dieser Form zum Ausdruck gebracht hat, gewahr werden. Der körpersprachliche Ausdruck wird so zum »Alter ego« einer Person, deren Handlung man als nicht zu sich selbst gehörig oder als bedeutungslos empfindet.

Ich bin der Auffassung, daß die Aufforderung, sich zu erklären, bevor man sich vollkommen mit einer Handlung oder einem Körperteil identifiziert, ein wichtiger Schritt ist, und zwar gerade deshalb, weil man sich möglicherweise erst einmal aussprechen muß, bevor man die ganze Tragweite dessen, was man sagt, erkennt:

T.: Was würde deine linke Hand zu deiner rechten sagen, wenn sie sprechen könnte?

P.: Ich streichle dich, ich nehme dich auf...

T.: Und was erwidert deine rechte?

P.: Ich mag es, angenommen zu werden. Bitte mach weiter. Ich würde mich ohne dich sehr einsam fühlen.

T.: Nun setz Betty auf diesen Stuhl und sag ihr dasselbe.

P.: Ich mag es, angenommen zu werden. Ich würde mich ohne dich sehr einsam fühlen, Betty (schluchzt). Ich muß nett zu mir selbst sein, damit ich vergessen kann, daß niemand sonst mich liebt.

In Fällen wie diesem geht der Therapeut auf die ursprüngliche Entfremdung der Person von ihrem Tun ein, in der ihre »Hand« scheinbar ein Eigenleben entfaltet.

Das möglicherweise deutlichste Beispiel für Verantwortungslosigkeit als Technik der Gestalttherapie kann bei manchen Formen des Dramatisierens gesehen werden. Die Person erlebt sich beim Schauspielen als »bloß« eine Rolle spielend, sie »spielt« ja nur. Dadurch erhält sie eben jenes Gefühl der Freiheit, welches sie braucht, um bestimmte Gefühle zum Ausdruck zu bringen. Während des Ausdrückens entdeckt sie jedoch, daß diese Gefühle ihre eigenen sind.

T.: Bring deine Wut auf uns zum Ausdruck.

P.: Das wäre nur künstlich. Ich habe keine Wut auf irgend jemanden hier.

T.: Dann tu einfach so, als seist du wütend.

P.: Nun, da will ich mal so tun. Ich kann dich nicht ausstehen, Mark, du bist mir schon die ganze Woche auf die Nerven gegangen. Ich mag nicht, wie du in Konkurrenz zu mir trittst, und es stört mich, daß du versuchst, Linda zu verführen. Ich bin seitdem nicht mehr dein Freund. Und ich tue nicht nur so. Ich meine es wirklich!

Das Besondere an der Schauspielsituation ist, daß sie sowohl ein bewußtes Vorspielen als auch ein Akt des Selbstausdrucks darstellt. Daher sollte man besonderes Augenmerk auf die Vorstellung dieser Aufgabe richten. Manchmal kann ein Therapeut in der Absicht, die Abwehrhaltung des Patienten zu umgehen, den »Als-ob«-Charakter der bevorstehenden Übung betonen und die eigentliche Assimilation hintenanstellen. Fritz Perls benutzte häufig die Aufforderung: »Mach dich zum Narren!« oder: »Spinn einfach drauflos!«

Parallel zu den alternativen Strategien der Förderung von Verantwortung und der zeitweisen Verantwortungslosigkeit beziehungsweise Direktheit und Indirektheit gibt es für den Therapeuten die Alternative zwischen der Wahl des Gegenwärtigen und der Beschäftigung mit der Phantasie, die Wahl, die Präsenz zu pflegen (welche unmittelbar erfahren wird) oder in Erinnerungen, Phantasien und Zukunftsgedanken zu schwelgen.

Was ich über die Gegenwartsbezogenheit in der Gestalttherapie gesagt habe, legt die Vermutung nahe, daß dies die Technik der Wahl ist, um den Patienten von der Beschäftigung mit Erinnerungen und Plänen zurück zur Erfahrung der Gegenwart zu führen. Dem ist jedoch nicht so. In allen ihren Abweichungen vom Ideal unterliegt die Gestalttherapie ebenso jener »Goldenen Regel«, auf die sie im Leben abzielt, wie durch deren emphatische Umkehrung. Wo immer der Therapeut sich entschließt, »mit dem Abschweifen der Aufmerksamkeit des Patienten in Vergangenheit und Zukunft mitzugehen«, scheint er eine Strategie zu verfolgen, die besagt: »Wenn du dich erinnerst, erinnere dich mit ganzem Herzen, indem du dich von den Erinnerungen an die Erfahrung deiner Träume völlig in Beschlag nehmen läßt. Wenn du die Zukunft probst, dann tu auch dies völlig rückhaltlos, selbst wenn das bedeutet, daß du die Perspektive deiner eigenen katastrophischen Erwartungen erdulden mußt.«

Angesichts der Bedeutung von Theorien und Antizipationen in der Psychotherapie werde ich die folgenden beiden Abschnitte dem Thema des Umgangs mit Vergangenheit und Zukunft widmen.

Rückkehr in die Vergangenheit

Unsere Erinnerungen sind *aus* der Vergangenheit, nicht in ihr. Erinnern ist etwas, was wir *jetzt* tun, und die Motivation, es zu tun, kann je nach Gelegenheit unterschiedlich sein. Wir können uns mit unseren Erinnerungen trösten, oder wir können ein kindliches Bild von uns pflegen (einschließlich der kindlichen Verhaltensweisen), aus Angst, mit der Welt auf andere Weise umzugehen. Wir können immer wieder in die Vergangenheit zurückkehren in dem Wunsch, eine unvollendete Situation zu vollenden oder zu verändern. Wir können uns damit beschäftigen, unsere Vergangenheit zu verstehen, weil wir einer psychoanalytischen Glaubensrichtung anhängen, die uns sagt, daß dies unsere Gegenwart verändern kann.

Der Gestalttherapeut steht häufig vor der Wahl, seinen Patienten einzuladen, den Kontakt mit seinen Erinnerungen zu pflegen, oder ihn aufzufordern, mit der Vergangenheit zu brechen. Gelegentlich wird er beides tun: Er wird auf die spontane Neigung des Patienten eingehen, in Erinnerungen zu schwelgen, und sobald er seine Neigung wirklich ausgelebt hat (wie dies in gewohnheitsmäßigen Erinnerungen nicht oft der Fall ist), wird er ihn bitten, die Vergangenheit hinter sich zu lassen.

Wie im Fall von Träumen und Phantasien über die Zukunft macht die Gestalttherapie von einer Technik Gebrauch, die ich *presentification*[35], Aktualisierung, nenne. Mit Hilfe des Dramatisierens begibt der Patient sich wiederholt in eine Situation, deren Bedeutung ihn verfolgt, und geht damit um, als sei es die Gegenwart. Der Therapeut kann ihm helfen, für seine imaginäre Situation offen und empfänglich zu sein, ebenso offen wie für seine reale, gegenwärtige Situation.

Das Dramatisieren vergangener Ereignisse ist in der Psychotherapie nichts Neues. Ein Wiedererleben findet im Traumzustand auf spontane Weise statt und gelegentlich auch in der Hypnose. Man könnte es einen »instinktgesteuerten Versuch einer psychischen Wiederherstellung« nennen. Absichtlich herbeigeführt, wird das Wiedererleben von Szenen oder traumatischen Ereignissen im Erwachsenenleben in der Hypnotherapie versucht, ebenso wie in narkohypnotischen Techniken sowie in Verbindung mit anderen unterstützenden Drogen wie Amphetaminen, Barbituraten, MDA und den Halluzinogenen. Neben hypnotischen oder pharmakologisch induzierten Zuständen führt jede kathartische Erfahrung, die mit der Kommunikation vergangener Ereignisse im psychotherapeutischen

---

35. Ich war erfreut zu hören, daß Fritz Perls diesen Begriff aus meiner Festschrift übernahm.

Sinne zu tun hat, in gewisser Weise zum Wiedererleben – und wir können sogar davon ausgehen, daß jegliches Erinnern dies bis zu einem bestimmten Punkt tut.

Trotz der unvermeidlichen Beobachtungshaltung entspricht in der Psychoanalyse die therapeutische Wirkung des Erinnerns der Tiefe einer emotionalen Rückbesinnung, die wiederum eine Begleiterscheinung der Tiefe des Wieder-*Erlebens* (der Anteilnahme) ist, im Gegensatz zum bloßen Wieder-*Erinnern*. Ein naheliegender praktischer Schritt zur Maximierung der Wirkung wurde in der Psychoanalyse jedoch nicht getan: die Dramatisierung als Mittel zur Unterstützung der Bewußtheit von Gefühlen – etwa durch absichtliches Wiedererleben von Episoden der Vergangenheit mit Hilfe des Rollenspiels.

Fritz wurde dabei nicht nur durch seine schauspielerischen Erfahrungen und seine Kenntnis von Morenos Arbeit beeinflußt, sondern auch durch die Grundtechnik von Ron Hubbards *Dianetics* [36]. Wie in Hubbards Buch beschrieben, ist seine Technik der »Wiederkehr« in die Vergangenheit, eine Praxis, die in einer Übung von sinnlicher und affektiver Rückbesinnung im Gegensatz zu rein intellektuellem, abstraktem Erinnern, besteht. Wieder ein Kind zu »sein«, in dieser oder jener Situation der Vergangenheit, und dem Papa zu sagen, was man ihm in Wirklichkeit niemals zu sagen gewagt hat, kann auf eindrucksvolle Weise weitaus wirksamer sein als eine reine Beschreibung und Reflektion des erinnerten Ereignisses.

Zur Technik der Wiederkehr fügt die Gestalttherapie jedoch noch zwei weitere Elemente hinzu: die Technik der Identifikation mit bedeutenden Anderen in der Vergangenheit und die Betonung des motorischen Aspektes des Schauspiels, jenseits der rein subjektiven Identifikation.

Die Grundlage für das Inszenieren der Rolle von anderen ist, daß »Andere« in »Wirklichkeit« wie in Träumen bis zu einem gewissen Grade als unsere eigenen Projektionen betrachtet werden können. Dies ist am zutreffendsten, wenn es unsere eigenen Kindheitserinnerungen und Elternbilder betrifft – wie in der psychoanalytischen Literatur ausgiebig nachgewiesen wird.

Die Bedeutung eines buchstäblichen Durchlaufens der Bewegungen einer erinnerten Szene kann am besten in Zusammenhang mit der engen Verbindung verstanden werden, die zwischen Handlung und Gefühl besteht, sowie mit dem Prinzip des Vollendens von Handlungen, einem Prinzip, das abstraktes Erinnern nur teilweise befriedigen kann.

---

36. Winter, J.A., *A Doctor's Report on Dianetics* (New York, Julian Press, 1951)

Ebenso wichtig wie die beiden vorangegangenen methodischen Punkte ist jedoch der Punkt der Strategie: Wann lädt der Therapeut den Patienten ein, sich mit der Vergangenheit, statt mit der Gegenwart zu beschäftigen?

Die Antwort kann unter anderem folgendermaßen formuliert werden: immer dann, wenn er sieht, daß die Vergangenheit des Patienten gegenwärtig ist und daß die Bilder der Vergangenheit organisch aus der Entfaltung der gegenwärtigen Erfahrung des Patienten fließen. Wenn eine Patientin sich schämt, weil sie »etwas Falsches« gesagt hat, so, wie sie sich beispielsweise gefühlt hat, als ihre ältere Schwester sich über sie lustig gemacht hat, können wir sagen, daß sie auf eine sehr reale Weise ihre überhebliche Schwester als einen Fremdkörper in ihrer Psyche mit sich trägt: als Introjekt. Wenn dies der Fall ist, gibt es keine Notwendigkeit, sich auf eine Kindheitserinnerungs-Safari zu begeben. Indem man sich auf die gegenwärtige Erfahrung und die Sorgen der Patientin konzentriert, wird die gesamte Vergangenheit, die in der Gegenwart lebendig ist, auf natürliche Weise als solche offenbar werden. Darin kann ein vergangenes Ereignis ebenso behandelt werden wie ein Traum. Ein Traum ist höchst bedeutend, weil er natürlich ist. Die Aktivität des Träumenden bildet gerade deshalb eine Auswahl dessen, was von den Überresten der Erfahrung bedeutend ist, weil er selbst nicht bewußt auswählt. Entsprechend treten die bedeutendsten Erinnerungen nicht etwa dann auf, wenn eine Person sich entschließt, sich zu erinnern, sondern wenn ihre Erinnerungen unaufgefordert an die Oberfläche kommen.

Ich war Zeuge eines bedeutenden Auftauchens vergangener Erfahrung in einer Sitzung mit einer Frau, deren Interesse an der Therapie in der Hoffnung bestand, sie könne ihre schlechte Angewohnheit loswerden, ihre Finger nicht in Ruhe lassen zu können. Unter dem Eindruck der Selbstverdammung, die in ihrem Anliegen deutlich wurde, bat ich sie, sich selbst auszuschimpfen und ihre Einwände gegen das Fingerzupfen in Worte zu fassen.

»Es ist ein Zeichen von Unreife«, sagte sie. »Es ist nicht schön anzusehen. Andere finden es nicht gut. Es ist albern. Du solltest deine Körperbewegungen unter Kontrolle haben. Es ist wie Selbstbefriedigung.«

Indem sie die Rolle ihres eigenen Underdog einnahm, erwiderte sie: »Ich will das ja. Es sind meine Finger, und ich langweile mich. Ich langweile mich in Besprechungen ebenso wie wenn ich koche. Und dann zupfe ich eben gern an den Fingern.« Dann erklärte sie, daß sie vor dem Fingerzupfen an den Nägeln gekaut hatte.

Ich dachte, daß eine Verstärkung etwas mehr von der Erfahrung an die Oberfläche bringen würde, die an ihrem Symptom beteiligt war, und bat sie, ihr Fingerzupfen auf die ganze Hand auszuweiten. Aus dem Zupfen wurde allmählich ein Massieren der Finger und der Hand, aber sie hatte das Gefühl, daß dies weniger oder gar nicht mehr befriedigend war. Am besten war es, die Fingerspitzen zu reiben und zu zupfen, dort, wo sie am empfindlichsten sind. Und dann kam ihr Aha-Erlebnis: »Ich will etwas fühlen!«

Ihr Fingerzupfen und der innere Kampf dagegen waren das Schlachtfeld ihres Wunsches nach eigennützigem Vergnügen und der Pflicht, andere zufriedenzustellen.

Damit sie sich auf die Seite dessen begeben konnte, was sie als Selbstsüchtigkeit wahrgenommen hatte, bat ich sie, eine Kehrtwendung zu machen und gegenüber den anderen in der Gruppe einmal richtig selbstsüchtig zu handeln. Sie tat dies und forderte alles mögliche: hübsche Kleider, Geschenke, Reisen. Sie erkannte dabei, daß sie um Symbole für Liebe bat, statt um direkten Kontakt. Sie hatte weder jemanden berührt, noch wollte sie berührt werden.

Ihr Vater hatte sie niemals in den Arm genommen und niemals berührt. Er kümmerte sich lediglich um ihre Kleidung und um ihre Schulbildung. Nun sprach sie mit ihrem Vater und tat so, als sei sie ein kleines Mädchen. Während sie dies tat, brachte sie ihre Frustration zum Ausdruck, die sie ein Leben lang zurückgehalten hatte, und weinte. Ihr Vater fühlte sich lieblos an, aber am Ende der Sitzung war sie in besserem Kontakt mit einem ihrer grundlegenden Bedürfnisse. Sie hatte mehr Wünsche und weniger Selbstvorwürfe und destruktive Selbstkritik.

Ein weiterer Aspekt des gestalttherapeutischen Umgangs mit der Vergangenheit ist die *Variation*. Das bloße Neuinszenieren ist möglicherweise ausreichend, wenn es darum geht, sich mit der Vergangenheit zu versöhnen (oder mit der Gegenwart, wie sie in der Vergangenheit symbolisiert und möglicherweise auch strukturiert ist), aber manchmal spürt der einzelne spontan das Bedürfnis, in das Wiedererleben eine Verbesserung einzuschließen, die Vergangenheit »neu zu schreiben« oder etwas auszudrücken, was unausgedrückt geblieben war. Auch dies ist Teil eines natürlichen Traumablaufes ebenso wie von bildlichen Erinnerungsabläufen. Diese kann man als Ausdrucksformen betrachten, durch die der einzelne sich eine Freiheit sichert, an der es ihm mangelt, und, wie ein Boxer, der seine Kräfte mit Hilfe eines Punchingballes mißt, sich seiner Fähigkeiten durch das Medium einer symbolischen Handlung vergewissert. Der Gestalttherapeut unterstützt diese Vollendungen ungelöster Dinge aus der Vergangenheit und erkennt ihren natürlichen Heilungseffekt an.

Die folgende Reihe von Sitzungen, die ich nach etwa zwei Jahren zu rekonstruieren versuche, schildert nicht nur anschaulich die Arbeit, in deren Mittelpunkt eher die Vergangenheit und katastrophische Phantasien stehen als die Gegenwart, sondern sie stellt darüber hinaus eine der dramatischsten Therapiereihen in meiner gesamten Praxis als Psychotherapeut dar. Der Ausgangspunkt für den stürmischen therapeutischen Prozeß, der sich von einem bestimmten Punkt an spontan entwickelte, war das Wiedererleben der Vergangenheit, obwohl das Wiedererleben von Phantasien hier weitaus bedeutender war als das von Handlungen. Der Gehalt der im folgenden beschriebenen Ereignisse kann als eine *Vollendung* der Vergangenheit gesehen werden. Was die Patientin in ihrem Verhalten als Kind unterdrückte, drückte sich in ihren Phantasien aus. Indem sie nach vielen Jahren diesen Ausdruck entwickelte, fand sie einen Teil von sich wieder, den sie aus ihrem Leben verbannt hatte.

Die Patientin, eine Psychotherapeutin mittleren Alters, die eine jahrelange Psychoanalyse durchlaufen hatte, nahm aus beruflichem Interesse an einem einwöchigen Gestalttherapie-Seminar in Esalen teil. Sie machte einen reiferen und ausgeglicheneren Eindruck als die meisten der anderen zwanzig Teilnehmer.

Ihre individuelle Sitzung begann mit einem Traum. Ich erinnere mich nur noch, daß die Handlung des Traums in einer öden, trockenen Gegend spielte und daß die anderen Personen dort von ihr ebenfalls als »trocken« geschildert wurden. Die gesamte Szene wurde von einem starken Gefühl der Kargheit durchdrungen.

Ich bat sie, selbst zu der verdörrten Erde zu werden, die sie beschrieben hatte. Indem sie dies tat, bekam sie einen sehr tiefen Kontakt zu einem Gefühl von Entbehrung und intensiver Trockenheit, das sie nun sogar körperlich in ihrem Gesicht und im Mund spürte. Ich bat sie dann, immer noch in ihrer Rolle der vertrockneten Erde, zu spüren, wie der Regen auf sie herniederprasselt.

Für den Betrachter schien es nun, als riesele der Regen aus ihren Augen, während sie spürte, wie die Trockenheit sich in Nässe auflöste und die Wasser einen jahrhundertealten Durst stillten. Sie wurde immer ekstatischer, als sie sich mit diesem Überfluß und Reichtum der Wasser des Lebens identifizierte und damit verschmolz. Dies war eine Erfahrung, die anders war als alles, was sie bisher erfahren hatte. Die gewaltige »Trockenheit« und die »Wäßrigkeit«, die sie in sich selbst berührte, sprachen für sich selbst und repräsentierten Aspekte ihrer Erfahrung, derer sie sich bislang niemals in solch einem Maße bewußt gewesen war, trotz all der Jahre der Selbstuntersuchung und -interpretation (einschließlich der besten Analytiker). Nun erlebte sie diese Aspekte einfach und hatte wenig Bedürfnis, über sie zu spekulieren.

In einer weiteren Sitzung kam noch einmal das Thema der Trockenheit zur Sprache und führte sie in die Erinnerung eines Gefühls aus ihrer Kindheit: die Einsamkeit, die sie in der Nacht verspürte, im Bett, in einem Raum, weit von ihrer Mutter entfernt. Indem sie diese Momente wiedererlebte, deckte sie eine Verzweiflung auf, die sie längst vergessen hatte. Ihre Mutter hatte eine Gehbehinderung, und sie hatte als Kind schon sehr frühzeitig gelernt, Rücksicht zu nehmen und ihre Mutter nicht zu ihr ins Zimmer zu rufen. Sie lag manchmal stundenlang wach, hatte Angst im Dunkeln und rief dennoch nicht nach Hilfe, um ihre arme Mutter nicht zu stören. Was hatte ihr solche Angst gemacht? Indem sie ihre Angst wiedererlebte, konnte sie sich erinnern: das Feuer. Der Gedanke, daß in der Nacht ein Feuer ausbrechen und ihre Mutter wegen ihrer Gehbehinderung nicht rechtzeitig entkommen könnte.

Ich bat sie, in das Feuer hineinzugehen und das Haus niederbrennen zu lassen. Ihre Identifikation mit dem Feuer, die womöglich als absichtliche Dramatisierung begonnen hatte, nahm schon bald die Merkmale einer Besessenheits-Trance an. Sie war zwar Feuer, jedoch nicht ganz und gar. Sie war noch immer Opfer des Feuers und gleichzeitig, immer noch in Panik, weiter loszulassen, voller Angst, zu verbrennen und sich dem Verbrennen hinzugeben. Sie schrie vor Angst und spürte körperlich intensive Hitzewellen.

Dies war die letzte Stunde des letzten Tages des Seminars. Diese heftige und überraschende Erfahrung war, wie gesagt, anders als alle anderen Erfahrungen, an die sie sich erinnern konnte, und sie verspürte das Bedürfnis, dem auf den Grund zu gehen. Wir verabredeten am folgenden Tag im Anschluß an das Seminar eine weitere Sitzung. Diese Sitzung, die ursprünglich eine Stunde dauern sollte, dauerte schließlich sechs Stunden lang. Wir begaben uns zurück zu dem Feuer. In diesem Feuer lag ihr Zorn, ihre Frustration über ihre Mutter und ihre Rachsucht, die sie keinesfalls bei sich tolerieren konnte. Aber sie hatte diese Wut immer auf sich selbst retroflektiert, sowohl in ihrer Kindheitsphantasie als auch in deren Wiedererleben. Statt sich vorzustellen, daß der Raum ihrer Mutter verbrennt, hatte sie Angst, daß ihr eigener Raum verbrennen würde. Sie fühlte sich als Opfer, alleingelassen. Nun war sie es, die (wie ihre Mutter) gelähmt und hilflos wurde. Indem sie in Berührung mit ihrer Angst kam, konnte sie nun eine andere Phantasie ausleben, die sie sich in denselben Nächten vergegenwärtigte: eine furchterregende Schlange lauerte in einer Ecke ihres Zimmers.

Angesichts dieser neuen Gefahr forderte ich sie wiederum auf, sich mit ihr zu identifizieren: »Sei die Schlange. Was will die Schlange?«

Die Schlange wollte ins Zimmer der Mutter hinaufschlängeln, also tat sie (die Patientin) dies in ihrer Phantasie. Die Mutter hatte Angst, sie wollte sie nicht bei sich haben. Die Schlange bestand darauf – sie wollte ihr nahe sein. Nein – sie wollte sie nicht verletzen – sie wollte nur mit ihr zusammen sein, sie berühren. Aber die Mutter verstand nicht und wies sie weiter zurück. Für die Mutter war die Schlange eine fürchterliche Kreatur.

Weiterhin von mir ermutigt, widerstand sie ihrer eigenen Abscheu und Angst und schaffte es, ihre Phantasievorstellung zu inszenieren, wie sie ihre Mutter berührte. Sie umschlang ihre Mutter. Für die Mutter war es gar nicht so schrecklich, wie sie gedacht hatte, aber trotzdem sehr unangenehm.

Die Schlange wollte mehr. Sie wollte im Körper der Mutter sein. Sie wollte sich im Mutterleib wohler und wärmer fühlen. Sie wollte ihrer Mutter keinen Schaden zufügen. Aber die Mutter verstand nicht – und geriet in Panik.

Nach einer sehr langen Zeit des Verharrens in dieser scheinbar ausweglosen Situation trat sie (als Schlange) schließlich in den Körper ihrer Mutter ein. Nicht durch die Vagina, sondern durch ihren Anus, der in ihrer Phantasie die Gestalt einer Rose annahm. Sie schlüpfte in die Rolle ihrer Mutter und hatte nun eine Schlange im Bauch. Dies war jedoch keine stabile Situation. Sie wollte keine Schlange im Bauch, und auch die Schlange wollte woanders hin.

Die Stunden, die folgten, waren von Ereignissen erfüllt, die mit dem allmählichen Aufstieg der Schlange durch ihren Körper zusammenhingen, während sie auf der Couch lag. Es waren dramatische Stunden, und bei den Bewegungen der Schlange ging es für die Patientin um Leben und Tod. Der Prozeß durfte nicht unvollendet bleiben. Was auch immer diese seltsame Phantasie zu bedeuten hatte, wußte sie nicht und wollte es an diesem Punkt auch nicht wissen. Sie wußte lediglich, daß es sich um einen wichtigen Prozeß handelte, den sie verfolgen mußte. Alles verlief wegen ihrer Angst sehr langsam, und gelegentlich wurde die Angst so groß, daß sie anfing zu schreien. Das Gefühl, eine Schlange im Körper zu haben, war die meiste Zeit über eine wahre somatische Halluzination, selbst wenn sie sich der gewöhnlichen Realität bewußt war und gleichzeitig auf beiden Ebenen kommunizieren konnte. Der schwierigste Schritt bestand für die Schlange, die mittlerweile zu einer Kobra geworden war, darin, ihr Herz zu erreichen. Sie hatte eine solche Angst zu sterben, daß es über eine Stunde dauerte, daß die Schlange sich aus ihrem Bauch in die Brustregion bewegte. Der Hals war ebenfalls sehr schwierig. Am Ende jedoch trat der Kopf der Schlange aus ihrer Stirn. Sie war an diesem Punkt eine Schlangenkönigin, und die Patientin hatte nun ein gewisses Gefühl der Vollendung.

Was hat all dies nun mit den Zielen der Psychotherapie zu tun? Was bewirkten diese Phantasievorstellungen bei der Patientin? War es in gewissem Sinne mehr als eine Phantasievorstellung? Sie konnte nicht sagen, worin der Wert dieser Erfahrung lag, aber sie hatte keinen Zweifel, daß sie von großem Wert war. Jene Stunden hatten ihr einen anderen Aspekt der Realität erschlossen, sagte sie, einen Aspekt des Lebens, von dem sie nur eine unbestimmte Ahnung hatte, die von Einblicken herrührte, die sie in ihre frühe Kindheit gehabt hatte und an die sie sich jetzt erinnern konnte.

Nach der Sitzung kehrte sie von Berkeley nach New York zurück, in der Erwartung, daß ihr Leben so weitergehen würde wie gewohnt. Nach einer Woche rief sie jedoch an. Sie konnte leben wie gewöhnlich, sich um ihre alltäglichen Geschäfte kümmern, als Psychotherapeutin arbeiten, jedoch nur auf Kosten der Unterdrückung und Blockierung jener Entwicklung von Erfahrungen, die sie nun für wichtig hielt. Wenn sie sich für sie öffnen würde, dann würde das nach ihrer Meinung eine Psychose bedeuten: ein Zustand intensiver Gefühle in Verbindung mit der Entfaltung von Phantasien, die niemand verstehen würde, und das Bedürfnis, sich aus der Umgebung zurückzuziehen, um ihre ungeteilte Aufmerksamkeit auf den Prozeß lenken zu können, der sich in ihrem geistigen Leben ankündigte. Nach reiflicher Überlegung entschloß sie sich, ihre Arbeit und ihre Familie für einige Zeit zu verlassen, um diesen Prozeß zuende führen zu können.

Sie zog in ein Zimmer unweit meines Hauses in Berkeley und unterzog sich drei Monate lang Bedingungen, die völlig unvereinbar mit dem gewöhnlichen Leben waren. Sie lebte in der konstanten Halluzination von einer oder zwei Schlangen in ihrem Körper und konnte nachts kaum schlafen, inmitten ihrer Angst und den Schlangen, die durch ihr Zimmer krochen. Ich sah sie gelegentlich und vertraute darauf, daß sie, ungeachtet der Zeit, die dies in Anspruch nehmen würde, zu einer ganzen, heilen Person würde, wenn sie ihre eigene »Schlangennatur« akzeptieren könnte, statt sie zu fürchten. Der Prozeß vollzog sich sehr langsam, und gelegentlich schien sie sich in einer ausweglosen Sackgasse zu befinden. Sie gab die Schlangen niemals auf, schickte sie nie zurück in den Schlaf der Unterwelt, in dem sie sich jahrelang befunden hatten, bevor sie sich jener Gestaltsitzung unterzogen hatte. In den Schlangen lag ihre Vitalität, ihre Kraft. Dennoch war es mehr, als sie ertragen konnte, wenn sie sie heraufbeschwor, und gelegentlich rannte sie buchstäblich davon.

Es war ein langsamer Prozeß, der jedoch schließlich ein Ende fand. Allmählich lernte sie, mit den Schlangen zu leben, und während dies stattfand, wurde sie wieder mehr zu der Frau, die sie einmal war. Während sie mit den Bildern fertigwurde, wurde die Realität in ihr lebendig, die in diesen Bildern als ihre eigene instinktive Grundlage ausgedrückt wurde, ihre Spontaneität, ihre Wünsche und Vorlieben, ihre Energien und ihre Selbstsicherheit, ihre eigentliche Identität, die sie seit Jahren mit ihrer Rolle verwechselt hatte.

Der Prozeß gipfelte eines Tages darin, daß sie wiederum spürte, wie die Schlange ihren Kopf durch die Mitte ihrer Stirn herausstreckte, aber diesmal war nicht die Schlange die Königin, sondern sie selbst.

Erkundung der Zukunft und des Möglichen

Wenn sich ein Patient in eine Psychotherapie begibt, bringt er häufig ein »Problem« mit, eine Schwierigkeit in der Beziehung zu einem Familienmitglied oder einem Vorgesetzten, eine Entscheidung, die er vor sich herschiebt, oder eine psychische Eigenart, die er überwinden möchte – wie etwa eine Neigung, sich vor anderen herabzusetzen, übermäßige Wutausbrüche, Leistungsfunktionsstörungen und so weiter.

Streng genommen gehören solche Probleme in die Vergangenheit oder in eine eingebildete Zukunft. Wenn der Therapeut sich entscheidet, sich strikt an die Gegenwart zu halten, werden möglicherweise solche Probleme überhaupt nicht reflektiert.

Immer wenn ein Patient sich mit etwas auseinandersetzt, was ihm in der Vergangenheit Sorgen bereitet hat, und er absehen kann, daß es ihm in der Zukunft in ähnlichen Situationen ebenfalls so gehen wird, hat der Therapeut zwei Möglichkeiten:

1. Er besteht auf das Gewahrsein der gegenwärtigen Situation, in dem Vertrauen, daß der Patient, wenn er in der Lage ist, frei und lebendig zu sein, ganz und gar im Hier und Jetzt, auch in der Lage sein wird, sein Bestes in allen anderen Situationen zu geben, mit denen er konfrontiert wird.

2. Er bringt die problematische Zukunft in die Gegenwart und erkundet sie mit Hilfe der Dramatisierung.

Die möglichen Vorteile des zweiten Ansatzes sind folgende: Indem der Therapeut sich direkt auf den Schlüssel des Patienten, also auf den Gegenstand, der ihm Sorgen macht, bezieht, ist die Wahrscheinlichkeit sehr gering, daß er das Thema verfehlt. Und: Das Bewußtsein des Patienten, daß er an einem Thema arbeitet, das ihm Sorgen bereitet, kann seine Motivation während des therapeutischen Prozesses günstig beeinflussen.

Die Zukunft zu dramatisieren, heißt, eine Phantasievorstellung auszuleben. Aus diesem Grund kann die Arbeit mit Erwartungen und Einbildungen als etwas Ähnliches betrachtet werden wie die Arbeit mit Träumen. Der Unterschied besteht darin, daß wir jene Phantasien, die wir als »Träume« bezeichnen, als »reine Phantasie« erleben, während wir jene, die unsere Vorstellungen von der Zukunft bilden, als »Realität« betrachten und auch so behandeln.

Ich habe die im folgenden beschriebene Sitzung »Dort und Dann« genannt wegen des Ausmaßes, zu dem sich meine Indikationen und die Erfahrung des Patienten während der Sitzung auf die Vorstellung des Patienten von der Zukunft beziehen. Ich glaube, dadurch kann gut gezeigt werden, wie eine therapeutische Arbeit, die sich mit einer expliziten Probe der Zukunft befaßt, mit den anderen Arbeitsmitteln der Gestalttherapie verbunden werden kann: Gesprächsrunden, Wiederholungen, Verstärkungen und Gewahrsein der Gegenwart. Ich glaube, daß die Sitzung sehr erfolgreich bezüglich ihres Ergebnisses war, denn der Patient machte im wirklichen Leben den Schritt, den seine Erfahrung in der Sitzung vorweggenommen hatte.

Kapitel 10

Dort und Dann

Len: Die Sache, die ich mir anschauen und an der ich arbeiten möchte, ist
etwas sehr Wichtiges, was ich den letzten sieben Wochen in den Encounter-Gruppen, in denen ich war, … vermieden habe. Ich habe es
in den Gruppen nicht zur Sprache gebracht, und ich wußte auch nicht,
ob ich es hier tun sollte, weil es etwas so Persönliches ist, und es könnte die anderen langweilen. Aber auf der anderen Seite ist es so wichtig
für mich, daß ich es mir anschauen und einen Einblick oder ein Gefühl dafür bekommen wollte, was ich mit dieser Sache, die immer
wieder hochkommt, anstellen soll – die Notwendigkeit, eine Entscheidung zu fällen, etwa innerhalb des nächsten Jahres.

Ich: Eine der Möglichkeiten in der Gestalttherapie, mit Konflikten umzugehen, besteht darin, jedem der in Konflikt zueinander stehenden
Unterpersönlichkeiten eine Stimme zu verleihen. Ich stelle mir also
jetzt vor, daß du den Orden verlassen willst. (Er hatte mir bereits vor
der Sitzung von seinem inneren Kampf erzählt, also brauchte ich ihn
in der Gruppe nicht noch einmal zu bitten, darauf einzugehen.) Sprich
doch einmal für diesen Standpunkt. Sprich zu uns oder zu dir selbst,
ganz wie du willst.

Len: Dieses Gefühl, fortgehen zu wollen, das ich jetzt habe, ist ein Gefühl,
das mich allmählich überflutet. Ich fühle mich immer mehr in diese
Richtung gedrängt. Ich merke, wie ich diese Richtung einschlagen
will. Ich werde für meinen Lebensstil kritisiert, der keineswegs normal oder typisch ist. Oft frage ich mich, warum ich überhaupt bleiben soll. Natürlich kann ich mir alle möglichen guten Gründe aus-
denken, und die Gründe, aus denen ich gehen sollte, sind, daß ich
freier sein könnte und endlich die Arbeit tun könnte, die ich will.

Ich: Argumentiere jetzt für das Weggehen. Sag einfach: »Ich will gehen.
Ich will.«

Len: Ich will *leben*. Ich will das machen, was ich will. Ich bin angewidert
und angekotzt von so vielen Dingen, die sich im Orden abspielen. Ich
fühle ein… (Pause)

159

Ich: Was ist da gerade passiert?

Len: Ich fing an, und wollte in die andere Richtung gehen und sagen: »Ja, aber auf der anderen Seite… «

Ich: Sobald du sagtest: »Ich bin angekotzt von einigen Dingen«, gingst du in die andere Richtung. Könntest du deine Wut noch etwas mehr betonen?

Len: Ja. Die Wut ist fast… sie ist es, die mich festhält, obwohl ich immer mehr gehen will, und jedesmal, wenn ich von irgend etwas, was passiert, angekotzt bin, dann scheinen die »tatsächlichen Mächte« mich irgendwie zu bestärken… mich irgendwie noch ein wenig länger festzuhalten, auf eine total subtile Art. Sie kotzen mich an, und ich sage ihnen, daß ich wirklich wütend auf…[37]

Ich: Sei jetzt mal von ihnen angekotzt.

Len: Ihr alle scheint nicht zu verstehen, ja, ihr scheint nicht einmal in der Lage zu sein, auf einer tiefen zwischenmenschlichen Ebene mit anderen zu leben – was ich aber will und muß. Und jedesmal, wenn ich darauf zu sprechen komme, sagt ihr: »Das kann doch niemand, und daher bringt es auch nichts«. Und dann sage ich: »Nun, ihr könnt mich alle mal!« Und genau wenn ich das sage, dann kommt ihr wieder und sagt: »Würdest du bitte in dieses Komittee kommen und uns helfen, dies und das zu verändern?«, und da habt ihr mich wieder verschluckt. Und das ist in den letzten paar Monaten drei- oder viermal passiert, so daß ich euch am liebsten auf den Mond geschickt hätte. Ihr hattet die letzte Besprechung des Vorstandes wegen Veränderungen, und es war völliger Mist, und ich habe es euch gesagt. Und dann sagtet ihr: »Könntest du uns helfen und uns am Ende jeder Sitzung kritisieren, uns sagen, was wir falsch machen, und so zum Ausgleich beitragen?« Ich sage euch, daß die letzten drei Tage, wo ich nicht da war, Mist waren, und dann sagt ihr: »Würdest du in dieses Bildungskommitee kommen und uns helfen, es zu ändern?« Außerdem fühle ich den Druck von einigen der anderen Typen, daß ich so

---

37. Mit einem Abstand von 17 Jahren bin ich mir deutlich bewußt, wie der Patient die Verantwortung für seine Handlungen auf seine Vorgesetzten überträgt und es vorzieht, gehorsam und widerwillig als frei zu sein. Er fühlt sich von »ihnen« verschluckt, statt seine eigenen Neigungen und seine übertriebene Pflichtbeflissenheit zu erfahren. Sein letzter Satz scheint die Einsicht hinsichtlich der Rolle, die er gerade gespielt hat, zu enthalten: Er wird durch ein Angebot der Macht verführt und auf diese Weise in seiner Bindung, in Gehorsam und Machtlosigkeit gehalten.

eine Art Hoffnungsträger bin oder so was und wenn ich weggehe, daß ich sie dann im Stich lasse.

Ich: Laß uns die andere Seite hören – dableiben zu wollen.

Len: Es gibt noch etwas, was an dem Wunsch zu gehen wichtig ist. Neben all dem Mist mit dem Orden habe ich auch noch jede Menge En-counter-Gruppenarbeit gemacht, und eines der Mädchen, mit denen ich die Gruppenarbeit gemacht habe, liebe ich sehr, und sie liebt mich auch. Wir beide sind gerade dabei, unsere Doktorarbeit zuende zu schreiben, und es wäre so leicht für uns beide, zu heiraten und zusammenzuarbeiten. Das spricht fürs Gehen.[38]

Ich: Und jetzt überzeuge uns, daß du bleiben willst. (Gelächter aus der Gruppe)[39]

Len: Es fällt mir schwer, mich selbst zu überzeugen.

Ich: »Ich bin unersetzlich… « (Gelächter)

Len: Ja. Ich sollte bleiben, weil, es ist ja nicht gerade unwichtig, was passiert eigentlich, wenn ich weggehe? Möglicherweise gibt es eine Chance, das Ding zu verbessern und es zum Guten zu wenden. Es gibt eine gewisse Freiheit, die ich hier drin habe, zu kommen und zu gehen, wann ich will, ohne Familie und Kinder.

Ich: (seinen Tonfall imitierend) »Gar nicht so übel… «

Len: Ja, das ist gar nicht so übel. Aber wahrscheinlich das Wichtigste – und das ist der Teil, an den ich in mir nicht drankomme – ist, daß, äh… (ein wenig zögerlich) daß etwas an dem Ganzen dran ist, was

---

38. Ich bin verblüfft über die Tatsache, daß er den wichtigsten Grund erst am Schluß erwähnt jedenfalls fast am Schluß, denn er erwähnte es sozusagen beiläufig, und es hätte leicht ausgelassen werden können. Heute würde ich es nicht mehr so einfach durchlassen, daß er seinen wichtigsten emotionalen Grund hinter dem Deckmäntelchen von Ethik und Vernunft verbirgt.

39. Ich sollte die Wichtigkeit dieses Gelächters für den ablaufenden therapeutischen Prozeß betonen. Ich glaube, daß es in Gestaltgruppen, wenn nicht sogar in allen Gruppen, passiert, daß die *vox populi* die *vox dei* ist: Die Mehrheit der Gruppe erahnt, wo der nächste gesunde Schritt des Patienten liegt. Eine solche Gruppenempfindung ist wiederum leicht wahrzunehmen, und es bedarf nicht vieler Worte, um äußerst wirkungsvoll zum Ausdruck gebracht zu werden. Indem ich seinen Stimmfall imitiere, wenn er sagt, daß es alles gar nicht so schlimm sei, scheine ich den Kontrast zwischen seiner gegenwärtigen Verschwommenheit und der Heftigkeit seiner Wut bei der Darstellung der anderen Seite zu betonen. Offensichtlich ist er nicht an einer Freiheit interessiert, die seine Hochzeit, die Verfolgung seiner Liebesbeziehung nicht gestatten würde, und dennoch fährt er fort, sich selbst einzureden, daß es seine Freiheit ist und das Thema Liebe nur eine zweitrangige Rolle spielt.

immer noch funktioniert, oder daß da ein Wert oder etwas Besonderes dran ist...

Ich: Also, was du sagst ist, »gar nicht so übel«.

Len: Ich weiß noch nicht mal, was es ist (kichert etwas, als er das sagt).

Ich: Aber all dies »gar nicht so übel« kann doch nicht alles sein, was dich dort festhält.

Len: (unterbricht) Zwei Dinge halten mich hier. Das eine sind gute Freunde, die ich im Orden habe, bei denen ich das Gefühl habe, ich würde sie enttäuschen, und ich will auch mit ihnen zusammen sein. Und wenn ich gehen würde, könnte ich nicht so mit ihnen zusammenleben – jeden Tag. Das ist der Grund, einer der Gründe, warum ich bleiben will. Und der andere ist, ah, es ist eine Chance für mich, irgendwie meine Ideale zu leben, was auch immer sie sein mögen.[40]

Ich: Ich glaube, daß du für das Gefühl, das du bekommst, wenn man dir sagt, daß du hilfreich, daß du nützlich bist, mit Gefangenschaft bezahlst.

Len: Ja, das trifft es ziemlich genau.

Ich: Laß uns mit dem Dialog weitermachen. Kannst du umschalten und ihm hier (auf den leeren Stuhl zeigend) sagen, was du für Gefühle ihm gegenüber hast?

Len: Ja, Ich weiß, ich habe viel getan, und ich habe eine Menge guter Dinge getan. Und ich weiß, daß mein Name für vieles steht und etwas darstellt. Aber ich muß, ich muß mein Leben leben. Ich, ich fühle mich immer weniger in Kontakt. Ich, ich bete nicht so, wie *ihr* betet. Ich, äh, ich teile nicht eure Ideale, und ich teile nicht einmal den Glauben, den ihr habt. Und wie ehrlich wäre es da zu bleiben? Ich nehme jetzt die andere Seite ein. Ja, das ist es, was wir brauchen. Wir brauchen deine Einsichten, und wir (lacht), wir brauchen deine Einsichten. Wir müssen, wir müssen dies hören. Irgend jemand muß. Du bist J., und du bist derjenige (Gruppe lacht nun mit ihm, obwohl

---

40. Man beachte, daß er hier eine Diskrepanz zwischen seinen Idealen und seinen Wünschen oder Sehnsüchten erzeugt, so daß der erwünschte Lebensstil ihm nicht als ein Teil seines Ideals erscheint, und das Ideal trotz seiner Unvereinbarkeit mit einer Liebesbeziehung aufrechterhalten wird. Heute hätte ich in meine Einladung zur Dramatisierung seines schwachen abhängigen Selbst etwas mehr Interpretation hineingeschmuggelt, des Teils von ihm, der seine Liebe durch Gefangenschaft erkauft, den gehorsamen kleinen Jungen, der für Liebe mit Gefangenschaft bezahlt. Offenbar und – um nicht den Fluß seines nun auf sich selbst gelenkten Prozesses zu unterbrechen – entschied ich mich, sein Zögern beim Sprechen, als er seinen »guten Jungen« und gleichzeitig die Werte seiner Vorgesetzten kritisierte, nicht zu reflektieren.

er gar nicht mehr lacht), der uns helfen kann, diese Dinge zu sehen und es wirklich wichtig und lebenswert zu machen, und wenn Leute wie du gehen, was passiert da mit dem Rest von uns? (Gruppe kichert) Du bist derjenige, der – schau nur, was du alles hast und was du könntest, was du uns allen geben und für uns tun könntest. Mmmm, du bist wirklich stark.

Ich: Und wie fühlst du dich, wenn man dir das erzählt?

Len: Ja, genau (Gelächter). Das ist es genau, was mir passiert. Ganz genau. Das trifft den Nagel so auf den Kopf, daß ich am liebsten über den ganzen Kram sagen würde: »Mist«. Das werde ich auch tun – und dann werde ich von irgend jemandem einen Brief bekommen, und dann bin ich wieder zurück. Genau das wird passieren. (Schnitt)

Ich: Es gibt also zwei Seiten in dir. Die eine sagt: »Ich bin voller Einsichten. Ich möchte hilfreich sein. Ich möchte mit euch »drin« sein.« Und die andere sagt: »Ich möchte mein eigenes Leben leben.« Nun könntest du zwischen diesen beiden Seiten von dir einen Dialog entfachen, zwischen dem großartigen Typen, der gern gesagt bekommen möchte, daß er gut ist, und dem anderen, der das Gefühl hat, dies sei nicht ehrlich, und sagt: »Ich möchte mein eigenes Leben leben.« O.K. Sehen wir mal, was die beiden sich zu erzählen haben.

Len: Ich werde zuerst den anderen nehmen, den, der sagt: »Ich möchte mein eigenes Leben leben.« Ich fühle mich schon immer mehr draußen. Und fast jeden Tag werde ich darin bestätigt, daß ich eigentlich gar nicht hierher gehöre. Die ganze Sache kotzt mich an, nicht nur der Orden. Gerade vor zwei Tagen, da hatten wir diesen Gottesdienst, und dieser verfluchte Pfarrer schloß zwei Juden aus, die dort waren. Das hat mich wirklich angekotzt. Ich hatte diesen Gottesdienstzettel in der Hand und fragte mich: »Will ich überhaupt an so einer Kirche teilnehmen, die Leute daran hindert, zusammen Gottesdienst zu feiern?« Dieses ganze System und diese gesamte Struktur und der ganze Mist kotzen mich so an, daß ich am liebsten abhauen und meine eigenen Sachen machen würde, einfach mit anderen Leuten auf wirklich freie Weise zusammensein, wo ich wirklich ich selbst sein kann (wechselt die Sitze). Aber ach, ich kann einfach nicht gehen. Weißt du, da hast du zehn Jahre deines Lebens in diese Leute investiert, hast mit ihnen zusammengelebt, zusammen gearbeitet, soviel gemeinsam gehabt. Tiefe, tiefe Freundschaften. Zur Hölle nochmal, ich kann die Jungs einfach nicht verlassen. Es ist, es ist irgendwie nicht richtig.

Ich: »Richtig«? (ironisch) Für dich *irgendwie* nicht. Es ist also eine Frage von *richtig* oder *falsch*.

163

Len: Es würde, es würde mich zutiefst verletzen, müßte ich mit den Schuld-
gefühlen leben, die ich habe, wenn ich euch gerade dann verlasse,
wenn ihr mich am nötigsten braucht.[41]

Ich: Stell dir vor, du hast es getan.[42] Könntest du uns mehr über jene Schuldgefühle erzählen?

Len: Wenn ich gegangen wäre? Oder ich bin gegangen? Diejenigen, die
das Sagen haben und die meiner Meinung nach wirklich daneben
sind, gaben mir eine Menge Gelegenheit, etwas zu lernen. Ich habe
das Gefühl, ich habe sie ein bißchen verarscht, indem ich gegangen
bin. Insbesondere meine Freunde, das ist das eigentlich Wichtige. Sie
arbeiten so viel und versuchen, etwas zu verändern, und ich bin ein so
wichtiges Glied in der Kette, oder vielmehr, ich *war* es. Und jetzt, wo
ich gegangen bin, sagen alle zu meinen Freunden: »Da seht ihr, was
einem passiert, wenn man mal anfängt, in diese Richtung zu gehen.«

Ich: Merkst du eigentlich, wie sehr du immer alles unter dem Aspekt der
Pflichten und weniger der Neigungen siehst?[43]

Len: Ich würde sicherlich auf viel Ablehnung stoßen, wenn ich gehen würde. Und die Leute würden mir sagen: »Wir haben es ja kommen sehen, so wie der gelebt hat und was der für Gedanken hatte.« Und
alles, wofür ich bekannt war und wofür ich stand, während ich drin
war, würde einfach weggewischt. Und ich möchte eigentlich nicht,
daß es weggewischt wird, weil ich glaube, daß das, was ich gesagt und
getan habe, einen Wert hatte. Und das würde mich wirklich verletzen,
wenn es einfach ausgelöscht würde.

Ich: Alle deine Verdienste würden gelöscht, und deine Mängel würden…
na ja. (Pause) Was meinst du? Welcher Seite fühlst du dich jetzt näher?

---

41. In Anbetracht der Identifikation Lens als »Angsttyp« (Siehe: Kapitel Siebzehn) würde
ich sagen, daß seine Pflicht, niemanden allein zurückzulassen, als Äußerung seiner eigenen Angst, verlassen zu werden, gesehen werden kann.

42. Mit diesen Worten lade ich ihn ein, trotz der assoziierten katastrophischen Erwartung
die Situation, die er vermieden hat, zu durchleben.

43. Ich glaube, das Wichtigste, was ich bis hierher getan habe, angesichts der Unterstützung der anstehenden Entscheidung, ist eine feine Ironie, die meine Interventionen durchdringt (eine Ironie, die ohne daß man den Tonfall hört, in dem ich beispielsweise von
Pflichten, statt von Neigungen oder von der Frage des »richtig« oder »falsch« spreche,
leicht verlorengeht) Obwohl kein ausdrücklicher Rat gegeben wird, glaube ich, daß meine
Vorstellung von dem Pfad eines gesunden Lebens zwischen den Zeilen vermittelt wurde,
und dies trifft auch auf die Gruppe als Ganzes zu.

Len: Ich fühle immer mehr, daß ich mein eigenes Ding durchziehen sollte. Ich kann mich nicht durch Regeln binden lassen. Aber auf der anderen Seite, gerade nach dem, was ich jetzt alles gesagt habe, sehe ich, wir stark ich eigentlich gebunden bin, weißt du, durch… Und ich möchte eigentlich nicht, daß alles einfach zunichte wird. Und ich sehe noch mehr das ganze Ding – ich war so weit, es alles auszulöschen, aber je mehr ich rede, desto mehr sehe ich.

Ich: Sie kriegen dich immer wieder an die Leine, wenn dir mit Schuld gedroht wird… – in dem Sinne: alles, was du getan hast, würde zunichte werden, wenn du jetzt gehst.[44]

Len: Ja, ja. All diese Ideen und das Programm, das ich mir gemacht habe, würden nur, könnten sich nur in Luft auflösen. Das ist eigentlich gar nicht schlecht, auch von mir selbst einmal abgesehen, glaube ich, daß das ganz gut wäre.

Ich: Nun, vielleicht könnten wir uns einmal dem zuwenden, was hinter diesem spezifischen Problem steckt. Ich sehe das als ein Bedürfnis, gewissen Erwartungen gerecht zu werden, gut zu sein, hilfreich und so weiter, und als dein Bedürfnis, unabhängig zu sein und deinen Impulsen zu folgen, die sich »schlecht« anfühlen, und ich würde hier gern ein wenig experimentieren. Für einige in der Gruppe hier sei so gut wie möglich, all deinen Ansichten entsprechend oder was auch immer, und für andere sei du selbst, ungebunden. Zeig uns beide Lebensarten. (Er macht eine Runde in der Gruppe und schlüpft von einer Haltung in die andere.)

Ich: Fühlst du irgendeinen Unterschied, was die Befriedigung anbelangt, die du aus beiden Haltungen ziehen kannst?

Len: Das Gefühl, was ich hatte, ist, nun ich hatte eine, sie waren irgendwie ähn…, beide Sachen waren irgendwie ähnlich, aber die andere war etwas von oben herab. Du weißt schon, der Typ, der an die Regeln gebunden ist und immer das Richtige tun muß: »Achte darauf, dies zu tun. Jetzt tu das. Ich sage dir, sei vorsichtig und tu dies nicht«, du weißt schon. Mit dir habe ich das auch so gemacht. Und der andere war wirklich frei. »Ich fühle mich etwas bedroht durch dich, aber…« – so etwas. Ich konnte dir sagen, was ich wollte, statt immer nur der

---

44. Auch hier bin ich ironisch in meiner Wortwahl und lasse zwischen den Zeilen meine Meinung einfließen: Anerkennung sollte keine so große Rolle spielen wie die eigenen Gefühle. Während der Pfad des Herzens etwas Lebendiges hervorbringt, gibt es im Festhalten am kindlichen Gehorsam nur die Aussicht auf Versklavung und Entsagung dem eigenen Leben gegenüber.

nette Junge zu sein, der dir irgendwie beipflichtet und all den Mist. Ich bin vor mir selber weggelaufen, weil ich nicht einmal wußte, wie gebunden ich war und auch nicht wie, mit dem ganzen Gute-Jungen-getue, wie demütigend das war. Selbst jetzt, wo ich es sage, weißt du, all die Unterstützung und die Hilfe...

Ich: Fühlst du dich angewidert? Du machst einen etwas angewiderten Eindruck.[45]

Len: Das war Mist!... Aber ich glaube, eigentlich bin ich gar nicht so mit Regeln. Ich freue mich manchmal wie ein kleines Kind, wenn ich fies sein kann, in Encounter-Gruppen, oder mich irgendwie mokieren kann – weil ich das so selten tue, da will ich es dann richtig auskosten, wenn ich das mal tue, weißt du. Es macht mir richtig Spaß, manchmal feindselige Gefühle gegenüber anderen auszudrücken, einfach weil ich sonst immer der nette Junge bin...

Ich: Was für eine Erfahrung steckt hinter dieser Äußerung. Was hat diesen Gedanken gerade jetzt ausgelöst?

Len: Daß ich mich immer mehr als einen netten Jungen sehe, ein netter Junge zu sein, und das Ausdrücken von Feindseligkeit ist eine Art aus dieser Rolle zu fallen.

Ich: Ich stelle mir vor, daß du jetzt mehr wie ein richtig fieser Typ sein willst. Ja. Ich finde auch, daß du ein wenig mehr davon vertragen könntest. (Kichern) Ich möchte, daß du dies jetzt ein wenig in der Gruppe tust.

Len: Ein fieser Typ sein?

Ich: Ein fieser Typ sein, und sich wie ein kleines Kind darüber freuen.[46]

Len: (Drückt seine Feindseligkeit gegenüber der Gruppe aus.)

Ich: Nun setz einen dieser Freunde, die dich zum Bleiben verführen wollen, in diesen Stuhl, und sei fies zu ihm.

Len: Warum um Himmels Willen stehst du nicht auf deinen eigenen zwei Beinen, statt dich immer auf mich zu verlassen. Du bist so von den Regeln und Vorschriften eingelullt – verdammt noch mal, du kannst nicht einmal darüber hinausschauen, nicht einmal so viel, um zu sehen, was es sonst noch alles gibt. Wenn du vielleicht hin und wieder

---

45. Dies war eine erfolgreiche Intervention, weil meine Reflektion seines Ausdrucks ihm ermöglichte, mehr Kontakt zu seinem versteckten Zorn auf den »Netten Jungen« zu kommen.

46. Ich benutze häufig diese Stragetie, einen Patienten in Kontakt mit einem Zustand zu bringen, so daß er ihn wirklich fühlen kann, und ihn anschließend dazu zu bewegen, seine freigesetzten Gefühle auf die Problemsituation anzuwenden.

einmal aus dem Haus rauskommen und irgendwas machen würdest, dann könntest du sehen, was da draußen in der Welt alles los ist.

Ich: Sprichst du immer noch zu deinen Freunden?

Len: Ja. Du verbringst dein ganzes verfluchtes Leben vor dem Fernseher und säufst Bier. (Gelächter) All dies, all diese Leute, die arm sind und nichts zu essen haben, und all das Zeug, und du sitzt die ganze Zeit auf deinem fetten Hintern. Du hast ja keine Ahnung. Weißt du, was ich mache? Dies sind nicht meine Freunde. Das sind all die anderen Leute.[47]

Ich: Nun, bring deine Freunde mal her.

Len: Meine Freunde hier reinbringen. Warte mal. Ich möchte erstmal was anderes reinbringen. (Gelächter) Du sitzt die ganze Nacht und arbeitest eine Strategie fürs Basketball aus oder machst irgendeine Tabelle oder Statistik oder sowas, und du bist so verdammt drin in deinen Tabellen und Statistiken, daß du noch nicht mal Zeit hast, mit deinen Kindern zu sprechen. Du tust mir wirklich leid. Du wurdest in einem anderen Zeitalter erzogen und verstehst einfach nicht, was zum Teufel heute los ist. Du tust mir leid.[48] Jetzt will ich es mal mit einigen meiner Freunde machen, weil das nicht ganz so leicht sein wird... aber richtig fies sein.

Ich: Vielleicht kannst du richtig grausam sein?

Len: Das ist das Problem. Ich kann euch gegenüber fies sein, aber nicht meinen Freunden gegenüber.

Ich: Sie merken es ja nicht. (Gelächter) Wir verraten es ihnen nicht.

Len: Mike, warum zum Teufel vergißt du nicht alles. Du bist jung. Du hast so verdammt viel Talent. Warum vergeudest du dein Talent mit diesem Mist? (Schnitt) Al, du bist wirklich blöde.

Ich: Stell dir vor, du bist deine Freunde, die dich überreden wollen, im Orden zu bleiben. Und ich nehme an, es wird ihnen sehr ernst sein mit dir und wie du dich dir selbst und ihnen gegenüber fühlst. Nimm einen von ihnen – einen Sprecher – und sieh, was er dir erzählen würde, wenn er hier wäre und hören könnte, was du denkst.[49]

---

47. Offenbar hat er an diesem Punkt die falsche Freundschaft überwunden (das heißt, seine Idealisierung neurotischer Verbundenheit) und entschließt sich, seine In-Group zu einer Out-Group zu machen.

48. Er hat sich erheblich von seiner anfänglichen Idealisierung entfernt.

49. Dies ist eine Technik, die ich nicht von irgend jemandem geborgt habe, die ich aber trotzdem hin und wieder verwende: dem Patienten zu einer imaginären Begegnung zu verhelfen, indem ich ihn einlade, sich jemanden als Dritten vorzustellen, als Zeugen des gegenwärtigen Abschnittes der Sitzung *a posteriori*.

Len: Doch, doch, ich kann das verstehen, Len, wie du dich so fühlst. Aber, ach, ich muß einfach bleiben. Das ist mein Ding. Wenn du unbedingt gehen willst, dann will ich dir nicht im Wege stehen. Ehrlich. Ich möchte, daß du frei bist und daß wir trotzdem gute Freunde bleiben, wenn du uns verläßt. Aber du solltest ebenfalls bedenken (Gelächter)[50], was du alles tun könntest, wenn wir eine Gruppe von uns zusammenbringen und zusammenleben würden. Was wir wirklich, ah…

Ich: Was hat er für ein Gefühl bei diesem letzten Satz, »aber bedenke, was du alles tun könntest, wenn wir zusammenleben«?

Len: Was er fühlt?

Ich: Was ist für ihn da drin?

Len: Er hängt an mir.

Ich: Kannst du er sein und eine direkte Aussage machen, »Ich brauche dich« oder was auch immer?[51]

Len: »Ich hänge an dir. Ich brauche dich wirklich. Es gibt nicht allzu viele Leute, mit denen ich auf einer tieferen Ebene etwas anfangen kann, und du, du bist einer von ihnen, mit denen ich es kann. Ich brauche so jemanden wie dich. Ich wäre sehr einsam, wenn du gehen würdest.«

Ich: Und deine Antwort darauf?

Len: Ja, ich weiß. Und darum, darum läßt du mich frei, und trotzdem fühle ich mich verpflichtet. Das Wort »verpflichtet«. Junge, ich fühle mich verpflichtet durch meine Freunde, und ich fühle mich verpflichtet durch so viele Dinge, die ich bekommen habe. Wie die Zeit, um den Doktor zu machen und so etwas. Ich fühle mich dadurch ein wenig verpflichtet.

Ich: Was ich jetzt anders sehe als zu Anfang, als wir begonnen haben, daran zu arbeiten, ist, daß du nun das Thema Orden als eine Sache von Idealen siehst, getrennt vom Thema der Befriedigung der persönlichen Wünsche deiner Freunde.

---

50. Die Gruppe lacht über die folgende weil immer gegenwärtige Ambivalenz des Patienten: Es gibt immer ein »andererseits«, einen weiteren Standpunkt zu bedenken, einen tükkischen Zweifel.

51. Wenn ich eine direkte Aussage von ihm anrege, dann ist mein psychoanalytischer Verstand aktiv. Ich sehe, wie er seine eigenen Abhängigkeitswünsche projiziert, wenn er sich gebraucht fühlt, und daß er sie eher projiziert, als sie in sich selbst anzuerkennen. Selbst wenn er an die Stelle seiner Freunde tritt, ist er eher in Berührung mit ihren bevormundenden Ratschlägen als mit ihren Kontaktwünschen.

Len: Das ist es hauptsächlich, was mich hält, das sind die Freunde.

Ich: Jetzt können wir die beiden getrennt behandeln.

Len: Das erste – das mit dem Orden – ich glaube nicht, daß mich das sehr kratzt. Ich kann, ich bin tatsächlich schon so draußen, daß ich absichtlich ein Stipendium beantragt habe, daß sie nicht später sagen konnten: »Wir haben für deine Ausbildung bezahlt«. So kann ich sagen, daß ich es selber gemacht habe. Aber die Sache mit den Freunden, das geht mir wirklich an die Nieren.

Ich: Sag ihnen, *wie* es dir an die Nieren geht.

Len: Meine Freunde?… Jungs, ich sitze wirklich in der Klemme. Aber ihr müßt mich verstehen – besonders nach diesem Sommer, mit all der Freiheit, die ich gespürt habe, und wie ich, wie ich war – und ungefähr das einzige, was mich davon abgehalten hat, das voll zu genießen, war diese verdammte Entscheidung.

Ich: Wie klingst du jetzt?

Len: Als ob ich mich entschuldigen müßte?

Ich: Nun versuch dieselbe Aussage noch einmal, aber diesmal so richtig fies. Keine Entschuldigungen.

Len: Das ist schwer. An meine Freunde? Mmm. (leise) Jungs, ich weiß wirklich nicht – Nach diesem Sommer ist mir wirklich klar geworden, daß ich genug habe. Ich bin schon fast an einem Punkt jetzt, wo ich mich von eurer Freundschaft ein wenig überwältigt fühle, und das ist das einzige, was mich eigentlich noch hält.

Ich: Schon *fast* an einem Punkt[52] (Kichern)

Len: Ich fühle mich tatsächlich überwältigt, und ich wollte es ja auch irgendwie, weil ich mich dabei gut fühle… ihr erlebt etwas Schmerzhaftes. Ein bißchen Einsamkeit. Ihr müßt anfangen, euch neue Freunde suchen. Ein Teil ist ein gottverdammtes Gefühl der Verpflichtung in mir, das ich nicht haben sollte, und das, obwohl ihr gesagt habt, »O.K., du brauchst nicht für uns zu leben«. Ihr seid trotzdem noch von mir enttäuscht. Obwohl ich eigentlich viel mehr Grund dazu hätte, enttäuscht zu sein.[53] So sieht es in mir aus. Ich fühle mich noch immer verpflichtet.

Ich: Und die Kleinigkeiten im Leben. Ich möchte noch, daß du jetzt etwas ausprobierst, nämlich einfach zu wiederholen: »guter Mensch, guter

---

52. Kombination aus Unterstützung und Ironie

53. Ich sehe einen Fortschritt darin, wie er von dem Gefühl spricht, daß *sie ihn* verschlucken und durch ihre Bedürfnisse überwältigen, sowie in der Erkenntnis, daß es um ihn geht, wodurch er anfängt, sein Leben selbst in die Hand zu nehmen.

Junge« oder etwas ähnliches, und uns dann sagst, was du dabei gefühlt hast, was dir dabei in den Sinn gekommen ist.[54]

Len: Du meinst den guten Jungen, wie er sich jetzt fühlt?

Ich: Einfach diesen Satz oder diese Worte wiederholen: »Guter Junge, guter Junge, guter Junge«.

Len: Guter Junge. Du bist ein guter Junge. Und du bist in Ordnung. Du bist ein guter Junge. Bilder wie: »Guter Junge, aber ich habe dich niemals richtig kennengelernt« kommen hoch, von den Leuten in Encounter-Gruppen.

Ich: Guter Junge.

Len: Guter Junge. Du bist ein guter Junge. Weißt du, du bist ein guter Junge. (Kichern) Ich habe mir vorgestellt, wie ich vor eine Reihe Leute trete, und jeder von ihnen sagt mir: »Guter Junge, guter Junge«. Und etwa beim dritten Mal habe ich mir selbst gesagt: »Nein, das bin ich nicht. Nein, das bin ich nicht.« (Gelächter)

Ich: Versuch es noch einmal: Guter Junge.

Len: Du bist ein guter Junge. Du bist ein guter Junge. O, was bist du für ein guter Junge. Guter Junge. Guter Junge. Du bist ein guter Junge. Guter Junge. (Bei den nächsten beiden Malen klingt es, als würde er einen Hund loben) Guter Junge. Du bist ein guter Junge.

Ich: Dein Ausdruck hat sich gewandelt.

Len: Abscheu. Es ist so leer und nutzlos, ein guter Junge zu sein.

Ich: O.K. Wir wollen es dabei belassen.

---

54. Mit diesem zeitlichen Abstand kann ich mich nicht mehr an meine Motivation hier erinnern, da er bereits den »guten Jungen« in sich ausgiebig durch Dramatisieren erkundet hatte. Der Hinweis war trotzdem nützlich dadurch, daß er dazu diente, sein Bedürfnis nach Anerkennung und seine Abhängigkeit in eine weitere Perspektive zu rücken, und ihn so von seiner Identifikation mit seinem »inneren Feind« zu befreien.

Kapitel 11

Die Arbeit mit Träumen

Der Begriff »Traumarbeit« wurde von Sigmund Freud benutzt, um den Prozeß zu bezeichnen, mit dem das Unterbewußtsein des Träumers die Überreste der Erfahrungen des Wachzustandes verwebt, um – so nahm Freud an – eine unbewußte Bedeutung in verschlüsselter symbolischer Darstellung sowohl zu verbergen als auch auszudrücken. (Ob es zutrifft, daß Traumsymbole aktiv die Botschaft verschlüsseln, die sie doch halb enthüllen, oder ob es vielmehr zutreffender wäre zu sagen, daß wir lediglich ihre Sprache nicht mehr verstehen, darauf werde ich hier nicht weiter eingehen.) In der Gestalttherapie wird das Wort »Traumarbeit« im allgemeinen verwendet, um nicht die Verschlüsselung, sondern die Entschlüsselung der Traumbotschaft zu beschreiben.

Das Besondere an der Traumarbeit der Gestalttherapie ist, daß sie nicht interpretierend mit Erinnerungen, körperlichen Aktivitäten und Symptomen umgeht. Wir betrachten den Traum als eine existentielle Botschaft, die irgendwann verstanden werden wird, und dennoch versuchen wir nicht, zu einem solchen Verständnis zu gelangen, indem wir *darüber nachdenken*. »Verständnis« bezieht sich in diesem Zusammenhang auf die unmittelbare Erfahrung des Trauminhaltes, statt auf einen rein intellektuellen Bezug, auf dieselbe Weise, wie Gewahrsein im Gegensatz zu intellektueller Einsicht steht. Der Weg zum Gewahrsein, in der Traumarbeit ebenso wie in anderen Aspekten der Gestalttherapie, läßt die Erfahrung für sich selbst sprechen, statt über sie nachzudenken: Man tritt in den Traum ein, statt ihn zu Bewußtsein zu bringen. Darüber hinaus ist es wichtig, daß der Traum nicht nur erinnert, sondern wieder lebendig gemacht werden kann. Nur indem wir den Traum jetzt erfahren, können wir dessen gewahr werden, was er uns zu sagen hat. Es ist daher ratsam, anzufangen, den Traum in der Gegenwartsform nachzuerzählen, so, als würde er gerade ablaufen.

Allein die veränderte Wortwahl, wenn man den Traum in der Gegenwartsform erzählt, kann bereits ausreichen, um einen großen Unterschied im Erinnerungsprozeß herbeizuführen, der nun bis zu einem bestimmten Grad eine Rückkehr in den Traum und in die Gefühle, die mit der Phantasie verbunden sind, bedeutet. In diesem Moment kann es angebracht sein, die metaphorische Sprache zu berücksichtigen, indem man vor jedem Satz denkt oder ausspricht: »Dies ist meine Existenz«. Ich war bei einer Sitzung mit Fritz Perls anwesend, als er zum erstenmal daran dachte, einen Patienten aufzufordern, dies zu tun. Als ich bald darauf gebeten wurde, für das Esalen-Institut eine Monographie über Gestalttherapie zu schreiben, präsentierte ich dies als eine Technik von allgemeingültigem Wert, und ich habe beobachtet, daß mittlerweile zahlreiche Therapeuten dies als Standardpraxis übernommen haben. Indem der Patient nach jedem Satz der Traumerzählung wiederholt: »Dies ist mein Leben«, »Dies ist meine Existenz«, »Dies bin ich« oder etwas ähnliches, kann er zumindest gelegentlich eine Verbindung herstellen, die ihm sonst entgangen wäre. In den meisten Fällen passen einige Details besser zu dieser Verallgemeinerung als andere, aber die Gesamthandlung oder das zentrale Bild enthüllen die Bedeutung regelmäßig ohne jeden Zweifel.

Als eine Patientin sagte: »Ich schiebe eine Erdnuß mit der Nase über den Boden«, wurde sie sich plötzlich ihrer übermäßig bescheidenen Rolle bewußt, die sie häufig im Leben einnahm: für geringe Tätigkeiten »hinzuknien«, statt »aufzustehen« und sich wichtigeren Dingen zuzuwenden. Nachdem ihr die Bedeutung ihrer Haltung in dem Traum klargeworden war, befaßte sie sich mit einer intensiven Phantasievorstellung, aufzustehen, zuerst gegen eine Wand, später gegen eine Person, die in ihrem Leben eine wichtige Rolle spielt. Diese Phantasievorstellung war eine spontane Umkehrung ihres Trauminhaltes, gefolgt von einer Umkehr im wirklichen Leben.

In einem anderen Fall sagte ein Patient: »Dies ist mein Leben: Ich fahre auf dem Highway und würde gern an die Seite fahren und schlafen.« Der Patient erkannte, daß er in einem Konflikt zwischen einem zwanghaften, anstrengenden und lebensfernen Wettlauf um Macht und dem Wunsch, sich zu entspannen, sich des Lebens zu erfreuen und zu träumen, gefangen war. Diese Episode mag in gewissem Maß dazu beigetragen haben, daß die betreffende Person noch in demselben Jahr einen entscheidenden Schritt tat, ihre Machtposition aufgab und ihren Lebensstil radikal änderte.

Einige Menschen sind möglicherweise nicht in der Lage, mehr hervorzubringen als eine trockene Erinnerung an Traumbilder, trotz ihrer Bemühungen, den Traum wieder lebendig werden zu lassen. Das weist lediglich auf eine starke Neigung der Person hin, den Traum von ihrer »eigenen« Erfahrung zu entfremden. Diese Entfremdung ist in bestimmtem Maß in jedem Traum angelegt, und es ist die Aufgabe der Gestalttherapie, den Trauminhalt zu assimilieren und der Person zu helfen, Verantwortung zu übernehmen für ihre nicht eingestandenen Kräfte, die sie jetzt als von außen kommend und als fremdartige Bilder sieht. Wenn ein Versuch der Aktualisierung und Besinnung des Traums zu nicht mehr als verbalen Formeln führt, kann solche Re-Assimilierung auch durch eine Dramatisierung der verschiedenen Elemente des Trauminhaltes bewirkt werden.

Das Dramatisieren eines Traums beinhaltet notwendigerweise die schöpferische Erfahrung einer Interpretation oder Übersetzung des Traums in Bewegungen, wodurch eine Erweiterung des schöpferischen Prozesses des Traums selbst stattfindet. Dies ist jedoch nicht die einzige Art und Weise, um die Traumarbeit zu erweitern. Es kann sehr lohnend sein, die Lücken durch Phantasievorstellungen zu ergänzen oder sich auszudenken, wie der Traum hätte enden können, wäre man nicht aufgewacht. Angesichts dieser Aufgabe wird der Betroffene wieder zum Träumer und vereint sich mit dem träumenden Selbst. Oder er legt den handelnden Personen im Traum Worte in den Mund, wo sie lediglich unausgesprochene Emotionen ausgedrückt hatten, so daß sich jetzt ein Dialog vollzieht. Dies ist nur möglich, wenn man wirklich auf den Traum hört, indem man Bestandteil des Traums wird.

Die Idee der Dramatisierung eines Traums ist nichts Neues in der Gestalttherapie. Ebenso wie das Prinzip der Konzentration auf das Hier und Jetzt Fritz Perls' Wiederentdeckung einer im Osten seit Jahrhunderten bekannten Form der Meditation war, so war die Dramatisierung von Träumen die Wiederentdeckung einer Praxis, die bei den nordamerikanischen Indianern bekannt war. Dazu die folgenden Beobachtungen eines amerikanischen Jesuiten im siebzehnten Jahrhundert:

> Die Irokesen kennen genaugenommen nur eine einzige Gottheit: den Traum. Ihm sind sie ergeben, seinen Befehlen gehorchen sie mit größtmöglicher Genauigkeit. Der Stamm der Tsonuontouens (Seneca) hängt diesem Aberglauben noch mehr an als die anderen: Ihre Religion wird in dieser Hinsicht gar zu einer Sache des Gewissens: Sie fühlen sich verpflichtet, alles, was sie im Traum getan haben, zum frühestmöglichen Zeitpunkt in der Realität auszuführen.
>
> Die anderen Stämme geben sich mit der Beobachtung ihrer wichtigsten Träume zufrieden, aber dieses Volk, das den Ruf genießt, ein noch religiöseres Leben als ihre Nachbarn zu führen, würde sich eines großen Verbrechens für schuldig halten, wenn es sich auch nur der Ausführung eines einzigen Traums verweigern würde… derjenige, dem des Nächtens träumte, er habe gebadet, eilt unverzüglich nach dem Aufstehen, völlig nackt, zu verschiedenen Hütten, in welchen er einen Kessel voller Wasser über seinen Körper gießt, gleich, wie kalt es draußen sein mag. Ein anderer, welcher träumte, er sei gefangengenommen und bei lebendigem Leibe verbrannt worden, fand sich am nächsten

173

Tag gefesselt und verbrannt, in der Überzeugung, daß durch solche Erfüllung des Traums, seine Treue den Schmerz und die Schmach von Gefangenschaft und Tod von ihm abwenden würde, die er, laut allem, was er von seiner Gottheit gelernt hat, anderenfalls unter seinen Feinden erleiden müßte.

Die hier von Pater Fermin beschriebene Praxis gründet sich in dem Glauben der Indianer, daß Träume natürliche Wünsche zum Ausdruck bringen, die sich von bewußten, absichtlichen Wünschen unterscheiden. Diese Wünsche zu befriedigen war für sie eine religiöse Pflicht und die Basis für das Wohlergehen der Gemeinschaft. Pater Ragenau schildert in seiner Beschreibung der Huronen von 1649 diese Theorie in einer Sprache, die – wie ein zeitgenössischer Anthropologe kommentierte – »von Freud persönlich« hätte stammen können.

Die Huronen glauben, daß unsere Seelen andere Wünsche hätten, die in der Tat angeboren und verborgen sind. Sie stammen, so sagen sie, aus den Tiefen der Seele, nicht durch irgendwelches Wissen, sondern mittels einer gewissen blinden Wanderung der Seele zu bestimmten Gegenständen. Diese Reisen könnte man in der Sprache der Philosophie *Desideria innata* nennen, um sie von ersteren, den *Desideria elicita,* zu unterscheiden.

Nun glauben sie, daß unsere Seele diese natürlichen Wünsche mit Hilfe der Träume aufdeckt, die ihre Sprache sind. Folglich ist die Seele, wenn diese Wünsche erfüllt werden, befriedigt. Auf der anderen Seite jedoch wird die Seele zornig, wenn man ihr nicht gewährt, was sie ersehnt, und verweigert dem Körper nicht nur all das Gute und das Glück, was sie für ihn erwünschte, sondern revoltiert auch gegen den Körper und verursacht vielerlei Krankheiten und sogar den Tod…

Wenn eine Person infolge des Ignorierens ihrer natürlichen Wünsche erkrankte, bestand die Medizin gegen diese psychische oder psychosomatische Unbill, wie Wallace es ausdrückte, darin, daß »dem unterdrückten Wunsch Befriedigung angedeihen sollte, entweder direkt oder symbolisch«. Die Wahl der direkten oder symbolischen Ausdrucksform war in erster Linie von den Lebensumständen abhängig. Folglich wurden »Träume, in denen Feindseligkeiten gegen Mitglieder anderer Völker gerichtet wurden, dadurch befriedigt, daß sie sowohl pantomimisch als auch im wirklichen Leben inszeniert wurden. Schlechte Träume über Mitglieder desselben Stammes hingegen wurden nur in symbolischer Form ausgelebt, was einen prophylaktischen Effekt hatte.«

Vor einigen Jahren versuchte ich gemeinsam mit Professor Michael Harner, die Zeremonie der Trauminszenierung der Seneca-Indianer wiederzubeleben. Die betroffene Person sollte ihren Traum in einer Gruppe erzählen, eine kurze Diskussion folgte, um die Wünsche zu deuten, die der Traum zum Ausdruck brachte, und schließlich nahm die gesamte Gruppe an der Inszenierung des Traums und Erfüllung des Wunsches der Person teil. Die Ergebnisse waren für einige der Teilnehmer ebenso verblüffend, wie der gestalttherapeutische Ansatz dies sein kann. Eine Frau zum Beispiel, die geträumt hatte, lebendig begraben zu werden, wurde betrauert, in eine Kiste gelegt und in einer Prozession von den Gruppenmitgliedern fortgetragen. Während dies stattfand, war sie in der Lage, intensiv die Traumerfahrungen wiederzuerleben, eine vergessene Traumsequenz wieder zu erinnern und Dinge zu erfahren, die sie nie erwartet hätte – ohne jeden Versuch zu verstehen oder zu interpretieren.

Was das Verfahren der Trauminszenierung in besonderer Hinsicht wirksam macht, ist der Prozeß der Assimilation, der auf eine solche Aktivität folgt. Während des absichtlichen Durchspielens dessen, was in dem Traum lediglich »passiert« war, stellt der Betroffene sich bewußt hinter seine unverantworteten Traumhandlungen und übernimmt die Verantwortung für sie. Er bringt damit zum Ausdruck: »Dieser Traum ist mehr als nur ein Traum, er ist ich selbst.« Damit integriert er seine bislang unbewußten Handlungen in sein Bewußtsein.

Die Arbeit mit Träumen beinhaltet nichts anderes als das, was wir bereits in dem Kapitel über Gestalttechniken besprochen haben: das Verfolgen einer gegenwärtigen Erfahrung, die Explizierung, Entwicklung, Wiederholung, Identifikation, Assimilation von Projektionen, Rückgängigmachen von Retroflektionen, Integration von Persönlichkeitsfunktionen, dadurch, daß man sie via interpersoneller Begegnung in eine Beziehung einbringt. Was Träume für den Gestalttherapeuten so besonders macht, ist das Ausmaß, zu dem sie gleichzeitig Ausdruck von ungewöhnlicher Spontaneität und Prägnanz sind.

Hinichtlich der Spontaneität gibt es möglicherweise keine andere Aktivität, die der des Träumers vergleichbar wäre. Unsere Stimme, Gestik, Körperhaltung und Gesichtsausdruck sind weitaus spontaner als unser verbales Verhalten, aber wir können sie trotzdem kontrollieren, wenn wir dies wollen. Der Traum jedoch ist etwas, was sozusagen geschieht, während wir nicht da sind. Dennoch ist der Traum im Vergleich zu anderen Arten des spontanen Ausdrucks höchst prägnant: Visuelle Eindrücke sind beinahe so explizit wie Begriffe, wenngleich viel ausdrucksstärker.

Obwohl die Techniken, die in der Gestalt-Traumarbeit Anwendung finden, dieselben sind, die wir bereits als breitere Anwendungsformen vorgestellt haben, gibt es einen Punkt, der weiterer Erläuterung bedarf: die Art und Weise, auf die die Traumarbeit in die Gesamtheit der Gestaltsitzung integriert wird – die gegenwärtige Situation, das Gruppenverhalten, die Schwierigkeiten des Patienten zur Zeit der Sitzung. Dies ist ein Gegenstand, der nur unter Bezugnahme auf vollständige Sitzungsprotokolle angemessen dargestellt werden kann. Im nächsten Kapitel stelle ich ein »unzensiertes« Protokoll einer Gestalt-Traumsitzung vor, ergänzt durch Kommentare zu meinen Interventionen.

Kapitel 12

Richard

R.: Wir stehen einer etwa gleichen Anzahl von Gooks (Schimpfwort für Vietnamesen aus dem Vietnamkrieg) gegenüber, aber sie sind etwa vierzig Meter entfernt auf ziemlich zerklüftetem Untergrund. Und, äh, McFarlane, wir alle stehen da, und die anderen stehen ebenfalls da, und alle stehen in hübschen geraden Reihen. Und wir stehen einander gegenüber wie David und Goliath, so fühlt es sich an. Und McFarlane sagt etwas wie – nein, er eröffnet gleich das Feuer auf die, äh die Gooks. Er fängt an, mit dem Gewehr auf sie zu schießen. Und er d-dreht sich dabei um und sagt, wir sollen zu Boden gehen, uns ducken.

Also schreit er: »in Deckung« und bleibt selber stehen. Und für einen Zeitraum von etwa zehn Minuten nimmt er eine Salve nach der anderen mit seinem Körper auf, und man kann es nicht sehen, sehen oder hören, überhaupt nichts, aber er wird von Kugeln durchsiebt. Er bleibt stehen, während man auf ihn schießt und das Feuer über unsere Köpfe hinweggeht. Und ich drehe mich um und sage dem Rest, sie sollen das Feuer eröffnen. Und dann feuern wir zurück auf die Gooks, und die bleiben auch stehen, während der ganzen Zeit – es schienen etwa vier Minuten zu sein.

Und dann, als die vier Minuten vorbei sind, hören alle auf beiden Seiten auf zu feuern, aus irgendeinem Grund. McFarlane fällt auf den Boden und – er war schon tot bei dem ersten Sperrfeuer, aber er hat die ganze Zeit dagestanden und die Kugeln von den… den Gooks in seinen Körper aufgenommen, sie irgendwie aufgesogen. Und so, sobald er umfällt, fallen einige der… der Gooks in den, in den zweiten Reihen, und einige in den ersten Reihen, und einige von ihnen fallen einfach auf den Boden. Und, äh, dann ertönt irgendeine Stimme, und ich habe keine Ahnung, wo die herkommt.

Irgendwie kämpfen wir, die Schlachtszene erinnert an Plymouth Rock. Und irgendeine Stimme sagt: »Das ist das fünfte Mal, daß Plymouth Rock diesem Lande gut zu Gesicht steht.« Angeblich hatten wir die Schlacht gewonnen oder so. Das fünfte Mal in der amerikanischen Geschichte.

Und dann in der nächsten Szene – da ist ein Bruch – und in der nächste Szene gibt es ein – ich gehe zurück mit meiner Truppe – eine kleinere Gruppe von jetzt etwa sechs oder sieben Mann – und wir sind in der Gegend vom Hauptquartier, und hier sind all die anderen Gooks, die übriggebliebenen Überlebenden – und da sind drei– viertausend von ihnen, so scheint es – die da auf dem großen Sammelplatz stehen. Und wir marschieren allmählich vor ihnen auf, völlig verdreckt in unseren Kampfuniformen und allem und müde von der riesigen Schlacht – es waren nur, es dauerte nur vier Minuten – und einer der Jungs – der Name von dem Typen war irgend so etwas wie Kirby, wie dieser Kirby im Fernsehen in der »Combat«-Serie, die ich immer gerne angeguckt habe – und er geht auf die Gooks zu und sagt: »He, das sind ja Frauen. Einige von ihnen sind Frauen, Frauen und Männer«.

Und er sagt: »Kommt, wir machen uns mit ihnen einen Spaß und jagen ihnen Angst ein.« Und er sagt: »Einige von euch Frauen werden keine Kinder mehr kriegen. Und einige von euch Frauen werden sterben.« Und er bedroht sie mit seinem Gewehr. Aber die stehen einfach da und kichern und lachen ihn an – all die Frauen und Männer – weil sie wissen, daß er das nicht tun kann. Sie sind ja irgendwie Kriegsgefangene.

Und dann geht es eine Treppe hinauf auf ein Plateau, wo ein PBX-System ist, eine Art Telefonzentrale, und eine weibliche Telefonistin, etwa mitte dreißig oder so. Bevor wir dorthin kommen, ‚tschuldigung, bevor ich dorthin komme, gehen wir durch ein Büro – ein sehr großes Büro –, und da sitzt ein Mann an einem Schreibtisch. Er ist der Boß. Aber wir schauen ihn nicht an. Wir gehen einfach an ihm vorbei, drehen ihm den Rücken zu und schauen ihn nicht an. Aber irgendwie weiß ich, daß er sehr, sehr stolz auf uns ist und auf das, was wir da draußen getan haben. Und dann gehe ich zu diesem Landeplatz – aus seinem Büro raus – und gehe dahin, äh, wo die PBX ist, und der Adjutant, der etwas sagt, wie: »Der Boß ist sehr stolz auf euch«. Und ich antworte darauf mit: »McFarlane hat heute da draußen etwas Tolles gemacht.«

Und ich stehe da, auf dieser Landungsbrücke, die Beine breit gespreizt, den Kolben meines Gewehres auf der Erde, den Lauf in der Hand und den Stahlhelm drübergestülpt. Du weißt schon, eine sehr dramatische Pose, mit dem zerzausten Haar und all dem Zeug, und, äh, sage, daß McFarlane es – es heute nicht geschafft hat. Er ist getötet worden und hat etwas Wunderbares da draußen getan. Und er sagt: »Ja er ist… er und Andrews haben schon gesagt, daß er nicht wiederkommen würde«, wer auch immer Andrews sein mag. Und ich weiß nicht, wer Andrews war. Äh, und dann sage ich etwas wie: »Ohne mich hätten sie es nicht geschafft.«

Und, äh, dann kommt die Stimme vom Boß über die Gegensprechanlage, die der Sekretärin sagt: »Schick ihn herein, wenn er kommt«, was irgendwie nicht zu passen scheint, weil ich schon längst durch sein Büro gegangen bin. Äh, und so gehe ich von dem Landungssteg weg und auf eine Treppe zu, und dann eine lange Treppe hinunter, die am Ende durch eine Tür führt, eine Glastür, und hinaus auf den Bürgersteig. Und ich gehe ungefähr ein Drittel der Treppe runter, und dann bin ich aufgewacht.

Ich: Und was ist daran unvollendet?[55] (Gelächter)

R: Nun, ich glaube, daß eines der Dinge, die unvollendet sind, etwas damit zu tun hat, aus welchem Grund ich nicht den… den Boß angeschaut habe, als ich da durchgegangen bin, oder warum ich nicht zurückgegangen bin, um von ihm irgendwie gelobt zu werden, und daß die Sekretärin, weißt du, mir irgendwie indirekt dieses Lob zuteil werden läßt.

Ich: Warum schließt du nicht deine Augen und fährst mit dem Traum fort? Träum ihn zuende.

R: Die Treppe noch weiter runtergehen? Ich bin ganz allein und gehe die Treppe runter, und ich bin jetzt etwa ein Drittel hinuntergestiegen. Ich gehe hinunter und ich bin, hmm. Ich schleppe irgendwie mein Gewehr hinter mir her und lasse es, während ich hinuntergehe, auf die Treppenstufen knallen, lasse einfach den Lauf herunterhängen… Ich gehe die Treppe wieder rauf (klingt ein wenig erstaunt). Und ich bin etwas verwirrt, weil ich nicht weiß, warum ich ausgerechnet das mache.[56]

Ich: Das wollen wir herausfinden…

---

55. Dies war ein entscheidender Augenblick. An diesem Punkt mußte ich mich entscheiden, ob ich ihn bitten sollte, den Traum zu dramatisieren oder eine bestimmte Episode auszuwählen, um sich darauf zu konzentrieren, oder das zu tun, was ich tat. Es gibt einige Träume, in denen es offensichtlich ist, daß es sich um eine unvollendete Situation handelt. Was ich in diesem Traum so anders fand, war, daß er sich so um Sieg und Niederlage drehte: Plymouth Rock, der Begriff »Gooks« – mit dem vereinfachten Patriotismus und der ethnozentrischen Unterscheidung von »mir« und »denen da draußen« – und dennoch gibt es keinen Sieg. Das Thema des Traumes scheint sein persönlicher Ruhm zu sein – der gesamte Traum hat darin seinen Ursprung, und den Ruhm erlangt er dennoch nicht.

56. Es ist interessant, daß er tatsächlich wieder träumt und nicht bewußt den Traum vollendet, indem er sagt: »Gut, was hier noch fehlt ist meine Befriedigung, also hole ich sie

R: (still, wie zu sich selbst) Ja. Ich gehe wieder die Treppe rauf. (mit normaler Stimme) Und jetzt kann ich mich nicht entscheiden, ob ich zur Sekretärin oder ins Büro vom Boß gehen soll. Also bin ich jetzt im Konflikt, an einem Scheideweg, an dem ich in dem Flur in beide Richtungen gehen kann. Also entschließe ich mich, zur Sekretärin zu gehen – wieder zum PBX. Ich gehe durch das Tor zu der Station, wo sie ist, und ich schaue zu ihr rauf… Und sie schaut nicht zurück zu mir. Sie erkennt nicht, daß ich da bin. Und dann dreht sie sich doch um und sagt: »Der Boß will dich sehen«. Und ich sage: »O.K«.

Wo gehe ich jetzt hin? Ich will den Boß nicht sehen… Hmm. Ich stehe da irgendwie rum, irritiert, auf der Station. Und die Sekretärin schaut mich irgendwie fragend an, als ob sie sagen wollte: »Du solltest jetzt lieber reingehen. Er wartet schon«. Und alles, was ich sehen kann, ist ein Bild von dem Boß hinter dem Schreibtisch, aber ich bin nicht da. Ich bin immer noch unten auf der Station. Aber ich kann es sehen, ein Bild von ihm hinter seinem Schreibtisch, und er arbeitet irgendwie gerade, hat etwas zu tun. Und nun trommelt er mit seinen Fingern auf dem… dem Bleistift auf dem Schreibtisch. Und jetzt ruft er noch einmal durch die Gegensprechanlage und sagt: »Schick ihn herein!« Und ich höre das und kann nicht gehen.

Und jetzt kommt der Boß raus, um herauszufinden, was zur Hölle hier los ist. Und er ist ungeduldig – nicht richtig sauer, nur ungeduldig. Dann sieht er mich da stehen und kommt da rein, wo die PBX ist, und sagt: »He, komm doch rein!« Und ich gucke ihn irgendwie an, aber bewege mich nicht vom Fleck. Ich bewege mich einfach nicht! Ich drehe meinen Kopf ein wenig nach rechts und schaue ihn an, aber ich bewege mich nicht. Ich stehe da mit meinem Gewehr direkt vor der Brust, ich halte es fest vor mir mit einer Hand. Und die Mündung ist direkt unter meinem Kinn, und ich habe das Gefühl, ich würde am liebsten abdrücken und mich aus diesem Elend erlösen. Aber eigentlich will ich das nicht. Das wäre ein allzu leichter Ausweg für mich… hmm. Nichts passiert.

Ich: Immer wenn es um die Konfrontation mit dem Boß geht, fährst du dich fest…

R: Ja.

---

mir, indem ich ganz bewußt tagträume, wie ich in das Büro vom Boß gehe«. Er ist wirklich begabt in der Fähigkeit, die Bilder sich ganz von selbst entfalten zu lassen. So ist er sogar selbst erstaunt, daß er sich auf dem Rückweg zum Gebäude befindet. Seine Phantasie ist wirklich spontan.

Ich: ... obwohl er stolz auf dich zu sein scheint.[57]

R: Ja. Aber er sagt es mir niemals direkt. Ich sehe ihn mittlerweile als symbolisch für meinen Vater. Zumindest für die Beziehung, die ich mit ihm hatte. Und meine Mutter ließ mich immer indirekt wissen, wenn mein Vater mochte, was ich tat. Er selbst sagte es mir niemals.

Ich: Sprich jetzt einmal mit deinem Boß und stell dir den Boß in diesem Traum dabei vor – er weiß, daß du gezögert hast, hereinzukommen – und erzähle ihm von deiner Zurückhaltung, mit ihm zu sprechen, welche Gefühle du ihm gegenüber hast.[58]

R: ... O.K. Ich lasse ihn jetzt mal an seinem Schreibtisch sitzen, und ich bin in seinem Büro. Ach ich weiß nicht. Ich wollte einfach nicht

---

57. Zuerst geht er in dem spontanen Traum nur durch das Büro *hindurch*. Ich sehe den Traum als einen spontanen Prozeß, in dem er sich ins Büro seines Chefs begibt und trotzdem nicht in der Lage ist, mit der Situation fertigzuwerden und zu bekommen, was er braucht, und daher durch das Büro hindurchgeht. Dann sagt die Sekretärin: »Dein Boß möchte dich sprechen«. Und er weist in seiner ersten Erzählung des Traums darauf hin: »Es gibt hier einen Widerspruch. Ich bin ja bereits durchgegangen«. Und wenn die Sekretärin sagt: »Er will dich sehen«, dann geht er auf der Treppe weiter und hinunter auf die Straße, was ein weiterer Widerspruch ist. Der Widerspruch in dem Traum wird offenbar von dem Moment an, als er das natürliche Ende meidet. Und er will diesen Widerspruch nicht einmal erkennen, wenn ich ihm sage: »Mach weiter, und wir werden darüber sprechen«. Und er geht *hinunter* auf die Straße und kommt dann, als ob er nicht wüßte, was er tut, zurück in das Gebäude. Das erstemal, als er von Konflikt spricht, sagt er: »Ich weiß nicht, ob ich zur Sekretärin oder zum Boß gehen soll«. Und schließlich entscheidet er sich für die Sekretärin und geht damit einer direkten Konfrontation mit dem Boß aus dem Weg. Dann sagt die Sekretärin: »Der Boß will dich sehen«, und er sagt: »Ich kann den Boß an seinem Schreibtisch sehen, aber ich bin nicht dort«. Er geht hinein, ohne hineinzugehen, ohne seinen Körper mitzunehmen. Er geht nur mit seinem Geist hinein: ein weiterer Weg zu versuchen, den nächsten Schritt zu machen, ohne ihn wirklich zu gehen. Wenn diese Sache ein natürlicher Traum gewesen wäre, dann wäre er aufgewacht oder hätte aufgehört zu träumen, wäre entschwunden oder in eine andere Richtung abgeschweift. Also unterstütze ich ihn, da zu bleiben, und frage: »Was nun?« Die ganze Gruppe wartet darauf, daß er etwas unternimmt, und es wird klar, daß er nichts unternehmen wird, um den Boß zu treffen. Er kann der Situation nicht mehr länger aus dem Weg gehen, sie ist mittlerweile zu offensichtlich geworden. Wie löst er sie also in seiner Phantasie? Der Boß kommt zu ihm. »Was ist da draußen los?« Aber er kann es nicht tun. Mittlerweile kann er den Kontakt nicht mehr länger vermeiden, denn er kann sich nicht bewegen. Er steht da, mit seinem Gewehr in der Hand und völlig sprachlos.

58. Hier sah ich die Notwendigkeit eines Ausweges aus der Lähmung. Er kann sich die Situation gut vorstellen, aber sie ist eine Sackgasse. Es gibt keinen weiteren Handlungsablauf. Er ist festgefahren, will etwas und will doch nichts, ist nicht in der Lage, etwas zu unternehmen. Also kommt er nur weiter mit einem extra Anschub: »*Begegne* dem Boß«.

hereinkommen. Aus irgendeinem Grund habe ich Angst. Nicht etwa,
daß ich es nicht wollte. Ich habe Angst, hereinzukommen und dich
zu sehen. Ich vermute, ich habe Angst, daß ich zu sehr angeben könnte,
daß ich das lieber nicht tun sollte… und ich habe wirklich keine
Ahnung, warum ich… weil ich wirklich, weißt du, weil ich wirklich
nicht glaube, daß du es so *meinst*. Ich glaube nicht, daß du es wirklich fühlst. Und ich habe das Gefühl, du hast Angst vor *mir*… aber
ich habe heute *wirklich* eine gute Schlacht geschlagen.

»Ja, du hast es gut gemacht. Das wollte ich dir nur sagen und, äh,
äh, daß ich dich beobachtet habe und daß ich mag, was du tust. Und,
äh, du stehst auf der Liste für eine Beförderung. Ich habe auch von den
hohen Tieren gehört, daß sie dich besonders empfehlen wollen. Und
ich bin irgendwie sehr erfreut, daß du, äh, weißt du, so eine gute Sache
für diese Organisation getan hast. Ja. Für die Organisation. Gut für
unseren Ruf. Ja. Gut für unseren Ruf. Und, äh, wir sind stolz auf dich.«

Das klingt wie mein Vater. Immer besorgt um den guten Ruf der
Familie.

Ich: Wie findest du das?

R: Ich mag es überhaupt nicht. Ich finde es nicht gut, daß er mich nicht
als Person sieht. Was ich tue, wirkt sich auf seinen guten Ruf aus. Es
wirkt sich auf nichts aus, was ich bin oder so was ähnliches. Es ist nur
der gute Ruf der Familie. Ich sehe ihn ziemlich genauso wie meinen
Vater.

Ich: Erzähle ihm etwas von deinen Gefühlen.

R: Was zur Hölle ist ein guter Ruf? Wenn du auch nur ein Fünkchen
Selbstvertrauen hättest, dann würdest du dich nicht soviel um deinen
guten Ruf scheren. Was ist mit mir? *Ich* bin derjenige, der die Drecks-
arbeit gemacht hat, zusammen mit einer Menge anderer Jungs, aber
ich habe auch meinen Teil dazu beigetragen. Und ich habe es getan,

---

Also besteht der nächste Schritt darin, seine Misere zum Ausdruck zu bringen. Nicht
seinen Wunsch, einen Orden zu bekommen, und auch nicht die natürliche Konfrontation, die in einer Situation im wirklichen Leben stattfinden würde – der er ja aus dem Wege
geht –, sondern zu erkennen: »Ich bin wie gelähmt«. Auf diese Weise würde er wenigstens
einsehen, daß er der Wahrheit aus dem Wege geht, und das Offensichtliche zum Ausdruck bringen, das, was man gewöhnlich niemals meint, zum Ausdruck bringen zu müssen. Wenn eine Person das Gefühl hat, »Ich habe nichts zu sagen«, dann sagt sie es gewöhnlich einfach nicht und geht weg. Das Hilfreichste in einem solchen Fall ist es, wenn
man sagt: »Sag ihm, ich habe nichts zu sagen«.

weil ich es wollte. Weil ich einen guten Job machen *wollte.* So, wo zur Hölle bin ich in dem Ganzen? Ich bin kein guter Ruf…

Ich: In dem Traum dreht sich vieles um einen guten Ruf, Plymouth Rock…

R: Ja.

Ich: … und so weiter. Und der Wunsch anzugeben und ein Zögern, das Lob anzunehmen. Ich würde also ein wenig mehr mit der Angeberseite experimentieren. Gib also ein wenig an, was du für ein toller Kerl bist.

R: Ich freue mich, daß du mein Mundharmonikaspiel magst, ich glaube nämlich, daß ich verdammt gut bin. Ich habe hart geübt und bin ziemlich gut. Du weißt das vielleicht nicht, Joe, aber ich bin ein verflixt guter Tischtennisspieler. (Gelächter) Ich schlage die meisten Gegner. Du solltest mich hören, wenn ich eine Rede halte. Ich kann wirklich gute Reden halten, die Leute wirklich begeistern. Oh… Ich war neulich ziemlich mutig, als ich dir von deinem Bauch erzählt habe. Das war ziemlich mutig von mir. Ich glaube, ich bin… ich möchte nicht sagen stark, das wäre nicht das richtige Wort, glaube ich – ziemlich, äh, flexibel und, äh, beweglich, wenn es darum geht, mich auf dich in diesem Seminar einzustellen. Ich meine, ich bin ein ziemlicher Perfektionist. Und ich bin wahrscheinlich der kaputteste Perfektionist, den es gibt.

Ich: Was ist denn das für eine Angeberei?

R: Ich gebe über mein…

Ich: Anstatt zu sagen, du seist ein Perfektionist, könntest du auch sagen, du bist *perfekt?* (Gelächter)

R: Wow. (Gelächter) Ja, ich bin perfekt. Wow. (Mehr Gelächter) So jemanden wie mich gibt es nicht nochmal. Bin ich nicht süß?

Ich: Könntest du das für einen Augenblick mal ernst nehmen? Tu so, als seist du perfekt, oder laß die Leute glauben, daß du perfekt bist. Jetzt tust du das nur als Scherz.

R: Hm. Ja. Mich nicht über mich lustig machen? Hm. O.K. Ja. Ich bin perfekt. Eigentlich bräuchte ich ja gar nicht hier zu sein. (Gelächter) Eigentlich bräuchte ich euch alle gar nicht für dieses Spiel. Wenn ich gerne hier wäre, dann wäre das eigentlich ziemlich blöde, und das wäre nicht perfekt, oder? Ja.

Ich: Vielleicht brauchen wir *dich* ja?

R: Ja. Alles, was ich tue, das tue ich, so gut ich kann, und das ist für mich perfekt. Ja. Andere Leute mögen vielleicht nicht immer, was ich tue, aber für mich bin ich perfekt. Mehr kannst du von mir nicht erwarten. Es würde dir ohnehin nicht bekommen. Würde mir nichts nutzen. Also verlange ich nichts weiter von mir selbst. Ja, ja. Ja, ich bin eigentlich ziemlich gut in Form. (Gelächter)[59]

Ich: Würdest du den Teil deines Traums dramatisieren, in dem du mit dem Gewehr dastehst?

R: O ja. Gib mir deine Krücke! (Gelächter) Ich stehe auf dem Landungssteg und rede mit der Sekretärin, und sie sagt, daß McFarlane heute da draußen etwas Wunderbares getan hat. Und sie sagt: »Ja, er und Andrews sagten, sie würde nicht wieder zurückkommen«. Und ich sage: »Ohne mich hätten sie dies nicht tun können« (in angeberischem Ton). Und ich bin sehr stolz auf mich, und ich unterbreche sie, damit sie es mir nicht zu sagen braucht. Ich muß es mir von ihr nicht sagen lassen, daß sie stolz ist, also sage ich es zuerst – was ich häufig tue. Ich sage: »Schau mich an. Ich bin O.K. Ich bin toll.«[60]

Ich: Sag uns: »Schaut mich an. Ich bin toll.« Füge etwas hinzu … mach es etwas ausführlicher.

---

59. Was man als eine Aufgabe der Verantwortung für die Ehre sehen kann. »Du hast gut für uns gearbeitet.« Nicht einmal sein Boß sieht dies als etwas Persönliches, als eine persönliche Ehre, diese Schlacht gewonnen zu haben. Es ist die Ehre des Landes. Man denke an die frühere Aussage über Plymouth Rock: »das fünfte Mal in der Geschichte der Vereinigten Staaten«. All dies macht den Eindruck, daß es ihm hauptsächlich darum geht zu siegen, aber daß seine Sorge um den Sieg nicht als ein persönliches Gefühl oder Bedürfnis erkannt wird. Es ist das Land, das den Ruhm erntet.

60. In dieser Runde war er zuerst sehr zögerlich, dann gegen Ende jedoch immer bestimmter. Ich hatte das Gefühl, er glaubte wirklich, was er sagte. Die letzten drei oder vier Sätze hatten die Qualität von Einsichten; er spielte nicht nur mit seinen Angebereien, sondern er entdeckte etwas: »Ja, ich bin eigentlich ganz zufrieden mit mir.« Als ob seine Fähigkeit, anzuerkennen, »wirklich zufrieden« mit sich zu sein, unterdrückt worden wäre. Mit sich zufrieden zu sein, setzt er mit Angeberei gleich, was für ihn tabu ist. Nun, aufgefordert, spielerisch damit umzugehen, entdeckt er: »Ja, ich bin es.« Er braucht also gar nicht mehr den General, der es ihm sagt. Ich würde sagen, daß das Wissen darüber, was er tut und daß er sein Bestes gibt, auf einer Ebene bereits vorhanden ist. Das wird personifiziert durch den Offizier, der will, daß er hereinkommt und der sagt: »Ich beobachte dich. Ich habe dich seit einiger Zeit beobachtet, und du wirst befördert.« Das ist er selbst. Aber zwischen diesem Teil seiner Selbst und dem anderen steht dieses Bedürfnis zur Unterdrückung, das Bedürfnis sich diesem Teil, der sagt: »Du bist O.K.« nicht zu stellen. Er weiß es, aber er vermeidet es, um Anerkennung zu heischen, sogar um Anerkennung von sich selbst. Während des ganzen Spiels hatte ich also das Gefühl, daß er wirklich entdeckte: »Ja, Ich gebe wirklich mein Bestes.« Das wäre dasselbe, wie wenn die Offiziere ihm sagen würden: »Du wirst befördert« und er in der Lage wäre, diese Aussage anzunehmen, indem er sagt: »Jawohl«, ohne die Situation irgendwie vermeiden zu müssen. Ich stelle ihn also auf die Probe, indem ich in den Traum zurückgehe.

R: Hm. O.K. Nun, ich bin immer noch perfekt, also… (mit lauter Stimme) schaut mich an! Ich bin ziemlich toll. Ich bin heute hinausgegangen und habe getan, was zu tun war, und… (Gelächter)

Ich: »Ziemlich toll«, hast du wieder gesagt. Wie fühlst du dich, wenn du dieses Wort sagst?

R: »Ziemlich toll?« Ich glaube, ich lasse mich dabei aus, also brauche ich auch nicht perfekt zu sein. Ja. Schau mich an. Ich bin toll. Ich habe es gut gemacht, und ich bin zurückgekommen, und ich bin bereit, wieder loszugehen, immer wenn sie mich brauchen. Schau mich an. Dies ist der größte Typ weit und breit. Macht alles genau richtig. Macht gegenwärtig den besten Job.

Ich: Könntest du damit weitermachen und es mit etwas aus deinem Leben illustrieren?

R: Aus meinem Leben?

Ich: Hm. Ja. Bring es aus dem Traum ins wirkliche Leben.

R: Dinge, die ich tue, meinst du?

Ich: Hmmm. »Schau mich an. Ich bin toll.«

R: Das habe ich doch gerade ausgiebig getan. Aber ich kann wahrscheinlich noch mehr finden. (Gelächter)

Ich: Ich glaube, bis zu den wichtigen Dingen bist du noch nicht vorgedrungen.

R: Die wichtigen? Ich glaube doch. Ah ja. Schau mich an. Ich bin toll. Ich bin der beste Vater weit und breit. Ich bin ein ausgezeichneter Vater. Ich weiß, was meine Kinder wollen und was sie brauchen. Ich weiß, wie ich mit ihnen umgehen muß, wie ich ihnen Freude bereiten kann und ihnen helfen kann, glücklich zu werden, zu wachsen und lebhafte, aufgeschlossene Menschen zu werden. Und das sind sie auch wirklich. Und das liegt hauptsächlich an mir und daran, daß ich so bin, wie ich bin. Schau mich an. Ich bin toll. Ich, äh, ich bin intelligent und kann mich gut ausdrücken… und mir entgeht nichts. Schau mich an. Ich bin toll. Ich bin toll, Bob. Ich mache meinen Job gut. Die Leute mögen mich, sie reagieren gut auf mich. Und selbst wenn sie mich anfangs nicht mögen, so entdecken sie doch sehr schnell, daß es da etwas Echtes gibt, auf das sie gut reagieren können, und sie finden heraus, daß sie auf einen echten Menschen reagieren und nicht auf einen falschen.

Ich: Wie fühlst du dich, wenn du dies tust?

R: Ziemlich gut. Dieses Ding…

Mann: Ich habe das starke Gefühl, daß…

Ein anderer Mann: Laß uns sehen, wenn du die andere Seite versuchst,

Richard, nimm die Krücke als Krücke. Glaubst du, das würde etwas ausmachen?

Ich: Was meinst du mit »die Krücke als Krücke benutzen«?

Mann: Die Krücke umzudrehen und zu sagen: »Ich brauche eine Krücke, um zu laufen«.

R: Nein, das will ich nicht.

Ich: Du hast Schwierigkeiten, Ruhm entgegenzunehmen und anderen ihren Stolz zu gönnen, also…

R: Ich sage es natürlich immer zuerst.

Ich: Ich bin an der anderen Seite interessiert, daran, warum du dich darüber lustig gemacht hast, etwa an dem »ziemlich gut« und an dem Rauslassen des Angebers. Könntest du mal »einen der Jungs« spielen? »Ich bin nicht besser als ihr: Ich bin wie jeder andere auch.«

R: O ja. O.K. Sicher. Das kann ich auch.

Ich: So perfekt, daß du selbst das kannst. (Gelächter)

R: Richtig. Ja. Ich werde alles tun, was gerade anliegt, und mich anpassen. Ich tanze einfach mit, es spielt sowieso keine Rolle.[61] Ich kann einfach dazukommen und auf allen Ebenen mit euch klar kommen, wo auch immer ihr seid, da kann ich auch sein. Ich kann, äh, über Politik reden, äh, und einfach nur rumhängen und gar nichts tun. Singen. Was auch immer, was immer ihr tun wollt. Ich kann, äh, ganz locker sein, aber auch ganz formell. Was immer ihr wollt. Nur einer von den Jungs. Einfach entspannen, Billard spielen, was immer. Ich bin, nebenbei gesagt, ein ziemlich guter Billardspieler. Ziemlich gut. Für einen Jungen vom Lande recht anständig.

Ich: Betone, daß du nicht anders bist als die anderen.

R: Ich bin nicht besser?

Ich: Nein.

R: Das ist schwer für mich.

---

61. Ich versuche im allgemeinen, diese beiden Dinge in einer Sitzung zu tun. Ich sehe einen Aktivitätsstrang als ein sokratisches Hervorbringen eines Fortschrittes: In diesem Fall locke ich ihn allmählich in seinen Stolz hinein. Zuerst fordere ich ihn auf, seinen Traum zu beenden, und dann bringe ich ihn dazu, seine Angeberei zu übertreiben: »Ich bin toll« oder sogar: »Ich bin perfekt«. Aber dann, da er offensichtlich damit Schwierigkeiten hat, geht es nicht nur darum, daß er seinen unterdrückten Impuls ausdrückt, sondern daß er dem Hindernis eine Stimme verleiht. Ich bin im allgemeinen mit einer Sitzung nicht ganz zufrieden, selbst wenn es einen Fortschritt gegeben hat oder eine Explosion, wenn ich nicht gehört habe, was bezüglich des Gegenteils auf dem Spiel steht. Das Thema ist also nun, *was auf dem Spiel steht,* wenn er irgend jemand anders wäre, wenn er keinen Ruhm ernten würde. Denn darin, wie alle anderen zu sein, liegt ebenfalls Stolz.

Ich: »McFarlane hat's getan, nicht ich.«[62]

R: O ja. Natürlich. McFarlane hat's getan. Ich bin ziemlich gut als Stellvertreter. Ich mag eigentlich gar nicht so sehr immer die Nummer eins sein. Ich bin recht gut im zweiten Glied, weißt du, als Befehlsempfänger. Ich bin der beste stellvertretende Kommandeur, den es gibt. (Gelächter) Ach ja, ich bin eigentlich gar nicht so anders als ihr oder so. Ihr macht eure Sachen und ich meine. So vertragen wir uns eigentlich ziemlich gut.

Ich: Wie findest du diese Rolle.

R: Ich mag sie eigentlich ganz gerne. Ja wirklich. Ja. Viel bequemer, einfach entspannt zu sein.

Ich: Irgendwie ist es immer der erste Kommandeur, der den Kugelhagel abbekommt.

R: (lächelt) O ja. Sicher. Das stimmt. (Gelächter) Wow! Ja, das war so, oder? Das stimmt. Es ist viel weniger gefährlich – ich lebe viel weniger gefährlich als zweiter Kommandeur. Ich kriege ein bißchen mehr Stunk ab, aber dafür werde ich nicht so schnell erschossen.[63]

Ich: Und es macht dir mehr Spaß, der erste zu sein?

R: Ja.

Ich: Ich möchte, daß du nun den Teil des Traumes spielst und in McFarlanes Rolle schlüpfst. Sei McFarlane, wie er da steht.[64] Stell dir einfach vor, wie es sich anfühlt, er zu sein, und laß ihn über sich selbst sprechen. Was ist es für ein Gefühl, der Kommandeur zu sein, und…

R: O.K., O.K. Jetzt kommandieren McFarlane und ich die ganzen viertausend Soldaten, und wir, ich habe sie organisiert und alle ausgebildet und mit den einzelnen Unteroffizieren zusammengearbeitet und alles getan, was nötig war, um ein gut organisiertes, diszipliniertes Team zusammenzustellen. Und so, äh, so führe ich sie jetzt an die

---

62. Ich helfe ihm, eine Verbindung zwischen dem Traum und dem wirklichen Leben herzustellen. Normalerweise wird diese Verbindung von dem Patienten im Prozeß des Dramatisierens gesehen, aber eine Alternative ist dieses Vorgehen: der Gebrauch von Traumbildern, um über das Jetzt zu sprechen. Im ersten Fall geht die Verbindung vom Traum aus zum Leben, im zweiten vom Leben zum Traum.

63. Das ist seine Lösung.

64. Ich schlage hier die Umkehr seiner Lösung vor – die er ja auch vermeidet. Erschossen zu werden ist für ihn wahrscheinlich dasselbe wie dem Offizier entgegenzutreten, anzunehmen, der erste zu sein oder eine Beförderung zu bekommen. Die Bereitschaft, der erste zu sein, trotz der katastrophischen Erwartungen. Ohne die Angst, der erste zu sein, wäre er wahrscheinlich nicht einmal darin gefangen, der erste zu sein.

Front, und wir wissen, daß wir kämpfen werden. Also haben wir einen Termin mit diesen verdammten Gooks. Äh, und wir werden gegen sie kämpfen, und so stehen wir auf dem Schlachtfeld, und ich stehe ganz vorn. Und ich, ich stehe in der ersten Linie von Soldaten, und ich weiß, daß es taktisch erforderlich ist, um diese Schlacht zu gewinnen, irgendwie mich selbst zu opfern. Und ich bin durchaus gewillt, dies zu tun, weil ich – das ist mein Job. Ja. Als MacFarlane bin ich das. Ich arbeite nicht für mich selbst. Und so sind sie alle da, und die Zeit ist gekommen, und ich stehe da mit meinem Gewehr, und – das war zwar nicht in dem Traum, aber ich fühle es jetzt – ich gehe einen Schritt vorwärts, aus dem Glied heraus, und ich senke mein Gewehr und feure auf die Gooks – feure einfach hinein. Es spielt keine Rolle, wo ich hinschieße, weil so viele da sind. Und ich habe sowieso ein oder zwei ganze Salven zur Verfügung. Ah, O.K., so bin ich – also ist es an mir, das Opfer zu bringen.[65] Das taktische Manöver, ihr Feuer auf mich zu ziehen. Plötzlich ziehe ich diese schußsichere Weste an, aber die kann nicht alles abhalten. Aber ich glaube, daß es nicht McFarlane ist. Ich glaube, das bin ich wieder selbst, der die schußsichere Weste anzieht.

Ich: Sieh, ob du dich als McFarlane erleben kannst, der die Kugeln auffängt.

R: Das ist es, wovor ich Angst habe. O.K., also senke ich mein Gewehr und schieße zwei Salven ab (ist sehr still und zögerlich), und ich fühle dann die Salven zurückkommen. Direkt hier trifft mich die erste, hier über dem Herzen. Dann kriege ich eine am Hals ab. Und jetzt kommen sie ganz plötzlich sehr schnell, und ich habe das Gefühl, es trifft mich überall an den Beinen, an den Hoden, den Füßen, dem Kopf. Aber ich stehe nur da. Und was ich dann tun werde, ist sterben, damit es nicht mehr wehtut, aber ich stehe einfach da, ganz fest, und lasse die Salven über mich ergehen. Und ich lehne mich nach vorne, damit ich nicht durch den Druck der Geschosse umgeworfen werde. Und so stehe ich einfach da. Und jetzt kommen sie rein, und ich fühle nichts mehr. Es gibt nur hier und da einen dumpfen Schlag, die Kleidung wird zerfetzt, das Fleisch und all das, aber es hat nichts zu bedeuten. Außer, daß ich irgendwie immer noch einen Verstand oder so etwas habe, und ich habe das Gefühl, daß meine Beinknochen zerschmettert werden und unter mir wegbrechen könnten, be-

---

65. Seine Vorstellung von einem Sieg oder davon, ganz vorne zu sein, ist »ein Opfer«.

vor meine Taktik ihr Ziel erreicht hat. Und das wäre katastrophal für unsere Truppe. Das hat sich gar nicht so schlimm angefühlt, wie ich dachte.

Ich: Eine kleine Übung in Sachen »verletzbar sein«.

R: Ja. Dabei dachte ich, daß das so schwer sein würde.

Ich: Kannst du da durchgehen und das Ganze in der Gegenwartsform erzählen und es versuchen, sehen, wie es paßt, wenn du sagst: »Das bin ich. Das ist mein Leben«? Sieh, ob es irgendeinen Sinn macht, wenn du sagst: »Das ist mein Leben«, nach all dem, was du gerade beschrieben hast.

R: Die Sequenz mit der Verletzbarkeit?

Ich: Ja.

R: Hmmm.

Ich: Kann ich kurz unterbrechen? Feuer ziehen, heißt das, daß du das Feuer auf dich selbst ziehst?

R: Ja. Wahrscheinlich heißt es das. So, als würde ich um etwas bitten?

Ich: Absichtlich.

R: Ja.

Ich: Den Fokus auf dich richten.

R: Ja. Ich habe, äh, ich tue es teils als eine Heldentat, aber auch weil ich wirklich glaube, daß dies meine Mission ist, und dies der richtige Weg, sie zu erfüllen. O.K., also fange ich da an, wo ich anfange zu schießen?

Ich: Alles, was du gesagt hast, wie zum Beispiel: »Dies ist meine Mission. Dies ist mein Leben.«

R: O.K. Ja. O.K. Ich werde auf diese, auf diese Gooks schießen. Nicht weil ich gerne Leute erschieße, sondern weil dies jetzt meine Verant-wortung ist. Und ich weiß, daß ich eigentlich nicht viele von ihnen töten werde, weil ich ohnehin sehr schnell tot sein werde. Mich selbst opfern, und das ist meine Existenz. (Etwas Gelächter) O.K. Ich wer-de mich opfern, um diese Schlacht zu gewinnen. Dies ist eine sehr wichtige Schlacht, und sie wird für die ganze Menschheit gefochten, und dies ist meine Existenz. Dies ist mein Leben. Ja, das ist es, was ich tun will – ein großes Opfer bringen.

Ich: Als Stolz der Institution?

R: Nein. Zu Richards Ruhm. Für irgendwelche idealisierten Werte für die Verbesserung der Menschheit oder so etwas. Ich bin also O.K. Ich werde also einige Salven verschießen und werde all diese Kugeln in mich aufnehmen, werde aufrecht dastehen und sie aufnehmen, weil das mein Job ist und meine Existenz – das zu tun. Ich werde nicht einmal wirklich die Verletzungen, die Schmerzen, spüren. Weil auch das meine Existenz ist, und ich mich vor diesem Gefühl schützen werde, damit ich die Schmerzen nicht spüre. Ich werde einfach tun, was ich zu tun habe – und das ist meine Existenz. Was immer die Hindernisse sind – und das ist meine Existenz. Und dadurch den Sinn meines Lebens adeln oder so etwas. Und das ist meine Existenz.

Ich: Erzähl dem Boß etwas über diese deine Existenz. Über dein Heldentum.

R: McFarlanes oder meines, oder was?

Ich: Sieh, ob es als Richard paßt. Richard hat ihn gemieden, und er will nicht gelobt werden. Sieh, ob du dich als Richard dazu bekommen kannst – anstatt dem Lob aus dem Wege zu gehen – erzähl es ihm. Nicht nur, daß du es *ziemlich* gut gemacht hast, sondern daß du ein wahrer Held bist.

R: Nun gut. Ich glaube, daß »ziemlich gut« heißt, daß ich darauf warte, daß er mir sagt: »Ja, das war toll«. Ja. Oder *ich* war toll. Ich habe meinen Job gut gemacht, und ich bin ein Held. Oder, Ich habe alle diese Leute angeführt – nachdem McFarlane gestorben war, dann hatte ich die Leitung, und ich habe all die Männer angeführt und meinen Job gut gemacht, und ich bin ein Held. Und ich habe eine Empfehlung verdient.

Ich: Hast du das Gefühl, du wünscht das?

R: Ich weiß nicht genau… Ja. Ich möchte die Empfehlung als ein Symbol für das, was ich getan habe und was ich bin. Aber ich bin ganz bescheiden, wenn es darum geht, und ich würde es herunterspielen – weißt du – würde das Papier irgendwo in die Schublade legen und es niemandem zeigen und so… Nachdem ich es bekommen habe. Aber ich will es bekommen.

Ich: Nun, vielleicht könntest du einen Dialog zwischen dem stolzen, angeberischen Richard und dem bescheidenen Richard darstellen.

R: O.K. Ich werde für den Moment einmal der stolze, angeberische Richard sein. Nein, eigentlich habe ich schon genug angegeben. Ich werde, ich höre ihm zu, damit ich auf all seinen Schrott antworten kann.

Ja, du meinst, du seist ziemlich toll. Du möchtest, daß dir jeder erzählt, was du für ein toller Hecht bist. Und dann erzählen sie dir, wie toll du bist, und dann drehen sie sich um und sagen zu ihren Freunden: »Er ist ein Arsch«, weißt du. Ist es das, was du willst? Die ganze Zeit ein Arsch genannt zu werden?

Das ist es nicht, was ich will. Ich möchte, daß die Leute mich wegen meiner Person mögen und wirklich gern mit mir zusammensein möchten. Als Person und nicht als ein verdammtes Symbol der Größe oder als ein hehres Opfer und auch nicht als ein Angeber. Ich möchte, daß sie zu *mir* kommen.

Du wendest dich immer an andere und versuchst sie auf dich zu lenken, statt – statt sie zu dir kommen zu lassen. Du bist so verdammt verzweifelt. Und, äh, so gehst du mir wirklich auf die Nerven.[66]

So bin ich halt. Du schleppst dich einfach weiter und kriegst nur, was übriggeblieben ist. Ich bin ziemlich toll, weißt du, warum soll ich die anderen es nicht wissen lassen? Ich mag das. Es gibt nichts, was du dagegen tun kannst. Es gibt nichts, was du gegen mich tun kannst. Weißt du.

(Fast flüsternd) Wow! (in ziemlich traurigem Tonfall) Es ist nur zu wahr!...

Wie üblich bist du in deiner Analyse sehr genau. Und gleichzeitig redest du nichts als Mist. Weil ich weiß, daß du aus denselben Gründen leidest wie ich. Du brauchst offene, freie Zuneigung, willst wirklich von anderen gemocht werden und willst imstande sein, sie zu mögen. Aber du kannst es so nicht schaffen. Du kannst nicht jeden mögen, wenn du selbst die Initative ergreifst und ihnen sagst, wie gut du bist. Und sie können dich auf diese Weise auch nicht wirklich mögen, weil sie nicht die Chance haben, zusammen mit dir sie selbst zu sein.[67] Du drängst zuviel nach deinem eigenen Vorteil wie auch nach meinem. Tatsächlich gibt es kaum Platz für all dies Drängen, so, wie du es tust. Es bringt dir nicht, was du willst. Und ich weiß, daß du etwas willst. Vielleicht willst du es nicht zugeben, aber du willst es.[68] Wenn du dich so verhältst wie jetzt, bist du ziemlich schwach. Du bist schwach und kannst dich nicht beherrschen. Du bist neuro-

---

66. An diesem Punkt ein logischer Schritt. Er hat beide erforscht, also können wir nun daran denken, sie zu integrieren.

67. Ich glaube, dies ist eine therapeutisch relevante Entdeckung: daß er angeben will, damit die anderen ihn sehen, aber daß dieses Angeben dies nicht für ihn leisten kann.

68. Hier ist eine Synthese der beiden. Richard II geht nicht mehr gegen Richard I vor, sondern er liebt ihn. Er wird gelobt, und das ist wie das Lob seines Vaters. Er weiß, daß es nicht seine Anerkennung ist. Indem er auf seinen Stolz besteht, statt ihn zu unterdrücken, ist er in Kontakt mit der Quelle seines Wunsches nach Lob gekommen und hat entdeckt, daß es eigentlich gar kein Wunsch nach Lob ist. Die Erfahrung, der erste sein zu wollen, hat sich in die *Erfahrung* – nicht mehr länger die Interpretation – gewandelt, gesehen und geliebt werden zu wollen.

tisch, zwanghaft und verzweifelt. Und so, wie du bist, machst du nichts als Mist. Du bist nichts als Mist.

Was soll ich also deiner Meinung nach tun? Soll ich verschämt dreinschauen? Das ist nicht meine Art. Aber du hast mich gepackt. So weit hast du mich niemals vorher gehabt. Und ich muß zugeben, du hast Recht mit deiner Interpretation. Und was machen wir jetzt? Ich werd dir was sagen. Ich hätte nicht wenig Lust, jetzt etwas daran zu machen. Ich bin nicht sicher, was ich tun kann, aber bei dem, was ich jetzt tue, bin ich mir vielleicht bewußter über das, was ich mache. Ich strenge mich an, und wenn ich nicht zuhöre, werde ich mich ganz freundlich daran erinnern, daß ich nicht zuhöre. Kannst du das? Denn *ich* will das so. (weint) Das ist es, was ich will. Ich hoffe, ich… Ich möchte nicht der Arsch sein. Ich will nicht perfekt sein! (weint immer noch) Mist! So lerne ich nie jemanden kennen. Keiner kennt mich! (schluchzt heftig) O wie weh das tut! (heftiges Weinen während des nächsten Satzes) O Mist, ich muß etwas anders machen! (Pause, Stimme wieder normal und wieder beherrscht)

Das ist es, worauf ich gewartet habe. Du stellst mich aber ganz schön auf die Geduldsprobe. Dann wollen wir mal sehen, was wir tun können. He, weißt du was? Mach dir keine Sorgen, immer erinnert werden zu müssen(in tröstendem Ton). Das funktioniert sowieso nicht. Entspanne dich einfach. Laß einfach los. Wenn du Lust hast, traurig zu sein, wie eben, dann sei einfach traurig. Entschuldige dich nicht dafür, weder bei mir noch bei irgend jemand anders. Ich höre dir zu… hmmm. Ich möchte dir die Hand schütteln. Und ihm geht es genauso (seufzt).

Ich: Gibt es irgend etwas, was *du* den anderen hier sagen möchtest?

R: Ich glaube, ich möchte einfach sagen, hier bin ich. Hier bin ich. Das bin ich.

Zweiter Teil

Gestalttherapie in neuem Licht

Kapitel 13

Der transpersonale Aspekt der Gestaltarbeit

Ohne Gewahrsein gibt es nichts,
nicht einmal das Wissen um das Nichts.
FRITZ PERLS

Ebenso wie andere existentielle Therapien wird die Gestalttherapie gewöhnlich als humanistisches Verfahren betrachtet. Das ist jedoch nicht alles: Selbst wenn der Gestaltprozeß sich erheblich von der Psychoanalyse unterscheidet, trägt er dennoch eine beträchtliche Freudsche Komponente – insbesondere im Werk Fritz Perls', der einst selbst Psychoanalytiker war. Weniger offensichtlich und dennoch signifikanter ist die Tatsache, daß die Gestalttherapie in weiten Bereichen durch transpersonale Züge gekennzeichnet ist.

Mit »transpersonal« meine ich, daß sie über den Bereich der Person als konditionierte, individuelle Persönlichkeit hinausgeht. Dies war bereits in Jungs Sichtweise angelegt, als er den Begriff auf die Inhalte des kollektiven Unbewußten anwendete, im Gegensatz zum persönlichen Unbewußten und zum gewöhnlichen Bewußtsein. Dennoch spiegelt die Tatsache, daß die Gestalttherapie heutzutage eher als »humanistischer«, statt als »transpersonaler« Ansatz gilt, in einer Zeit, in der beide Begriffe in unserem System der psychologischen Verpackung (jeder der beiden steht in Verbindung mit einem Journal und einer Association) eine große Rolle spielen, eine Tendenz wider, daß das Transpersonale eher mit der visionären Ebene, erweitertem Bewußtsein und dem Paranormalen assoziiert wird, statt mit der Basis all dessen: dem Gewahrsein selbst.

Es ist jedoch eine Tatsache, daß das Gewahrsein selbst transpersonal ist, oder, um einen früheren Begriff zu gebrauchen: spirituell.

Die wichtigsten spirituellen Traditionen machen dies sehr deutlich. Buddhaschaft (mit der Wurzel bodh, wach) ist nicht etwa ein bestimmter Bewußtseinszustand, sondern das Bewußtsein selbst. Erleuchtung ist kein Zu-

195

stand oder geistiger Inhalt, sondern der Geist selbst, das Behältnis. Vielleicht noch ausdrücklicher macht der Sufismus deutlich, daß das Ziel des Erwachens von jenem Zustand des beschränkten Gewahrseins, welches das gewöhnliche Bewußtsein bietet, jenseits aller »spirituellen« Zustände liegt. Diese sind abgeleitete Verwirklichungen des Bewußtseins und Folge einer Einwirkung des Transpersonalen auf das Persönliche (oder, in traditionellen Begriffen: des Spirituellen auf das Ego). Das ist die Erklärung, die normalerweise für die Tatsache gegeben wird, daß der »Novize von wenig Wein betrunken wird« (das heißt, er bringt eine Fülle von ekstatischen und visionären Erscheinungen mit nur wenig Baraka oder »spiritueller Kraft« hervor).

Der Anfänger ist gewöhnlich geneigt, sich von den produktiven Auswirkungen der »spirituellen Trunkenheit« begeistern zu lassen, statt sich mit dem zugrundeliegenden Gewahrsein zu befassen, das diese erst ermöglicht. Anschaulich illustriert wird dies durch eine Sufigeschichte von einem jungen Mann, der von einem Derwisch an einen Ort geführt wurde, wo dieser die Erde beschwor, sich zu öffnen, und den jungen Mann anwies, hinabzusteigen und einen eisernen Kerzenleuchter heraufzuholen. Sobald der junge Mann in das solchermaßen geöffnete Gewölbe gestiegen war, erblickte er solch blendende Schätze, daß er seine Arme mit Gold und Juwelen füllte. Dann sah er den Kerzenleuchter und entschied, daß er ihn ebensogut auch noch mitnehmen könnte. Als er jedoch wieder hinaufstieg, war der Derwisch verschwunden, ebenso wie sein gesamter Schatz. Nur der Kerzenleuchter war übriggeblieben. Dies ist der Anfang einer längeren Geschichte, die weiterhin erzählt, wie dies ein magischer Leuchter war, der auf bestimmte Weise verwendet werden konnte, um Schätze zu gewinnen, und wie der junge Mann ihn aufgrund seiner Gier und seiner Unreife verlor. Die Geschichte illustriert die Beziehung zwischen echtem Gewahrsein und den »schillernden« Zuständen des Bewußtseins. Mit dem Gewahrsein ist es wie mit der sprichwörtlichen Henne, die goldene Eier legt: Es ist ein unschätzbarer transpersonaler Schatz, doch es ist höchst unwahrscheinlich, daß wir ihn um seiner selbst Willen schätzen.

Ich glaube, daß eine Verschiebung der Betonung von mentalen Inhalten zum Gewahrsein selbst möglicherweise der bedeutendste Zug heutiger humanistischer und transpersonaler Therapien ist. Doch ist auch hier, wie dies so häufig der Fall ist, die psychotherapeutische Praxis dem entsprechenden Sprung in der Theorie vorangegangen, und folglich wurde (trotz eines wachsenden Interesses an der Meditation) die transpersonale Natur des Gewahrseins nicht angemessen hervorgehoben.

Daß die Gestalttherapie heute eher als humanistischer denn als transpersonaler Ansatz gilt, spiegelt diese begriffliche Ungenauigkeit wider. Dies ist jedoch sehr verständlich, wenn man bedenkt, daß die Spiritualität der Gestalttherapie in gewisser Weise nur in verkleideter Form vorhanden ist. Mit diesem »in gewisser Weise« beziehe ich mich auf Perls' Zurückweisung der gewöhnlichen Religionsausübung und seiner Unwilligkeit, sich des theologischen Vokabulars in mehr als metaphorischer Weise zu bedienen. (Ich dankte ihm einmal nach einem Seminar für seine inspirierte Arbeit mit mir selbst und anderen, und sein Kommentar war: »Dies ist einmal ein Fall, bei dem ich sagen würde: ›Gott sei Dank‹.«) Gewöhnlich betrachtete Perls »spirituelles« Gerede (ebenso wie beinahe sämtliches Gerede) als ein neurotisches Symptom, und dies war zumeist angemessen und selbst höchst spirituell, denn es war eine Herausforderung, sich auf ihn jenseits aller symbolischen und ideologischen Krücken zu beziehen. Ich erinnere mich gut an die Verblüffung eines Priesters, auf dessen religiöse Aussage Fritz Perls erwiderte: »Ich fühle mich durch Sie von Gott getrennt«. Er erklärte: »Sie stellen Gott zwischen sich und mich.« Natürlich wies er damit auf die allgemein verbreitete Tendenz hin, direktes, erleuchtetes Handeln im Augenblick durch Beziehungsmuster zu verkomplizieren, die an Konstruktionen und Annahmen über die Realität gebunden sind. Sicherlich gab es viele, die Perls in dem Augenblick nicht mehr als spirituelle Autorität betrachteten, als er sie in ihrem hochheiligen Glauben erschütterte. Dies trug dazu bei, daß er den Ruf eines »antispirituellen« Mannes bekam.

Spiritualität hat jedoch nichts mit Ideologie zu tun, und die transpersonale Natur eines Ansatzes ist eine Angelegenheit, die über Aussagen darüber hinausgeht. Perls' persönliche Erfahrung des Satori (wie in seiner Autobiographie beschrieben) und seine Erfahrungen mit der Meditation (er erzählte mir einmal, daß er, während er in Esalen lebte, mindestens eine Stunde täglich praktizierte) diente zweifellos als Hintergrund für seine Entwicklung der Gestalttherapie – möglicherweise ohne es zu wissen – in ein zeitgenössisches Äquivalent der buddhistischen Praxis.

Die buddhistische Praxis ist im wesentlichen Gewahrseinsübung plus Moral, ebenso wie die Gestalttherapie, selbst wenn das Wort »Moral« ebensoweit entfernt zu sein scheint wie die Spiritualität. Insofern, als der therapeutische Prozeß des Gestaltansatzes einen Versuch beinhaltet, das zu entkräften, was Karen Horney (Perls Analytikerin) die »Tyrannei des Sollte« genannt hat, mit der die gewöhnliche Moralität Hand in Hand geht, könnte der Ansatz, oberflächlich betrachtet, nicht nur als antispirituell, sondern sogar als antimoralisch erscheinen. Bei genauer Betrachtung jedoch schafft er einen Kontext (insbesondere in seiner Gruppenform) für die Praxis von Tugenden wie Mut und Authentizität, die die Grundlage moralischer Entwicklung sind – jenseits aller spezifischen Verhaltensregeln. Tatsächlich kann das Verhalten des Therapeuten in gewisser Weise als systematische negative Manipulation von Falschheit und Unterstützung von wahrhaftigem Selbstausdruck verstanden werden.

Moral kann als die interpersonelle Komponente traditioneller Spiritualität verstanden werden. Die frühen Meister verschiedener Kulturen müssen klar erkannt haben, wie selbstbetrügerisch eine mentale Entwicklung sein kann, wenn kontemplative Praktiken ohne die Grundlage einer praktischen Ausrichtung an der Überwindung zwanghafter Gelüste und Abneigungen, die man gewöhnlich »Leidenschaften« nennt, verfolgt werden: Kein Lügen, kein Stehlen, kein Töten oder Verletzen sind in den östlichen Wegen nicht nur Moral, sondern Wachstumsstrategien. Moral in diesem Sinne sind sie nur in unserer verwässerten Mosaischen Tradition. Im Patanjali beispielsweise sind sie jedoch Vorstufen zum Samadhi, und im »Edlen Achtfachen Pfad« des Buddhismus, gelten sie als Aspekte des rechten Lebens und rechten Handelns, die aus dem rechten Wahrnehmen kommen und den Grund bilden für rechtes Denken und rechte Versenkung. Es ist schwer, sich den Versuch eines geläuterten Lebens in diesem traditionellen Sinn vorzustellen ohne den Prozeß eines persönlichen Wandels, der eine Verminderung von Mangelbedürfnissen und der Abhängigkeit vom Trug und Schein der Welt beinhaltet. Ohne einen angemessenen geistigen Zusammenhang und innerhalb eines autoritären Klimas (beides Gegebenheiten unseres kulturellen Hintergrundes) wird Moral zum Moralismus, der nicht zu einer verbesserten Überwindung des Mangels (das heißt, verminderter Abhängigkeit) führt, sondern zur Repression.

Das Erblühen jenes einst so puritanischen Amerikas war durch einen Zusammenbruch der Repression gekennzeichnet, und die zahlreichen Therapien, die dies förderten – allen voran die Psychoanalyse – sind nicht durch eine Kontrolle des Verhaltens gekennzeichnet, sondern vielmehr durch die Aufgabe der Kontrolle, nicht durch Unterdrückung, sondern durch Ausdruck.

Die Gestalttherapie ist weitgehend (ebenso wie andere zeitgenössische Therapien) ein Weg zum Gewahrsein durch Ausdruck – nicht nur verbal, sondern motorisch-gestisch, in der Vorstellung und künstlerisch im weitesten Sinn. Was jedoch häufig vergessen wird, ist, daß der Gestaltansatz einen keineswegs weniger wichtiges, aber subtileres und weniger ausdrückliches Element freiwilliger Verbote beinhaltet: das Verbot obsessiver Rationalisierungen, Manipulationen und unauthentischen Verhaltens (»Spiele«). Es ist wahr, »alles ist möglich« innerhalb des Rahmens der Gestalttherapie, soweit es die Erfahrung und deren Ausdruck betrifft, doch ein Ausagieren, so dramatisch es auch im Kontext einer geleiteten Erfahrung sein mag, ist nichts, was wir eine Gestaltregel nennen könnten. Eben weil die manipulativen und unauthentischen Verhaltenseigenarten des neurotischen In-der-Welt-Seins den Versuch beinhalten, bestimmte Erfahrungen zu vermeiden, ist es die Haltung des Therapeuten, zu einem Verzicht auf das Vermeiden und statt dessen zu einem Dabeibleiben einzuladen, gleich wie schmerzhaft oder verwirrend dies sein mag. Aus Perls' Sicht ist unser Gewahrsein eingeschränkt, weil wir unser Leiden noch nicht angenommen haben. Folglich beinhaltet der therapeutische Prozeß notwendigerweise (ebenso wie die spirituellen Traditionen) ein Element der Entsagung. Die grundlegende Entsagung ist ein Nichteinlassen auf das, was die spirituellen Traditionen das »Ego« nennen und was Perls den »Charakter« genannt hat. Er hat den Charakter gleichgesetzt mit einem System überkommener festgelegter Reaktionen, die die Funktionen des Organismus beeinträchtigen. Für ihn (und dies war zu seiner Zeit eine unpopuläre Sicht) war der ideale Mensch jenseits des Charakters – eine Aussage, die wir übersetzen könnten als: »Funktion auf einer transpersonalen Ebene«.

Da Perls ein entschlossener Non-Dualist war – im Sinne der Verneinung des »Aberglaubens, daß es eine Trennung gibt oder gar eine Abhängigkeit zweier Arten von Substanz, der geistigen und der körperlichen«, zog er den Begriff des Organismus dem der Seele oder des Höheren Selbst vor. Für ihn ist »die Geist-Materie als Einheit wahrhaft organismisch«. Seine Begriffswahl (übernommen von Smuts und Goldstein) hat zweifellos zu dem allgemeinen Eindruck beigetragen, daß seine Sicht eher materiell als spirituell (transpersonal) war. Diese Annahme ist jedoch leicht zu widerlegen, wenn wir seine Auffassung von Gewahrsein (zusammen mit Raum und Zeit) als eines intrinsischen Bestandteils eines dreieinigen Universums auf seinen verschiedenen Ebenen der Organisation betrachten. Darüber hinaus schreibt er in *Gefundenes und Wiederverworfenes aus der Mülltonne*[69]:

> *Und so bekommt die Materie, durch meine Augen gesehen,*
> *einen gottähnlicher Charakter.*

und:

> *Der dreifache Gott ist das Höchste. Er ist die*
> *Schöpfungskraft des gesamten Stoffes des Universums.*

Wenn die Moral der Gestalttherapie aus Authentizität und Verzichten auf Manipulation (von sich selbst und anderen) besteht, dann kann man die Übung des Gewahrseins in einer Äußerung J.S. Simkins zusammenfassen,

---

69. *Gestalt-Wahrnehmung – Verworfenes und Wiedergefundenes aus meiner Mülltonne*, F.S. Perls, Frankfurt/M 1981

die er als allgemeine Definition des Ansatzes gab: »Ich und du, hier und jetzt«. In anderen Worten, sie ist eine Übung des Gewahrseins in einer Beziehung (obwohl dies gelegentlich als verinnerlichte Beziehung geschehen kann). Darin unterscheidet sie sich von der buddhistischen Praxis der Einsichtsmeditation oder Vipassana, die in ihrer elementaren Form die Übung des Gewahrseins in der Isolation ist. Ebenso wie diese Gewahrseinsübung (der siebente Aspekt des buddhistischen Achtfachen Pfades) ein transpersonaler Prozeß ist, so kann die Gewahrseinsübung in Beziehungen, ebenso wie die Gestalttherapie im allgemeinen, als ein Einbringen des Transpersonalen ins Interpersonelle gesehen werden.

Die Pflege des Hier-und-jetzt-Gewahrseins in der Gestalttherapie geht Hand in Hand mit einem anderen Gegenstand, der in den traditionellen spirituellen Psychologien, insbesondere im Buddhismus, betont wird. Wir wollen ihn »Offenheit« nennen: die Aufmerksamkeit für alles, was hier und jetzt im Bereich unserer Erfahrung gegenwärtig ist. Dies erfordert die grundlegende Haltung des Gewährens, ein unterschiedsloses Annehmen des Erfahrenen, was eine Absage an sämtliche Normen und Erwartungen einschließt. Insofern als diese Offenheit auch mentale Inhalte berührt, liegt auch sie im Bereich des Transpersonalen. Sie findet in der Gestalttherapie, neben der Anweisung, ohne Selbstmanipulation gegenwärtig zu sein, in mehrfacher Weise ihren Ausdruck. Einer dieser Wege ist das, was Fritz Perls (nach S. Friedlander) »schöpferische Indifferenz« genannt hat. Gemeint ist die Fähigkeit, an einem neutralen Ort zu verharren, unbeteiligt an den begrifflichen und emotionalen Polaritäten, die in jedem Augenblick des Gewahrseins aktiv sind. Perls bewies ein gehöriges Maß an schöpferischer Indifferenz als Psychotherapeut, indem er in der Lage war, am Nullpunkt zu bleiben, ohne sich in die Spiele der Patienten verwickeln zu lassen. Der Nullpunkt ist für mich der Zufluchtsort des Gestalttherapeuten inmitten intensiver Anteilnahme: nicht allein Kraftquelle, sondern letztgültige Selbsterhaltung.

Ein anderer Aspekt der Offenheit in der Gestalttherapie, jenseits des Annehmens der Erfahrung und der Absage an alle Versuche, ihre Inhalte zu kontrollieren, ist das Annehmen der Nicht-Erfahrung: die Akzeptanz des Nichts. Hierauf legte Fritz Perls so viel Wert, daß er den erfolgreichen therapeutischen Prozeß als »von der sterilen Leere zur fruchtbaren Leere« führend beschrieb. Mit »Nichts« meinte er die Gegenstandslosigkeit, unartikuliertes, undifferenziertes Gewahrsein, und wenn er von einer »fruchtbaren Leere« sprach, dann beinhaltete dies, daß ein Zurechtfinden im undifferenzierten Gewahrsein die Grundlage oder der Grund für eine gesunde Gestaltbildung eines artikulierten Gewahrseins im Hier und Jetzt bildet. Nicht selten kann der Gestalttherapeut die Aufeinanderfolge von Nichts und psychologischer Explosion beobachten, vergleichbar mit einem teilweisen Tod und Wiedergeburt. Obwohl Perls sehr wohl wußte, daß es »nicht leicht ist, zu sterben und wiedergeboren zu werden«, ist es dieser eminent transpersonale Prozeß, den er als den Höhepunkt der Therapie und des gesamten Lebens sah. Seine tiefe Anteilnahme an diesem Prozeß spiegelt sich in einem der Ölgemälde wider, die er hinterließ: ein Selbstporträt, in dem er sein eigenes Skelett umarmt.

Die Gestalttherapie teilt mit dem Buddhismus (und anderen spirituellen Pfaden) nicht nur die Empfehlung einer Pflege tugendhafter Beziehungen und des Gewahrseins, insbesondere einschließlich des Gewahrseins von Schmerz und Tod. Ebenso teilt sie mit ihren historischen Prototypen die Verkörperung des unerbittlichen Gurus, der das menschliche Ego durchdringt und auslöscht. Hesse hat bemerkt, daß es Lehrer gibt, die äußerlich mitfühlend sind, und andere, deren Mitgefühl sich in einem Stockhieb äußern kann. Fritz trug, wie der Urtyp eines Zen-Meisters, einen Stock: Er war der Meister der Ego-Reduktion, noch bevor Oscar Ichazo den Begriff einführte, und seine Sippe hat diese Fähigkeit kultiviert, und das Prinzip ist so selbstverständlich geworden, daß wir überhaupt nicht daran denken, es als eine Technik zu betrachten.

Mehr als einem Zen-Meister glich Fritz Perls jedoch dem frühesten aller transpersonalen Individuen und Therapeuten: dem Schamanen. Auch die Vorbedingungen zur Rolle des Gestalttherapeuten haben etwas Schamanistisches: der erfahrene Führer in die Erfahrung, ins Bewußtsein. Dies ist auch die Rolle derjenigen, die mit körperlichem Gewahrsein arbeiten, mit Phantasie oder auch mit geführter Meditation. Man kann sagen, daß moderne Therapieformen zunehmend schamanistischen Charakter bekommen, in vielerlei Hinsicht. Was die Rolle des Gestalttherapeuten schamanistisch macht, ist jedoch im wesentlichen seine Vielseitigkeit, die charakterisiert ist durch eine organische Bewegung zwischen der sensorischen, der affektiven, der kognitiven, der interpersonellen Ebene sowie der Ebene der Phantasie und letzlich dem Bewußtsein als solchem.

Neben dieser Rolle eines Erfahrungs-Führers wird der Gestalttherapeut jedoch wahrscheinlich einen mehr oder weniger starken Eindruck des Wesens von Fritz Perls selbst in sich tragen, und Fritz war nicht nur in seiner therapeutischen Rolle ein Schamane, sondern auch in seinem Vertrauen auf Intuition, seiner wissenschaftlich-künstlerischen Orientierung, seiner Kombination aus höchster Energie und scheinbarer Gewöhnlichkeit, seinen unkonventionellen Techniken und seiner konsequenten Ablehnung der Tradition, seiner Vertrautheit mit Himmeln und Höllen und, möglicherweise am bedeutendsten, seinem dionysischen Geist und seiner Würdigung der Hingabe. Ich glaube auch, daß er einem wahren Schamanen nicht unähnlich war, als er sich als »fünfzig Prozent Gottes Sohn und fünfzig Prozent Hurensohn« bezeichnete. Das Transpersonale im Interpersonalen.

Kapitel 14

Gestalt und Meditation – und andere Themen[70]

Als Joe mich vor ein paar Tagen fragte, über was ich heute reden würde, fragte ich ihn zurück: »Wie wäre es, wenn ich nicht über eine Sache, sondern über eine ganze Reihe von Dingen sprechen würde?« Er stimmte zu, und ich bin nun dankbar für die Freiheit, aus diesem Vortrag eine Serie von Mini-Vorträgen zu machen.

Eine Idee, die mir kam, als ich eingeladen wurde, zu Ihnen zu sprechen, war, Ausschnitte aus dem ersten Kapitel eines Buches vorzulesen, das zwar schon 1970 fertiggestellt wurde, aber in der Folge verlorengegangen war. Darin enthalten waren die erst kürzlich erstmals veröffentlichten »Techniken der Gestalttherapie«. Von diesem Eröffnungskapitel besaß ich zufälligerweise noch einen Durchschlag, als das Manuskript in einem Kopierladen verlorenging. Obwohl ein Teil davon von Ornstein in seiner Anthologie *Nature of Human Consciousness* (Natur des menschlichen Bewußtseins) veröffentlicht wurde, hielt ich es als Ergänzung meiner Aussagen über die Techniken für angebracht, heute Teile daraus mitzuteilen. Der Titel des Kapitels macht offensichtlich, warum: *Von der herausragenden Rolle der inneren Haltung und der Vermittlung von Erfahrung.* Ich möchte jedoch meinen eigentlichen Vortrag nicht beginnen, indem ich etwas vorlese, schon gar nicht altes Zeug, und so wende ich mich erst einmal meinem zweiten Gedanken zu.

Eine andere Idee, die ich anläßlich dieser Einladung hatte, war, das nun eigenständige Buch über Techniken fertigzustellen. Wie Sie vielleicht wissen, endet dieses Buch mit dem Kapitel »Integrative Techniken«, in dem ich von Dingen spreche wie der Beseitigung von Projektionen, intrapersonellen Begegnungen und der Dramatisierung von Sub-Persönlichkeiten.

---

70. Dieses Kapitel ist eine überarbeitete Fassung meines Eröffnungsvortrages anläßlich der *Second Annual Conference on the Theory and Practice of Gestalt Therapy,* des *The Gestalt Journal,* in Baltimore 1981. Der Vortrag wurde vom Herausgeber des *The Gestalt Journal,* Joe Wysong, überarbeitet und im Frühjahr 1982 erstmals im *The Gestalt Journal* veröffentlicht. Der Abdruck erfolgt mit freundlicher Genehmigung des Verlages.

Ich hatte immer das Gefühl, daß dieses Kapitel unfertig ist, und meinte, ich könnte es, angeregt durch diese Einladung, nun endlich vollenden. Ich muß jedoch zugeben, daß ich entweder immer zu beschäftigt oder einfach zu faul dafür war.

Ich möchte jedoch an dieser Stelle einige Bemerkungen zum Thema machen. Wie Sie wissen, nehmen intrapersonelle Begegnungen häufig die Form von Topdog gegen Underdog oder Über-Ich gegen Es an. Ich ziehe Fritz Perls' Begriffe vor, denn sie bieten eine beschreibende Terminologie, unabhängig von den Voraussetzungen der Instinkttheorie, und beinhalten die Anerkennung des reaktiven Aspektes des Underdog, des »Anti-Topdog«. Wir brauchen uns jedoch nicht lange mit der Terminologie aufzuhalten. Offensichtlich ist die fragliche Polarität dieselbe, die von Transaktions-Analytikern beobachtet wurde, wenn sie von »Eltern« und »Kind« sprachen.

Wenn man diese Begegnungen austrägt, ist das Ergebnis gelegentlich, daß eine Sub-Persönlichkeit die andere loswird. Underdog sagt: »Fahr zur Hölle«, und das Problem ist scheinbar gelöst. Ich bin der Meinung, daß dies durchaus eine legitime temporäre Lösung ist, der Ausdruck einer Ausbalancierung der Psyche. Aber ich kann nicht glauben, daß dies eine endgültige Lösung sein kann. Mehr als daran glaube ich an die Integration der Persönlichkeit, das heißt, an das Erreichen einer Funktionsweise, in welcher die Energien, die sich innerhalb dieser widersprüchlichen Wesensbestandteile verfestigt haben, zusammenkommen.

Widerstreitende Persönlichkeitsaspekte innerhalb eines Individuums aufzufordern, miteinander zu sprechen, ist auf jeden Fall ein Schritt in Richtung Integration, und gelegentlich wird dies auch ausreichen. Eine der wichtigsten Fragen in der Psychotherapie bleibt jedoch, wie man diese Integration darüberhinaus unterstützen kann. Statt das Thema bei seiner praktischen Seite anzupacken, möchte ich jedoch vorschlagen, daß – in diesem wie in vielen anderen Fällen – unser Verständnis und unsere innere Haltung mehr zählen als das »Gewußt wie«. Wenn man die Integration als Ziel ins Auge gefaßt hat, macht das bereits einen Unterschied, und wenn wir als Therapeuten uns dieses Zieles bewußt sind, dann entwickeln sich allein aus unserer Absicht heraus Techniken. Ich habe häufig die Analogie gebraucht: »Wie wäre es, wenn ihr euch vorstellt, daß ihr beide für immer im selben Boot sitzt, immer denselben Körper bewohnt. Könnt ihr nicht beginnen, euch auf einen Vertrag zu einigen? Könnt ihr euch keine bessere Form des Zusammenlebens vorstellen?« Wenn man, nachdem Aggressionen und Schmerzen sich verzogen haben, feststellt, daß Topdog und Underdog für den Rest ihres Lebens aneinandergekettet sind und für alle Ewigkeiten in demselben Raum leben werden, dann kann das eine durchaus integrative Komponente in ihren Dialog einführen.

Darüber hinaus kann man gewisse Dinge über das Wesen des Über-Ichs feststellen, die hilfreich sein können. Wie Sie wissen, wurde das Über-Ich von Sigmund Freud als introjizierend gesehen. Die erste Vorstellung des Über-Ich lautete etwa folgendermaßen: Wir erlegen uns dieselben Verpflichtungen auf, die uns die Welt einst auferlegte. Anschließend formulierte Karen Horney, Fritz' vertrauteste Mentorin, eine alternative Interpretation des Über-Ich: daß es aus der Idealisierung unserer frühen Strategien im Umgang mit unserer Umwelt entstammt. Wir idealisieren Unterwürfigkeit, wir idealisieren Härte, wir idealisieren Kühle und so weiter. Im allgemeinen machen wir aus unseren strategischen Bedürfnissen eine Tugend.

Ich möchte an dieser Stelle eine weitere Sichtweise des Über-Ich präsentieren, die sowohl der introjizierenden als auch der strategischen Sichtweise kompatibel und sogar implizit ist. Ich halte es für äußerst wichtig, folgendes festzustellen: Wir können sagen, daß der Topdog ursprünglich ein Hilfsmittel zum Selbstschutz ist, und in dieser Hinsicht ein selbsterschaffenes Elternteil. Unser Über-Ich will also im Grunde nur helfen. Der Topdog ist nur insofern destruktiv, als er nicht die Realität des ganzen Menschen berücksichtigt. Der Topdog befiehlt dem Underdog, daß er sofort, jetzt gleich, anders sein soll, was eine Unmöglichkeit darstellt. Und dennoch möchte er eigentlich nur helfen.

Vieles, was im Rahmen einer wirksamen Gestalttherapie passiert, kann als eine Umwandlung von Energien gesehen werden. Häufig gleicht der Ablauf einem Exorzismus, in dem der Akt des Ausdrucks dazu dient, eine tieferliegende Motivation bewußt zu machen, die unter der offensichtlichen liegt – eine Motivation, die vom Organismus stammt und deren oberflächlicher Ausdruck ein schicksalhafter Wandel ist. Dasselbe kann man vom Schicksal des Über-Ichs im Rahmen einer erfolgreichen Therapie sagen. Um es kurz zusammenzufassen: Der destruktive Aspekt des Topdogs kann ausgetrieben werden, wenn er sich seiner tieferen Absicht als selbsterschaffenes Elternteil, als nützlicher Helfer, bewußt wird.

Ganz deutlich wurde mir dieser Zusammenhang durch ein kleines Buch des argentinischen Psychotherapeuten Norberto Levy: *From Self-Rejection to Self-Assistance* (von der Selbstablehnung zur Selbstunterstützung). Er entwickelt genau diesen Gedanken der Umwandlung von Energie: die Verwandlung der Selbstverneinung, bis sie ihre ursprüngliche Absicht wiederentdeckt. Er beschreibt dies mit einem Cartoon – genauer gesagt mit einer Folge von zwei Cartoons (siehe Abbildung). Der erste zeigt einen

Mann, der morgens mit seiner Aktentasche zur Arbeit eilt. Schweißtropfen fliegen bereits von seiner Stirn, und im Hintergrund weist eine Uhr auf seinen Wettlauf mit der Zeit. Dann wird er in einem Bus zusammen mit weiteren unglücklich dreinschauenden Menschen gezeigt – alle halb tot. Als nächstes sieht man ihn auf der Arbeit mit seinem Chef, der mit seinem Zeigefinger streng auf den kleinen Mann zeigt. Und in der Art geht es weiter, bis er schließlich am Abend müde zu Bett sinkt, sich hinlegt und anfängt zu träumen. Erst träumt er, daß er selbst, an seinem Schreibtisch sitzend, mit dem Finger auf einen Mitarbeiter zeigt. Dann träumt er vom Urlaub auf einem Schiff, vom romantischen Rendezvous im Mondenschein. Schließlich sieht man ihn, wie sein Traum-Ich an sein eigenes Bett tritt und seinen Körper schlafend beobachtet. Er sieht den Inhalt aller vorangegangenen Cartoons. Er sieht sich zur Arbeit eilen, im Bus fahren, im Büro mit riesigen Stapeln von Papieren auf dem Schreibtisch. Und er ist so von seinem Leben angewidert, daß er den Kerl da kurzerhand erschießt. In der letzten Zeichnung sieht man den Mann auf seinem Bett liegen, und das Blut tropft von seiner Schläfe.

Hier haben wir die Grundlage des »Folterspiels« des Topdog, wie Fritz Perls es nannte. Es gibt Schmerzen, und wir wollen sie vermeiden. Wir erschaffen ein wundervolles Bild unserer selbst, das niemals leidet und eine andere Identität hat – eine wundervolle falsche Identität. Dann schaut diese grandiose, stolze Identifikation – das Ersatz-Selbst – herab auf die Realität des Menschen, entscheidet, daß sie sie nicht mag und wird entweder zum »Selbstmörder« oder zum »Gewohnheitskiller«.

Der zweite Cartoon zeigt jemanden, der in etwas wie eine Grube fällt, ohnmächtig wird und wieder herauszuklettern versucht. Es ist unmöglich. Er fällt herunter und fällt noch einmal in Ohnmacht. Er verliert sein Bewußtsein und fängt an zu träumen. In dem Traum träumt diese gesündere Person, daß sie sich selbst zu Hilfe kommt. Jemand, der genauso aussieht, kommt ihm zu Hilfe, während er dort am Boden der Grube liegt, und zeigt ihm etwas, was in dem Cartoon ohne Worte, nur mit Hilfe eines Bildes ausgedrückt wird: In einer Wand der leeren Grube gibt es einen seitlichen Schacht. Er wacht auf: »Ah!« Er schaut und findet – genau wie im Traum vorgezeichnet – ein Loch in der Wand. Durch diesen schmalen Schacht kann er an die Oberfläche klettern.

Eine dem Selbst gleichende psychologische Wesenheit – das »Ich-Ideal«, wenn man so will – steht in beiden Fällen für das Alter Ego des Helden, das in dem ersten Cartoon im Dienste der Repression und dann, im Kontext eines Annehmens der Erfahrung, in der Rolle der psychologischen Selbstunterstützung zu sehen ist.

Einen weiteren Teil der Gestalt-Collage, die ich hier vorstelle, kann man mit den Begriffen »Gestalt, Meditation und Lust« zusammenfassen. Ich weiß nicht, wieviel dies verdeutlicht. Es gibt viel zu sagen über Meditation und Gestalt, und ebensoviel über Gestalt und Lust. Diese Polarität von Meditation und Lust ist ein interessantes Phänomen. Meditation hat etwas mit der Überwindung von Gelüsten zu tun, mit einer Konzentration, die frei ist von Bedürfnissen und keiner Unterstützung durch Dinge bedarf, die sich in die eine oder andere Richtung entwickeln. Lust erzeugt im Gegensatz dazu eine Verstärkung von Wünschen, eine Verherrlichung der Sehnsucht. Es gibt zwei Möglichkeiten, wie man diese Polarität sehen kann. Man kann einer der beiden Seiten einen positiven Wert beimessen: »Meditation ist gut: innere Ungebundenheit, eine wundervolle Philosophie. Lust hingegen ist eine Leidenschaft, die überwunden werden muß. Lust ist orale Aggression, Bedürftigkeit, die Essenz der Neurose.« Diese Sichtweise ist leicht zu belegen, denn innere Ungebundenheit ist genau einer der Faktoren des Erwachsenwerdens. Reifen heißt, weniger abhängig zu werden, als man als Kind war, weniger bedürftig, weniger oral – mehr selbstunterstützend.

In einem anderen Wortsinn jedoch – der gemeint war, als Irving Stone seine Biographie von Van Gogh die »Lust am Leben« nannte – steht Lust für etwas Positives. Und eines der interessantesten Dinge, die man über die Gestalttherapie als einem von mehreren Wachstumswegen, neuen und alten, sagen kann, ist, daß sie diese Polarität von geistiger Innerlichkeit und Ausdruck oder, wenn man so will, von Ungebundenheit und Sehnsucht besitzt. Nicht als Ziel, und das ist ein Unterschied, den man unbedingt beachten sollte, sondern als therapeutischen Prozeß.

Als erstes möchte ich nun auf den ersten Teil dieses Themas eingehen und über »Gestalt und Meditation« sprechen.

Es gibt zahlreiche Berührungspunkte zwischen Gestalttherapie und Meditation. In gewissem Sinne könnte man sagen, daß die Gestalttherapie Meditation in einem interpersonellen Kontext ist. Die erste Gemeinsamkeit der beiden Bereiche besteht darin, daß die Gestalttherapie eine Gewahrseinsübung und eine wesentliche Komponente der Meditation die Pflege des Gewahrseins ist. Die Praxis, bei einer ablaufenden Erfahrung zu bleiben, das Gewahrsein des Hier und Jetzt zu vertiefen, ist beiden gemeinsam. Die Meditation wird jedoch normalerweise allein praktiziert, während die Gestalttherapie innerhalb einer Beziehung stattfindet, und Traditionen der Meditation kennen eine Stufe des Gewahrseins, die über das Gewahrsein des Hier und Jetzt hinausgeht: ein Gewahrsein, auf sich selbst zurückgeworfen, das sich selbst verzehrt und in einen Zustand des

Bewußtseins ohne Objekt übergeht – Bewußtsein ohne Subjekt, »nondualistisches Gewahrsein«, *Shunyata,* die Erkenntnis des Wesensgrundes.

Es gibt viele verschiedene Meditationstechniken, und jede hat einen anderen Schwerpunkt. Innerhalb des klassischen Repertoires gibt es keine Meditation, die der Gestalttherapie nähersteht als die Vipassana-Meditation, der Königsweg zur Erleuchtung im frühen Buddhismus (und des zeitgenössischen Theravada). Vipassana besteht im wesentlichen in der beständigen Praxis des Hier und Jetzt-Gewahrseins, während man mit geschlossenen Augen dasitzt. Dabei wird großer Wert auf die körperlichen Empfindungen gelegt. Ich glaube nicht, daß Fritz Perls viel über den Hinayana Buddhismus wußte, aber er erkannte, wie wichtig es ist, »seine fünf Sinne beieinander zu halten«, und entwickelte, möglicherweise ohne es zu wissen, eine persönliche Variation dieser alten Technik.

Eine weitere Gemeinsamkeit zwischen Meditation und Gestalttherapie ist die zeitweise Aufhebung der Begriffsbildung. Dies rückt die Gestalttherapie in die Nähe des Zen – wie Emil Weiss in den fünfziger Jahren bemerkte, eine Beobachtung, der sich Fritz Perls in der Folge sehr bewußt war.

Es geht jedoch noch weiter, denn ebenfalls verwandt sind die Techniken des »Funktionierens ohne Gedanken« oder des »Bewegens, ohne zu denken«. Zu Handeln, ohne den »Computer Gehirn« einzuschalten und zu berechnen, was man tut. Dies kann als eine weitere Variation der Sitzmeditation gesehen werden, wie sie beispielsweise durch traditionelle Wege wie das Tai Chi verkörpert wird.

Über diese recht formalen Parallelen zwischen Meditation und Gestalt hinaus gibt es jedoch noch weitere, eher implizite Gemeinsamkeiten. Ich erinnere mich beispielsweise an ein Seminar mit Fritz Perls vor vielen Jahren, von dem ich ein mir äußerst wichtiges Geschenk mitnahm, das ich als Fritz' »Na und?«-Einstellung bezeichnete. Angesichts höchst dramatischer Ereignisse waren diese beiden Worte aus seinem Mund geradezu eine Zauberformel: »Na und?« Den Gedanken, daß man es ebensogut loslassen könnte – daß das ganze Drama unnötig war – das Gewahrsein, daß ein Großteil des Leidens daraus besteht, daß wir uns selbst Probleme machen, könnte nicht treffender ausgedrückt werden.

Meditation ist der direkteste Weg für den Geist, an sich selbst zu arbeiten, jetzt sofort, unabhängig von den Inhalten. Sie erfordert eine veränderte Einstellung. Die Gestalttherapie ist auf höchst kreative Weise voll davon. Meine Erfahrung mit der Arbeit von Fritz Perls bestand zum Großteil eben darin. Indem man von Angesicht zu Angesicht miteinander war, ein klein wenig freier als sonst, die unnötigen Probleme des anderen erkannte oder, sagen wir, sehen konnte, wo die dysfunktionale Einstellung des anderen aktiv wurde, mit Hilfe der »schöpferischen Indifferenz«, von der er sprach und für die er ein solch leuchtendes Beispiel war, nahmen wir Fritz Perls als stillschweigende therapeutische Präsenz wahr, die eine andere Einstellung der gesamten Lebenserfahrung gegenüber, eine andere Art zu sein, vermittelte. So etwas wie: »Angesichts dieses Gewahrseins, angesichts all dessen, was hier und jetzt ist, angesichts der Schmerzen in deinem Leben, angesichts selbst der schmerzlichsten Emotionen, warum machen wir nicht das Beste daraus?« Nicht durch selbstbetrügerischen Optimismus, sondern mit der funktionaleren Position, in der man sich inmitten aller Unbequemlichkeiten freuen kann. Ich weiß nicht, ob meine Worte das vermitteln können. Es ist so ähnlich wie Rolfing. Das Gute am Rolfing ist, daß man lernt, sich zu entspannen, obwohl man Schmerzen hat. Es ist nicht dasselbe, wenn man sich in einem bequemen Lehnsessel sitzend entspannen lernt, wie wenn jemand – insbesondere Ida Rolf – dich rolft. Sie gebrauchte beispielsweise ihren Ellenbogen auf eine furchtbare Art und Weise, und war ganz offensichtlich doch gleichzeitig eine perfekte Verkörperung der guten Mutter Erde persönlich. Sie flößte Vertrauen ein und schenkte dir das Gefühl, daß sie genau wußte, was sie tat. Das war Teil ihrer Therapie, so wie ich es sehe. Gestalt hat sehr viel damit zu tun. Durch die Schmerzen hindurchzugehen, nicht in verzerrter Weise, sondern in einer »Na und?«-Weise. Hinter all dem Fallenlassen der »Spiele« steht das Element der Losgelöstheit, die der Kern jeder Meditation ist.

Darüber hinaus zielt die Meditaton auf Selbstgenügsamkeit, ebenso wie die Gestalttherapie, obwohl die Meditation dies stärker betont, denn es geht dabei um ein Maß von Selbstgenügsamkeit, bei dem man *alles* sein lassen kann. Die Meditation lädt dich ein, einen Geisteszustand einzunehmen, der vollkommen frei von Stützen ist und diese auch nicht braucht. Es ist paradox, daß man, wenn man alle Stützen aufgibt, nicht fällt, sondern im Gegenteil anfängt zu fliegen. Buddhismus und Taoismus sprechen von diesem Loslassen aller Stützen, der äußeren wie der inneren, als einem Unterstütztwerden durch die Leere. In etwas, was man, von außen betrachtet, nicht anders beschreiben kann als mit »überhaupt nichts« – selbst wenn es sich um eine äußerst fruchtbare Form des Nichts handelt.

Wir können sagen, daß dieses Zentrum unser wahres Wesen ist. Die äußeren Schichten bilden unseren Charakter. Unser äußeres Wesen ist das System der fixierten (und damit teilweise obsoleten) Reaktionen, die wir unsere »Persönlichkeit« nennen. Insofern, als wir uns mit unserer Persönlichkeit identifizieren, sind wir das »kleine Selbst« oder der »kleine Geist«, wie die Mystiker es nannten, oder das »Ego«, welches – wie Fritz Perls in

Das Ich, der Hunger und die Aggression herausgestellt hat – in Konflikt mit der organismischen Selbstregulierung gerät.

An dieser Stelle möchte ich einige weitere Bemerkungen über das »Selbstsein« verlieren, das ich bereits gestreift hatte. Einige von Ihnen werden wissen, daß sich Paul Goodman aus diesem Konzept nur wenig machte. Ich teile jedoch in dieser Hinsicht seine Meinung nicht, und vielen anderen Gestalttherapeuten geht es ebenso. Wenn die Theoretiker auch die Authentizität nicht sehr betont haben, so liegt sie jedoch bei der Gestalttherapie sozusagen immer »in der Luft«. Hier ein Beispiel: Joe Wysong erzählte mir gerade auf dem Weg vom Flughafen hierher, wie Fritz anderen half, indem er er selbst war – und wie es ebenfalls geschah, daß andere, statt seinem Beispiel zu folgen und sie selbst waren, so wie Fritz wurden. Ein anderes Beispiel: Vor einigen Jahren führte ich ein Fernsehinterview mit Jim Simkin für den »Gestalt Therapy Record«, und eine der Fragen, die ich ihm stellte, war: »Hältst du das ›Man selbst sein‹ für einen wichtigen Teil der Gestalttherapie?«. Seine Antwort war: »Für den wichtigsten«.

Die Theorie der Psychotherapie im allgemeinen hinkt etwas den Tatsachen hinterher, und dies trifft insbesondere auf die Gestalttherapie zu. Mit dem Leben, ebenso wie mit der Kunst, hat es weit mehr auf sich, als die Theorie ausbuchstabieren kann. In diesem Fall hat die Theorie die Gestaltformation betont und zugelassen, daß der Aspekt der Authentizität in den Hintergrund rückte – obwohl jeder innerhalb der Gestalt-Subkultur implizit mit dem Thema vertraut war. Dennoch glaube ich, daß ›man selbst zu sein‹ ein fundamentalerer Aspekt in der Gestalttherapie ist als die Gestaltformation, welche letztlich nur eine von vielen Metaphern ist, die wir für die Verschiebung des Bewußtseinsstroms verwenden. Fritz hatte etwas von einem Schamanen und besaß daher eine gehörige Portion Schalk. Natürlich war die Gestaltpsychologie ein wirkungsvoller Verbündeter auf dem Weg zu akademischen Würden, und es klang sehr eindrucksvoll, wenn er die Gleichung aufstellte: »Was die assoziative Psychologie für die Freudsche Psychoanalyse ist, das ist die Gestaltpsychologie für meine.« Die Leute schienen nicht zu begreifen, daß, was die Theorie anbelangt, der Kaiser keine Kleider besaß – und noch immer sind sie auf der Suche nach der ominösen Verbindung zwischen Gestaltpsychologie und Gestalttherapie, mit zweifelhaftem Erfolg.

Meditation kann beschrieben werden als die Bewegung zur eigenen Mitte und zur Außerkraftsetzung des eigenen Charakters. Wenn wir sagen: »Wir selbst sein«, dann denken wir jedoch nicht so sehr daran, ganz still und unbewegt zu sein, sondern eher in Aktion. In der Gestalttherapie gibt es ein Element, das mit dem Geist der Meditation in höchster Übereinstimmung steht, aber von den Meditationsschulen der Vergangenheit häufig vernachlässigt wurde: den *Ausdruck* der Freiheit. Natürlich sucht die Meditation, eine innere Freiheit zu entwickeln, eine psychische Formbarkeit, könnten wir sagen – eine Offenheit für Entwicklung und Erfahrung. Dennoch gibt es auch eine äußere Freiheit, die berücksichtigt werden muß: eine kommunikative Freiheit, die man als Beweis der Offenheit betrachten kann. (Wir können nur das kommunizieren, was wir annehmen können.) Und jenseits der Freiheit der bloßen verbalen Kommunikation gibt es die eigentliche Freiheit des Ausdrucks, die Freiheit der gefühlsmäßigen Kommunikation.

Darin ergänzen sich Meditation und Gestalttherapie auf wundervolle Weise: Wo die Meditation die Aufmerksamkeit erhöht, stärkt die Gestalt den Ausdruck. Dennoch ruhen die beiden – ebenso wie die wahre Lebensqualität selbst – auf denselben Säulen: Gewahrsein und Spontaneität. Was ist Spontaneität? Wir kommen der Sache näher, wenn wir klären, was sie *nicht* ist: Sie ist nicht Impulsivität, sie ist nicht der bloße Ausdruck von Bedürfnissen und Emotionen. Das Thema der Spontaneität bringt uns zurück zum Selbstsein. Der Gedanke, sich selbst treu zu sein, beinhaltet natürlich, daß es so etwas wie ein Selbst überhaupt gibt. Wenn der Begriff irgendeine Bedeutung haben soll, dann muß er das Gegenteil einer charakterlichen Struktur bezeichnen, nämlich das Unkonditionierte – und implizit das Organismische.

Im Regelfall wird man in der Praxis jedoch der Frage begegnen, *welchem* Selbst man treu sein soll. Das Thema der Spontaneität kann man daher nicht getrennt vom Thema der Integration sehen. Solange es Subpersönlichkeiten, verschiedene Aspekte des Selbst gibt, die eine voneinander getrennte Existenz haben, kann es kein einheitliches Selbst geben, dem man treu sein soll. Und solange es einen Charakter gibt, gibt es auch verschiedene defensive Strukturen und Einzelbestandteile des Selbst. Das einzige, was man mit Recht ein Selbst nennen kann, ist eine integrierte Ganzheit, und nur so gebrauchte Fritz Perls diesen Begriff in den späteren Jahren, wenn er von dem Verhältnis Topdog/Underdog schrieb und von dem stummen Selbst als Zeugen. Ein stummes Selbst existiert gewöhnlich kaum, weil es von den Fragmenten verdeckt wird. Der Prozeß der Heilung kann als ein Verschmelzen der Bestandteile in eine organismische Funktion betrachtet werden.

Wenden wir uns nun dem Verhältnis von Gestalt und Lust zu. Im allgemeinen verstehen wir Lust in Zusammenhang mit der Erfüllung von Gelüsten und im Sinne einer Gestalttherapie, die »lustbetont« zu sein hat – denn bei den meisten Gestalttherapeuten gibt es eine stillschweigende

Übereinstimmung über den therapeutischen Wert der Bestätigung des Ausdrucks und der Belohnung von Bedürfnissen. Darüber hinaus steht Lust in Verbindung mit einem Hunger nach freudiger Erregung, die in einer gestalttherapeutischen Atmosphäre typisch ist. Doch Erregung ist eine Sache, und das Bedürfnis nach Erregung eine andere, wobei letzteres eher die Kehrseite der Neigung zur Langeweile ist. Und wieder etwas anderes ist die Pseudo-Erregung. Ich erinnere mich daran, wie ich, als ich zum erstenmal mit einer Gestaltgruppe in Deutschland arbeitete, im Raum herumging und alle fragte: »Wie fühlt ihr euch jetzt?«, herausfand, daß alle ganz »erregt« waren. Es war mir völlig klar, daß in ihren Worten »Erregung« nichts anderes war als idealisierte Angst. (Nebenbei gesagt, übernehme ich damit keinesfalls Fritz' Slogan, daß Angst gleich Erregung minus Sauerstoff sei. Es kann genausogut Erregung minus eine Zigarette sein. Alles mögliche kann Angst wegnehmen und in eine Handlung oder vielmehr eine Ablenkung verwandeln.)

Ganz bewußt wurde mir das Wesen der Lust als einer persönlichen Tendenz, als ich mit der Charakterlehre konfrontiert wurde, die Teil des Arica-Systems ist – oder, wenn man so will, Teil der Psychologie der Tradition des »Vierten Weges«, die zuerst von Gurdjieff und in detaillierterer Form von Oscar Ichazo eingeführt wurde. Diese beinhaltet eine Typologie, die den sieben Todsünden des Christentums ähnelt (außer daß sie auch noch Angst und Eitelkeit als Todsünden einführt und damit die Zahl auf Neun erhöht). Eine der Todsünden, wie man weiß, ist die Lust, die ich immer sehr wörtlich genommen habe, ebenso wie ich auch die Völlerei als das genommen habe, was sie ist, wobei ich über die subtileren Bedeutungen nicht einmal weiter nachgedacht habe. Als ich mit der Charakterlehre des »Vierten Weges« (wie diese Tradition innerhalb des Sufismus sich gelegentlich nennt) vertraut wurde, erfuhr ich, daß Völlerei für eine bestimmte Art orale Fixierung steht. Im Fall der Lust ist ein Charakter gemeint, der schon häufig in der psychologischen Literatur beschrieben wurde. Reich sprach von ihm als vom »phallisch-narzißtischen« Charakter, Fromm nannte ihn die »ausbeuterische Persönlichkeit« und stellte eine Verbindung mit der psychoanalytischen Sicht der oralen Aggression her. Lowen sprach vom »psychopathischen Typ«, Horney vom »rachsüchtigen Charakter«, und die meisten Menschen sprechen einfach vom »Sadisten«. Es war unvermeidlich, daß ich, nachdem ich mit dieser Charakterlehre vertraut war, anfing, alle meine Bekannten und Menschen, die ich in meinem Leben getroffen hatte, typologisch einzuordnen – und auch Fritz Perls entging nicht meiner Diagnose. Oh, er war ja so lustbetont! Nachdem ich einen schärferen Blick für Fritz' charakterliche Voreinstellung hatte als vorher, wurde mir plötzlich bewußt, welchen Einfluß seine Persönlichkeit auf das hatte, was später zur Gestalttherapiebewegung wurde. Es gibt eine Fraktion der Gestalttherapie, die unabhängig von Persönlichkeiten ist, und eine andere, die eine Imitation von Fritz darstellt. Wir müssen diese beiden auseinanderhalten, um zu nehmen, was wertvoll ist, und zu lassen, was willkürlich ist. Ich glaube, mittlerweile führt jeder Therapeut seine Gestalttherapie auf seine individuelle Weise aus. Doch immer noch ist es nützlich, diesen Unterschied zu machen. Vor nicht allzu langer Zeit hörte ich eine Definition von Gestalttherapie als »die Arbeit eines Psychopathen, der Zwangscharaktere lehrt Hysteriker zu werden«. Der Witz spiegelt die Beobachtung wider, wie die Lust selbst zur Erregung und wie Ausdruck, bestenfalls ein Werkzeug, zum Selbstzweck werden kann. Intensität ersetzt Tiefe, und umgekehrt wird Unterhaltung als therapeutische Errungenschaft idealisiert.

Ein Thema, das mit dem Schwerpunkt Lust in der Gestalttherapie zusammenhängt, ist die Annahme einer Ethik der Selbstverwirklichung und Selbstbelohnung in der Gestalttherapie. Sicherlich ist es eine nützliche gestalttherapeutische Technik, einem Impuls nachzugehen. Dasselbe gilt für die Einladung an die Teilnehmer einer Gruppe, in der Gruppensituation so transparent, so offen miteinander wie möglich zu sein und bereit, mit neuen Verhaltensformen zu experimentieren. Das Schöne an der Gestalttherapie ist, daß es sowohl auf der individuellen als auch auf der Gruppenebene die Gelegenheit gibt, mit Selbstregulierungsmechanismen zu experimentieren. Man kann seine eigenen Grenzen überschreiten. Man befindet sich in einer Situation, die eigens dafür gedacht ist. Dennoch wird entweder implizit oder explizit häufig davon ausgegangen, daß dies die richtige Lebensart ist und man schimpfend und herrisch durchs Leben geht, sich seinen Teil des Kuchens schnappt und sein Territorium verteidigt, wie dies beispielsweise im Zusammenhang mit Selbstbewußtseinstraining geschieht. Das Ergebnis von beiden ist jedoch grundverschieden. In Therapiegruppen vollzieht sich etwas, was ich »psychologisches Judo« nenne. Man nimmt einen dysfunktionalen Impuls – er kann destruktiv, gierig oder was auch immer sein – und indem man ihn ausdrückt, kommt man an den Kern dieser Erfahrung (die Intelligenz ihrer Absicht) – wodurch das Gewahrsein verwandelt wird. Die Gestalttherapie ist in dieser Hinsicht wie ein Exorzismus, aber im wirklichen Leben geht dieser Exorzismus nicht tief genug. Die Therapiesituation eignet sich nicht für eine angemessene Tiefe im täglichen Leben, und ich habe den Eindruck, daß es weder für den einzelnen noch für die ganze Gesellschaft funktioniert. Hinter der Vorliebe für kathartische Therapien, statt des Versuchs, dysfunktionales Verhalten durch Verbote zu zügeln, steht natürlich die Vorliebe für Intensität statt Frustration, für Freizügigkeit statt Kontrolle und für Erregung statt Verboten, die allesamt in Frage gestellt werden müssen. Wir gewinnen einen besseren Überblick über derartige Einstellungen, wenn wir der in der Gestalttherapie vertretenen Vorstellung einer »Kulturkrankheit«, einer charakterlichen Verunreinigung auf den Grund gehen.

Die Lust hat wahre Juwelen hervorgebracht – und dennoch sollten wir für einschränkende Einstellungen offen sein. Ich glaube, daß Menschen wie Moses, Buddha und andere durch ihre Konzeptionen von »Tugend« höchst inspiriert waren. Ihre Anregungen für den Umgang der Menschen miteinander können als wertvolle Beiträge psychosozialen Pionierwesens gelten. Darin wird der einzelne angehalten, im täglichen Leben sein Ego zu beherrschen, seine Gier und Destruktivität zu zügeln und sich in Genügsamkeit zu üben. Im wesentlichen stellen die yogischen Regeln und religiösen Ethiken einerseits eine Therapie mittels der Verhinderung von »Charakter« dar und andererseits einen Weg, um die Gesellschaft lebenswerter zu machen. Ich glaube, daß für eine Ego-Verhinderungspraxis viel Raum ist und daß dies für gute gesellschaftliche Beziehungen förderlicher sein kann als das einer therapeutischen Gruppe angemessene Verhalten.

Ich erwähnte Oscar Ichazo als jemanden, der mir die Typologie des »Vierten Weges« vorstellte. Er prägte einen Ausdruck, an den ich mich seither im Zusammenhang mit vielen Dingen im Leben immer wieder erinnern muß. Es ist einer der besten Sprüche, die ich jemals gehört habe: »Der Teufel weiß nicht, für wen er arbeitet.« Im Fall von Fritz Perls' Vorliebe für Intensität und seiner Neigung zum Hedonismus halte ich das für sehr zutreffend. Er konnte Neurotiker nicht ausstehen, also machte er sich daran, die Neurose auszumerzen. Er haßte Abhängigkeit, also half er den Menschen, auf ihren eigenen Beinen zu stehen. Ebenso haßte er Falschheit. Er war regelrecht feindselig dagegen eingestellt. In seiner Gegenwart wurde man in der eigenen Authentizität bekräftigt und in der Falschheit verunsichert. Wegen seiner lustbetonten Suche nach Erregung, seiner aktiven Natur, seiner Bereitschaft zur Auseinandersetzung, war er von Verbalisierungen gelangweilt. Er mochte keine Worte – er liebte den Ausdruck von Emotionen, Engagement. Er war ein Kontaktfanatiker. Dennoch erwuchs aus seiner Vorliebe für Kontakt der wertvolle Gestalt-Ansatz der Wahrnehmung von Kontaktabbrüchen als therapeutischem Schlüssel. Doch nicht einmal der Kontakt war ihm genug. Der Schauspieler in ihm erfreute sich an Dramatisierungen, was sich als unschätzbares therapeutisches Mittel erwies. Wenn sich der Patient, der sich einer Therapie unterzieht, einer Disziplin von Gewahrsein und Spontaneität – oder, wenn man so will, Gewahrsein und Authentizität oder Gewahrsein und Hingabe an organismische Selbstregulierung – unterwirft, dann tut der Therapeut nicht anderes, als ihm wie ein Theaterregisseur zu sagen: »Sei dies!« oder »Sei das!«.

Mir ist nicht bekannt, ob schon einmal jemand darauf hingewiesen hat, daß eine solche Aufforderung zur Dramatisierung eine enge Verbindung zu einer Form der traditionellen Meditation aufweist: der Meditation mit einem Gegenstand – die zur gänzlichen »Versenkung« führt. Jede spirituelle Tradition kennt die Versenkungsmeditation in der einen oder anderen Form. Man visualisiert etwas und wird »es«. Man kontempliert irgendein archetypisches Bild – versieht es mit Leben – und nimmt es vollständig in das eigene Wesen auf. Man wird selbst zu Dionysos, Shiva, einem Bodhisattva, was auch immer. Diesen Akt des Einswerdens mit dem archetypischen Material variierte Fritz Perls zum Einswerden mit dem Körper, mit der Hand, mit den Tränen, mit der Stimme, mit dem Traum-Ich, mit sich selbst. Dies läuft auf eine Demokratisierung der Versenkungsmeditation hinaus – vergleichbar mit dem, was Freud mit seiner Traumdeutung bewirkt hat. David Bakan, der ein Buch über Sigmund Freud und die jüdische mystische Tradition geschrieben hat, behauptet, daß eine wichtige Inspiration für Freud die kabbalistische Tradition der Deutung von Symbolen war. (Interessanterweise nannten ihn seine Kollegen den »neuen Joseph«.) Man kann sagen, daß er den Prozeß »demokratisiert« hat, indem er traditionelles symbolisches Material nicht deutete, sondern seinen Patienten dabei half, *ihre eigenen* Symbole, ihre persönlichen unbewußten Schöpfungen, zu deuten. Wo Freud die Deutung einsetzte, setzte Fritz Perls die Dramatisierung ein – in der Erwartung eines spontanen Erkenntnisprozesses. Ich glaube, daß die demokratische Neigung von Fritz Perls auch etwas mit seinem lustbetonten Stil zu tun hatte. Der »Lust-Charakter« erscheint ein wenig populärer in seinen Neigungen: Er steht für den Underdog, er ist sinnlich, mag keine Religion, mag keine Abstraktionen. Häufig ist er der Typus des Revolutionärs.

Was ich zum Ausdruck bringen will, ist, wie persönliche Vorlieben in Verbindung mit Genialität wundervolle Früchte tragen *können*. Der Mechanismus ist der Entstehung einer Perle zu vergleichen. Wie man weiß, ist die Perle eine Krankheit der Auster: Sie wächst um ein Sandkorn herum, das in den empfindlichen Körper der Auster gelangt ist, und wir ernten das Ergebnis dieser Reizung.

Ich möchte hier noch etwas über die Sichtweise von Fritz Perls als einem herrischen, phallisch-narzißtischen Typen sagen. Seine Neigungen als Aufschneider, als jemand, der alle in den Schatten stellen wollte, ließen ihn alles andere ablehnen. Die Psychoanalyse, die Charakteranalyse, sämtliches menschliche Wissen vor ihm schlechtzumachen, das war seine Spezialität. Die Folge war natürlich, daß einige Dinge niemals ihren Weg in die Gestalttherapie fanden. Das erste, was ich gern einbringen würde, insbesondere weil es so mit dem übereinstimmt, was ich über die Meditation gesagt habe, ist das Konzept der Ungebundenheit. Ich glaube, dies ist ein häufig übersehener Aspekt des menschlichen Reifungs- und Wandlungsprozesses. Ich erwähnte bereits, daß wir uns von der oralen Fixierung des Säuglings hin zu einem gewissen Maß an Ich-Stärke entwickeln, im guten Sinne des Wortes in der klassischen Psychologie. Und das bedeutet eine gewisse Nachsicht und Tugenden wie Geduld, die Teil des Erwachsenwerdens sind und sich nicht mit gieriger Lüsternheit vereinbaren lassen. Es gibt in der Gestalttherapie eine Basis der inneren Freiheit, die gewöhnlich übersehen wird, beruhend auf ihrem charakteristischen dionysischen und orgiastischen Hintergrund. Tatsächlich braucht es für diesen orgiastischen Hintergrund eine gewisse Freiheit, weil es ohne Freiheit kein Loslassen geben kann. Man muß die Freiheit haben, das zu stoppen, was man gerade tut, um stillzustehen, einfach zu sitzen, wie die Zen-Buddhisten es tun, alle Spiele fallenzulassen, einfach da zu sein und nüchtern mit dem Gewahrsein der Wahrnehmungen des Augenblickes zu verharren, statt in Phantasievorstellungen abzuschweifen oder anzufangen, Spielchen zu spielen. All dies braucht innere Freiheit. Und ebenfalls muß man innerlich frei sein, um fließen zu können, sich dem Ausdruck hinzugeben. Dies ist sicherlich ein wertvolles theoretisches Konzept: Innere Freiheit, ein Konzept, das jedoch allzu häufig übersehen wird, entweder aus Voreingenommenheit gegen alle Theorien oder aus Mangel an Interesse an allem, was aus gewissen spirituellen Traditionen, besonders östlichen, stammt.

Dasselbe kann man von der Liebe sagen. Es ist eine Vorliebe des lustbetont-sadistischen Charakters, Meister der Aggression zu sein und die Liebe in den Hintergrund zu stellen, und das, obwohl kaum jemand bestreiten wird, daß Liebe ebenso wie friedliches Verhalten, zur geistigen Gesundheit gehört.

Freud hat dies sehr einfach ausgedrückt, als ein Journalist ihn fragte: »Dr. Freud, was ist das Ziel der Psychoanalyse?«. Es ist immer eine große Herausforderung, etwas sehr einfach auszudrücken und sich auf das Wesentliche zu beschränken. Er erwiderte: »Die Fähigkeit zu arbeiten und zu lieben«. Diese Aussage wurde von Erich Fromm später noch ausführlicher gefaßt. Ich bin ein großer Verehrer seiner Ausführungen über das Thema in *Psychoanalyse und Ethik*. Er sagt darin, daß die Ethik auf einer Art des Seins beruht und nicht auf dem Verhalten und daß das rechtschaffene

Sein, »wenn wir überhaupt etwas so nennen können, auf der Fähigkeit beruht, sich selbst zu lieben«, aus der wiederum die Fähigkeit erwächst, andere zu lieben. Wenn es ein Zeichen für Gesundheit und Bestandteil des therapeutischen Prozesses ist, die kindliche Ambivalenz zu überwinden, wie man im psychoanalytischen Sprachgebrauch sagen würde, dann ist es möglicherweise nützlich, dies im Auge zu behalten. Jedoch nicht als eine Falle für das Pflichtbewußtsein: zu »versuchen zu lieben« funktioniert natürlich niemals. Wie Jahrhunderte des Christentums gezeigt haben, führt der Versuch, zu lieben, in eine puritanische Sackgasse. Das heißt jedoch nicht, daß man als Therapeut eine Orientierung auf das Ideal der Liebe als therapeutisches Ziel aufgeben sollte. In Verbindung mit einer Therapie, die die Liebe stärkt, als einer Alternative zum »Versuch des Liebens« möchte ich einige Worte über den therapeutischen Prozeß sagen, der – überwiegend an der Westküste und in Südamerika – als der Fischer-Hoffman Prozeß bekannt ist. Bevor ich dies jedoch tue, lassen Sie mich eine allgemeine Bemerkung machen:

Ich sehe die Grundhaltung der Gestalttherapie und ihren »Weg« als eine wahrhaftige »Lehre« – und eine sehr hohe dazu. Keine Regeln: nur Gewahrsein. Gewahrsein und Spontaneität. Oder besser: Gewahrsein und Natürlichkeit. Natürlichkeit ist keine Impulsivität, sondern etwas, was Fritz Perls in seiner Intuition auszudrücken vermocht hat: eine Synthese aus Spontaneität und Besonnenheit. (Viel davon hat man im Zen, besonders in der Kunst des Zen.) Spontaneität, aber *kontrollierte* Spontaneität. Eine hohe Synthese, und der Gipfelpunkt der Psychotherapie als Kunstform: im Grunde so etwas wie »Schöpferische Psychotherapie«. Gegen die Psychotherapie als Kunstform richten sich die grundlegenden Systeme der Psychotherapie mit ihren Regeln, Techniken und Ritualen. Auch die Gestalttherapie verfügt über ein reichhaltiges Repertoire an therapeutischen Werkzeugen – und dennoch ist sie mehr als das, insbesondere angesichts der impliziten Betonung des heilenden Charakters authentischer Begegnungen.

Der Fischer-Hoffman Prozeß ist aus meiner Sicht bemerkenswert effektiv, trotz der Tatsache, daß es sich um eine fertige Technik handelt, eine Systematisierung. Eine kostbare Systematisierung. Man hat die Kunst der Psychotherapie, und man hat Techniken, und man kann lernen, so raffiniert im Umgang mit den Techniken zu werden, daß ein durchschnittlicher Therapeut in der Lage sein kann, mit einer guten Technik mehr zu erreichen als ein schlechter Künstler, der an einer großartigen Form bastelt.

Unter den neuen systematisierten therapeutischen Prozessen – einschließlich solcher wie der Urschrei-Therapie, der Scientology, EST – bzw.

Forum und NLP halte ich den Fischer-Hoffman oder Quadrinity-Prozeß für besonders interessant für Gestalttherapeuten, weil er die folgenden Dinge leistet: Er führt den einzelnen durch eine geleitete Katharsis der Schmerzen und der Wut, die er im Verlauf des Erwachsenwerdens mit Vater und Mutter oder deren Ersatz erlebt. Darüber hinaus beinhaltet sie einen geleiteten analytischen Prozeß der Einsicht in das frühere Leben und die gegenwärtige Persönlichkeit. Der Prozeß macht jedoch nicht bei Katharsis und Einsicht Halt, sondern fährt fort zu einem geleiteten Übergang zu weiteren Veränderungen in der Einstellung der eigenen Vergangenheit und den Eltern gegenüber.

In der großen Gestalt-Form arbeitet man organisch. Man lädt die Katharsis der Vergangenheit ein, wenn sie im Fluß der Erfahrungen, im Kontinuum des Gewahrseins, an die Oberfläche kommt. Es hat etwas Großartiges, wenn man imstande ist, den organischen Fluß im Prozeß seiner Entstehung zu nutzen, und man kommt nicht umhin, sich sprachlich dazu zu äußern, will man umfassend Gebrauch von ihm machen. Es gibt eine »Zeitschiene«, wie die Scientologen sagen. Wir haben »Erinnerungs-Tapes«, und in jeder spezifischen Erinnerung steckt eine eigene Schmerzkomponente, und man kommt ebenfalls nicht umhin, sich zu äußern, will man die Schienen bis zum Ende verfolgen, sowohl chronologisch als auch was die Themen anbelangt, die sich darin widerspiegeln. Es kommt vor, daß man in einer Gestaltsitzung beispielsweise sehr viel Ärger gegen seine Mutter wegen diesem oder jenem ausdrückt, und in einer anderen Sitzung nicht einmal daran denkt, aus irgendeinem Grund einen Groll gegen seine Mutter zu hegen. Irgendwann ist es jedoch wichtig, daß man alle seine Erfahrungen in den inneren Wandlungsprozeß einbezieht und einen alles umfassenden, integrierten Zugriff auf sein Leben, seinen Charakter und seine Lebenssituation bekommt. Jener besondere Ansatz, der Fischer-Hoffman Prozeß, leistet dies. Er betont die vollkommene Katharsis der Schmerzen, die Teil der Beziehung zu den Eltern sind, denn er beruht auf der Voraussetzung, daß unsere gegenwärtigen Beziehungen nur deshalb so verworren und unbefriedigend sind, weil unsere Beziehung zu unseren Eltern so verworren und unbefriedigend waren. Darin spiegelt sich die psychoanalytische Sichtweise: Unser Kontakt zur Welt hat sich fehlentwickelt, weil unser Kontakt zu unserer ersten, unserer ursprünglichen Welt, sich fehlentwickelt hat. Wir sind zu zwangsläufiger Wiederholung verurteilt, weil wir niemals mit unseren Eltern fertiggeworden sind.

Aber was heißt das, »mit unseren Eltern fertigwerden?« Hier ist mein Vorschlag: Was unfertig ist, ist das, was wir nicht verziehen haben. An irgendeinem Punkt haben wir unsere Liebesbeziehung mit den ersten

Menschen in unserem Leben abgebrochen. Diese wichtigsten Menschen waren einfach nicht gesund genug, um uns wirklich zu lieben, und wir fingen schließlich an, unsere ursprüngliche, spontane Liebe zu ihnen zurückzuhalten und sie bewußt oder unbewußt zurückzuweisen. Wir waren nicht reif genug, Mitgefühl zu zeigen. Wir hatten zuviel Angst, um wirklich zu vertrauen, und gingen in eine Abwehrhaltung über, ein Streßmechanismus setzte ein. Um die Projektion der Erfahrung mit unseren Eltern in die Gegenwart zu beenden, müssen wir mit ihnen fertigwerden, und dies heißt, daß wir ihnen vergeben für alle Schmerzen, die wir erlitten haben. Es ist möglicherweise der eigenständigste Beitrag des Fischer-Hoffman Prozesses, daß er über den Weg des Verständnisses für die Konditionierung unserer Eltern infolge ihrer Lebensumstände Vergebung bewirkt und anschließend den Patienten an einen Punkt führt, an dem er das Kriegsbeil begraben, die Vergangenheit loslassen und wieder beginnen kann zu lieben.

Ich bin neugierig. Wie viele von Ihnen haben jemals etwas vom Fischer-Hoffman Prozeß gehört? Ich sehe, daß dies nur eine Minderheit ist. Lassen Sie mich daher eine kleine Geschichte erzählen. Als Bob Hoffman noch Einzelpatienten empfing, nannte man seine Therapie die »Psychische Therapie«. Bob Hoffman war ein Schneider, der sich zu einem psychologisch und übersinnlich begabten Menschen entwickelt hatte. Er war ein Mann, der seine Begabung in der Folge des Todes seiner Mutter entdeckte, als er versuchte zu glauben, daß es ein Leben nach dem Tode gebe und daß er noch immer mit seiner Mutter in Kommunikation treten könne. Obwohl er kein besonders religiöser Mensch war, ließ er sich überreden, in eine Sekte zu gehen, in der ein Medium die Anfragen der Anwesenden beantwortete. Das führte zu einem eindrucksvollen Erlebnis, das ihn motivierte, an einem Seminar für die Entwicklung übersinnlicher Fähigkeiten in ebendieser Sekte teilzunehmen. Er begann tatsächlich, seine medialen Fähigkeiten zu entwickeln, und wurde von einem Geist kontaktiert, der sich als ein Dr. Fischer zu erkennen gab, ein Wiener Psychoanalytiker, den er vorher noch nicht gekannt hatte. Im Laufe der Zeit unterzog er sich einer Therapie bei »Dr. Fischer« und durchlief einen bemerkenswerten Persönlichkeitswandel. Dies motivierte ihn so stark, daß er Dr. Fischers Wunsch nachkam, seine Technik der Welt zu vermitteln. Ich war einer seiner ersten Patienten, und obwohl ich bereits psychoanalysiert und selbst-analysiert, gestaltet, dianetisiert, psychedelisiert und so weiter war, fand ich die Erfahrung sehr wichtig für mein persönliches und berufliches Leben. In den Anfangstagen von SAT (einer psychospirituellen Schule, die ich in den frühen siebziger Jahren gründete, dann wieder schloß und mittlerweile wieder öffne) wandte ich zum erstenmal das Fischer-Hoffman Konzept als Gruppenprozeß an. Bob Hoffman tat dies ebenfalls, nur viel besser, und ging anschließend dazu über, Trainer auszubilden.

Wenn ich den Quadrinity-Prozeß nun der Aufmerksamkeit von Gestalttherapeuten anheimstelle, dann tue ich dies nicht in der Erwartung, daß sie nun anfangen, Fischer-Hoffman-Gruppen zu leiten – obwohl dies eine gute Ergänzung insbesondere für die Arbeit am Hier und Jetzt sein könnte, ebenso wie für die Arbeit an alten Traumata und neuen Konflikten sowie an Träumen. Ich erwarte vielmehr, daß das, was das therapeutische System verkörpert, »entkörpert« werden könnte, indem es wiedergekäut und assimiliert wird, damit seine Vorzüge den organischen Prozeß der Gestalttherapie anreichern können. Ihn durch eine Einladung zur Ganzheit und als einen Beitrag zum »Abschluß« in Beziehungen zu bereichern und die Gestalt-Synthese selbst durch ein Maß von Synthese von organischem und systematischem Material, dem dionysischen und dem apollonischen Element, der Spontaneität und der Besonnenheit anzureichern. Schließlich war es eines der größten Interessen Fritz Perls' vor seinem Tode, Spontaneität und Besonnenheit zu integrieren, und dieses Konzept war einer seiner wichtigsten Beiträge. Spontaneität plus Besonnenheit ist gleich intelligente Natürlichkeit – der Weg der Gestalt.

Ich habe bereits etwas über Integration als die Lösung der Topdog/Underdog-Sackgasse gesagt, ebenso wie über Gestalt und Meditation, Gestalt und Lust, die Haltung, »man selbst zu sein« in der Gestalttherapie, darüber, wie man Gestalttheorielöcher mit den Konzepten innere Freiheit und Liebe stopfen kann, und darüber, was die Gestalttherapie von einer populären Psychologie lernen kann, und ich sehe schon, daß ich nicht dazu kommen werde, mein Kapitel über die Bedeutung der inneren Haltung und die Vermittlung von Erfahrung vorzutragen. Ich hatte es für alle Fälle dabei, um sicher zu sein, daß mir nicht vorzeitig der Stoff ausgeht. Das ist einer der Mängel, die ich niemals losgeworden bin: meine Angst, daß ich alles, was ich zu sagen habe, in fünf Minuten gesagt haben könnte.

Ich werde jedoch noch etwas hinzufügen: Ich habe Ihr Augenmerk auf die Eigenart der Gestalttherapie gelenkt, alles andere schlechtzumachen. Eine natürliche Folge dieser Beobachtung ist, daß dadurch Dinge ausgelassen werden, die man besser für sich nutzbar hätte machen sollen. Um sich zu etablieren, mußte die Gestalttherapie (insbesondere die frühe Gestalttherapie) sagen: »Hier bin ich, ich bin die beste«. Nun, da sie etabliert ist, könnte sie dieses Spiel getrost aufgeben. Ich glaube beispielsweise, daß es in der therapeutischen Praxis einen wichtigen Platz für eine Charakteranalyse gibt, für die Unterstützung einer Selbsteinsicht, Selbsterkenntnis,

Verständnis für das eigene Leben und die Struktur des eigenen Charakters – nicht nur implizit durch erhellende Experimente mit Beziehungen und mit Ausdruckstechniken der Gestalttherapie. Ebenso glaube ich, daß es einen Platz für eine Körperarbeit gibt, die weitergeht, als das, was sich organisch in einer Sitzung entwickelt. Ich glaube, daß wir durchaus noch unsere Hausaufgaben zu machen haben, in Bezug darauf, das Beste aus der Möglichkeit jedes einzelnen zu machen, im täglichen Leben an sich zu arbeiten.

Das bringt mich zu meinem Abschlußgedanken über die Stellung der Gestalttherapie im Prozeß der psychospirituellen Entwicklung. Ich mag den Begriff »psychospirituelle Entwicklung«, weil ich nicht glaube, daß man den psychologischen Prozeß von dem spirituellen trennen kann.

In meiner eigenen Praxis bin ich dazu gelangt, die Gestalttherapie als eine Art Mosaik zu betrachten, ein »holistisches« Mosaik aus Körperarbeit, Arbeit mit Gefühlen (mit der Gestalttherapie als grundlegendem Werkzeug), wirklicher spiritueller Arbeit (größtenteils durch Meditation) und intellektueller Betätigung. Themen wie der Sinn des Lebens oder die Verbindung des Lebens zum Kosmos sind wichtig und sollten nicht als »bullshit« abgetan werden. Ich lese den Menschen, mit denen ich arbeite, gern Sufigeschichten vor, weil die Sufis Meister des Wortes sind, ebenso wie die Buddhisten Meister des Schweigens sind.

Ich glaube, ich habe genug gesagt.

Kapitel 15

Dick Price:
eine Gedenktaufe[71]

Meine erste Reaktion auf Joe Wysongs Einladung, einen Beitrag für diese
Jubiläumsausgabe des *The Gestalt Journal* zu schreiben, war, das Protokoll
einer kürzlich stattgefundenen Sitzung wiederzugeben. Kurz darauf erhielt
ich, wie durch eine Fügung, die Mitschrift einer Sitzung, die schon einige
Zeit zurücklag, und ergänzte sie, um diese Synchronizität zu würdigen,
noch um einige meiner Kommentare. Doch dann, als ich dabei war, meine Aufzeichnungen nach Material zu durchsuchen, das ich für ein in Arbeit befindliches Buch verwerten wollte, entdeckte ich einige Seiten, die
mir weitaus passender für diese Gelegenheit erschienen: die Mitschrift einer noch früheren Sitzung, die jedoch für den gegenwärtigen Stand der
Diskussion in der Gestalt-Gemeinschaft sehr zutreffend war.

Ich nehme an, daß die meisten Leser dieses Journals wissen, wer Dick
Price war. Wenn Michael Murphy das Gehirn und die Brieftasche von
Esalen war und Fritz, der Genius loci, sein Herz, dann war Dick, der Pro-
grammdirektor von Esalen, von Anfang an, bis vor noch gar nicht so langer Zeit, sein Bauch.

Dick Price haben wir die volle Blüte von Fritz Perls und seiner Arbeit zu
verdanken sowie die Tatsache, daß sie sich in der ganzen Welt verbreitete,
denn seine Anerkennung war der Hintergrund für Fritz Perls' Entscheidung,
Esalen nach seiner Migration in den Westen zu seinem Zuhause zu machen.

Ich glaube, daß alle, die Dick– einen Helden der Offenheit – kannten,
mein Gefühl teilen, daß er diese posthume Erinnerung und die Anteilnahme an seiner Arbeit auf diesen Seiten des *The Gestalt Journal* zu dessen
zehnten Jahrestag geschätzt hätte.

Die Sitzung, die ich beschreibe, fand im Mai oder Juni 1971 statt, kurz
nach meiner Rückkehr aus Arica, Chile, wo ich Erfahrungen durchlebt
hatte, die meine Aktivität als Gestalttherapeut ebenso wie alles andere in
meinem Leben auf eine Weise beeinflußten, auf die ich an dieser Stelle

---

71. *The Gestalt Journal*, Spring 1987,

nicht näher eingehen werde. Ich möchte meine Arbeit hier jedoch nicht als etwas Innovatives kennzeichnen, sondern ich war lediglich einfühlsam und kreativ genug gewesen, um die Intuition zu besitzen, Dick, der sich in diesem Augenblick in einem Zustand völliger Gelöstheit und Kindlichkeit befand, zu bitten, seine Erfahrung weiter zu festigen, indem er »das Kind zum Brunnen« bringen sollte. Offenbar spielte ich damit auf ein Traumbild an, das zu einem früheren Zeitpunkt in der Sitzung aufgetaucht war. Ich werde die Mitschrift – die unglücklicherweise nur als Fragment erhalten ist – unkommentiert wiedergeben. Sie beginnt folgendermaßen:

Dick Price: … Ich denke an eine besondere Passage… Lao Tse sagt… wer trübe wurde, wird sich klären wie stilles Wasser… (weint) es scheint, ich kann das ganz gut, wenn es um andere geht… (weint)

Claudio Naranjo: Geh bitte noch einmal da hindurch.

DP: (weinend) wer trübe wird, schmutzig wird… (Pause) … ich kann mich nicht mehr genau erinnern… wer trübe wird, wird sich klären wie ein stilles Wasser. Wer still ist, bringt anderen die Fülle des Lebens. Ich fließe irgendwie wie ein Fluß, wie ein Strudel, es ist, als hätte ich hier eine Strömung, und meine Strömung ist nur sehr schwach…

CN: Geh einfach noch einmal hinein.

DP: (weinend) Wer trübe ist, trübe wird… (Pause) … ich kann mich nicht mehr genau erinnern… wer trübe wird, wird sich klären wie ein stilles Wasser. Wer still ist, bringt anderen die Fülle des Lebens. Ich fließe irgendwie wie ein Fluß, wie ein Strudel, es ist, als hätte ich da eine Strömung, und meine Strömung ist nur sehr schwach…

CN: Könntest du bitte noch mehr in Berührung mit dem Laufen deiner Tränen kommen?

DP: Laß mich bitte ein wenig aus Lao Tse vorlesen: »Ich, wenn ich trübe werde, kläre mich wie stilles Wasser. Ich, wenn ich still bin« … es ist, als würde ich meinen Fluß jetzt zurückhalten, und ich habe Angst, meine Schwäche zu zeigen…

CN: Ja. Laß noch mehr los. Das ist es – das Kind…

DP: Das Kind. Ja. Das ist es. Ich habe Angst, meine Schwäche zu zeigen: Ich kann niemals weinen. Aber still zu sein bringt anderen die Fülle des Lebens. (weinend) Aber ich habe nie mich selbst… du weißt, wie gut ich das kann…

CN: Ja.

DP: Aber ich, wenn ich still bin, bringe anderen die Fülle, und trotzdem lasse ich mein eigenes Leben nicht in aller Fülle zu.

CN: Ich habe den Eindruck, daß du dir selbst gestatten mußt, schwach zu sein, und deine ganze Kraft in den Dienst deiner Schwäche zu stellen. Ich schlage vor, du findest jetzt einmal heraus, wie du deine Schwäche erkunden kannst.

DP: Ja, ich muß dieses Kind sein. Ich muß dieses Kind sein, das nicht angegriffen wird... ja, indem ich loslasse – weißt du? Ich schaffe das. Laß mich nur, laß mich nur machen. Laß mich ein Kind sein, meine Ängste, du läßt nicht einmal ein paar Tränchen zu. Und als Dick willst du mich gleich ertränken. Nein, du willst mich verdursten lassen. (kichert) Dick, du willst mich austrocknen; du läßt mir nicht meine eigene Haltung... wenn du etwas tust, meistens. Meine eigenen Tränen, die gehen von mir aus. Es ist, ich habe versucht, dir etwas zu zeigen, mit dir zu handeln, und ich würde dich gern in mein Leben einbeziehen, ein Leben, das Tränen zuläßt (Pause) und Schwäche zuläßt. Als Dick, weißt du, da wirst du niemals Schwäche oder Tränen zeigen. Vielleicht liebe ich dich ja... weißt du, hin und wieder einmal eine Träne, eine Träne. Gerade genug, um zu überleben...

CN: Ja. Du hast diese Stimme, die das sagt, in dir, aber möglicherweise könntest du etwas unternehmen, von dem du weißt, daß es in deinem eigenen besten Interesse ist. Ich schlage vor, du führst ein kleines Ritual durch. Manchmal haben Rituale den Effekt, daß sie Leben in etwas bringen. Was ich vorschlagen würde, ist, daß du das Kind an den Brunnen bringst, an den dein Traum–Ich es bringen will, und siehst, ob der Traum sich anders entwickelt.

DP: In Ordnung. Ich frage mich, ob es nicht gefährlich ist, Dick sich von einem Schmetterling wieder in ein Kind verwandeln zu lassen und Dick mich irgendwie auf den Arm nehmen zu lassen und Dick mich einfach zum Brunnen bringen zu lassen.

CN: Sei jetzt Dick. Sei Dick, der das Kind nimmt.

DP: O.K. Du bist jetzt wieder ein Kind. Mal sehen. Ich fühle die Kühle meiner Hände. Ich möchte dich gleichzeitig streicheln und dir Leben schenken, und dennoch ist etwas in mir, wenigstens als Absicht, weißt du... meine Absicht ist es, Wärme zu geben (kichert)... meine Hände sind jetzt wirklich kalt... ja, so, was ich tun muß, ist, dich im Arm halten, so gut ich kann. So kann ich dich jetzt halten, und ich muß meine Hände ausstrecken... es gibt noch eine andere Lösung... anstatt irgendwie Wärme zu spenden, werde ich die Wärme von dem Kind annehmen...

CN: Das kann zusammengehen.

DP: Ja, ja. Vielleicht ist es ja möglich für mich, daß ich deine Wärme annehme. Ich fühle das Kissen, ich fühle, daß du ziemlich viel wärmer bist als meine Hände. Dann wärme ich dich mit meinen Unterarmen und Armen, aber mit meinen Händen muß ich mich an dir wärmen. Und, ja, ich kann dich nach draußen zum Brunnen bringen. (weint) Wo ich bin, ist es wie unter einem Nachthimmel in einer offenen Laube, wo ich mich wirklich geborgen fühle – es ist wie ein Garten. Es gibt da so einen, so eine Art Brunnen, der vielleicht genauso groß ist wie der Raum im Durchmesser, ziemlich flach, und in der Mitte sprudelt es. Ein Springbrunnen. Und, ja, als Dick habe ich keineswegs das Gefühl, ich müßte dich ertränken. (Pause) Ja, du bist einfach dabei und schaust, wie ich den Brunnen beobachte... ich kann dich streicheln und dir Kraft geben, und noch mehr Wärme, und ich kann deine Wärme aufnehmen. Und wir können einfach zusammen das Spiel des Brunnens beobachten, es gibt kein...

Wir können uns waschen und trinken. Wir brauchen nicht... es gibt keinen Grund, dich zu töten. Ich habe nicht den Wunsch, dich zu töten. Ich brauche dein Leben.

CN: Du bist zufrieden, daß Ihr gemeinsam den Brunnen betrachten könnt. Ich würde zu gerne wissen, ob das Kind anders darüber denkt. Vielleicht, da du schon einmal da bist, kannst du mit dem Brunnen noch etwas anderes machen.

DP: Als Kind möchte ich am liebsten sofort hineinspringen und schwimmen und unter Wasser spielen... weißt du... das Wasser rinnt über mich hinweg, spritzt um mich herum, ich treibe. Meine Beine sind jedoch noch nicht so stark, aber ich kann mich irgendwie im Wasser umherbewegen... spritzen, ein bißchen Wasser zu Dick hinüberspritzen. Es ist gar nicht so kalt. Ich versuche, daß meine Kleider nicht naß werden. Ja, ich fühle, daß ich dir tatsächlich gleichzeitig Kraft geben und von dir nehmen kann. Und daß, ja, ich brauche dich wirklich. Ich brauche deine Lebendigkeit in mir. Es ist wie ein Kind. Ich brauche deine unverdorbene Wahrnehmung. Ich kann nicht mit dieser Pseudo-Kraft und diesem Pseudo-Wissen leben.

CN: Und das Kind sagt: »Ja, du brauchst mich... « (Gruppe lacht) Nun, das klingt wie ein Versprechen. Das klingt mehr oder weniger wie die Art von Versprechen, das manchmal am Fuße eines Berges oder am Ufer eines Flusses, gegeben wird, jemand stirbt, das erste Bad...

DP: Ja, sprudeln – weißt du, einfach sprudelndes Wasser und... viel Platz für... weißt du, die ganze Gruppe könnte in meinen Brunnen steigen. Du bist willkommen, mit meinem Kind zu spielen. (Pause) Nun, weißt du, als Brunnen bin ich stark und beständig. Ich habe unendliche Vitalität. Ich sprudele und habe Platz für Wärme und Feuchtigkeit. Endloser Kreislauf… beständiges Leben schenken, Kraft. Raum sowohl für Vitalität als auch für Stille. Viel Platz, viel Platz… genau in der Mitte, zisch, da sprudelt es, aber es kann auch ganz still in mir sein, bis in den letzten Winkel, ja, es gibt sprudelnde Leidenschaft, oder es gibt die Stille und den Frieden in mir, und ich habe die Wahl. Ich bin hier, einfach beständig und stark in diesem andauernden Leben, Tag und Nacht…

CN: Ich bin sehr froh, daß du bei deiner Taufe gegenwärtig warst. Ich bin mir sicher, daß dies, wenn es einmal geschieht, immer weitergeht.

Teilnehmer der Gruppe: Ohne Taschentuch halte ich das nicht aus.

Ein anderer: Nicht bei diesem großen Springbrunnen.

DP: Ich habe das Gefühl, meine Tränen sind jetzt für mich viel annehmbarer, nicht gleichzusetzen mit: »Ich weine, also bin ich schwach«. Ich weine und bin stark.

CN: Sicher. Ein äußerst weiser Traum, dein Kind muß zum Brunnen gebracht werden, und wieder dieser archetypische Prozeß, das Ego, das dazwischenkommt, mit seiner Rache… (Lachen in der Gruppe)

DP: Es gibt einen Satz, der Buddha zugeschrieben wird: »Ich allein und die Welt… « Ich habe mich damit nie wohlgefühlt. Weißt du, ich muß ein paar Stufen hinaufsteigen…

CN: Könntest du durch diese Bewegungen gehen? Ich glaube, das könnte ein sehr guter Abschluß für die Zeremonie sein, dem Kind seine totalen Rechte zu geben. (Lachen in der Gruppe)

DP: Ich würde lieber nicht allein die (Wort fehlt) ändern und das Wort »ehrwürdig«…

(Diese Mitschrift ist alles, was ich habe, und dieser Satz scheint mir keinen Sinn zu ergeben. Er beinhaltete jedenfalls eine Anspielung auf die Geschichte von der Geburt Buddhas, bei der er, wie in den Sutras üblich, als der von der Welt Geehrte angesprochen wird. Dick inszeniert hier die Legende des neugeborenen Buddha, indem er nach seiner Geburt sieben Schritte geht und seine Göttlichkeit erklärt.)

(Lachen)

DP: O.K. … fünf, sechs, sieben (Lachen)

CN: Ich hörte einmal Allen Ginsberg erzählen, daß es eine Zeit gab, in der er auf dem Campus in Berkeley herumging und sagte: »Ich bin Gott« in einem Tonfall, der allen anderen das Gefühl gab, sie seien nicht Gott. Es braucht einige Zeit, bis wir entdecken, daß wir es alle sein können.

Kapitel 16

Gestaltübungen

Bereits seit dem Beginn meiner Laufbahn habe ich ein starkes Interesse an psychotherapeutischen Übungen. Ich begann, diese systematisch zu lehren, als ich in den späten sechziger Jahren am Esalen Institut arbeitete. Nachdem Fritz Perls nach Kanada gegangen war, hielt ich in Esalen zwei Arten von Seminaren ab: Einige (in Zusammenarbeit mit Bob Hall und Jack Downing) waren reguläre Gestaltseminare (Jim Simkin leitete gleichzeitig die Ausbildungs-Seminare), und in anderen nahm ich die Gelegenheit wahr, die mir von meinen Sponsoren gegeben wurde, und widmete die Vormittage der Meditation, die Abende der Gestaltarbeit mit dem »heißen Stuhl« und die Nachmittage einer Mischung zwischen beiden: Übungen in kleinen Gruppen, in denen ich die Berührungspunkte zwischen Meditation und Gruppenarbeit erforschte.

Ich glaube, daß vieles von dem, was in der Psychotherapie passiert, in Wirklichkeit dem Patienten selbst überlassen bleibt, insofern, als es ein innerer Prozeß ist, aus dem der Wille zu sehen und der Wille zu heilen entstehen. Die Psychotherapie kann als ein Kontext gesehen werden, in dem dieses innere Ereignis geschehen kann: als Unterstützung eines selbsttherapeutischen Prozesses. Was immer das Maß an Unterstützung ist, das durch die Gegenwart und die Fähigkeiten des Therapeuten gegeben ist, gibt es doch so etwas wie die psychologische Eigenarbeit am Selbst, und viele Menschen tasten sich langsam heran, auch ohne formelle Psychotherapie oder spirituelle Anleitung.

Meine Sicht der Möglichkeiten und der Bedeutung der Arbeit an der Selbsttherapie – die von Fritz Perls' eigener Einladung zur Selbsttherapie in den Gestaltübungen am Anfang des Klassikers *Gestalt Therapie – Wiederbelebung des Selbst* von 1951 unterstützt wird – weckte mein Interesse an der Entwicklung interpersoneller Strukturen, die allgemeine therapeutische Prinzipien beinhalten und daher Menschen helfen können, sich gegenseitig dabei zu unterstützen, an sich selbst zu arbeiten. Im Laufe der

Jahre habe ich dieses Mini-Laboratorium sogar noch verfeinert, sodaß ich während der Supervision eines solchen Prozesses von Menschen, die gemeinsam an sich arbeiteten, beachtliche therapeutische Ergebnisse beobachten konnte.

Ich hatte die Gelegenheit, in den frühen siebziger Jahren therapeutische Übungen für Kleingruppen zu praktizieren, in Verbindung mit dem Lehrexperiment, das sich zum »SAT-Institute« entwickelte. Ein Aspekt davon war der Umbau einer Gruppe in ein selbstheilendes System. Kleingruppenübungen in diesem Zusammenhang dienten sowohl therapeutischen als auch Ausbildungszwecken. So gab es beispielsweise eine Reihe von »Gestalt drills«, in denen ich den Teilnehmern Gelegenheit geben wollte, sich auf die Entwicklung spezifischer Fertigkeiten zu konzentrieren wie Zuhören, das eigene Gewahrseinskontinuum beobachten, Körpersprache entschlüsseln, reflektieren und so weiter.

Allen Gestaltübungen, die ich in diesem Kapitel zusammengestellt habe, ist eine Relevanz sowohl für die Therapie als auch für die Ausbildung gemeinsam. Die ersten drei – mit der Betonung auf dem Sinn für die Gegenwart und dem Sinn des *Ich/Du* im Unterschied zum *Ich/Es* als Ersatz für das Du – halte ich mittlerweile für einen wünschenswerten Hintergrund für jegliches psychotherapeutische Training, immer in Zusammenhang mit allen Aspekten des Gewahrseinskontinuums. Die anschließende Beschreibung des letzteren stammt (mit Ausnahme der einleitenden Bemerkungen) aus einer Seminarmitschrift. Sie illustriert eine bestimmte Variation des Genres, das ich »das Gewahrseinskontinuum im Kontext der Meditation« nenne. »Kontext der Meditation« steht hier nicht nur für das »Feld« der Meditation, das durch die meditative Einstellung des Zuhörers geschaffen wird, sondern für die Abgeschlossenheit des Bewußtseins in der Meditation, wobei Themen wie Loslassen, Körperbewußtsein, Gefühlsbewußtsein, panoramisches Gewahrsein und so weiter jeweils im Vordergrund stehen.

Die letzte Serie von Übungen, die den Topdog/Underdog-Konflikt betrifft, stellt eine ausgezeichnete Gelegenheit zur Ausbildung dar, ebenso wie eine therapeutische Gelegenheit. Denn wenn eine Person mit dem Therapeuten alle vier Stufen des Prozesses durchläuft, macht dies, neben der Übung der Intuition, die Fähigkeit erforderlich, emotionalen Ausdruck zu unterstützen, insbesondere Ärger.

Als ich meinen spirituellen Ansatz formulierte und mitteilte, durfte ich keinesfalls versäumen, Fritz Perls im Nachhinein für die Ich/Du-Übung Respekt zu zollen. Ich hatte ursprünglich versäumt, diese Übung zu praktizieren und mit dem Rest der Gestalt-Überlieferung weiterzugeben. Diese Übung bestand darin, daß zwei Teilnehmer sich abwechselnd in ganzen

Serien von »Ich«s und »Du«s in verschiedenen Kombinationen und Rhythmen ansprachen.

Ich hatte damals das Gefühl, daß diese Erfahrung nicht viel weiter ging als ein gewöhnliches Wortspiel, und anderen erging es möglicherweise ebenso, denn sie verkannten die Bedeutung dieser Übung: das Ich-sein im Gleichgewicht mit dem Gefühl für das Anders-sein. Einige der Übungen, die ich selbst entwickelte und beschrieb, können auch für Menschen hilfreich sein, die sich niemals zuvor auf das Thema Ich/Du konzentriert haben. Ich habe sie in vielen Gruppen erprobt, deren Teilnehmer sowohl persönlich als auch innerhalb ihrer professionellen Ausbildung enorm von ihnen profitierten.

Obwohl ich hier den drei Ich/Du-Übungen so wenig Platz einräume, daß man sie in Kürze überfliegen kann, glaube ich, daß die Erfahrung jeder einzelnen Übung es verdient, durch die praktische Anwendung vertieft zu werden. Besonders geeignet sind Gruppensituationen, in denen über viele Sitzungen hinweg im Rotationsprinzip alle Teilnehmer einbezogen werden. Ebenso habe ich im Laufe der Zeit den Wert dieser Übungen innerhalb der Ausbildung kennengelernt, besonders seit der Zeit, in der ich in den siebziger Jahren im SAT-Institut erstmals ein eigenes therapeutisches Trainingsprogramm entwickelte. Seither ziehe ich eine Situation vor, die weder ausschließlich Therapie noch ausschließlich professionelle Ausbildung ist: eine »hybride« Situation, in der »Laien« zu potentiellen Therapeuten und Gruppen zu selbsttherapeutischen, selbsterhaltenden Systemen herangebildet werden können.

Obwohl ich mich in dieser Kombination von verfeinerter microlab-Arbeit und therapeutischer Ausbildung neben der Gestalttherapie auch anderer Quellen bedient habe, ist meine Praxis natürlich stark durch Gestalt beeinflußt. Für dieses Kapitel habe ich einige Übungen ausgewählt, die man als direkte Verkörperungen von Gestalt-Ideen sehen kann.

A) ICH/DU-ÜBUNGEN

Die folgende erste Übung kann sowohl als eine Weiterentwicklung von etwas gesehen werden, was bereits in der Gestalttherapie implizit enthalten war, als auch als eine Anleihe an den Sufismus: die Übung der Konzentration auf das Gefühl der Präsenz oder des Selbstseins. Die zweite Übung kann ebenfalls sowohl als eine Erweiterung von etwas gesehen werden, was bereits im Ansatz der Gestalttherapie vorhanden ist, und gleichzeitig als Anleihe: die Pflege der Wahrnehmung der Person des anderen, das Gefühl des »Du«, in Abgrenzung zur Erfahrung des »Es«. Indem ich mit diesen beiden Techniken sowohl allein als auch mit anderen arbeitete, entdeckte ich auf natürliche Weise die Wirksamkeit einer Kombination aus beiden: die Übung, gleichzeitig der eigenen Präsenz wie auch der des anderen gewahr zu sein.

Präsenz

Setzen Sie sich Auge in Auge mit Ihrem Gegenüber und schließen Sie die Augen.

Achten Sie auf Ihre körperlichen Empfindungen, Ihre Haltung und Ihren Gesichtsausdruck und korrigieren Sie Ihre Haltung oder Einstellung, je nachdem, wie Ihr Gewahrsein dies nahelegt.

Sein Sie so, wie Sie sein möchten, von einem Moment zum nächsten.

Öffnen Sie jetzt Ihre Augen, aber bleiben Sie in Ihrem Körper und bei Ihren Gedanken.

Entspannen Sie Ihre Augen, aber bleiben Sie in Ihrem Körper und bei Ihren Gedanken.

Entspannen Sie Ihren Körper und lassen Sie es sich gutgehen. Versuchen Sie nicht, irgendetwas zu tun. Während Sie Ihre Gedanken ruhig werden lassen, konzentrieren Sie sich auf das Gefühl Ihrer Existenz – fühlen Sie »Ich bin hier«.

Nachdem Sie sich eine Zeitlang auf das Ich-Sein konzentriert und sich mit einem ruhigen Geist entspannt haben, machen Sie sich Ihre Atmung bewußt und verschieben Sie Ihre Aufmerksamkeit vom »Ich« zum »Hier« und wiederholen Sie in Gedanken »Ich – bin – hier«, im Rhythmus: Einatmen – Pause – Ausatmen. Versuchen Sie dabei, während der Pause vor dem Ausatmen nichts Besonderes zu tun.

Du

Wie zuvor beginnen Sie, indem Sie einander von Angesicht zu Angesicht gegenübersitzen, die Augen schließen und Ihre Haltung, Ihre innere Einstellung und Ihren Allgemeinzustand soweit optimieren, wie es Ihnen im Moment möglich ist, ohne sich anzustrengen.

Anschließend, nachdem Sie für einige Zeit so still geworden sind wie möglich, öffnen Sie die Augen, während Sie sitzen, körperlich entspannt und in Ihrer Mitte ruhend, und beteiligen sich dabei an keinerlei Gespräch, weder an Ihrem eigenen inneren Dialog noch an dem mit anderen. Vergessen Sie sich, soweit wie möglich, selbst, während Sie sich auf die Empfindung dafür konzentrieren, daß die Person vor Ihnen wirklich existiert, daß sie eine Person ist und kein Gegenstand, ein bewußtes Wesen, das Ihnen ins Angesicht schaut.

Ich/Du

Nachdem Sie begonnen haben, Ihre Mitte zu finden, versuchen Sie beide, innerlich ganz ruhig zu bleiben, während Sie die Augen geöffnet halten, und sich körperlich ganz entspannen. Konzentrieren Sie sich sowohl auf das »Ich« als auch auf das »Du«, während Sie gleichzeitig um sich herum ein Gefühl der Unendlichkeit verspüren.

Versuchen Sie es – und streben Sie danach, gleichzeitig das Gefühl der Präsenz von sich selbst und vom anderen sowie das Gefühl für eine kosmische Tiefe zu verstärken.

Lassen Sie sich von dem Gefühl der Unendlichkeit in Ihrer Entspanntheit tragen und nehmen Sie wahr, wie sich Ihre Gedanken allmählich auflösen. Möglicherweise finden Sie es hilfreich, gelegentlich stimmlos zu wiederholen: »Ich – Du – Unendlichkeit«.

B) Das Gewahrseinskontinuum im Kontext der Meditation

Das Gewahrseinskontinuum ist für die Gestalttherapie das, was die freie Assoziation für die Psychoanalyse ist: Anfang und Ende der Therapie zugleich. Anfang, indem es den Spiegel bildet, in dem sich die psychischen Probleme der Person zeigen und aus dem der Therapeut seine Hinweise bezieht, und Ende daher, weil, ebenso wie die Fähigkeit zur freien Assoziation ohne Widerstände als Zeichen der Vollendung der Analyse gilt, die Fähigkeit zur Erfahrung von Erfüllung und Tiefe im jeweiligen Hier und Jetzt das Ziel der Gestalttherapie ist.

Ich glaube, daß trotz vieler Worte um das Gewahrseinskontinuum dessen Praxis nicht soviel Aufmerksamkeit erhält, wie es angebracht wäre – weil es im allgemeinen nicht so sehr als *Praxis* gesehen wird – die Praxis einer gesunden, in der Gegenwart verwurzelten inneren Haltung –, sondern vielmehr lediglich als Ausgangspunkt für andere therapeutische Interventionen und Richtungen.

Da ich das Gewahrseinskontinuum für eine wertvolle psychologische Übung an sich halte, und darüberhinaus für eine, die am besten zusammen mit den Anreizen einer interpersonellen Kommunikation durchgeführt wird, verwende ich sie gewöhnlich als Ergänzung zur eigentlichen Therapie und – in Varianten wie der im folgenden beschriebenen – als Teil der Ausbildung.

Jeder, der bereits Erfahrung mit dem Gewahrseinskontinuum gesammelt hat, wird gemerkt haben, daß diese Übung, ebenso wie alle anderen psychologischen Übungen, manchmal erfüllend und produktiv ist und manchmal an der Oberfläche bleibt: eine Reihe von scheinbar unbedeutenden Selbstbeobachtungen, die meisten typischerweise eine Anreihung von Wahrnehmungen: »Jetzt sehe ich den Teppich, jetzt höre ich ein Auto vorüberfahren«, und so weiter. Wo ist das Geheimnisvolle? Was macht den Vorgang der Bewußtwerdung des Augenblicks zu einem tiefgreifenden Erlebnis, zu etwas, was zu bestimmten Gelegenheiten den Vorgang des Gewahrseins so besonders macht?

Ich glaube, daß man sich der Antwort auf verschiedene Weise nähern kann. Eine davon ist die Erfahrung der Präsenz, das Erlebnis des »Ich bin hier«. Es gibt Zeiten, in denen wir uns als Dinge erleben, und andere, in denen wir uns als Menschen erfahren. Unsere Selbstwahrnehmung scheint, ebenso wie die Wahrnehmung der Welt im allgemeinen, eher einen intuitiven Charakter zu haben: Manchmal ist der Baum vor unserem Haus völlig uninteressant, während wir ihn zu anderen Gelegenheiten in seiner vollen Schönheit erstrahlen sehen. Manchmal ist die Welt wie verschleiert, und manchmal hat sie eine Bedeutung – nicht im intellektuellen Sinne, sondern als jene empfundene Tiefe des Geistes, die Gegenstand aller Meditationspraktiken ist. Dennoch kann ein Zuhörer imstande sein, auf eine Weise zu helfen, die völlig verschieden ist von dem, was normalerweise in der Psychotherapie gepflegt wird: nicht durch Antizipation, nicht durch die Bemühung, zu verstehen, sondern durch den Versuch, auf eine substantiellere Weise *da zu sein,* sozusagen die »Wesensdichte« zu erhöhen, damit eine tiefere Stille den Weg zu einer tieferen Kommunikation bereiten kann. Dies ist die Übung, die ich hier vorstellen möchte: eine »Hier und Jetzt«-Übung, in der eine Person die klassische Gestaltübung absolviert (über die ich noch einige Details hinzufügen werde), während der Zuhörer auf eine bestimmte Weise zuhört.

Ich möchte nun die Rolle der beiden Partner sowie die eines Dritten beschreiben, der die Rolle eines Beobachters einnimmt. Wir werden in Dreiergruppen arbeiten und uns abwechseln, damit jeder drei Minuten hat, in denen mit ihm gearbeitet wird.

Ich habe gerade das Wort »Arbeit« benutzt, ein Wort, das in Fritz Perls' Vokabular eine große Rolle spielte. Obwohl die Arbeit mit ihm (ebenso wie mit anderen Therapeuten) die Bereitschaft erforderte, den Anweisungen zu folgen und angesichts schmerzlicher Wahrheiten nicht in eine Abwehrhaltung zu verfallen, ist diese Übung des Gewahrseinskontinuums (die grundlegende Gestalttherapie-Situation) an sich bereits »Arbeit« genug. Sie ist in erster Linie Aufmerksamkeitsarbeit. Aufmerksamkeit kann oberflächlich oder tief sein, grob oder fein, kontinuierlich oder unterbrochen. Gleichzeitig ist sie eine Arbeit, die einen gewissen Wagemut erfordert, und es ist mit Arbeit verbunden, wenn man die gewohnheitsmäßige Manipulation des eigenen Gedankenflusses aufgeben will. Ebenso wie im Leben der Meditation erfordert es möglicherweise viel Arbeit, in einen Zustand der Stille zu kommen. Nichts zu tun kann sehr anstrengend sein, bevor es schließlich mühelos wird, es ist Arbeit, mit dem Geist zu gehen, wohin *er* will. Ich glaube, daß diesem organismischen Aspekt des Flusses der Erfahrung allzu oft in der Gestaltpraxis nicht genug Aufmerksamkeit gewidmet wird. Ich glaube sogar, daß Fritz Perls' Wort »Kontinuum« in dem Ausdruck »Gewahrseinskontinuum« eine quasi poetische Anspielung auf die Vieldimensionalität des Gewahrseins beinhaltete und auf die Tatsache hindeutete, daß wir uns in jedem Augenblick auf eine Unzahl verschiedener Sinneseindrücke konzentrieren können: Klänge, Bilder, Emotionen, was wir tun, unsere Stimme und so weiter. Es findet in jedem Augenblick eine permanente Überschneidung verschiedener Felder des Gewahrseins statt, von denen jedes uns locken und in eine bestimmte Richtung lenken kann. Wenn wir der Versuchung widerstehen, unser Erleben in eine bestimmte Richtung zu beeinflussen, und statt dessen wirklich sensibel dafür sind, wohin unsere Aufmerksamkeit *uns* führen will, dann wird es einen besonderen psychischen Fluß geben – gleich, ob wir dies im Sinne einer Gestalt/Hintergrund-Formation, als Selbstregulierung oder einfach als Spontaneität oder Inspiration wahrnehmen. Dieser einfache Vorgang kann sehr viel Mut und auch Hingabe erfordern. Es braucht viel, um »so offen für das Erleben zu sein«.

Wenn man bereit ist, Dinge zu sagen, die man nicht vorher geübt hat, und sich über die eigenen Worte zu wundern, die man sagt, dann muß man möglicherweise von dem Bild, das man von sich selbst hat, abrücken. Entweder man widmet sich dem Ausdruck oder den Eindrücken. Vieles, was innerhalb des Gewahrseinskontinuums getan wird, ist immer noch im Bereich der Rolle, in den Grenzen dessen, was man zu tun können meint, ohne einen schlechten Eindruck zu machen. Und ich sage dies, weil ich meine, daß das, was in einer Übung von solcher Einfachheit geschieht, in erster Linie von dem Grad an Freiheit abhängt, den man besitzt. Es hängt davon ab, wieviel man zuläßt und wieweit man das unendliche Potential des Eindringens ins Unbekannte zu schätzen weiß. Es liegt an jedem einzelnen, ob er es zu einer trivialen Erfahrung macht oder zu einer großartigen Gelegenheit. Es hängt lediglich davon ab, wie offen man ist und wie ernst man es mit seinem Wunsch zu arbeiten meint.

Ich möchte denjenigen, die die Rolle des Sprechenden einnehmen – in Form eines Monologes – empfehlen, die folgenden drei grundlegenden Ebenen des Gewahrseins zu beachten: Sinneswahrnehmungen, Gefühle und Handlungen. Sie sind sich jederzeit sowohl gewahr, was durch die äußeren Sinneseindrücke, als auch was durch Ihr Körpergefühl zu Ihnen kommt. Sie sind sich all dessen gewahr, was Sie tun, nicht nur mit Körper und Stimme, sondern auch psychisch (wie beispielsweise darauf zu warten, etwas berichten zu können, oder sich zu entscheiden, das eine oder andere zu beobachten), und Sie sind sich ihrer Emotionen gewahr. Dabei empfiehlt es sich, nicht auf einer bestimmten Ebene haltzumachen. Achten Sie darauf, daß Ihre Übung sich nicht nur in einer Aufzählung von Wahrnehmungen oder in der Beobachtung dessen, was Sie tun, erschöpft. Bleiben Sie in Bewegung, kreisen Sie, aber legen Sie dabei Wert auf die Wahrnehmung und den Ausdruck Ihrer *Gefühle*. Es sind die Gefühle, die uns vor allem interessieren. Das Gefühlsleben soll enthüllt werden, dennoch ist es hilfreich, um sich seiner Emotionen gewahr zu werden, daß man in seinen Sinneswahrnehmungen verwurzelt bleibt, damit man anläßlich jeder einzelnen Wahrnehmung das, was man dabei fühlt, hinterfragen kann. Berichten Sie nicht einfach Ihre Bewegungen, Haltungen, Stimmlagen, die Sie wahrnehmen, sondern nutzen Sie die Wahrnehmungen Ihrer Handlungen, um herauszufinden, wie Sie sich fühlen, *während* Sie handeln: benutzen Sie Ihre Handlungen als Spiegel Ihrer Gefühle.

Wenden wir uns nun den Anweisungen für den Hörenden zu. Der Partner, der die Rolle des Zuhörers einnimmt, sitzt Auge in Auge mit dem Sprechenden und enthält sich nicht nur verbaler, sondern auch körpersprachlicher Äußerungen, wie es sich für einen Monolog gehört. Bieten Sie Ihrem Partner das Privileg, einen unbeteiligten Zeugen seines Handelns zu haben, jemanden, der einfach da ist, ohne Hinweise zu geben, ohne zuzustimmen oder abzulehnen. Lächeln Sie nicht, zucken Sie nicht mit den Schultern oder sonst etwas und nehmen Sie eine meditative Haltung ein: Tun Sie nichts, sondern seien Sie einfach präsent. Entspannen Sie Ihre Gesichtszüge, Ihre Zunge (die immer aktiv ist, selbst wenn man nur innerlich still für sich spricht). Darüber hinaus möchte ich Sie einladen, gar nicht erst zu versuchen, zu verstehen, was Ihr Partner da eigentlich sagt. Wahrscheinlich werden Sie feststellen, daß Sie, indem Sie nicht zu verstehen versuchen, viel besser verstehen statt schlechter. Statt des Versuchs zu verstehen legen Sie den Schwerpunkt auf die Anwesenheit. Richten Sie Ihre Aufmerksamkeit sowohl nach innen als auch nach außen: was Sie hören, sehen, die Stimme, die Worte, die Sie hören, und wie Sie sich von einem Moment zum anderen fühlen. In gewöhnlichen Unterhaltungen gibt es ein gewisses Maß von impliziter Vorbereitung auf eine Reaktion. Diesmal können sie sich jedoch beruhigt ausschließlich auf den Moment konzentrieren – und auf Ihren Partner. Die einzige Aufgabe, auf die Sie sich zu konzentrieren brauchen, ist Ihre kontinuierliche, urteilsfreie Aufmerksamkeit. Was Sie Ihrem Partner zu bieten haben, ist Ihre pure Präsenz, nicht mehr und nicht weniger. Und dennoch ist dies etwas, dessen Wirkung, wie Sie sicherlich schnell merken werden, keineswegs nur oberflächlich ist. Sie werden jedoch auch merken, daß es keinesfalls einfach ist, denn es wird immer den Drang geben, zu helfen, zu reagieren, und der Sprechende kann sich bisweilen recht alleingelassen fühlen.

Die dritte Person ist der Beobachter. Sie sitzt direkt neben den beiden Partnern. Zwei Partner sitzen sich gegenüber, und der Beobachter an ihrer Seite. Der Beobachter wird etwas tun, was auch der Therapeut tun würde: Er wird auf Verletzungen der Gestalt-Regel hinweisen, das heißt, er wird sagen, wenn etwas vorgebracht wurde, was kein Ausdruck eines unmittelbaren Erlebens ist: wenn der Redende abschweift, wenn er erklärt, abstrahiert, Geschichten erzählt, antizipiert und so weiter. Der Beobachter achtet auch auf zwanghafte Gesten des Zuhörers, der eigentlich völlig entspannt sein sollte: Nicken, automatische Gesten und so weiter, und macht ihn darauf aufmerksam.

C) Topdog/Underdog-Übungen

Ich glaube, wir alle wissen, wie eine Topdog/Underdog-Begegnung häufig den Höhepunkt einer Gestaltsitzung bilden kann – den explosionsartigen Übergang in einen gesünderen Zustand.

Da jeder Mensch, der unter psychischen Problemen leidet, ein Topdog oder Über-Ich hat und da es zu jedem Topdog einen Underdog gibt, glaube ich, daß Selbstkontrolle, Selbsthaß und Selbstmanipulation in Neurosen allgegenwärtig sind. Also kann man sich in jedem Augenblick entscheiden, sich auf diesen wesentlichen Bruch zu konzentrieren, der den Konflikt ständig von neuem nährt. Da dies so ist, eignet er sich hervorragend zur Systematisierung, und die Serie von Übungen, die ich im folgenden beschreibe, stellen eine schrittweise Entwicklung dar, die ich für ein gegenseitig unterstützendes Therapiesetting entwickelt habe.

Erste Stufe:
Selbstanklage als Katharsis des Über-Ich-Zorns

Katharsis, so sagt Aristoteles, ist der eigentliche Sinn des Dramas. Daher scheint es höchst angebracht, die Dramatisierung als Mittel zu verwenden,

um die haßerfüllte Selbstkontrolle, die gewöhnlich der neurotischen Funktion und psychosomatischen Störungen eigen ist, explizit zu machen (und
so zu Bewußtsein zu bringen). (Der argentinische Psychoanalytiker Angel
Garman sprach in diesem Zusammenhang vom »Nagen des Über-Ichs an
der Magenschleimhaut«.)

Am Beginn dieser Übung erkläre ich normalerweise, daß es schwierig
ist, wenn das Repertoire zum Ausdrücken von Ärger durch verinnerlichte
Verbote blockiert ist, die Emotion der Wut zu erleben, daß jedoch eine
Dramatisierung Zugang zu dem Gefühl verschaffen kann. (Ich möchte
hier die Metapher des Anpumpens einer Pumpe verwenden. Fritz Perls
sprach davon, es völlig absurd zu übertreiben, bis der Fluß der Emotionen
in Worten, Stimme und Gesten zu sprudeln beginnen.)

Zweite Stufe
Umkehrung des Underdog

Anstatt das gewöhnliche Topdog/Underdog-Spiel immer zu wiederholen,
gehe ich zur Underdog-Umkehrung über – der dramatischsten Umkeh-
rungstechnik, die ich in der Gestaltüberlieferung im engeren Sinn kennengelernt habe: Dabei bitte ich die Gruppenteilnehmer, ihren Underdog
(derPersönlichkeitsanteil, der in der voherigen Übung Gegenstand der Anklagen des Topdog war), zu spielen – jedoch keinen flehenden, schuldigen
und leidenden Underdog, sondern einen, der sich der Deformationen und
Destruktivität der Verbote des Topdog bewußt ist. Ich fordere die Teilnehmer auf, die Seite des Unterdrückten einzunehmen, aber nicht um in Unterdrückung zu verharren, sondern um zu rebellieren, das Joch des Topdog
abzuwerfen und ihm zu sagen, daß er sich fortscheren soll, mit allem Ärger
in Stimme und Gestik.

Dritte und vierte Stufe:
Umkehrung des Topdog und Anstreben eines Vertrages

Wenn man sich mit ganzem Herzen bei der oben beschriebenen Übung
beteiligt, kann das, wie in einigen Sitzungen mit besonders »heißem Stuhl«
geschehen, zu einem größeren psychologischen Durchbruch führen: eine
nachhaltige Befreiung vom Topdog und folglich eine weitgehende innere
Freiheit. Ich habe jedoch den Eindruck, daß dies keine definitive Freiheit
ist, noch daß der Zustand scheinbarer Freiheit vom Topdog etwas Endgül-
tiges hat. Im Laufe der Zeit wird höchstwahrscheinlich eine weitere Schicht
psychischer Blockierungen zutage treten, und am Ende wird der Topdog
nicht amputiert, sondern assimiliert sein. Das Ende der Topdog/Under-
dog-Situation, mit erheblichen Einschnitten in beide Richtungen, ist also

eher ein Prozeß der Synthese, der Integration, der dialektischen Läuterung.

Damit dies geschehen kann, glaube ich, muß der Topdog abtreten– von innen heraus – aus einem vollen Verständnis dessen, was er tut, und wirklich aus seiner unmöglichen Situation herauskommen wollen (was den Wunsch nach der Mithilfe am Heilungsprozeß voraussetzt).

Die Umkehrung des Underdog ist nur eine Hälfte der Heilung jener grundlegenden Spaltung der Psyche. Die andere Hälfte besteht in der Umkehrung des Topdog: die Bereitschaft von Seiten unseres kontrollierenden, ärgerlichen Selbst, seine Tyrannei der Psyche aufzugeben und verletzbar und gefühlvoll zu werden.

Ich glaube, daß diese Umkehrung nicht weniger als ein vollständiges Eintauchen in die Rolle des Topdog erfordert, denn das Über-Ich ist wie ein Elternteil, den wir ursprünglich einmal erschaffen haben, damit es uns beschützt und uns dient, und es will nichts weiter, als uns zu helfen.

Das Problem ist, daß unser Über-Ich voller Ungeduld und Ärger steckt und will, daß wir uns *sofort* ändern – und das liegt nicht in der Natur der Dinge. Könnten wir nicht vielleicht den Topdog von der Unmöglichkeit der Situation, die er da heraufbeschwört, überzeugen? Kann er nicht verstehen, daß er durch seine Tyrannei der Psyche niemals die Befriedigung erlangen wird, die er so ungeduldig verlangt? Könnten wir ihn nicht möglicherweise dazu bringen, daß er bereit ist, an der Verwirklichung dieses Ideals mitzuhelfen, ohne es zu erzwingen? Darin liegt möglicherweise ein Ausweg.

Durch die Umkehrung des Topdog erhält eine Person die Möglichkeit, von seiner ärgerlichen Anklagehaltung abzurücken und als Topdog in Kontakt mit den eigenen frustrierten Wünschen zu kommen, um sie in einer Haltung der Verletzbarkeit auszudrücken. Dies scheint ein ausgezeichneter Übergang für einen weitergehenden Dialog zwischen den dominanten und den dominierten Teilen der Persönlichkeit zu sein. Der Übergang ist fließend, und eine Unterscheidung der verschiedenen Stufen ist rein theoretisch. In der Praxis sehe ich sie als Schritte innerhalb eines kontinuierlichen Prozesses. Wenn ich den Gruppenteilnehmern diese Stufe des Prozesses vorstelle, schlage ich vor, daß sie beginnen, indem sie dem Topdog (dem inneren Elternteil) eine Stimme verleihen, während sie gleichzeitig eine offene Haltung gegenüber den Äußerungen des Underdogs in Gestalt eines Kindes und seiner Bedürfnisse einnehmen. Ich vergleiche die Situation mit zwei zusammengefaßten Persönlichkeitskomplexen, die denselben Körper teilen, und unterstreiche, wie wichtig es ist, zu lernen, auf die bestmögliche Weise zusammenzuleben. Ich schlage gleichzeitig vor, daß man eine Übereinkunft anstrebt und sich auf einen neuen Vertrag für das künftige Zusammenleben einigt.

Wie man sich leicht vorstellen kann, ist in einer solchen Trainingssituation, in der jeder einzelne die Anregungen und die Unterstützung von einem oder mehreren Teilnehmern in Kleingruppen erfährt, die Wirksamkeit dieser Serie von Übungen vergleichbar mit einer unstrukturierten Gestalttherapiesitzung, und ich bin mehr als einmal Zeuge einer psychischen Todeserfahrung – eines »Ego-Todes« – geworden, in deren Mittelpukt eine rückhaltlose Abdankung des Über-Ichs von seiner tyrannischen Rolle stand.

Kapitel 17

Gestalt und Protoanalyse[72]

I

Ich möchte mit einer Frage beginnen: Was wird durch die Psychotherapie eigentlich geheilt oder soll geheilt werden?

Die Antwort könnte lauten: »Neurosen«, wobei jedoch häufig unterschieden wird zwischen der Heilung von Symptomen und der Beseitigung der Ursachen des Problems – die Heilung dessen, was wesentlich für die Neurose ist. Perls verwendete häufig den Begriff »Sackgasse« und sagte, daß die Psychotherapie meistens aufhört, bevor man an den Punkt kommt, den man in Rußland den »Todespunkt« nennt. Er erläuterte jedoch niemals eingehender diesen Begriff aus der sowjetrussischen Psychologie, der besagt, daß es eine Struktur gibt, die keine Psychotherapie verändern kann, und daß alle unsere Versuche einer psychischen Heilung nur bis zu einem bestimmten Punkt gelangen. Wie bekannt ist, unterstützte Fritz Perls diese Vorstellung nur insofern, wie sie die *konventionelle* Psychotherapie betrifft, während er für sich beanspruchte, daß es durch seinen (andere übertreffenden) Ansatz in der Tat möglich war, diese Sackgasse zu überwinden.

Worin besteht nun diese zentrale Struktur, diese Wurzel der Psychopathologie des Individuums?

Die Transpersonale Psychologie würde mit einem Begriff antworten, der für sie eine andere Bedeutung hat als für die Psychoanalyse: das »Ego«. (Im Gegensatz zur Psychoanalyse, die Ego und Selbst gleichsetzt, bezeichnen Transpersonalisten als »Ego« eine psychische Blockierung, eine unechte oder »falsche« Persönlichkeit, die dem tieferen Selbst im Wege steht.) Die beste Übersetzung für »Ego« in dem Sinne, wie es sowohl die Trans-

---

72. Dieses Kapitel ist eine überarbeitete Mitschrift eines Vortrages, der anläßlich der *Second International Gestalt Conference* in Madrid 1987 gehalten wurde. Hinzugefügt habe ich eine kurze Beschreibung der neun Charaktertypen entsprechend der Protoanalyse sowie einige Hinweise auf sachrelevante Stellen in anderen Kapiteln dieses Buches. Der Begriff »Protoanalyse« ist ein *registered service mark* des Arica Institute, Inc.

personalisten als auch die spirituellen Traditionen verwenden, ist nicht das »Ego« der Psychoanalyse, sondern der »Charakter« – die Summe aller Konditionierungen, aller Anpassungsreaktionen, die in der Kindheit erlernt wurden, die nicht wahrhaftig uns selbst entsprechen und die einem Leben in der Gegenwart im Wege stehen.

Die Vorstellung von Gesundheit in der Gestalttherapie ist untrennbar von dem Begriff der organismischen Selbstregulierung. Der Charakter jedoch ist ein Subsystem innerhalb der Psyche, das für eine organismische Selbstregulierung nicht offen ist, sondern das (um noch einmal Fritz Perls' Ausdruck zu gebrauchen) »wild auf Kontrolle« geworden ist, zwanghaft. Wir wissen sehr gut, wie diese »nicht-organismische« Zwangspersönlichkeit in uns aus der Erfahrung des Kindheitsschmerzes heraus entsteht, anfangs als Notfallreaktion und wie sie später durch Phantomgefahren und Ängste tief eingeprägt wird.

Der Begriff des Charakters als der Essenz der Psychopathologie ist in gewisser Weise der Gestalttherapie implizit. Wilhelm Reich, Fritz Perls' Analytiker, formulierte den Gedanken, daß dem Charakter an sich bereits eine Verteidigungshaltung zu eigen ist. Fritz Perls ging noch weiter, indem er behauptete, daß die ideale Person keinen Charakter besitzt. Dies war natürlich in der englischsprachigen Welt, in der er sich während seiner wichtigsten Schaffensphase aufhielt, ein Affront gegen den üblichen Gebrauch dieses Wortes. Im Spanischen hingegen schwingt diese Bedeutung durchaus mit, wenn man von einem *hombre de caractér* spricht, während insbesondere in einer Kultur puritanischer Abstammung »Charakter« für Willen, Selbstkontrolle und idealisierte Strenge steht. Fritz Perls rebellierte gegen dieses Ideal durch seine Sicht eines gesunden Menschen als jemandem, der schöpferisch auf eine gegebene Situation reagiert, statt mit eingeprägten, überkommenen Reaktionsweisen.

Dies ist natürlich nicht so leicht zu erreichen, doch ich glaube, daß die symptomatischen Neurosen lediglich sekundäre Komplikationen der impliziten Charakterneurose sind, die praktisch jeder Mensch entwickelt (als Folge des Aufwachsens in der Atmosphäre »emotionaler Krankheit« unserer Kultur). Und da der pathologische Beziehungsstil, der für die Charakterneurose typisch ist, allen unseren inneren Konflikten, zwischenmenschlichen Problemen und dem daraus erwachsenden Leiden zugrundeliegt, glaube ich, daß Charakter – der Grundstock des Wiederholungszwanges – das fundamentalste Thema jeglicher Psychotherapie ist, die versucht in die Tiefe zu gehen und vollständig zu sein.

Falls dies zutrifft, ist die Wahrnehmung des Charakters durch den Therapeuten von höchster Wichtigkeit für den therapeutischen Prozeß. Tatsächlich gehe ich davon aus, daß der Erfolg des Therapeuten größtenteils auf einem geübten klinischen Blick in Bezug auf den Charakter beruht – die Fähigkeit, in der Art eines Menschen, zu gehen, zu gestikulieren und zu sprechen die Reflektion eines Lebensmusters zu sehen. Dies ist jedoch etwas, was nicht immer explizit zum Ausdruck gebracht wird. Ebenso beruht die Wahrnehmung eines Charakters nicht allein auf der Erfahrung, sondern auch auf der eigenen geistigen Gesundheit des Therapeuten: Jemand, der ein »organismisches« Leben führt, das heißt, mit der schöpferischen Flexibilität lebt, die Voraussetzung für Gesundheit ist, wird das Tote im anderen erkennen. Charakter ist etwas Totes, er ist das Nicht-Selbst des anderen, ein *Rigor vitae,* wie Perls es nannte, in Analogie zum *Rigor mortis.*

Ebenso wie der Zen-Meister mit dem Stock auf jegliche Äußerung reagiert, die einem unerleuchteten Bewußtsein entstammt, so begegnet ein guter Gestalttherapeut dem Wiederholungszwang – den automatischen Spielen, die man gewöhnlich spielt – häufig mit Strenge oder Ironie. Fritz Perls war darin vorbildlich, denn er verfügte mehr als reichlich über diese Fähigkeit – insbesondere seit seiner Satori-Erfahrung (beschrieben in seiner Autobiographie), die das Vorspiel zu seinem höchst erfüllten persönlichen und beruflichen Leben war. Er besaß zur Zeit seiner Jahre in Kalifornien, als ich ihn kennenlernte, einen außerordentlich scharfen Blick und verfügte über einen großen Reichtum an Erfahrung. (Ich gratulierte ihm einmal wegen einer besonders gelungenen Arbeit nach einer Gruppensitzung in Esalen, und er antwortete mir auf deutsch: »Der Teufel weiß mehr, weil er alt ist, als deswegen, weil er ein Teufel ist.«)

Neben den Faktoren, die dem Therapeuten helfen, die Deformationen des anderen zu sehen – Selbsterkenntnis und persönliche Gesundheit auf der einen Seite und klinische Erfahrung auf der anderen – ist die Wahrnehmung des Charakters einer Person etwas, was man weitestgehend trainieren kann. Ein Großteil der klinischen Ausbildung besteht genau darin: unterscheiden zu lernen, was ein Zwangscharakter ist, einen histrionischen Charakter zu erkennen, eine narzißtische Persönlichkeit und so weiter. Es gibt in der Psychopathologie des Charakters jedoch viel Chaos und eine erhebliche Verwirrung über diese Unterscheidungskriterien. Die Konsequenz ist, daß diagnostische Beurteilungen in dieser Hinsicht relativ unzuverlässig sind. Doch genau deswegen (zusätzlich zu der Tatsache, daß der Charakter ein wichtiges Thema in Sachen Heilung und die Wahrnehmung des Charakters besonders wichtig für den Heilungsprozeß ist) bin ich der Meinung, daß die Information, die ich hier »Protoanalyse« nenne, von großer Bedeutung für die Psychotherapie im allgemeinen und für die Gestalttherapie im besonderen ist.

II

Wir leben in einer Zeit, in der die Leidenschaft der Diagnostik schon leicht passé ist, möglicherweise durch den Mißbrauch, der in der postkraepelinischen Ära getrieben wurde, in der die diagnostische und taxonomische Leidenschaft an die Stelle eines lebendigen Verständnisses und der Fähigkeit, den Patienten zu verstehen, getreten war. Als Reaktion darauf hat es eine schwunghafte Gegenbewegung gegeben mit dem Inhalt, daß es angesichts des aktuellen persönlichen und interpersonellen Prozesses besser ist, improvisierend zu arbeiten, mit sowenig Voreingenommenheit wie möglich – auch im diagnostischen Bereich. Ich glaube, daß diese »romantische« Haltung in der Psychotherapie einen gesunden Gegenpol zu einem übertriebenen »Klassizismus« gebildet haben könnte, und doch sollte er nicht zu einem Kult gemacht oder zum Dogma erhoben werden. Wir können phänomenologisch und intuitiv verfahren und dennoch eine theoretische Perspektive haben (und von ihr profitieren). Anders gesagt, wir können von einer generalisierten Erfahrung profitieren, ohne von unseren Vorurteilen geblendet zu werden. Ich weise gerade heute darauf hin, weil ich nach über fünfzehn Jahren Erfahrung mit der Protoanalyse sagen kann, daß dies außer dem, was ich von Fritz Perls und Jim Simkin geerbt habe, der wichtigste Einfluß auf meine Praxis war. Ein weiterer Grund besteht darin, daß ich meine Einschätzung der Bedeutung der Protoanalyse in den Zeugnissen vieler anderer wiedergefunden habe, die mit mir die Protoanalyse gelernt haben: sowohl Therapeuten, die gemerkt haben, daß ihre Arbeit sich verbesserte, als auch Nicht-Therapeuten, die, ohne es eigentlich beabsichtigt zu haben, zu versierten »Laien« wurden. 1971 begann ich eine Gruppe in Berkeley, in der ich die Teilnehmer ausdrücklich darauf hinwies, daß dies *nicht* als Ausbildungsgruppe betrachtet werden sollte, sondern als eine Aktivität im Dienste der persönlichen Entwicklung. Die Tatsache, daß nach anderthalb Jahren regelmäßiger Treffen fast alle Laien dieser Gruppe sich zu ambitionierten Amateuren mit der Fähigkeit, anderen zu helfen, entwickelten, und einige professionelle Therapeuten zu hochgeschätzten Persönlichkeiten in Kalifornien wurden, war meiner Meinung nach unter anderem darauf zurückzuführen, daß es sich bei der Protoanalyse um ein Werkzeug zur Selbst-Erkenntnis und Einsicht in die Erfahrungen und das Verhalten von anderen handelte.

III

Das Wort »Protoanalyse« wurde von Oscar Ichazo geprägt, einem spirituellen Lehrer in der Tradition des »Vierten Weges« (eine Sufi-Überlieferung, deren bekanntester Exponent im Westen George Gurdjieff war). Die Vorsilbe »proto« spielt auf etwas Grundlegendes an, und das Wort insgesamt auf einen Prozeß der Selbsterkenntnis in Bezug auf die grundlegende Struktur der individuellen Persönlichkeit. Dieser Prozeß wird durch eine bestimmte Sichtweise der Psyche unterstützt – einem traditionellen psychospirituellen Lehrgebäude (der Begriff »Protoanalyse« wurde auch im weiteren Sinne in Hinblick auf dieses Lehrgebäude verwendet) – und bezeichnet ebenso wie die »Psychoanalyse« nicht nur eine therapeutische Technik, sondern auch ihre theoretische Perspektive. Zusammengefaßt kann man sagen, daß die Protoanalyse das auf Erfahrung beruhende und theoretische Verständnis der eigenen Persönlichkeit oder des Egos im Licht der psychologischen Ideen des Vierten Weges darstellt.

Gurdjieff und Ichazo machen einen Unterschied zwischen der »Essenz« und der »Persönlichkeit« – ebenso wie Fairbairn und die Objekt-Beziehungs-Theoretiker *(objects-relation theory)* heutzutage zwischen dem »tiefen Selbst« und einem »falschen Selbst« unterscheiden. Die »Persönlichkeit« oder das »Ego« wird in der Protoanalyse, wie in anderen Formen des Vierten Weges, als ein Subsystem in der Psyche gesehen, das sich aus kognitiven, emotionalen und Verhaltenskonditionierungen zusammensetzt, die einer Ausrichtung an dem entgegenstehen, was entweder das »Tao« oder der »göttliche Wille« oder in der Sprache der westlichen Psychologie »organismische Selbstregulierung« genannt wird.

Das Ego oder die Persönlichkeit – unsere augenscheinliche Identität – kann mit einer Insel innerhalb der Psyche und in unserem neuronalen Netzwerk verglichen werden, einem Teil, der das Ganze kontrolliert und anstelle des Ganzen steht: Es läßt innerhalb seiner Grenzen nur das zu, was mit seinen Direktiven übereinstimmt. Es ist nichts anderes als das, was ich den »Charakter« genannt habe: eine auf einem aktiven Unterbewußtsein begründete Struktur, deren Fixierung aus einem Notfallreflex auf Kindheitstraumata heraus geboren wurde und die wiederum Leiden und Unbewußtheit hervorbringt.

Diese Sphäre der Persönlichkeit wird in der Protoanalyse in Bezug auf die drei Kategorien mentaler Phänomene aufgeteilt, wie sie in der westlichen Psychologie seit Brentano anerkannt sind: das Kognitive, das Emotionale und das Triebhafte. In Ichazos Sprache bezieht man sich auf sie als das intellektuelle, das Gefühls- und das Bewegungszentrum. Ein besonderes Merkmal der psychologischen Theorie, die in dieser Persönlichkeitsdarstellung zusammengefaßt wird, besteht darin, daß es sich nicht um die Theorie eines singulären Triebes wie die Freuds handelt (vor seiner Formulierung des Todestriebes), sondern um eine Theorie, die das Zusammenspiel dreier verschiedener Triebe oder angeborener Ziele der Psyche erkennt: den Selbsterhaltungstrieb, den Geschlechtstrieb und den sozialen (Gesellschafts-)trieb, den Maslow als »instinktoid« bezeichnete und den die Objekt-Beziehungs-Theorie jetzt der sexuell betonten klassischen Libido-Theorie entgegensetzt.

Angesichts der drei Zentren der Psyche und der Dreiteilung der instinktiven Ebene stellt sich die »Anatomie des Egos« als eine Struktur mit fünf Ebenen wie in der folgenden Grafik dar.

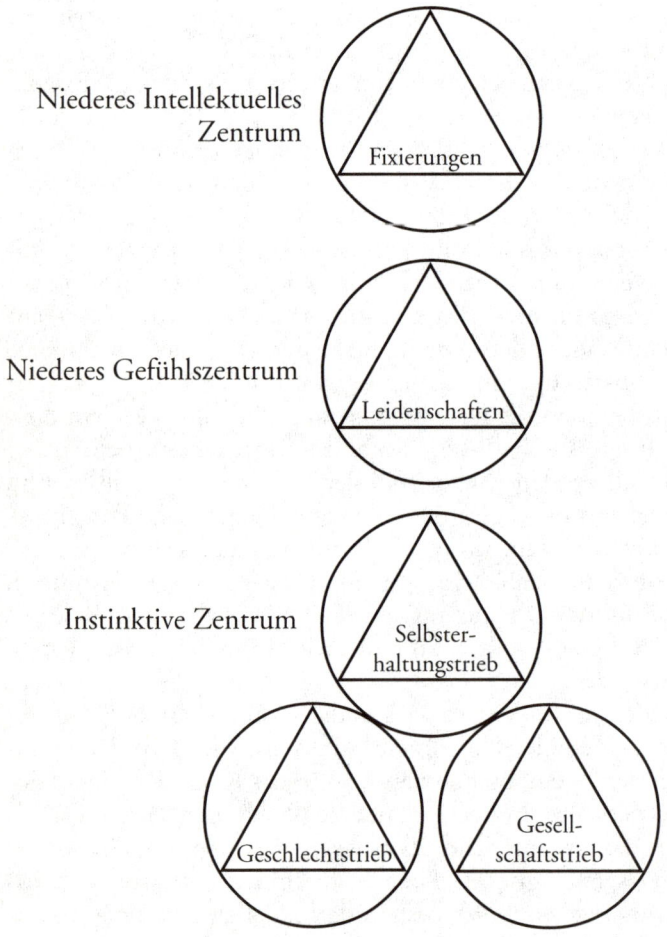

Niederes Intellektuelles Zentrum — Fixierungen

Niederes Gefühlszentrum — Leidenschaften

Instinktive Zentrum — Selbsterhaltungstrieb, Geschlechtstrieb, Gesellschaftstrieb

Das Zeichen, welches die Struktur dieser fünf Zentren oder Ebenen (hier vereinfacht als Dreieck gezeigt) symbolisiert, nennt man das »Enneagramm« (das all jenen bekannt sein wird, die P.D. Ouspenskys Aufzeichnungen oder andere Berichte über Gurdjieffs Lehre gelesen haben). Ebenso der Lehre Gurdjieffs entstammt die Vorstellung, daß beim gewöhnlichen Menschen zwei oder mehr Zentren brachliegen: das »höhere emotionale« – im Gegensatz zum »niederen emotionalen« Zentrum des Ego – sowie das »höhere intellektuelle« Zentrum. (Beide sind Aspekte der »Essenz« und Gegenstand der Disziplinen, die über die Protoanalyse hinausgehen.)

Eine Eigenart, die den Vierten Weg von den üblichen religiösen Ansichten unterscheidet (und sie damit gleichzeitig der modernen Psychotherapie näherbringt), besteht darin, daß dort der Trieb als der Essenz und nicht dem Ego zugehörig betrachtet wird. Der Prozeß der Transzendierung des Ego ist das Ziel dieser Schule. Er wird verstanden als die Trennung von Leidenschaften und »Fixierungen« (falschen Annahmen über die Realität, die den kognitiven Aspekt des Ego ausmachen), keine Befreiung *vom* Triebleben, sondern eine *Befreiung der Triebe* – so daß durch den Reifeprozeß die »Begrenzung« oder der egozentrische Zustand der Triebe (verunreinigt durch die Leidenschaften) durch einen freien und unkonditionierten Zustand ersetzt wird.

Jeder, der mit Gurdjieffs Arbeit vertraut ist, weiß, daß neben der Praxis der Selbstbeobachtung von Augenblick zu Augenblick der Schwerpunkt des Selbsterkenntnisprozesses darin besteht, anhand zahlreicher »Fotografien« von sich selbst in den verschiedensten Zuständen ein Muster zu erkennen, das gewöhnlich das »Chief Feature«, der Hauptwesenszug eines Menschen genannt wird: eine Schlüsselstruktur der Persönlichkeit. Es wird empfohlen, alle weiteren Schritte innerhalb der Arbeit auf diesen Wesenszug zu konzentrieren.

Gemäß dem psychologischen System, das von Oscar Ichazo präsentiert wird, besteht der Hauptwesenszug eines Menschen aus nichts weiter als aus seiner »Fixierung« – der kognitiven Struktur, die Hand in Hand mit der beherrschenden Leidenschaft der Person geht. Dabei kann eine der neun egozentrischen Emotionen innerhalb des psychischen Systems eines Menschen, entsprechend seiner Persönlichkeit, im Vordergrund stehen. (Normalerweise erkläre ich das, indem ich sage, daß wir zwar alle neun Leidenschaften, die im Enneagramm aufgezeigt werden, verkörpern, aber daß unsere Psyche wie ein dreidimensionales Gebilde mit neun Flächen ist, das jeweils auf der einen oder anderen Fläche liegt, die sich dann als die fundamentale Seite des Menschen zeigt.)

Die Charakterlehre der Protoanalyse ist mehr als eine bloße Ansammlung von Typen. Sie beinhaltet eine Sicht, wie diese Typen untereinander verwandt sind – denn sie sind auf dem Kreis in einer Weise angeordnet, daß jeder als eine Hybridform der beiden benachbarten Typen gesehen werden kann. Die Linien des Enneagramms, die ihre numerierten Punkte miteinander verbinden, kennzeichnen psychodynamische Prozesse innerhalb der individuellen Psyche. Ohne dies weiter auszuführen, präsentiere ich im folgenden das Enneagramm der Leidenschaften und eine kurze Beschreibung der neun Charaktersyndrome.

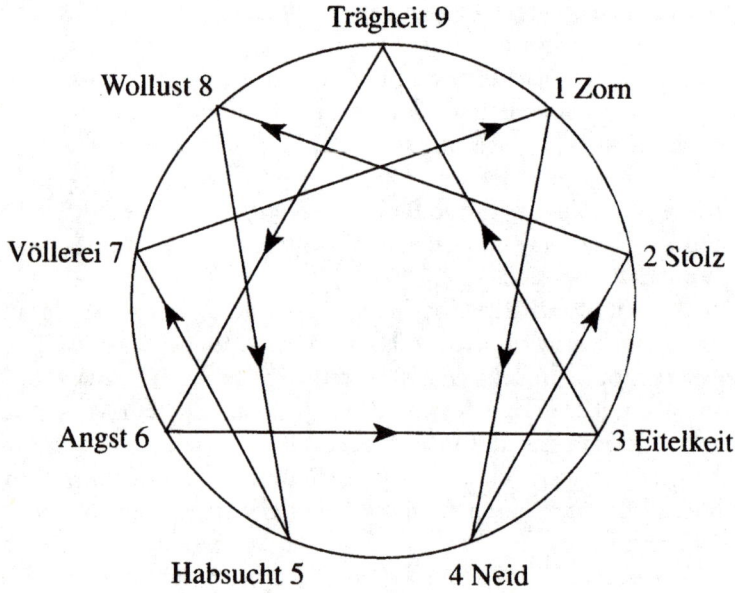

Typ I, dessen beherrschende Leidenschaft der Zorn ist, ist nicht durch offene Aggressivität gekennzeichnet, sondern durch Perfektionismus, bei dem der Zorn sich intellektuell durch Kritik der eigenen Person sowie anderer Menschen äußert. Dies ist typisch für die Persönlichkeit eines Menschen, der alles gut machen will, dem »Kämpfer für eine gute Sache«, dem Puritaner, der (sich selbst und andere) durch eine übertriebene Sorge um moralische Güte kontrolliert. Der perfektionistische Charakter entspricht der DSM[73]-III-Kategorie des »Zwanghaften« und wird in diesem Buch durch die Sitzung mit Gerald illustriert, in der er an der Oberfläche die Haltung des »guten Jungen« und intellektueller Sprödheit zeigt und in der eine emotionale Erkundung ihn in die Phantasievorstellung der Abwehr von Schlägen und den Wunsch, um sich zu schlagen, führt. Im Gegensatz zu vielen Encounter-Gruppenleitern habe ich nur sehr selten körperliche Auseinandersetzungen in einer Sitzung ermuntert. Dennoch hielt ich es hier für angebracht, als Mittel, um dem Patienten die Angst zu nehmen, er könnte jemanden verletzen, und dadurch die übermäßige Kontrolle der eigenen Aggressionen abzubauen. Daß sich dies als sinnvoll herausstellte, war sowohl das Ergebnis der Motivation für diesen Vorschlag als auch der Tatsache, daß dieser seiner Charakterstruktur angemessen war.

Typ II ist der »Stolz«-Typ. Dabei müssen wir den Stolz vom Typ II von der Arroganz vom Typ VIII, der Eitelkeit vom Typ III und dem Stolz anderer Persönlichkeitsmuster unterscheiden. Die spezifische Situation besteht hier eher aus einer überhöhten Selbsteinschätzung als aus offener Angeberei oder Leistungsorientiertheit. Die Selbstüberschätzung – die Vorstellung, jemand ganz Besonderes zu sein – wird teilweise durch die Phantasie und teilweise durch die Anerkennung durch andere gestützt, die verführt werden und denen gleichzeitig Autorität zugemessen wird. Typ II-Menschen sind diejenigen, die sich am meisten in dem wohlfühlen, was Idries Shah »MCO: Mutual Comfort Operation« (Gegenseitige Wohlgefühl-Funktion) nannte. Es ist typisch für diese Persönlichkeit, eine Haltung scheinbaren Überflusses einzunehmen, um die Demütigung zu vermeiden, Bedürftigkeit zugeben zu müssen. Daher werden Bedürfnisse auf hinterlistige Weise zum Ausdruck gebracht und werden damit auch zu einer Quelle launischen Verhaltens. Heute würde man dies einen »histrionischen Charakter« nennen, einen überwiegend emotional (berührend, fühlend) eingestellten Typ.

Typ III, an der Ecke des inneren Dreiecks im Enneagramm, beinhaltet eine Identifikation mit dem Selbstbild, statt seiner Überhöhung, und entspricht einem leistungsorientierten Charakter, da hier das idealisierte Selbst in der Welt verwirklicht werden muß, statt durch persönliche Überzeugungen aufgewertet zu werden wie im Typ Stolz. Da eine Aufwertung durch das Erreichen eines Ziels und (üblicherweise quantitative) Maßstäbe gesucht wird, werden die Dinge zum Ersatz für das Sein. Dieses Syndrom

---

73. *Diagnostic and Statistical Manual of Mental Disorders,* Third Edition, Revised (Washington, D.C.: American Psychiatric Association, 1987)

entspricht dem, was Erich Fromm unter der Rubrik des »Vermarktungs-syndroms« beschrieben hat, das in der amerikanischen Kultur eine so gro-ße Rolle spielt.

Typ IV, der in dem Kreis auf die Eitelkeit folgt, entspricht der Leiden-schaft des Neides, und wir können sagen, daß der Neid nichts anderes ist als frustrierte Eitelkeit: eine Kombination von Eitelkeit mit chronischem Hunger nach mehr, nagende Wünsche, die den Neid zur leidenschaftlich-sten Leidenschaft machen. Der Typ ist häufiger bei Frauen anzutreffen und entspricht dem, was Fritz die »tragische Königin« nannte, einer Per-son voller Ansprüche und Beschwerden, die erfolgreich jedem therapeuti-schen Prozeß durch einen Wettbewerb mit dem Therapeuten widersteht. (Ich hörte Fritz mehrmals einer solchen Person gegenüber sagen: »Wie viele Therapeuten haben Sie schon besiegt?«)

Typ V entspricht der Habgier, einer der traditionellen Sieben Todsün-den. Er steht jedoch für eine allgemeinere Form des Besitzenwollens als lediglich den Trieb, Geld zu horten. Wie beim Neid gibt es ein ständiges Gefühl der Leere und Entbehrung. Statt sich in der »nassen Depression« des Neid-Typs zu äußern (die für die hysteroide Region des Enneagramms steht), ist das Gefühl des Mangels hier Teil einer schizoiden »trockenen Depression«, die sich als Apathie und Antriebslosigkeit äußert. Nicht nur Kretschmers und Fairbairns »schizoider« Typ stimmen mit Typ V überein, sondern auch die Persönlichkeitsstörung, die Kohut und Kernberg unter der Bezeichnung »narzißtisch« diskutieren (jedoch nicht DSM-III) und die durch wenig Zugang zu den Gefühlen und eine kalte Reserviertheit charakterisiert ist.

Typ VI ist durch die Angst dominiert: Der Person fehlt das Vertrauen in ihre eigenen Reaktionen. Die Angst, das Falsche zu tun oder die falsche Entscheidung zu treffen, das zu diesem zwanghaften Zweifeln gehört, macht die Person abhängig von der Unterstützung und Führung durch Autori-tätspersonen oder Ideologien. Die Fälle von Richard und Len illustrieren zwei Unterkategorien der Angststruktur. Richard, überwiegend kontrapho-bisch, ist in der protoanalytischen Sprache ein »sozialer Feigling« (der lie-ber pflichtbeflissen sein Leben im Krieg riskiert, statt sich seinem Vater zu stellen). Len, überwiegend schmeichlerisch, illustriert den »»Schutz«-Typ VI: schwach, warm und schutzbedürftig.

In Typ VII ist die vorherrschende Leidenschaft die Völlerei – nicht unbedingt in Bezug auf Essen (ebenso wie Habgier sich nicht unbedingt auf Geldgier bezieht), sondern eine Unersättlichkeit nach Liebe, Anerken-nung, Zuneigung und ganz allgemein nach mehr, ganz gleich was. Das Charaktersyndrom paßt zu einem wenig aggressiven, weichen, süßen, hilfsbereiten, aber innerlich ängstlichen und verdeckt gierigen Menschen. In der psychologischen Literatur ist er nur wenig besprochen worden, außer von Abraham und anderen in der Beschreibung des optimistischen »oral-rezeptiven« Charakters.

In Typ VIII herrscht die Lust vor, nicht nur die Lust auf sexuelle Befriedigung, sondern auf Intensität in allen Bereichen. Er entspricht Reichs phallisch-narzißtischem Charakter, und man könnte ihn auch (wie Karen Horney vorschlug) »rachsüchtig« oder sadistisch nennen. Er ist charakterisiert durch die Verneinung der Angst und die Unterdrückung weicher und mitfühlender Emotionen – immer im Kampf um Macht und Dominanz. Fritz – in seiner Kindheit ein Raufbold, dessen Lieblingsbeschäftigung als Erwachsener (so hörte ich ihn einmal selbst sagen) darin bestand, alle anderen zu »überfritzen« – verkörperte einen Typ VIII-Charakter, und ich habe bereits ausführlich dargestellt, wie die Praxis der Gestalttherapie als Ganzes mit ihrem charakteristischen Konfrontationskurs und ihrer Neigung zur Erregtheit durch seine Persönlichkeit geprägt ist.[74]

Für die Typ IX entsprechende Leidenschaft gibt es in der heutigen Sprache keinen angemessenen Begriff mehr, obwohl ihn die mittelalterlichen Mönche in ihrem Sprachgebrauch hatten: *accidia* – was irgendwann in »Trägheit« übersetzt wurde. Die gemeinte Faulheit ist jedoch keine körperliche, sondern eine geistige: ein Widerstand gegen die Selbsterkenntnis, gegen den Blick nach innen sowie gegen jeglichen Wandel. Dieses innere Abtöten (für das Gurdjieff den passenden Namen des »selbstberuhigenden Affen« bereit hatte) kann durchaus mit äußerer Faulheit einhergehen, aber wird am häufigsten im Gegensatz dazu mit intensiver Geschäftigkeit gleichgesetzt (denn Aktivität kann die Aufmerksamkeit von der eigenen Erfahrung des Selbst und der Welt ablenken). In bezug auf die Anpassungsfähigkeit ist das Problem hier das Gegenteil des Üblichen: eine pathologische *Überanpassung,* eine exzessive Passivität gegenüber den Anforderungen der Welt – die Kehrseite der Vernachlässigung des tieferen Selbst oder, um es mit einem religiösen Begriff zu sagen, »Gottvergessenheit«.

IV

Bevor ich beschreibe, wie die Begegnung mit der Protoanalyse zu meiner Erfahrung als Gestalttherapeut beigetragen hat, muß ich betonen, daß ich niemals bewußt angestrebt habe, die Protoanalyse auf die Gestalttherapie

---

74 . Vortrag anläßlich der *Second East Coast Conference,* siehe: Kapitel Vierzehn

anzuwenden. Ich habe lediglich Seminare abgehalten und Patienten betreut und konnte dabei auf eine erweiterte Wahrnehmung der Funktionen der menschlichen Persönlichkeit sowie auf eine geschärfte Intuition bezüglich der Alternative der Intervention zurückgreifen. In einigen Fällen wurde der wichtigste Teil der Sitzung zu einer angeleiteten Erkundung in den Bereich der dominanten Leidenschaft der Person oder ihrer wichtigsten charakterlichen Strategie – etwas, was ohnehin der Inhalt einer Gestaltsitzung sein könnte, was jedoch in diesen Fällen durch eine geübte Wahrnehmung der typologischen Struktur erleichtert wurde. In vielen Fällen äußerte sich diese Wahrnehmung der Charakterstruktur in verschiedenen Anregungen, wie man mit dem Gewahrseinskontinuum arbeiten könnte: entweder selektiv die Aufmerksamkeit auf einen bestimmten geistigen Zustand zu richten, ihn zu übertreiben oder ihn zu unterbinden.

Eine spezifischere Weise, wie mir die Wahrnehmung des Charakters bei der Arbeit nützlich war, bestand darin, daß mir dies ein besseres Gefühl dafür gegeben hat, was ich bei einer Person unterstützen sollte. Sich darüber klar zu werden, worin die Psychopathologie eines Menschen besteht, erfordert natürlich auch ein Gefühl dafür, wo der Ausweg liegt.

Dies wurde mir kürzlich, in einer Sitzung mit einem jungen Mann, der sich mit dem Gefühl quälte, daß er sich entweder in der Welt als homosexuell definieren oder seine Neigung aufgeben müsse, wieder einmal drastisch vor Augen geführt. Viele Jahre lang hatte er vergeblich versucht, seine sexuelle Orientierung zu ändern, und er war ein glücklicherer Mensch geworden, nachdem er dies aufgegeben hatte. Nun verlangte er von sich die Heldentat, sich entweder als das eine oder das andere zu bekennen, anstatt das Thema weiter zu erforschen. Ich kannte ihn als einen »Angsttyp«, bei dem Pflichtgefühl und Intoleranz gegenüber Unentschlossenheit im Mittelpunkt der Neurose stehen, und konnte daher sehen, daß sein Druck, sich selbst zu definieren, die Unterwerfung unter das Über-Ich eines gehorsamen Sohnes erforderte. Ich konnte seine Exploration – durch inneren Dialog – soweit unterstützen, daß er seinen Mut statt dessen in eine Position investierte, in der er nicht *entscheiden,* keine Stellung beziehen mußte, sondern in dieser Beziehung seinen nicht weiter erklärten Entscheidungen entsprechend weiterleben konnte.

Eine weitere Weise, in der sich die Protoanalyse als nützlich erwiesen hat, ist die Vorstellung, daß es zu jedem Charaktertyp eine dominante Leidenschaft gibt oder, genauer gesagt, einen emotionalen Zustand, der gleichzeitig pathologisch verstärkt *und* zurückgewiesen wird (da unsere dominante Leidenschaft auch etwas ist, gegen das wir ein besonders intensives Tabu entwickeln). Nach meiner Erfahrung ist die Arbeit mit Selbstanklagen und Katharsis besonders produktiv, wenn sie sich auf diese dominante Leidenschaft konzentriert. Selbstanklage macht in diesem Fall der Person eine implizite Selbstanklage bewußt, die Teil ihrer chronischen mentalen Atmosphäre ist. Die Dramatisierung der dominanten Leidenschaft und das Brechen des chronischen Tabus hilft, eine unterdrückte Emotion bewußt zu machen. Dadurch wird jene Transformation von Energien möglich – Gestalttherapeuten sehr vertraut – die gelegentlich durchaus Ähnlichkeiten mit einem Exorzismus aufweist.

Ich erinnere mich an die Sitzung mit einem Perfektionisten (Zorn-Typ), der, wie häufig, unter einer übertriebenen Kritik sich selbst und anderen gegenüber litt, obwohl er gleichzeitig ein äußerst höflicher Mensch war, der Schwierigkeiten hatte, seinem Zorn Luft zu machen. Von außen betrachtet, war seine Dramatisierung wie die Eruption eines lange erloschenen Vulkans. Subjektiv bescherte ihm sein neu verspürter Zorn, den er jenseits aller Urteile von gut und böse äußern konnte, das Erlebnis eines inneren Feuers, das er mit der skandinavischen Göttin Loki in Verbindung brachte. Wir können sagen, daß diese transpersonale und archetypische Erfahrung durch seinen Zorn genährt wurde. Der Ärger zählte jedoch nicht mehr zur Sphäre der Leidenschaften, da es ein unpersönlicher, *desinteressierter* Zorn ohne ein bestimmtes Thema war. Loki war für ihn ein Gegengift gegen die strenge Persönlichkeit, in der er sich gefangen fühlte. Der anschließende therapeutische Prozeß erhielt seine Wirksamkeit hauptsächlich dadurch, daß er sich zugestand, in seinem täglichen Leben mehr »wie Loki« zu sein, sich zu erlauben, das zu sein, was sein strenges Über-Ich mißbilligt hatte, anstatt sich so viel aus äußeren Formen zu machen.

Die drei oben beschriebenen Themen können nur künstlich auseinandergehalten werden, und in vielen Sitzungen wird sich die Dramatisierung der vorherrschenden Leidenschaft ganz natürlich im Verlauf der Erkundung des Charakters ergeben, und beides wird seinen Platz innerhalb einer entweder subtilen oder direkten Konfrontation und Unterstützung finden.

In einer Sitzung mit einer Frau vom Typ II (Stolz) brach ich (was ich äußerst selten tue) das anfängliche Schweigen und fragte, ob sie sich selbst in der Stellung der Fragenden sah. Als sie bestätigte, daß sie tatsächlich in ihrem Schweigen eine Art Hilfe um Führung erbat, wies ich darauf hin, wie dies in ihrer Kommunikation fehlte, denn bereits darin sah ich eine Indikation der Psychologie des stolzen Charaktertyps: zu stolz, um zu fragen, und nicht explizit in der Mitteilung der Wünsche. Dies führte mich dazu, einige Experimente mit dem Ausdrücken von Wünschen gegenüber anderen Gruppenmitgliedern anzuregen, die sie wiederum auf das Bedürfnis, anderen als etwas Besonderes zu erscheinen, hinwiesen. An diesem

Punkt dienten die Worte: »Ich möchte für dich etwas Besonderes sein«, die sie auf meine Anregung hin wiederholte, zum Ausdurck ihres stolzen Selbst. Nachdem sie einige Zeit auf diesem Wunsch bestanden hatte, forderte ich sie jedoch auf, eine weitere Runde zu machen und allen Anwesenden zu sagen: »Ich möchte, daß du mich gern hast, ohne daß ich dabei eine besondere Rolle spielen muß«.

Die Dynamik des Stolzes besteht darin, daß eine Person danach strebt, besonders und liebenswert zu sein, um Liebe anzuziehen und zu verdienen, während sie gleichzeitig die Bewußtwerdung des kindlichen Liebesbedürfnisses unterdrückt. Da mir diese Dynamik geläufig war, war ich nicht nur daran interessiert, auf diese Weise die Umkehrung von Stolz zu erkunden (und damit die Wiederherstellung des Bedürfnisses), sondern auch die Gruppenreaktionen zu unterstützen, die darauf folgten und ihr die Gewißheit vermittelten, daß man eben nicht von ihr erwartete, daß sie besonders zu sein habe, um geliebt zu werden. Später während der Sitzung sagte sie mir unter Tränen: »Es ist mir so wichtig – daß ich *nicht* irgend etwas bestimmtes tun muß und trotzdem alle Unterstützung bekomme, die ich brauche. Ich möchte einfach so geliebt werden.« Gegen Ende der Sitzung war sie in der Lage, sich umsorgen zu lassen, ohne ihren kindlichen Liebeshunger zu verbergen und ohne die Erwachsenenrolle einzunehmen, immer irgend etwas dafür tun oder vorgeben zu müssen. Die Sitzung als Ganzes war ein Lehrstück für sie, weil sie ihr gezeigt hat, wie sie weiter an sich arbeiten konnte.

Bei anderen Anlässen hat diese Wahrnehmung des Charakters eines Patienten mir geholfen, zu vermeiden, in die Spiele oder Manipulationen anderer hineingezogen zu werden, die ich in den früheren Jahren nicht so deutlich gesehen hatte. Ich kann mich an eine Gruppe in Italien erinnern, bei der eine Patientin ihre Sorge über ihre Zurückhaltung zum Ausdruck brachte und, nachdem sie einige Zeit daran gearbeitet hatte, sich auf ihre Voreingenommenheiten konzentrieren konnte. Da sie die einzige Amerikanerin in einer Gruppe von Italienern war, bat sie an einem bestimmten Punkt darum, daß meine Interventionen nicht mehr ins Italienische übersetzt werden sollten, da sie mein Englisch verstünde. Natürlich hätte dies zur Folge gehabt, daß die Gruppe sehr zu ihrem »Vorteil« ausgeschlossen worden wäre, und stieß nicht nur auf den Widerstand der anderen Teilnehmer, sondern auch des Übersetzers, der nicht bereit war, so fortzufahren. Nachdem ich die Auseinandersetzung zwischen dem Übersetzer (unterstützt durch die Gruppe) und der Patientin eine zeitlang laufen ließ, zielten meine Interventionen darauf ab, ihr bewußt zu machen, wie sie ihren Wunsch zu einer Forderung machte und Unterstützung für ihre Forderung suchte, indem sie alle, die sich ihr widersetzten, als »unreif« bezeichnete. Hinter ihrer Selbstgerechtigkeit steckte jedoch in Wahrheit selbst eine unreife Respektlosigkeit den Bedürfnissen und Ansichten anderer gegenüber, und hinter ihrer Protesthaltung die Ignoranz für ihre Mitmenschen. Ich erinnere mich nicht mehr genau, wie sie es tat, aber ich weiß noch, daß sie schließlich einsah, daß ihre Ablehnung des Übersetzers durch ihr Eigeninteresse eingefärbt war. Der gesamte Ablauf illustriert die gewöhnliche Weise, auf die jene Selbstbestätigung des Perfektionisten einen »legitimen Egoismus« darstellt, ein Bedürfnis, daß die Dinge rationalisiert ihren Weg gehen, als Moral, Reife oder »anständiges Verhalten«. Das Wichtigste, was sie aus dem Seminar mit nach Hause nehmen konnte, war ihre Einsicht, wie verschlossen sie den Bedürfnissen und Wahrnehmungen derjenigen gegenüber war, die sie anklagte. Ich glaube, daß es – von ihren offensichlichen Manipulationsmethoden abgesehen – für mich ein Leichtes gewesen wäre, auf sie hereinzufallen und automatisch auf ihr scheinbar vernünftiges dringliches Anliegen einzugehen, statt sie mit sich selbst zu konfrontieren.

Eine weitere Anwendungsweise der Protoanalyse innerhalb einer Gestalttherapie, die ich gelegentlich eingesetzt habe, leitet sich aus der Vorstellung ab, daß es für jeden Typ eine Art »Gegengift« gibt: Man kann auf psychische Zustände hinarbeiten, die der dominanten Leidenschaft und der ihr entsprechenden Fixierung entgegenwirken.

Obwohl traditionell meditative Übungen wie »Psychokatalysatoren« oder »heilige Gedanken« auf einer fortgeschritteneren Stufe stehen als die Protoanalyse (weil sie ein erhebliches Maß an Meditationstraining voraussetzen), glaube ich, daß man durch die Dramatisierung in der Gestalttherapie einen Vorgeschmack darauf bekommen kann, sozusagen in einer Haltung des »als ob«, und daß diese Übungen sich hervorragend als Techniken in Verbindung mit dem Gewahrseinskontinuum eignen.

Ein Beispiel ist der folgende Auszug aus einer Sitzung mit einem Mann vom Typ I, der zuvor meiner Aufforderung nachgekommen war, ein Gefühl der sozialen Peinlichkeit zu übertreiben, und so eine wahre Karikatur seines gewöhnlichen Charakters zurschaugestellt hatte. Als er dann, wie ich ihm vorgeschlagen hatte, die Rolle des Publikums einnahm, warf er sich selbst vor, »hier lauter heiße Luft mit seinen Abstraktionen zu verbreiten«. »Er wagt etwas, und dann geht er auf eine andere Ebene und kommentiert das, und dann geht er noch eine Ebene weiter und kommentiert *das*... Was soll das die ganze Zeit?«

Um seinen Standpunkt bezüglich dieser Seite von sich selbst noch deutlicher zu machen, fragte ich ihn, was er von seiner »Vorstellung« (wie er es selbst nannte) hielte, und er mußte zugeben: »Diese Schauspielerei spielt in meinem Leben eine große Rolle – ja, ich spiele den Leuten meistens etwas vor und bin besorgt, was sie von mir denken. Selbst die Meditation ist ein Theater.«

Bis zu dieser letzten Aussage war alles eine Ego-Klärung, und der Grundstock war gelegt für eine unter Gestalttherapeuten wohlbekannte Übung, die – vermute ich – von Jim Simkin stammt und in diesem Fall besonders angebracht war. Ich schlug ihm vor: »Ich werde dir sagen, was ich als die dominante Charakteristik dessen sehe, was du getan hast: Du hast dich selbst zur Schnecke gemacht: ›Ich leiste nichts, ich schaffe nichts, ich tue nicht, was ich tun sollte, weiß nicht, was ich wissen sollte‹ und so weiter. Ich würde also lieber sehen, wenn du dich in die Richtung bewegen könntest, dich weniger zum Richter über dich selbst zu machen und den inneren Staatsanwalt aufzugeben. Versuche also noch einmal das Gewahrseinskontinuum und achte auf deinen Hang zum Urteilen. Halte ihn für eine Weile zurück.«

Obwohl es für seine psychische Situation notwendig gewesen wäre, war es für ihn nicht leicht, seinen Hang zum Urteilen aufzugeben. Er hatte also während der Ausführung meiner Anweisungen Gelegenheit, zu beobachten, wie er nicht nur wertete, sondern an sich selbst sozusagen Punkte verteilte. Später schlug ich ihm das Gegenmittel der Wahl für Perfektionismus vor: die Vorstellung allumfassender Perfektion (das heißt die Idee, daß alles bereits vollkommen *ist*). Eine solche »Idee«, die nur ein entwickelter Geist mit seinen kontemplativen Fähigkeiten wirklich verstehen kann, kann natürlich nicht vorgetäuscht werden. Dennoch kann der kritische Geist durch die Vorgabe, alles sei perfekt, zeitweilig außerkraftgesetzt und der Weg frei gemacht werden für echte Anerkennung wie in dem darauffolgenden kurzen Experiment. Ich führte es ein, indem ich sagte:

»Laß uns das ganze für eine Weile vergessen und vorgeben, alles sei perfekt. Sehen wir doch mal, ob das als Gegenmittel für deinen Zwang, alles zu beurteilen, funktioniert. Gehen wir davon aus, das ganze Universum sei vollkommen – einschließlich seiner angeblich höchst unvollkommenen Eigenschaften – daß alles ein Prozeß sei und daß es alles angesichts der vergangenen und gegenwärtigen Bedingungen auf die bestmögliche Weise tut. Also tust auch du dein Bestes. Geh nochmal zurück zu deinem Gewahrseinskontinuum, aber jetzt mit dieser zugrundeliegenden Einstellung.«

Seine Reaktion lautete folgendermaßen: »In Ordnung, in Ordnung. Wir sitzen dann einfach da. Es ist angenehm. Es ist nicht nötig, irgend etwas zu tun, etwas für unser Geld zu bekommen, oder sicherzustellen, daß es sich um eine unterhaltsame Veranstaltung handelt. Ich muß nicht erwarten, etwas mit nach Hause zu nehmen, was sich wirklich gelohnt hat... Und ich denke ein bißchen darüber nach, und dann kommt gleich dieser andere Gedanke: ›O ja, wenn du einfach nur hier sitzt, dann wird es langweilig, und du kannst mehr rausholen, wenn du aufhörst zu reden und Claudio zuhörst und zuschaust, was er tut.‹ Aber was ist daran verkehrt? Das ist doch auch perfekt, oder? So funktioniert eben die Maschine. Claudio nickt, und das ist sehr nett. Es ist alles perfekt, ja. Das ist ja wunderbar. Und dann denke ich: ›Nun, warum kann ich das nicht beibehalten?‹ Aber auch das ist ja perfekt, es ist bloß ein bestimmtes Programm. Nun gut, es ist irgendwie nett, ja, aber ich könnte auch hier sitzen und kein Wort sagen. Aber es macht Spaß zu sprechen, also spreche ich.«

Wenngleich undramatisch, brachte die Übung seine Befangenheit zum Ende, und wenn es auch nicht das intuitive Verständnis der »heiligen Idee« (Oscar Ichazos Begriff) war, potentiell zugänglich in einem kontemplativen Zustand, so war es doch, wie sich im Verlauf der Sitzung später herausstellte, eine Lektion: ein Einblick in einen Ausweg, eine Inspiration, im Alltag an sich zu arbeiten. Doch es kann auch Fälle geben, bei denen es in einer Gestaltsitzung ebenso dramatisch sein kann wie im kontemplativen Leben, wenn man dem »Chief feature« eines Menschen das »Gegengift« verabreicht. Ich habe bereits einen solchen Fall in diesem Buch geschildert, ohne ihn näher zu kommentieren: die Sitzung mit Dick Price. Ich hatte bereits in meiner Einführung zur Veröffentlichung jener Sitzung im *The Gestalt Journal* darauf hingewiesen, daß meine Arbeit sich nach meiner Rückkehr aus Arica zwar verändert hatte, ich jedoch keine Zeit hätte, um innezuhalten und diese Veränderung zu analysieren. Ich habe jedoch im Verlauf dieser Diskussion lange genug stillgehalten, um beobachten zu können, daß zumindest eine Quelle dieser Veränderung meine Kenntnis der Protoanalyse war. Ich war mir bewußt, daß Dick ein »Lust-Typ« war. Dies war mir besonders deutlich, weil er Oscar Ichazo besucht und mir einige Tage vor der Sitzung von seinem Besuch erzählt hatte. Wenn seine charakterliche Voreinstellung entsprechend von Härte geprägt war, dann würde voraussichtlich der Ausweg in Sanftheit bestehen. Doch in der Protoanalyse ist das Wort für den Psychokatalysator des aggressiven Typs nicht »Sanftheit«, sondern »Unschuld« – ein Wort, mit dem man kindliche Spontaneität assoziiert. Ich erwähnte an keiner Stelle während der Sitzung die »Unschuld«, doch ich war mir, während ich mit ihm arbeitete und seine Identifikation mit dem Kind in seinen Träumen unterstützte, sehr wohl der Polarität seiner Härte im Gegensatz zur Unschuld bewußt.

Eine weitere erwähnenswerte Situation, in der ich von der Schärfung der Wahrnehmung durch die Protoanalyse profitiert habe, ist die Arbeit mit Träumen. Die meisten Menschen, die mit Träumen arbeiten, interpretieren sie auf eine Weise, die nichts mit der Relevanz der Persönlichkeitsstruktur in bezug auf das gegebene symbolische Material zu tun hat. (Jung beispielsweise arbeitete ein Leben lang mit Träumen, aber seine Diskussion dieser Träume konzentriert sich hauptsächlich auf den transpersonalen, archetypischen Aspekt, mit relativ wenigen Bezügen auf die interpersonelle Dimension.)

Hier ist ein Beispiel für die Funktion eines Traumes aus der Perspektive der Charakterkenntnis: Einer Frau träumte, sie fahre in ihrem Auto einem anderen Auto hinterher. Wahrscheinlich befindet sie sich auf dem Weg zu einer Party, einem Klassentreffen (dieser Teil ist ein wenig vage in dem Traum). Sie hält an einer Ampel, schaut zur linken und sieht ihren Mann auf einem Fahrrad vorüberfahren. Er ist eindeutig auf dem Weg zum Tennisspielen, denn er hat schon seine Tenniskleidung an. Er macht den Eindruck, er wüßte genau, wohin er geht. Sie freut sich an seiner Zielstrebigkeit. Diese Freude läßt sie lachen. Aber als die Ampel von rot auf grün schaltet, merkt sie, daß sie sich abgelenkt hat und kann nun nicht mehr das andere Auto sehen. Sie hat sich verfahren und weiß nun nicht mehr, welchen Weg sie einschlagen soll.

Ich glaube, mein Ohr wäre nicht so offen für die Botschaft dieses Traumes gewesen, wenn ich in der Person der Träumerin nicht das Syndrom erkannt hätte, das dem Typ IX der Protoanalyse entspricht. Die Psychologie der Trägheit ist die einer Person, die sich von ihren Gewohnheiten leiten läßt und immer das tut, was die anderen tun: eine übermäßig angepaßte Persönlichkeit, die Hand in Hand mit der Achtlosigkeit im Umgang mit ihrer inneren Stimme und mit ihren Bedürfnissen geht. Träge Menschen sind sehr zughörigkeitsbedürftig. Sie können sehr patriotisch eingestellt und gern an einer Gemeinschaft beteiligt sein, sei es eine Fußballmannschaft oder eine Partei. Ihr Liebesleben neigt zur symbiotischen Anhänglichkeit, wobei sie den eigenen Mangel, den sie verspüren, durch die Anwesenheit des anderen zu füllen suchen.

Aus dieser Perspektive wird der Traum sehr klar: Sie folgt jemandem nach und weiß nicht einmal genau wem, dann holt sie sich ihr Wohlbefinden aus zweiter Hand, anstatt sich auf ihr Nachfolgen zu konzentrieren, mit der Folge, daß sie sich aufgrund ihres Dranges zur Anteilnahme, der sich auf diese Weise pervertiert, verirrt und so alleinbleibt.

V

In den fünfziger Jahren verlor die Psychotherapie weitgehend das Interesse an einer Charakteranalyse. Dies ging einher mit einem Mangel an Interesse an einer Diagnose im allgemeinen, obgleich die Themen weit davon entfernt waren, vollständig erforscht zu sein. Ich war persönlich überrascht, als ich Freuds Fälle noch einmal nachlas (auf der Suche nach anschaulichen Beispielen in diesem Zusammenhang), wie wenig der Vater der Psychoanalyse sich mit diesem Thema auseinandergesetzt hatte. (Anstatt die Diskussion über das Thema mit seinem klassischen Aufsatz über den analen Charakter zu eröffnen, fand ich, daß er sich zwischen Symptomen und Kindheitserinnerungen hin- und herbewegt und dabei die Beziehungsmuster seines Patienten fast vollständig übersieht.) Es waren natürlich Adler, Horney und Reich, die das Thema in den Vordergrund stellten. Sicherlich hat sich Reich um die allgemeine Berücksichtigung des Charakters in der späteren Psychoanalyse verdient gemacht. Es war überwiegend die Typologie von Reichs Schüler Alexander Lowen, die in den Jahren der humanistischen Psychologie überlebt hat, und ich bin sicher, daß viele Gestalttherapeuten mit einem Hintergrund in Bioenergetik mir zustimmen, wenn ich sage, daß die Berücksichtigung der Lowenschen Typen dem Therapeuten helfen kann, seinen Blick für die Aspekte des Verhaltens des Patienten zu schärfen und seine Körpersprache zu antizipieren.

Dennoch ist die Protoanalyse nicht bloß ein deskriptives System und eine Erziehung zur Erkenntnis der Charaktertypen. Der Gedanke einer beherrschenden Leidenschaft bietet psychodramatische Interpretationsmöglichkeiten, die speziell auf die verschiedenen Typen, entsprechend ihrem auf dem emotionalen Hintergrund basierenden Verhalten eingestellt sind, sowie die Vorstellung bestimmter Strategien und Ansichten des Selbst und der Realität, die mit jedem Charaktertyp verbunden sind und voller Anregungen und Inspirationen für den therapeutischen Prozeß stecken.

Ich denke, es ist nicht irrig, anzunehmen, daß der Charakter das zentrale Thema bei der Neurose und ein gewichtiges Thema in der Psychotherapie ist, und kann daher die Protoanalyse jedem Gestalttherapeuten wärmstens empfehlen.

Kapitel 18

Gestalt im Kontext mit Wegen des inneren Wachstums[75]

Es ist mir eine Ehre, hier vor Ihnen zu sprechen, um so mehr, als die Einladung, diese Konferenz zu eröffnen, ursprünglich an Laura Perls ausgesprochen worden war, und nur deshalb mir zugegangen ist, weil sie verhindert ist. Da Laura Perls' Gegenwart von den Veranstaltern gewünscht wurde, halte ich es für angebracht, sie in unsere Mitte zu holen, wenn auch nur in Form einer kurzen Würdigung. Es wird allgemein unterschätzt, welche Inspiration und welchen großen Einfluß Laura Perls auf die Entwicklung der Gestalttherapie ausübte, und das, obwohl sie während der Jahre in Kalifornien und Kanada (die ich für die Reifeperiode von Fritz Perls' Arbeit halte) nicht bei ihm war. Noch weniger ist bekannt, daß sie die Autorin eines wesentlichen Teils von Fritz Perls' erstem Buch, *Das Ich, der Hunger und die Aggression,* war. Als frühe Schülerin von Dalcroze beeinflußte Laura (zusammen mit Reich) Fritz' Konzentration auf die Rolle des Körpers im therapeutischen Prozeß und seine Gewichtung des »Erweckens der Sinne«.

Es ist mir nicht nur eine Ehre, heute zu Ihnen zu sprechen, sondern auch ein ganz besonderer Glücksfall. Ich glaube, es steckt viel Wahrheit in dem spanischen Sprichwort: *La tercera es la vencida* (Das dritte Mal ist ein Triumph). Zumindest in meinem Leben hat sich dies häufig bewahrheitet. Es ist dies das dritte Mal, daß ich berufen wurde, eine Gestaltkonferenz zu eröffnen (seit der allererster in Berkeley), und es scheint mir, daß die Anerkennung, die mir durch die Einladung zur Eröffnung der *2nd International Gestalt Conference* hier in Madrid implizit zuteil wird, so etwas wie einen Schlußstrich unter eine wichtige Übergangsphase meines Lebens zieht – ein Übergang, der sich sowohl im Inneren vollzog (indem ich spüre, daß meine Jahre der Pilgerschaft zuende gehen, und daß ich, recht spät, so etwas wie Reife entwickle), als auch im Äußeren – nämlich darin, daß der Schwerpunkt meiner Aktivität sich von den Vereinigten Staaten nach Spanien verlagert.

---

75. Vortrag anläßlich der *2nd International Gestalt Conference* (Madrid, 1987)

Ebenso wie für Pancho Huneeus, der neben mir an diesem Tisch sitzt, begann mein Leben in Chile – wenngleich ohne ausgeprägte patriotische Gefühle, da ich mich niemals sehr zu Hause fühlte, als ich dort lebte, sondern eher als Fremder. Berkeley war für mich eine Oase, und dort begannen für mich die Jahre der Lehre, der Pilgerschaft. Ich habe nun das Gefühl, daß ich ein Gutteil der besten Jahre meines Lebens in Spanien verbringen werde. Ich fühle mich hierhergezogen durch die Einladung von Kollegen und Freunden, die mich nicht nur gebeten haben, hier zu lehren (ich beginne dieses Jahr einen dreijährigen Sommerkurs), sondern auch durch die Großzügigkeit von Ignacio Martin Poyo, der mir einen Platz zum Leben und Arbeiten angeboten hat: im »Königreich Babia«, nahe Almería.

Doch genug der persönlichen Abschweifungen (ganz gleich, wie persönlich die Gestalttherapie auch sein mag). Ich möchte mich nun dem ersten von zwei Themen zuwenden, die ich als Aspekte der Gestalttherapie im Kontext vorstellen werde: dem Stellenwert der Gestalttherapie unter den alten, klassischen »Wegen des inneren Wachstums«.

Ich werde von einigen Affinitäten zwischen der Gestalttherapie und bestimmten spirituellen Traditionen sprechen und anschließend darüber, was die Gestalttherapie meiner Meinung nach unnötigerweise aus ihrem Credo und ihrer Praxis ausschließt und wodurch sie bereichert werden könnte.

Wir leben in einer Zeit, in der wir die gleichzeitige Gegenwart einer großen Vielzahl von therapeutischen und spirituellen Wegen erleben. Dies ist vergleichbar mit der Musikgeschichte, die jahrhundertelang nur die Gegenwart zur Verfügung hatte, doch nun durch die Verfügbarkeit von Konserven aus allen Epochen der Vergangenheit geprägt ist. So sind wir heute, in unserer zunehmend global geprägten Zeit, im Bereich des inneren Wachstums mit einer gleichzeitigen Präsenz von Beiträgen zum Thema aus allen Kulturen und Epochen konfrontiert.

Wenn ich mich angesichts dieses vielseitigen Repertoires von Techniken frage, welche davon diejenige ist, die der Gestalttherapie am nächsten steht, dann fällt mir als erstes die Antwort ein, die ich zusammen mit Robert E. Ornstein in unserem Buch *Die Psychologie der Meditation* vor nunmehr zwanzig Jahren gegeben habe: Es ist natürlich *Vipassana,* das die erste und charakteristischste Meditationsweise des Buddhismus darstellt – die aus nichts weiter besteht als dem Lenken der Aufmerksamkeit auf das Hier und Jetzt. Der wichtigste Unterschied zwischen jenen Techniken und der klassischen buddhistischen Meditation besteht darin, daß in letzterer das Ausrichten der Aufmerksamkeit auf »unmittelbare Bewußtseinsdaten« (um Bergsons Ausdruck zu gebrauchen) keine interpersonelle Aktivität darstellt, sondern typischerweise in einer Retreat-Situation ausgetragen wird, in Stille und Bewegungslosigkeit. Daher ist, wie Jim Simkin es ausgesdrückt hat, die Gestalttherapie die Praxis des »Hier und Jetzt im Kontext des Ich und Du«.

Dennoch endet die Parallele von Gestalt und Buddhismus nicht bei der Hinayana-Tradition, deren Hauptpraxis Vipassana ist. Obwohl die Gestalttherapie als eine Wiederentdeckung (wenn nicht Anwendung) des Vipassana auf der interpersonellen Ebene gelten kann, stand Fritz Perls dem Zen-Buddhismus weitaus näher als der Hinayana-Tradition. Dies war ein Einfluß, der insbesondere durch seinen Freund und Schüler Emil Weiss in New York auf ihn ausgeübt wurde, sowie später durch seine Reise nach Japan. Als er nach Kalifornien zog, galten seine Vorliebe und sein besonderes Interesse der lokalen Kultur, die (stärker als jede andere westliche Kultur) in jenen Jahren der östlichen Weisheit gegenüber offen war – insbesondere durch die brillante Interpretation des Zen durch Alan Watts.

Das Thema Gestalt und Zen wurde in zahlreichen Aufsätzen abgehandelt. Ich glaube, daß die wichtigsten Ähnlichkeiten die Aufforderung zur Außerkraftsetzung des begrifflichen Denkens, die Würdigung der Spontaneität und ein charakteristischer, häufig auch strenger und ernster Lehrstil von Seiten des Lehrers/Therapeuten ist.

Noch größer als zum Hinayana und Zen jedoch ist die Parallele der Gestalttherapie zum Tantrischen Buddhismus – auch *Vajrayana* oder der »Diamantene Pfad« genannt. Trotz der Ähnlichkeiten zwischen Vipassana und der Übung des Gewahrseinskontinuums unterscheidet sich diese frühe Hinayana-Form des Buddhismus von der Gestalttherapie darin, daß ihr allgemeiner Stil durch Entsagung geprägt ist, was im Gegensatz zu hedonistischen Therapien im allgemeinen steht. Während im Hinayana-Buddhismus besonders die Pflege der Disziplin betont wird, sind es in der Gestalttherapie Spontaneität und das Ausdrücken von Impulsen. Obwohl es auch im Zen einen Platz für Spontaneität gibt, wird diese mehr im tantrischen Buddhismus betont, in dem man darüber hinaus noch einen Schwerpunkt auf die »Umwandlung von Energien« findet: die Verwandlung der leidenschaftlichen und pathologischen Antriebe, die für die Verwandlung eines nicht-erleuchteten Bewußtseins in die verschiedenen Eigenschaften der Erleuchtung (symbolisiert von den Dhyani-Buddhas und ihren entsprechenden Farben) steht. In diesem Prozeß der Umwandlung wird von Visualisierungsübungen Gebrauch gemacht, deren wichtigster Aspekt nicht die eigentliche visuelle Vorstellung ist, sondern die Evokation mentaler Eigenschaften und der Akt, imaginär mit ihnen identisch zu werden. Obwohl es sich in der Gestalttherapie nicht um die Identifikation mit Göttern oder Archetypen handelt, für die man sich öffnet, sondern normalerweise um die Identifikation mit Traumbildern, Subpersönlichkeiten, Lebensweisen, die sich in körpersprachlicher Form äußern, ähnelt die Beziehung zwischen Gestalttherapie und Buddhismus in dieser Hinsicht der zwischen der Interpretation religiöser Symbole in der kabbalistischen Tradition und der Deutung der Traumsymbole, die Sigmund Freud unternahm.

Obwohl es möglich ist (wie David Bakan vorschlägt, unter anderem angesichts bestimmter Bücher aus Freuds Bibliothek), daß Freud unter dem Einfluß chassidischer Ideen gestanden hat, leitet sich bei Fritz Perls die Technik der Identifikation mit symbolischem Material mit Sicherheit nicht aus fernöstlichem Ideengut ab, sondern, wie wir wissen, aus dem Theater, und ganz besonders aus seiner Lehrzeit bei Max Reinhardt.

Dennoch finden wir die deutlichste Parallele zwischen Gestalt und den fortgeschritteneren Lehren des Buddhismus – im *Dzogchen* oder *Ati-yoga,* über die im Westen erst in jüngster Zeit gelehrt und geschrieben wird. Die beiden Säulen, auf denen diese Lehre steht, sind die Pflege der Aufmerksamkeit und der Natürlichkeit. Obwohl der Praktizierende, auf die vorangegangenen »Fahrzeuge« oder Yanas aufbauend, zum Ati-yoga gelangen kann und obwohl diese Guruyoga und einführende Praktiken beinhalten, kann man sagen, daß Ati-yoga insgesamt im wesentlichen auf der intrinsischen Pflege der Aufmerksamkeit und der Anerkennung der Vollkommenheit beruht. Das entspricht der Situation in der Gestalttherapie, in welcher das Gefühl des Mangels als ein Überrest (»unerledigtes Geschäft«) aus der Vergangenheit gesehen und der Patient aufgefordert wird, sich von einer Unerfülltheit, die mit seiner Gedankentätigkeit zusammenhängt (Erinnerungen und Zukunftsgedanken), ab- und sich der immer vorhandenen Möglichkeit zuzuwenden, Erfüllung sogar in schmerzlichen Situationen zu finden, wenn diese mit genügend Gewahrsein und mit einer gesunden Einstellung erlebt werden.

So wichtig die Parallelen zum Buddhismus auch sein mögen, enden doch die Resonanzen zwischen Gestalt und anderen traditionellen Wegen damit nicht. Ebenso wie man sagen kann, daß die Gestalttherapie eine Art versteckter Buddhismus ist, kann sie auch sehr viel mit dem Taoismus gemeinsam haben. Fritz war ein Beispiel und ein Praktiker des lebendigen Taoismus, und dies war möglicherweise das wichtigste Element seiner Vorliebe für Esalen (möglicherweise die bedeutendste neo-taoistische Mini-Kultur in ganz Amerika). Gleichzeitig lebte nämlich während der ersten Jahre von Esalen (als Fritz und ich dort waren) Gia-Fu-Feng dort, der erst kurz vorher aus China gekommen war. Durch dessen Gegenwart wurde der Taoismus verkörpert und in der Gemeinschaft, die dort zwischen den

Wiesen, den Redwoods und dem Ozean lebte, atmosphärisch deutlich spürbar. Viele Wände waren von seinen Kalligraphien geschmückt, und man sah seine Silhouette am Rande des Grundstücks, wenn er gemeinsam mit einigen Schülern Tai Chi praktizierte. Darüber hinaus war der hellste Funke in jener Frühzeit von Esalen Alan Watts, der so viel zur Verbreitung des Zen beitrug, der im Geist des Taoismus schwang und dies so beredt in seinen Büchern und Vorträgen vermittelte.

Der Geist des Taoismus in der Gestalttherapie ist sehr stark. Der Taoismus spricht von einem »Tao des Himmels« und einem »Tao des Menschen« – dem »Tao der Dinge« und dem »Tao des Individuums«. Dieses »Tao des Individuums«, eine tiefe und innewohnende weise Spontaneität jenseits der programmierten Willensausübung des bewußten Egos unterscheidet sich nicht von dem Ideal der Gestalttherapie. Auch dadurch, daß sie naturalistisch ist, ist die Gestalttherapie taoistisch. (Die Natur ist eine geläufige Übersetzung des Tao: Sie ist eine Spiritualität, die nicht nur das Tatsächliche und Konkrete umfaßt, sondern besonders den Körper und die instinktive Sphäre.)

Wenn wir jedoch von der Konsonanz der Gestalttherapie mit Buddhismus und Taoismus sprechen, dürfen wir nicht versäumen, ebenfalls ihre Affinitäten zum Sufismus zu erwähnen – insbesondere zu jener Form des Sufismus, die man den »Vierten Weg« nennt.

Der Einfluß von Gurdjieff und seiner Schule spielte in meinem Leben eine wichtige Rolle, und es gab eine Zeit, in der ich hoffte, einen zweiten Gurdjieff zu treffen. In den Jahren, als ich nach Kalifornien kam, lebte ich in der Hoffnung, eine Person von solcher Bildung und Meisterschaft zu treffen. Ich möchte sagen, daß von den Menschen, die ich traf, derjenige, der Gurdjieff am meisten ähnelte, Fritz Perls war. Ich weiß nicht, wie viel Ihnen bekannt ist über Georg Iwanowitsch Gurdjieff, jenen russischen Sokrates, der kurz vor der russischen Oktoberrevolution bekannt wurde und in die Türkei auswanderte – und anschließend nach Frankreich. Er arbeitete mit der Aufmerksamkeit und dem, was er »bewußtes Leiden« nannte, was nichts anderes bedeutet, als dem Leiden, das mit Wachstum verbunden ist, nicht auszuweichen und es zu akzeptieren. Fritz Perls war kein Vertreter des »Geheimnisses des Bewußtseins«, sondern, aus psychologischer Perspektive, ein Chirurg. Sein therapeutischer Erfolg beruhte zu einem beträchtlichen Teil auf seiner Einladung, den Schmerzen, die mit der Konfrontation mit seiner eigenen, mächtigen Person verbunden waren, nicht auszuweichen. Interessanterweise war ein Schlüsselwort in Gurdjieffs Sprache »Arbeit«. Es gibt Menschen, die sich in dieser Tradition einer Ausbildung unterzogen und sich darauf beziehen, »in der Arbeit« zu stehen. Das

Wort spielte auch in Perls' Vokabular eine wichtige Rolle, und die typische Einladung zu einer therapeutischen Beteiligung an den Gruppen, die er leitete, lautete: »Wer möchte arbeiten?«. Erst durch ihn bürgerte sich das Wort bei Gruppenleitern zur Bezeichnung der therapeutischen Betätigung ein.

Auf dieselbe Weise, wie Fritz Perls ein verborgener Buddhist, Taoist und Sufi war, dürfen wir nicht versäumen, festzustellen, daß auch viel von einem chassidischen Rabbiner in ihm steckte. Er war sicherlich ein Mensch, der uns – wie die Chassidim – an die *joie de vivre,* die Freude an der geistigen Gesundheit, erinnerte: nicht nur an die Freudsche »Reife«, die ernsthafte Reife der Person, die kein Kind mehr ist, sondern die überströmende Gesundheit, die gleichzeitig das innere Kind und seine Spontaneität integriert hat. Ein Bindeglied zwischen Fritz Perls und dem Chassidismus war natürlich Martin Buber, mit dem er sehr viel implizit – wenn nicht auch explizit – gemeinsam hatte. Obwohl Buber tief in der chassidischen Tradition verwurzelt war und sich durch das Medium des geschriebenen Wortes ausdrückte, während Fritz Perls sich eher durch seine Aktivität als durch seine Reflektion zum Ausdruck brachte, ist doch beiden gemeinsam, daß sie sich über den Rahmen ihrer spezifischen Berufe – den des Philosophen und des Therapeuten – hinaus entwickelt haben zu etwas, was man »von prophetischer Bedeutung« nennen könnte.

Es ist vor allem der Buber des *Ich und Du* und danach, in dem wir jene spezielle Parallelität zu Fritz Perls erkennen, denn es war die Zeit, in der Buber, bekannt als Vertreter des Chassidismus, seine Identifikation mit der chassidischen Form löste und sich sogar gestattete, die Existenz Gottes anzuzweifeln. Zu dieser Zeit wurde Buber, ohne aufzuhören, zutiefst religiös zu sein, antimystisch – indem er aufhörte, an jeglicher Erfahrung des Göttlichen im Inneren und an jeglicher Religiösität interessiert zu sein, die sich von menschlichen Kontakten abwendet. Perls war ebenso wie Buber ein Prophet des Kontaktes, und ich glaube, das Wort »Prophet« ist für Perls durchaus angebracht (obwohl in seinem Werk Bubers Rhetorik von der Erlösung nicht zu finden ist), weil er von seiner Wirkung her in den frühen Tagen der humanistischen Psychologie und der »Bewußtseinsrevolution« einen der einflußreichsten Veränderungsfaktoren darstellte. Wir können ihn auch einen »Propheten des Hier und Jetzt« nennen, einen persönlichen Einflußfaktor auf die Einstellung der Menschen zum Leben, zuerst in Kalifornien und dann in der sich rasch ausbreitenden »Human Potential«-Bewegung.

Ich glaube, daß die auffälligste Ähnlichkeit zwischen Fritz Perls und dem Ansatz Martin Bubers in dem Wort »Präsenz« zusammengefaßt werden kann, und Bubers Reflektionen über Präsenz sollten jedem Gestalttherapeuten eine Inspiration sein, denn die Gestalttherapie geht davon aus, daß therapeutisches Handeln mehr auf Präsenz als auf jeglicher Technik beruht. Während das Wort »Präsenz« bei Buber implizit »liebevolle«, das heißt fürsorgliche Präsenz meint, hat die in der Gestalttherapie gepflegte Präsenz mehr mit Aufmerksamkeit in der Gegenwart zu tun: Aufmerksamkeit auf das Selbst, auf den anderen und Authentizität in der Begegnung mit dem anderen. Wir können sagen, daß Bubers Formel für die ideale Einstellung anderen gegenüber von Präsenz und Fürsorge geprägt ist, während es in Perls implizitem Credo die Präsenz und Authentizität ist (selbst wenn Authentizität die Anerkennung der eigenen Grenzen und den Ausdruck von Zorn einschließt).

Bezüglich des Ausdrucks von Zorn finden wir jedoch wiederum eine Ähnlichkeit zwischen Perls' und Bubers Auffassung – möglicherweise getrübt durch die erheblich unterschiedliche Rhetorik der beiden. In der 1987 in Zürich veranstalteten Konferenz »Envisioning the Future and Healing the Earth« hatte ich das Vergnügen, Maurice Friedmans (Bubers Übersetzer ins Englische und Biograph) allgemeine Kritik des New Age-Denkens in der Psychologie zu hören – einer Geisteshaltung, die in einer Freude an der Gemeinschaft schwelgt, ohne die Unterschiede entsprechend zu würdigen. Er entwickelte diese Kritik aus der Perspektive von Bubers Haltung des großzügigen Ringens mit unseren Mitmenschen über solche Unterschiede und unsere Pflicht, ihnen unsere Meinungsverschiedenheiten zu präsentieren. Obwohl Fritz eine »Sollte-« Sprache ablehnte, war er sicherlich ein Meister der Heilung durch Konfrontation und ein Mensch, der sich zutiefst bewußt war, daß »Kontakt das Gewahrsein der Unterschiede« bedeutet.

Doch ein wichtiger Unterschied zwischen dem Geist der Gestalttherapie und all jenen alten Traditionen besteht meiner Auffassung nach darin, daß es sich um eine Spiritualität handelt, die nicht als solche erscheint. Es ist durchaus eine sehr verkörperlichte Spiritualität, die sich zudem äußerst akut der Gefahren bewußt ist, die damit verbunden sind, wenn man sich auf die Suche nach spirituellen Erlebnissen macht (darin stimmte Buber überein), um irdischen Problemen aus dem Wege zu gehen. Darüber hinaus war Fritz' Haltung alles andere als fromm, wenn mit »fromm« Bittgebete und konventionelle Tugend gemeint ist – was er als die Auswirkungen des Strebens, ein »guter Junge« oder ein »gutes Mädchen« zu sein, sah. In ihrer erdverbundenen und scheinbar niederen Spiritualität ähnelt die Gestalttherapie mehr als alles andere dem Schamanismus. Die Hingabe ist den prophetischen westlichen Strömungen der Spiritualität ebenso zueigen wie dem Schamanismus, doch hat die zivilisierte Religion einen vergleichsweise hohen apollonischen Anteil, während der Schamanismus mehr mit bedingungsloser Hingabe zu tun hat – und folglich eher mit dem Wahnsinn vertraut ist.

Ich habe darauf hingewiesen, daß die neue Psychologie (die Begriffe wie »humanistisch« und »transpersonal« inspiriert hat) weniger ein akademisches Ereignis ist, als vielmehr ein gigantisches kulturelles Phänomen, das als neuer Schamanismus gedeutet werden kann. Der Schamane kann der »Archetyp unseres Zeitgeistes« genannt werden. Es war ein Aspekt des Pioniergeistes von Esalen, daß dort in den sechziger Jahren viele von uns zusammengeführt wurden, die diesem Geist gegenüber aufgeschlossen waren. Auf Veranstaltungen wie: »der positive Wert der psychotischen Erfahrung« folgte ein alternativer Umgang mit Psychosen, verkörpert durch die Richtungen, die von Laing, Perry, Silverman und anderen ins Leben gerufen wurden.

Die Psychotherapie als Ganzes ist ziemlich dionysisch, doch die einzigen Psychotherapeuten, die ich noch dionysischer als Fritz nennen könnte, in der Weise, wie er während seiner kalifornischen Periode die Gestalttherapie praktizierte, waren einige der psychedelischen Therapeuten. Ich glaube, es könnte von Interesse sein, darauf hinzuweisen, daß der Übergang von Fritz' früher »East Coast«-Gestalttherapie und der Therapie, die er in den sechziger Jahren leistete, durch seine signifikante psychedelische Entwicklung in Jerusalem zustandekam. (Obwohl er an der Ostküste häufig als jemand bezeichnet wurde, der zu einem »Hippie« geworden sei, sehe ich ihn als einen der wenigen an, die es gewagt haben, der Welt zu entsagen und zu einem »Narren« zu werden. So lernte er beispielsweise im Alter von 70 Jahren zu tanzen.) Er lebte in Esalen, das nicht nur die kalifornische Hauptstadt des taoistischen Geistes war, sondern der Prototyp der heutigen New-Age- und Human-Potential-Zentren und eine wichtige Kraft in der Entwicklung der heutigen dionysischen Spiritualität (sehr genau beobachtet von Sam Keen in *To a Dancing God*).

Es scheint mir kennzeichnend, daß die Gelegenheit, zu der ich Fritz erstmals traf, mein erster Besuch in Esalen war, in Begleitung von Carlos Castaneda. Ein mittlerweile sehr bekannter amerikanischer Anthropologe – Michael Harner – hatte uns eingeladen, an der Präsentation eines Seminars über Schamanismus teilzunehmen. Esalen hatte gerade seine Tore geöffnet, und Fritz war gekommen, um dort zu wohnen. Er arbeitete noch nicht, und es begann in Esalen gerade bekannt zu werden, wer er wirklich war. Wir hatten die Ehre, ihn während des Seminars im Publikum zu haben. Im Laufe des Seminars stellten wir Elsie Parish vor, eine indianische Heilerin vom Stamm der Pomo. Ich erinnere mich, wie Fritz in der Pause bemerkte, daß das, was Elsie tat, tatsächlich Schamanismus war, denn er selbst sei auch ein Schamane. Wahrhaftig, denn ein Kennzeichen des Schamanismus ist seine Intuition. Eine seiner typischen Ausdrucksformen ist die Führung des Erlebnisflusses einer Person von Augenblick zu Augenblick – ebenfalls ein Charakteristikum der Gestalttherapie. Ebenfalls typisch für einen Schamanen ist seine »ansteckende« Energie, die eine so große Rolle für Fritz' Erfolg spielte, ebenso wie in der Arbeit anderer großer Therapeuten. Doch in erster Linie ist der Schamanismus die dionysischste Spiritualität von allen, ebenso wie die Gestalttherapie (gemeinsam mit der psychedelischen Therapie) der dionysischste »Wachstumsweg« von allen ist.

Ich möchte mich nun meinem zweiten Thema zuwenden und etwas über die Löcher in der Gestalt und die mögliche Rolle der Gestalttherapie in einem ganzheitlichen Wachstumsprogramm sagen.

Sicherlich sind Sie vertraut mit dem Begriff der »Löcher«, den Fritz Perls einführte. Ein Mensch kann keine Augen haben und sich statt dessen beobachtet fühlen. Ein anderer stößt sein eigenes Herz zurück und braucht statt dessen die Wärme eines anderen. Andere haben keinen Kontakt zu ihrem Körper, sondern ausschließlich zu abstrakten Begriffen. Jeder Mensch skotomisiert einen Aspekt seiner Erfahrung, einen Teil seines Erlebnisfeldes. Ich glaube, daß etwas ähnliches mit der Gestalttherapie auf sozialer Ebene geschieht. Fritz gebrauchte häufig das Wort *disowning* (enteignen oder abgeben). Er definierte das Ego als ein Phänomen der Identifikation: ein Akt, durch den wir feststellen: »Das ist meine Grenze«. Wir setzen eine Barriere und sagen: »Alles, was auf der anderen Seite ist, das bin nicht ich«. Auf ähnliche Weise hat die Gestalttherapie gesagt: »*Das* ist *keine* Gestalttherapie«. Sie hat ihre eigenen Grenzen errichtet und von diesem oder jenem bestimmt, daß es keine Gestalttherapie sei.

Die Gestalttherapie hat sich nach ihrer Entstehung sehr schnell ihren Platz in der Welt erobert. Sie war der Beginn dessen, was wir mittlerweile die »humanistische« Bewegung nennen. Fritz Perls war ein ausgezeichneter Streiter. Er hat Hervorragendes geleistet, als es nötig war, mit dem Monopol der Psychoanalyse in Konkurrenz zu treten: ein dogmatisches Monopol, das einige seiner besten Talente ins Exil schickte (wie Karen Horney) und sich fortwährend kreativen Strömungen entgegensetzte. Fritz war der erste, der es schaffte, als einzelner, ganz auf sich gestellt, zur Psychoanalyse in den Vereinigten Staaten in Konkurrenz zu treten. Das geschah auf eine Weise, daß sich schon sehr schnell herumsprach: »Hier ist etwas, was eine viel größere therapeutische Kraft hat als die Psychoanalyse«. Ich bin davon überzeugt, daß dies den Weg freimachte für die humanistische Bewegung im allgemeinen, für die Ideen, die auf die Praxis folgten, und nicht umgekehrt. Obwohl viele der anderen Ansätze – TA, Encounter-Gruppen und so weiter – allein nicht einen solchen Erfolg hatten, sprossen sie überall aus dem Boden, nachdem die hohe Autorität der Psychoanalyse erst einmal in Frage gestellt worden war.

In dieser Wettbewerbshaltung und diesem Zusammenhang mußte Fritz folgendes sagen: »Dies ist nicht jenes, und dies ist viel besser«. So betonte er immer wieder, wie viele Jahre er auf der Couch vergeudet hatte, und ließ keine Gelegenheit aus, seine Wut an Sigmund Freud auszulassen, weil dieser ihm bei seinem Besuch in Wien nur wenig Aufmerksamkeit geschenkt hatte. Dennoch würde ich sagen, daß es nicht nur unnötig ist, sondern eine psychotherapeutische Verarmung, wenn man den Einsichtsprozeß der Psychoanalyse über Bord werfen oder herabmindern würde, wie dies implizit in der Gestaltbewegung immer wieder geschieht. Es scheint mir, daß alle tiefgehenden Therapien auf Einsicht beruhen, selbst wenn es nicht die Deutung, sondern das Experiment ist, das Risiko, die Gruppeninteraktion, die Dramatisierung, die verfeinerte Aufmerksamkeit oder die persönliche Anteilnahme des Therapeuten, welche zur Einsicht führen. Ich glaube, daß es für keinen Therapeuten notwendig ist, den unkomplizierten Prozeß aufzugeben, Wahrnehmungen und Gesichtspunkte mitzuteilen. Sicher ist eine Intellektualisierung in einer Gestalttherapiesitzung unangebracht, aber es gibt heute zahlreiche Therapeuten (Abe Levitsky ist möglicherweise nicht einmal der repräsentativste von ihnen), die entdeckt haben, daß sie nicht in jeder Sitzung unbedingt gestalttherapeutisch arbeiten müssen, oder die sogar innerhalb einer einzigen Sitzung vom Gestaltmodus auf den interpretativen Modus umschalten. Es gibt sogar mittlerweile Analytiker, die erklären, daß Gestalttechniken ein Beitrag zur Psychoanalyse sind (was ich für vernünftig halte, wenn damit nicht eine Analyse gemeint ist, in der die dogmatische Treue zu einer spezifischen Theorie den phänomenologischen Aspekt der therapeutischen Aktivität und das freie Spiel der therapeutischen Intuition ausblendet.)

Nicht nur die theoretische Anerkennung der Einsicht und der praktische Nutzen der Interpretation, sondern auch der Gebrauch der freien Assoziation – die Fritz verunglimpfend »freie Dissoziation« nannte, wurden in der Gestalttherapie zusammen mit der Psychoanalyse verworfen. Ich glaube, daß es manchmal durchaus nützlich ist, den Gedankenfluß zu erkunden (statt des Fühlens-Tuns-Wahrnehmens eines Patienten), ebenso wie es nützlich sein kann, zu interpretieren – jedoch nicht dogmatisch, sondern im Sinne eines Vorschlags: »Das ist es, was ich sehe«.

Noch ein Wort zum sogenannten »Bullshit«. Dies ist ein sehr nützlicher Begriff für eine bestimmte Art der defensiven Intellektualisierung, und der Unterschied zwischen normalem »Bullshit« und »Elephantshit« ist nicht weniger angebracht. Dennoch dürfen wir nicht vergessen, daß Fritz Perls selbst sehr ambivalent in bezug auf seine eigenen Theoriebildungen war. Man kann in seiner Autobiographie sehen, wie er auf einer Seite brillante Beobachtungen über Zeit, Raum und Gewahrsein macht und sich auf der nächsten wegen seines Philosophierens auslacht. Auf der einen Seite führt er in die Gestalttherapie eine Sichtweise ein, nach der es keinen Platz für Theorie gibt, und auf der anderen sagt er uns, ebenfalls in seiner Autobiographie, daß er, wenn er eines Tages zu einer heiligen Kuh gemacht würde, er selbst sein Prestige nutzen würde, um eine Integration zwischen Psychologie, Medizin und Philosophie zu fördern.

Es ist, denke ich, klar, daß Fritz' Persönlichkeit starke anti-intellektuelle Züge hatte, und wir sollten uns nicht blenden lassen durch die Erkenntnis, daß der Intellekt, ebenso wie die Emotionen und Handlungen ein Teil des Pfades des Wachstums sein können. Genau aus dieser Erkenntnis heraus ist das entstanden, was traditionell eine »Lehre« genannt wird. Die östlichen Wege beispielsweise enthalten alle eine bestimmte Weltsicht, teils Kosmologie, teils Anthropologie, eine Sicht, die den Transformationsprozeß unterstützt oder anregt. Solche Perspektiven (*Drishti* im Sanskrit) sind Arten, die Dinge zu sehen, die den Pfad leichter machen. Ich glaube, daß auch die Gestalttherapie im Kontext einer bestimmten Sicht oder Vision der Dinge funktionieren könnte (und ich sage das trotz meiner nur mäßigen Begeisterung angesichts »traditioneller« Theoriebildungen wie beispielsweise der von Paul Goodman). Dies ist ein weiteres Loch in der Gestalttherapie, das aus ihrer ehrgeizigen Position heraus entstand, alles ohne theoretische Unterstützung tun zu können. Fritz' Gestalttherapie der späteren Jahre war eine gute historische Demonstration, die bewies, daß es möglich ist, Therapie ohne Theorie durchzuführen. Es ist jedoch nicht unbedingt erforderlich, diese Position um jeden Preis aufrechtzuerhalten und fortzufahren, Psychotherapeuten auszubilden, die ein Verständnis der Psyche, Psychopathologie und des menschlichen Reifungsprozesses als Bullshit betrachten.

Etwas ähnliches kann man über die Meditation sagen. Fritz Perls meditierte selbst – zumindest in der Zeit, in der ich ihn kannte. Aber als Folge seiner Unwilligkeit, irgendeinen Weg außer seinen eigenen zu loben, vermittelte er den Eindruck, auf alles herabzuschauen, was irgend etwas mit Spiritualität zu tun hatte. Folglich verkennen einige der heutigen Gestalttherapeuten die Tatsache, daß ein meditatives Bewußtsein die tiefste Unterstützung des Selbst darstellt. Die meisten Gestalttherapeuten sind vertraut mit dem Konzept des inneren Wachstums als einer Bewegung von der Unterstützung durch die Umwelt zur Selbstunterstützung. Vieles ist gesagt worden über die Unterstützung, die durch eine Verwurzelung im sinnlichen Gewahrsein (sensory awareness) und allgemeiner im Gewahrsein der Erfahrung ermöglicht wird. Dennoch müssen wir möglicherweise noch viel von den spirituellen Traditionen über die Unterstützung lernen, die daraus entsteht, daß wir uns auf überhaupt nichts mehr verlassen, vollkommen offen sind und einen Sinn für das Sein jenseits der Bewußtheit der Inhalte entwickeln – ein Gewahrsein des Gewahrseins, eine pure Präsenz oder reine Wachheit (Bodhi im Buddhismus), die sowohl ein Gefühl der Unverwundbarkeit als auch die Fähigkeit vermittelt, mit leeren Händen dazustehen.

Es gibt ein Loch in der Gestalttherapie (wenn man die frühe Gestalttherapie so nennen kann, denn sie war nichts weiter als ein bis dahin unerprobtes traditionelles Etwas), das bereits früh aufgrund ihrer etwas anmaßenden Annahme entstand, daß die Aufmerksamkeit, die einem Körper während einer Gestalt-Sitzung zuteil werde, allein schon genug sei. Der Gestalttherapie gebührt ob ihres Körpergewahrseins, der Aufmerksamkeit für Gestik und Haltung des Körpers im Verlauf des therapeutischen Prozesses, wie auch ihrer Aufmerksamkeit auf die körperlichen Empfindungen als Teil des Erwachens und als Spiegel der Gefühle höchstes Lob. Dennoch glaube ich, daß sowohl Fritz als auch Laura etwas anmaßend waren, wenn sie davon ausgingen, daß dies allein schon ausreiche. Großes Verdienst gilt daher Gestalttherapeuten unserer Generation wie Bob Hall, Richard Bloomberg, Ilana Rubenfeld und allen, die Reichsche und andere Elemente der »Körperarbeit« in die Gestalttherapie eingeführt haben. Im wesentlichen ist die Situation des Individuums die, daß es von der Therapie profitieren kann, aber auch imstande ist, sich selbst besser zu helfen, indem es seine Aufmerksamkeit dem Abbau der körperlichen Ursachen der Panzerung des Körpers widmet. Um wirksam zu sein, braucht die Körperarbeit aller wichtigen Schulen ein Mindestmaß an Aufmerksamkeit und Zeit. Sei es Sensory Awareness, Feldenkrais, Alexander-Technik oder ältere Techniken wie Yoga oder Tai Chi, jede Technik erfordert eine Lernphase und eine lange Zeit der beständigen Ausübung.

Ein weiteres Loch im therapeutischen Repertoire, das enstehen kann, wenn ein Therapeut sich zu eng an die etablierten Grenzen der Gestalttherapie hält, kann das systematische Vorenthalten der Vorteile sein, die Ratschläge und Verhaltensvorschläge bringen können. Diese höchst bedeutsamen Aspekte der modernen Familientherapie sind ohne Zweifel wichtige

Werkzeuge in der Hand sowohl des Psychotherapeuten als auch des spirituellen Begleiters, und ich möchte die in weiten Bereichen der Gestalttherapie vorherrschende Meinung in Frage stellen (die aus der früheren Psychoanalyse und aus der Rogerianischen Therapie übernommen wurde), daß die Einflußnahme auf den Patienten durch Vorschläge etwas ist, was unbedingt vermieden werden muß. Wie nondirektiv ein Gestalttherapeut in der Unterstützung spontanen Verhaltens auch sein mag, so direktiv kann er doch in seiner Anregung von Verhaltensexperimenten in einer Sitzung sein. Es gibt keinen Grund, warum sich dies nicht auch (wie Jim Simkin häufig zeigte) auf das Verschreiben von Aufgaben erstrecken sollte, die außerhalb der eigentlichen Therapiesitzung liegen und Anregungen für die Arbeit an sich selbst im Alltag enthalten.

Bis jetzt habe ich über Löcher im Sinne eines Ausschließens bestimmter wertvoller Ressourcen im Namen der »reinen Lehre« der Gestalttherapie gesprochen, die Beiträge zum therapeutischen Prozeß sein könnten. Nun möchte ich noch etwas über Löcher sagen, die eher psychogischer Natur sind. Eines dieser Löcher kann ich als die Vorliebe der Gestalttherapie für eine gewisse »Rauheit« im Gegensatz zur »Sanftheit« beschreiben. Wie wertvoll der Beitrag der Gestalttherapie in ihrer systematischen Unterstützung des Ausdrucks von Zorn auch gewesen sein mag, so glaube ich doch, daß die Meisterschaft der Roheit gelegentlich das Ideal der Liebe in Vergessenheit geraten ließ, ein Ideal, von dem ich ebenso wie Freud glaube, daß es nicht von unserem Verständnis vom Heilen getrennt werden kann. Es ist wahr, daß das Offenlegen von Konflikten und Schmerzen in vielen Fällen ausreicht, um die Barriere zu spontaner Integration zu beseitigen. Es ist jedoch hilfreich, den Integrationsprozeß explizit vor Augen zu haben, zu wissen, daß wir daran arbeiten, die Liebesfähigkeit wiederherzustellen, ohne die es keine tiefe Befriedigung und kein Ende des Leidens geben kann. In dieser Hinsicht haben die Gestalttherapeuten (wie ich bereits weiter oben feststellte) noch viel vom Fischer-Hoffman-Prozeß zu lernen. Nicht etwa, daß sie sich alle zu Fischer-Hoffman-Therapeuten verwandeln sollten, sondern weil die Betonung, die dort auf die höchst bedeutsamen therapeutischen Faktoren von Liebe und Vergebung gelegt wird, für ihre eigene Gestaltpraxis eine Inspiration sein könnte.

Eine weitere Voreingenommenheit in der Gestalttherapie, die als Folge den Fortbestand eines Loches hat, ist die größere Wertschätzung der Lust gegenüber dem Schmerz im Prozeß der Transformation. Wie ich für die früheren Jahre feststellte, handelt es sich bei der Gestalttherapie um einen »humanistischen Hedonismus«. Es ist wahr, daß der impulsive Ausdruck bei der Beseitigung von Repressionen geholfen hat. Die Anweisung, sich nicht zurückzuhalten, hat den Prozeß der Bewußtwerdung von Impulsen sehr gefördert, doch sollte das nicht dazu führen, daß wir annehmen, der umgekehrte Prozeß des Zurückhaltens von Impulsen sei als Ansatz von vornherein fruchtlos. Spiritualität ist traditionell nicht hedonistisch, sondern asketisch, nüchtern, aus der Erkenntnis heraus, daß auch Restriktionen unsere Aufmerksamkeit für unsere Wünsche und Emotionen schärfen können. Wenn wir uns die Gestaltpraxis einmal genau anschauen, dann werden wir sehen, daß beide Aspekte in ihr reflektiert sind. Ein Teil der Gestalttherapie besteht darin, es zu wagen, ohne Topdog zu sein (in größerem Maße als im wirklichen Leben), doch ein anderer Teil besteht darin, daß wir die Fähigkeit haben, an der eigenen Erfahrung »dranzubleiben«, ohne sie auszuagieren, beispielsweise wenn ein Gruppenteilnehmer sagt: »Ich fühle mich bei dem, was du gesagt hast, nicht wohl«, statt eine kritische Bemerkung zu machen. Der wesentlichste Ausdruck dieses Loches in der Gestaltpraxis liegt in den Verhaltensmaßregeln für das tägliche Leben, die die meisten Teilnehmer von Gestaltsitzungen mit nach Hause nehmen. Die vorherrschende Einstellung ist, daß man jederzeit auf »Gestalt-Art« leben und daher alle negativen Gefühle in der Familie und am Arbeitsplatz ausleben sollte. Ich bin da anderer Ansicht, denn ich habe zu häufig erlebt, wie dies zu einem endlosen Kreislauf des Zorns führen kann, in Gruppen, die nicht psychotherapeutisch orientiert oder begleitet sind und in denen dies eher destruktive als konstruktive Folgen hat. Ich glaube, daß die Regel der Offenheit für die Gestalttherapie in ihren Grenzen sehr wertvoll ist, doch die traditionellen Formeln für das Zurückhalten der eigenen Destruktivität im täglichen Leben können die beste Grundlage für eine ergänzende Arbeit an sich selbst sein.

Ich glaube, daß die Gestalttherapie – vor fünfzehn Jahren, als sie erblühte und ihren Weg in die Therapiekultur fand, eine revolutionäre Technik – heute dem Risiko ausgesetzt ist, sich in eine neue Orthodoxie zu verwandeln, in ein Monopol ähnlich der Psychoanalyse in der Vergangenheit. Und ich glaube, daß es heute – wo die Gestalttherapie weitgehend anerkannt ist – angebracht ist, daß sie ihre Grenzen flexibler gestaltet, um die Entwicklung eines breiteren Gestaltbegriffes zu fördern: eines ganzheitlichen Ansatzes, in dem die Fähigkeiten des einzelnen, an sich selbst zu arbeiten, in eine alltägliche Meditations- und Gewahrseinspraxis umgesetzt werden, und in dem Körperarbeit ebenso wie eine geistige Perspektive auf das menschliche Entwicklungspotential zum Wachstum des einzelnen beitragen – zusätzlich zur eigentlichen Therapiesitzung. Dann wird die Gestalttherapie ihrer Funktion als eines kostbaren Elementes in einem Mosaik, das sie gleichzeitig ergänzt und unterstützt, noch besser gerecht werden.

Kapitel 19

Gestalt nach Fritz[76]

Ich muß gestehen, daß ich niemals an der Geschichte der Gestalttherapie interessiert war und folglich auch nichts dazu beizutragen gehabt hätte, bis Riccardo Zerbetto mich bat, für die zwanzigjährige Retrospektive, die voriges Jahr stattfinden sollte, ein paar Sätze vorzubereiten. Die Retrospektive fand niemals statt, und Dr. Zerbetto, der zu den Veranstaltern dieser Konferenz gehört, sagte mir, er wünsche dennoch, daß ich einige Gedanken über das Thema vortragen möge. Später schlug er eine Session über die Geschichte der Gestalttherapie vor, in der mein Bericht über »Gestalt nach Fritz« Teil eines Vortragstrios werden sollte, zusammen mit Rednern, die sich den New Yorker sowie den kalifornischen Jahren im Leben Fritz Perls' widmen sollten. Während der Vorbereitung hatte ich Gelegenheit, die Literatur über Gestalttherapie sowie das *The Gestalt Journal* in chronologischer Reihenfolge durchzusehen, was zur Folge hatte, daß ich einiges klarer sah und mittlerweile ein echtes Interesse daran habe, meine Gedanken über die Geschichte der Gestalttherapie mitzuteilen.

Da niemand aus New York erschienen ist und Abe Levitsky es vorgezogen hat, auf ganz persönliche Weise von seiner Entwicklung zum Gestalttherapeuten zu berichten, fühle ich mich geneigt, nicht nur über »Gestalt nach Fritz« zu sprechen, sondern auch darüber, welcher Art von Gestalttherapie ich während der Jahre mit Fritz Perls in Esalen begegnete. Erst kürzlich kam mir der Gedanke, daß ich das betonen sollte, was ich als die experimentelle Wurzel von Fritz Perls späterer Arbeit an der Westküste sehe: den »Neuanfang«, den er zur Zeit seiner Krise als Sechzigjähriger in Israel machte. Daher sagte ich, als Riccardo mich vor einigen Wochen am Telefon fragte, wie ich diesen Vortrag nennen wollte (und ich ein ohnehin schon ausgedehntes Ferngespräch nicht noch unnötig verlängern wollte): »Gestalttherapie nach Jerusalem«. Er klang, als ob er angesichts solch apokalyptischer Sprache bestürzt sei. Ich nehme an, er ging davon aus, daß

---

76. überarbeitete Mitschrift eines Vortrages auf der *Fourth International Gestalt Conference* (Siena, 1991)

dies für alle so klingen mußte, denen nicht bewußt war, daß Fritz Perls'
Besuch in Israel der Wendepunkt in seinem Leben war – ein inneres Ereignis, das ihm mehr als alle anderen Begabungen Meisterschaft verlieh. Obwohl dieser Titelvorschlag, den ich aus dem Stegreif machte, die doppelte
Bedeutung von Fritz' Monaten in Israel und etwas von »apokalyptischen«
Ausmaßen sehr wohl transportierte, war er doch in technischer Hinsicht
nicht genau zutreffend, denn Fritz verbrachte nicht viel Zeit in Jerusalem;
der genaue Ort, an dem er die Pilgerschaft begann, die sein Leben so entscheidend verändern sollte, war Einhod.[77]

Lassen Sie mich meinen Bericht mit einer Bemerkung über den Auf-
enthalt von Fritz Perls in Einhod beginnen. Einhod ist eine Künstlerkolo-
nie südlich von Haifa, in der Fritz in der Mitte seiner Wanderschaft halt-
machte, an einem Punkt (wie er uns in seiner Autobiographie wissen läßt),
an dem er sich als »Gefangener des Lebens« fühlte, verdammt zum Leben,
nicht nur deprimiert, sondern verzweifelt. Auf Dr. Simkins Einladung war
er nach Kalifornien gekommen und hatte sich dann entschlossen, nach
New York nicht wie üblich ostwärts zurückzukehren, sondern in Richtung
Westen – einmal um die Welt.

Seine erste Station war in Japan, und er verliebte sich spontan in die
Stadt Kyoto. Als er sich nach seiner Weltreise in Esalen niederließ (bis zu
einem bestimmten Punkt blieb er immer ein »Zigeuner«), gab es zwei Orte,
an die er ebensogut hätte ziehen mögen wie nach Big Sur: Kyoto und
Israel, was ihm wie eine Pilgerreise innerhalb seiner Pilgerreise erschien. Er
hatte Kontakt zu dem Hippie-Geist in Einhod gefunden, und das beeinflußte ihn zutiefst, weil er bislang Ruhm, Ehre und Erfolg hinterherge-
rannt war und mit Sicherheit keine Vorstellung davon hatte, wie es ist,
nichts zu tun.

In seiner Autobiographie erzählt er, welch tiefen Eindruck es auf ihn
machte, auf Menschen zu treffen, die nur suchten, und zwar nach etwas
anderem als nach der Aufregung, die sie bisher angetrieben hatte. Er widmete seine Zeit der Malerei und erwog ernsthaft, sich aus dem therapeutischen Beruf zurückzuziehen. Eine Person stand ihm in jenen Tagen am
nächsten: Hillel (einer der Gründer der Kolonie und ein sehr bemerkens-

---

77. Obwohl ich sowohl von Fritz' Schaffen in seinen späteren Jahren als auch von der
Gestalttherapie nach Fritz spreche, habe ich mich kurz vor Drucklegung dieses Buches
entschlossen, den ursprünglichen Titel »Gestalt nach Fritz« beizubehalten wegen seiner
doppelten Bedeutung entsprechend der alternativen Bedeutungen des Wortes »nach«. Denn
Fritz' Gestalttherapie nach seinem »Jerusalem« war »nach« ihm in demselben Sinne wie
wenn wir von einem Gemälde »nach« Rembrandt sprechen.

werter Mensch, in einer langen Tradition von Heiligen in Israel). Dieser berichtete Jack Gaines anläßlich der Veröffentlichung seines Buches in den siebziger Jahren:

»Er (Fritz) sagte mir ohne Umschweife, daß er kein Psychotherapeut mehr sein, sich nicht mehr länger mit der Psychotherapie beschäftigen wolle. Er wollte von nun an sein ganzes Leben der Malerei und der Musik widmen, so sagte er. Er ließ seine Vergangenheit hinter sich. Er kam jedoch wieder zurück zur Psychotherapie, zu dem, was er fallengelassen hatte, nach einer Erfahrung, die für ihn wie eine neue Geburt war.«

Diese Wahrnehmung stimmt mit der Beobachtung von Dr. Kulcar überein, einem Psychiater, in dessen Praxis Fritz jede Woche kam, um unter dem Einfluß von LSD zu arbeiten. Dr. Kulcar hegte große Verehrung für Fritz Perls und rechnete sich keineswegs irgendeinen Verdienst um jene Sitzungen an, die er nicht einmal als psychotherapeutisch betrachtete, da Fritz imstande war, sehr effektiv mit sich selbst zu arbeiten: »Er behandelte sich selbst, und es handelte sich nicht um eine Depression, sondern um den Schmerz des Wachstums, es war der Schmerz einer neuen Geburt.«

Als ich Fritz in Esalen kennenlernte – und als die ganze Welt Fritz durch Esalen kennenlernte, denn er war mittlerweile zu einer Person höchsten Charismas geworden – war er nicht mehr derselbe Fritz, den ich vorher gekannt hatte. Ich glaube, wir können sagen, daß er schon immer hochbegabt war, doch nun war die Zeit gekommen, in der sein Genie zur Blüte gelangte. Es gibt einen entscheidenden Unterschied zwischen Talent und Genie. Genie ist nicht lediglich ein Potential, noch besteht es in nützlichen Fertigkeiten, sondern es hat vielmehr mit einem tiefgreifenden Kontakt der Person mit dem Kern ihres Wesens zu tun. Die Größe, die all diejenigen, die Fritz Perls kannten, in der zweiten Phase seines Lebens in ihm spürten, war, glaube ich, der Ausdruck seiner Reife und nicht etwas, was in der ersten Phase seines Lebens offensichtlich gewesen wäre, so groß sein Talent auch gewesen sein mag.

Doch es war nicht nur die Blüte von Fritz Perls' Genie, die der erstaunlichen »Gestaltexplosion« Mitte der sechziger Jahre zugrundelag. Ein weiterer Faktor dabei war Esalen selbst oder der Beginn des »Phänomens Kalifornien« ganz allgemein. Es gab eine glückliche synergetische Fügung zwischen der Ankunft Perls' in Kalifornien und den bedeutsamen Inhalten, die er zu bieten hatte, sowie der bemerkenswerten Gemeinschaft dieses Ortes. Denn nicht nur in Israel, sondern ganz besonders in Kalifornien fanden Menschen, die im wesentlichen Suchende waren, in mehr als intellektueller Weise eine Oase und bildeten eine Bewegung, die eine ganze Subkultur in Gang setzte.

Doch Fritz Perls hatte nicht nur Substantielles zu bieten: Er war auf eine gänzlich andere Stufe der Selbstverwirklichung und Autorität gelangt – wie er sehr deutlich in seiner Autobiographie feststellte, als er schrieb, daß er »das Tao und die Wahrheit« gefunden habe. Obwohl er diese Aussage gelegentlich relativierte (wie etwa wenn er schrieb: »Ich habe die letzte Stufe der Erleuchtung, falls sie existieren sollte, nicht erlangt.«), befand er sich in einem Zustand der Fülle und Erfülltheit, was sich durch eine natürliche Autorität ausdrückte, die er ausstrahlte. Ich fühlte, daß alle, die mit ihm in Kontakt kamen, ihn behandelten wie einen Zen-Meister. Sie erkannten seine Autorität nicht deswegen an, weil er von irgend einer bestimmten Tradition ernannt wurde, sondern aufgrund des impliziten Gefühls, daß »er wußte«. Und sicherlich war diese Intuition nicht grundlos, denn seine Wahrnehmungen bestätigten sich immer wieder. Das Ausmaß, zu dem dies zutraf, war sicherlich ein Faktor für seinen psychotherapeutischen Erfolg. Ich will Ihnen ein Beispiel geben: Hillel, sein Gastgeber und Zeichenlehrer in Israel, sagte: »Wir mußten nicht viele Worte wechseln, wir konnten unsere Gedanken lesen«. Er erzählte, daß er (Hillel) nicht nur Maler war, sondern auch versucht hatte, Schriftsteller zu sein, aber aufgehört habe zu schreiben, weil es für ihn mit seinem Familienleben kaum vereinbar gewesen war. Er befand sich in einem Konflikt, da er zwar den Raum zum schreiben gehabt hätte, aber die Isolation nicht aufbringen konnte, die das Schreiben erfordert. Darüber hinaus fühlte er sich häufig von seiner Frau unterbrochen. Obwohl er dies Fritz gegenüber niemals erwähnt hatte, kam dieser eines Tages auf ihn zu und sagte: »Hillel, du solltest schreiben, nicht malen. Aber wenn du wieder zu schreiben beginnst, solltest du deinen eigenen Raum dafür haben und deiner Frau keinen Nachschlüssel geben.« Dies kann als eine sehr klarsichtige Bemerkung gesehen werden. Er sprach niemals draüber, aber ich glaube, daß diese extreme Intuition eher eine Erklärung dafür war, zu was er fähig war, als ein theoretischer Rahmen.

Was war Fritz Perls in dieser Phase, die ich die »Blüte seines Genies« nenne, für ein Mensch? Was waren seine geistigen Qualitäten? Welche seiner Wesenszüge waren für seinen außerordentlichen Erfolg verantwortlich? Ich spreche von der Zeit, als immer mehr Menschen von der Ostküste nach Esalen kamen, Menschen aus allen Bereichen der Psychotherapie einschließlich der Psychoanalyse, so, als würden sie zu einem Wunderheiler pilgern.

Innerhalb einer einzigen Therapiestunde geschahen Dinge, die ohne Beispiel waren. Gelegentlich sagt man, daß Milton Erikson ein ebensolches Genie war. Wenn es überhaupt jemanden geben sollte, der mit Perls vergleichbar war, dann war es Erikson, denn ich bezweifle, daß Sigmund Freud eine vergleichbare therapeutische Genialität besaß, ungeachtet seines monumentalen Beitrages zur Psychologie und Kultur. Wir hatten das Gefühl (mit »wir« meine ich Menschen wie Virginia Satir, Jerry Greenwald, William Golding, Abe Levitsky und andere aus meiner ersten Trainingsgruppe), daß wir etwas Einzigartiges, etwas völlig Neues vor uns hatten. Und das war es auch, selbst wenn wir heute das Gefühl haben könnten, es handele sich um einen Gemeinplatz.

Eines dieser neuen Elemente war das, was wir heute »dialogisch« zu nennen beginnen. Ich sollte anmerken, daß, obwohl Fritz Perls sehr mit dem Werk von Martin Buber vertraut war, nur sehr wenig von der Buberschen Sprache seinen Weg in den Gestaltdiskurs gefunden hat. Es ist das alte (New Yorker) Wort *contact,* das am meisten gebraucht wird. Ich bin jedoch wegen seiner Ambivalenz ein wenig unglücklich damit. Natürlich weist es in die richtige Richtung, kann sich jedoch sowohl auf einen Kontakt zur inneren als auch zur äußeren Welt beziehen. Manchmal weist es beispielsweise auf einen sinnlichen Kontakt hin, manchmal auf einen motorischen, und dies sind recht verschiedene Dinge. Ich glaube, es ist nützlicher, das Wort »Gewahrsein« für den Kontakt mit der eigenen Erfahrung zu reservieren. Auch wenn wir uns auf die interpersonelle Situation beziehen und das Wort »Kontakt« aus der Mechanik dafür borgen, fehlt etwas, denn es ruft keine Assoziation mit etwas hervor, was größer ist als der sensomotorische Kontakt, der wesentlichste Teil des menschlichen Kontaktes: der Kontakt von Herz zu Herz, von Essenz zu Essenz oder Zentrum zu Zentrum, den Buber »Begegnung« oder »Beziehung« nennt. Obwohl es eine Differenzierung in Bubers Gebrauch von »Begegnung« und »Beziehung« gibt, haben beide mit dem *Gefühl für den anderen als Subjekt* zu tun, als etwas, was über einen Gegenstand des Denkens, der Manipulation oder des Verlangens hinausgeht. In der Haltung, die mit der Fähigkeit verbunden ist, den anderen als »Du« zu erkennen, liegt eine gewisse Freundlichkeit und Offenheit. Das »Ich«, welches ein »Du« im anderen sieht, ist nicht dasselbe wie das »Ich«, welches ein »Es« in ihm sieht (wie Buber am Anfang von *Ich und Du* ausführt).

Ich glaube, daß dies etwas ist, was Fritz Perls in außergewöhnlichem Maß zueigen war: die Fähigkeit, präsent zu sein, da zu sein. Als lebendige und gelebte Existenz präsent zu sein und dir das Gefühl zu geben, du bist da. Gelegentlich machte er eine psychotherapeutische Intervention daraus: »Wer erzählt mir das?« Als ich einmal darauf antwortete: »*Ich* sage das«, erwiderte er: »*Bist* du es? Ich kann *dich* nicht hören.« Solche Aussagen zielen nicht nur auf äußeres Verhalten – wie wenn jemand auf den Boden schaut oder jemand anders anschaut, anstatt einen Augenkontakt aufzunehmen. Manchmal können sämtliche äußeren Anzeichen eines Kontaktes dasein, und doch fehlt etwas Tieferes. »Redest du mit *mir?*« Fritz würde dann sagen: »Ich habe nicht das Gefühl, daß du mich ansprichst.« Das ist äußerst subtil. Es ist eine andere Ebene – eine Ebene der *Persona,* der unmittelbaren Präsenz jenseits biologischen In- und Outputs.

Ich denke, diese subtilste Ebene des Kontakts war ein Element seiner »dialogischen« Aktivität. Wenn wir die »dialogische Therapie« wie M. Friedman als synonym für »Therapie durch Begegnung« nehmen, dann war er sogar extrem dialogisch, und ich glaube, daß Friedman in seinem Buch über das Thema[78] in dieser Hinsicht äußerst unfair geurteilt hat. Als ich Friedman von einiger Zeit in der Schweiz auf der Konferenz *Healing the Earth and Visioning the Future* traf, hatte ich ein sehr gutes Gefühl zu ihm und fand, daß das, was er über Buber zu sagen hatte, erstaunlich übereinstimmte mit dem, was man auch über Fritz Perls sagen könnte, insbesondere hinsichtlich Bubers Begriff eines »heiligen Streits« mit dem anderen und die Verantwortung die damit verbunden ist, jemanden zu fordern. Genauso wie Perls machte Friedman den Unterschied zwischen »Konfluenz« und »Kontakt«: Er stellte den Geist des »New Age« insofern in Frage, als dieser eine Gefühlsduselei allgemeiner Brüderlichkeit und Gleichheit ohne eine angemessene Würdigung der Unterschiede und Grenzen beinhaltet.

Als ich nach diesem Zusammentreffen mit Friedman sein Buch bekam, war ich erstaunt, herauszufinden, daß er den Jungianern, den Objekt-Beziehungstherapeuten und praktisch jeder Richtung der Psychotherapie mehr Glauben schenkte als der Gestalttherapie. Dies ist um so erstaunlicher, als meiner Meinung nach die Gestalttherapie mehr als jeder andere Ansatz zu der Befreiung der zeitgenössischen Psychotherapie aus fixierten Rollen und Techniken beigetragen hat. Darüber hinaus war und ist bis heute das Beispiel der Gestalttherapie, wegen der größeren Freiheit, die sie dem Therapeuten gibt, sich selbst als Person einzubringen, statt als reiner Spiegel und Techniker, eine Inspiration für die Psychotherapie im Allgemeinen.

Fritz war jemand, der wirklich *von sich* Gebrauch machte. Dieser »Gebrauch« schließt alles ein, was sich aus dem Glauben an die herausragende Bedeutung der Begegnung herleitet. Nur im Falle von R.D. Laing können wir sagen, daß Therapie und Leben ebenso nahe beieinander lagen und daß der Unterschied zwischen der Therapie und der Situation außerhalb der Therapie so gering war.

---

78. Maurice Friedman, *The Healing Dialogue in Psychotherapy* (New Jersey: Jason Aronson, 1985)

Ein weiteres Element dieser sehr außergewöhnlichen Präsenz von Fritz Perls war das, was ich bereits in den sechziger Jahren (nach einem seiner Seminare) seine *so-whatness,* seine »Na und?«-Einstellung, nannte. Es dauerte eine Weile, bis ich begriffen hatte, daß diese Einstellung von derselben Natur war wie das, was er *creative indifference, schöpferischen Gleichmut* nannte. Ein Ausdruck davon war seine außerordentliche Fähigkeit, sich allen Versuchen der Manipulation zu widersetzen. Er ließ sich niemals in irgendwelche Spielchen verwickeln und war imstande, in seiner Neutralität fest zu verharren. Natürlich ist es Teil der Goldenen Regel in der Psychotherapie, Neutralität zu pflegen, doch dies ist eher eine Masche oder zumindest eine prozeßbedingte Neutralität, die sich in erster Linie darin zeigt, was man sagt und was man nicht sagt, ob man hinter der Couch sitzt oder nicht, während seine Neutralität weitaus tiefer ging und mehr mit dem zu tun hatte, was man in der buddhistischen Sprache »Losgelöstheit« oder »Nicht-Anhaften« nennt. Fritz hatte spontan einen bemerkenswerten Grad der Losgelöstheit erlangt, und dies wurde sehr sichtbar während des »Dramas«, das heißt in Gegenwart einer Person, die ihren Schmerz dramatisiert. Es war in diesen Fällen, in denen er sagte: »Na und? Wirst du nun auf ewig die Vergangenheit beweinen?«

Aus einer Vertrautheit mit dem Spielchen: »ich Armer!« heraus sowie der Vorstellung, daß das Bewußtsein nur soweit beschränkt ist, wie wir den Schmerz vermeiden, war dies eine Einladung zu einer heilsameren Haltung im Hier und Jetzt, einer gesünderen Haltung der Akzeptanz des Lebensschmerzes als das, was er ist. Es war Teil seiner impliziten Theorie der Psychotherapie, daß wir, weil wir nicht leiden wollen, nicht sehen können, und es war Teil seiner Praxis, die direkte Konfrontation mit dem Schmerz nicht nur zu suchen, sondern regelrecht zu provozieren. Dies war recht explizit, und Fritz verglich sich darin häufig mit einem Chirurgen.

Ein weiterer Zug, den ich auf dieser Stufe im Leben Fritz Perls' sehr charakteristisch fand, ist etwas, was man »Vollkommenheit in der Unvollkommenheit« nennen könnte. Es war an ihm eine gewisse Größe, die jedoch etwas Paradoxes hatte. Es scheint mir, wenn man über Fritz Perls spricht, kommt man immer wieder auf jene kontroversen (scheinbar sehr unflätigen) Dinge, die er tat. Und dennoch spüren wir (und das ist wahrscheinlich unser Interesse an solchen Anekdoten), daß es mehr war als nur unflätiges Verhalten. Es ist eher so, wie er einmal selbst von sich sagte, daß er »50% Hurensohn und 50% Gottes Sohn« sei. In dieser Integration lag seine Einzigartigkeit, die Integration von Heiligkeit und Gewöhnlichkeit: eine tiefe Authentizität und die Freiheit, kein Tier (das heißt biologisches Wesen) zu sein, und sogar die Freiheit, egoistisch zu sein. Das erinnert mich an Freuds Antwort an Binswanger, als der, später in seinem Leben, Freud angriff, weil er so sehr auf den animalischen Aspekt des menschlichen Lebens bestanden habe. Freuds Antwort war: »Ich habe es unternommen, den Menschen daran zu erinnern, daß er *auch* ein Tier ist.«

Es war etwas von dieser Art, aber auch etwas – ich kann das Wort nicht vermeiden – Mysteriöses. Etwas, worüber kaum gesprochen oder geschrieben wurde, außer im Buddhismus und Sufismus, in denen es die Anerkennung einer hohen Weisheit gibt, die die Verkleidung eines Verhaltens und Redens zu tragen scheint, die geradezu unerhört oder sogar verrückt wirkt. Zusätzlich zu jener Verkehrtheit der Weisheit in einer verkehrten Welt, auf die Idries Shah in seinem Buch *Die Weisheit der Narren* hinweist, spielt bei der »verrückten Weisheit« noch ein Phänomen eine Rolle, das anscheinend noch niemals formuliert wurde. Es gibt Menschen auf einer sehr hohen Entwicklungsstufe, bei denen selbst ihr verrückter Teil für andere zur Weisheit wird und selbst ihre Fehler von großem Nutzen sind. Ich habe versucht, dies in einem Interview zum Ausdruck zu bringen, das von Jack Gaines in seinem Buch[79] zitiert wird, in dem er sagt, daß Fritz' heftige Polemik ein Geschenk für die Patienten war, von unschätzbarem Wert für die Überwindung ihrer Neurose. Dr. Schnack, eine chilenische Psychotherapeutin, die die Einleitung zur spanischen Übersetzung von Gaines' Buch schrieb, war der Meinung, ich hätte ihn nicht richtig verstanden und nicht genügend als liebevollen Menschen gewürdigt. Sie vertrat die Auffassung, daß ich hätte sagen sollen, daß Fritz ihr Ego zerstören wollte, nicht sie selbst. Ich glaube jedoch, daß dies an ein Mysterium grenzt und daß Fritz selbst solch entpersönlichender Sprache kaum zugestimmt hätte. Es hat etwas Mysteriöses bei Menschen, die auf dem Pfad der Transformation fortgeschritten sind, daß ihre Mängel spontan an ihrer fundamentalen Orientierung ausgerichtet werden, ohne daß dies von ihnen beabsichtigt wäre – und so tun sie, wie Fausts Mephisto, stets das Gute, selbst wenn sie es nicht beabsichtigen. Ich glaube, daß dieses seltene Phänomen von der Person, die den Klappentext für eben jenes Buch geschrieben hat, voll erfaßt wurde, wenn sie schreibt, daß er »gleichzeitig Hörner und Heiligenschein« besessen habe. Seine Art von Heiligenschein entstand möglicherweise gerade in der Würdigung der Hörner.

Als Fritz Perls im Alter von 75 Jahren in Chicago das Krankenhaus aufsuchen mußte (auf seinem Weg zurück aus Deutschland nach Vancouver) und dort nach einer Operation starb, zeugte die Tatsache, daß Hunderte von Hippies sich vor dem Krankenhaus versammelten, Zeugnis für

---

79. Jack Gaines, *Fritz Perls: Here and Now* (Integrated press: Tiburon, CA, 1979)

die Tatsache, daß sein Tun nicht nur das Leben vieler Patienten sowie seiner zeitgenössischen Kollegen beeinflußt hat, sondern die Kultur insgesamt. Seine Präsenz hat prophetische Statur gewonnen. Obwohl das heilende Potential des Gewahrseins und des Hier und Jetzt bereits den Buddhisten bekannt und von Heidegger in *Sein und Zeit* ausgiebig vorgestellt worden war ebenso wie von Ram Dass (in seinem Buch *Sei Hier Jetzt*), und obwohl Alan Watts durch seine Vorträge soviel zur Popularisierung des Themas nach Fritz beigetragen hat, ist es Fritz Perls, der es mehr als alle anderen verdient, ein Prophet des Hier und Jetzt in unserer Zeit genannt zu werden. Sein Leben, nicht nur sein intellektueller Einfluß, sind in dieser Hinsicht von wesentlicher Bedeutung gewesen, sowohl für die Psychotherapie im allgemeinen (über die Gestalt hinausgehend) als auch in jenem »neuen Bewußtsein«, das sich von Kalifornien aus in die ganze Welt verbreitete.

Die Gestalttherapie fährt fort, sich auszubreiten, sowohl geographisch als auch innerhalb der Gesellschaft. Sie wird mittlerweile in Indien und Japan gelehrt, und eine persönliche Bekanntschaft mit der Gestalttherapie ist in den Vereinigten Staaten und in Europa weit verbreitet. Höchst erstaunlich ist in diesem Zusammenhang die Ausbreitung der Gestalttherapie in die Kultur, im Unterschied zur Subkultur (in der sie ihren Ursprung hatte), denn sie wird in Universitäten gelehrt, im Geschäftsleben angewandt und so weiter. Hand in Hand mit dieser Verbreitung der Gestalttherapie in der Gesellschaft ist ihre Institutionalisierung gegangen: Sie ist einerseits in die etablierten Institutionen vorgedrungen und die Gestaltpraxis hat sich andererseits in zahlreichen Gestalt-Ausbildungszentren überall in der Welt etabliert, die praktisch (wenn nicht akademisch) anerkannt sind und ihrerseits Anerkennungen aussprechen. Während wir davon ausgehen können, daß sich durch diesen Prozeß in der Ausbildung und Supervision der Gestalttherapie eine Verfeinerung und Weiterentwicklung vollzogen hat, sollten wir uns gleichzeitig darüber im klaren sein, wie die Übernahme der psychospirituellen Werte durch das Establishment und die allgemeine Gesellschaft gleichzeitig einen Kompromiß mit sich bringt. Daher ist es legitim zu fragen, ob – zusammen mit der großen internationalen und interkulturellen Verbreitung der Gestalttherapie in den vergangenen zwanzig Jahren und damit der Entwicklung von hervorragenden Repräsentanten dieses Ansatzes in vielen Ländern – nicht auch eine Verwässerung stattgefunden hat, wie in Nasruddins berühmter Weisheitsgeschichte von der Entensuppe.

Nach dieser Geschichte besuchte ein Freund vom Lande Nasruddin und brachte eine Ente mit. Nasruddin bedankte sich, ließ den Vogel kochen und teilte ihn mit seinem Freund. Kurz darauf kam ein weiterer Besucher. Er gab sich als ein »Freund des Mannes, der die Ente gebracht hat« aus. Da nicht mehr allzuviel Suppe da war, streckte sie Nasruddin mit Wasser und gab ihm reichlich zu essen. Das geschah mehrere Male. Nasruddins Haus entwickelte sich regelrecht zu einem Restaurant für Besucher vom Lande. Jedermann war irgendwie mit dem ursprünglichen Spender der Ente bekannt oder befreundet, und so wurde die Suppe immer dünner. Eines Tages schließlich klopfte es an der Tür, und ein Fremder stand draußen. »Ich bin der Freund eines Freundes des Mannes, der dir die Ente vom Lande mitgebracht hat«, sagte er. »Komm rein«, erwiderte Nasruddin. Sie setzten sich zu Tische, und Nasruddin bat seine Frau, die Suppe aufzutun. Als der Gast sie probierte, schien sie aus nichts weiter zu bestehen, als aus warmem Wasser. »Was ist denn das für eine Suppe?« fragte er den Mulla. »Das«, sagte Nasruddin, »ist die Suppe von der Suppe von der Entensuppe!«

Jim Simkin, dessen höchste Weisheit sich gewöhnlich in seinem Humor ausdrückte, sprach einmal dasselbe Thema in einer Geschichte von einer Dame an, die zum Rabbiner geht, und nach einem *Beroche* (Segensspruch) für den Weihnachtsbaum fragte. Der Rabbiner reagierte ganz orthodox und entschuldigte sich, daß er an so etwas Götzendienerischem wie der Segnung eines Baumes leider nicht teilhaben könne und schlug vor, daß sie sich doch an den Rabbiner von der Reformkongregation wenden solle. Dieser wiederum wies die Dame ebenfalls ab und empfahl einen anderen Rabbiner von der New-Age-Kongregation. Als die Dame ihren Wunsch nach einem *Beroche* für den Weihnachtsbaum bei diesem vorbrachte, war seine Reaktion: »Ein Weihnachtsbaum? Da habe ich nichts dagegen. Aber was ist ein ›Beroche‹?«

Wenn mit der Gestalttherapie etwas Ähnliches passiert ist, dann ist auch sie nicht jenem Prozeß entgangen, der wie ein historisches Gesetz zu sein scheint, das man bei der Entfaltung aller sozialen Bewegungen und sogar Zivilisationen beobachten kann, die, wie Spengler, Toynbee, Sorokin und andere bereits vor Jahrzehnten aufgezeigt haben, ihren Frühling, ihren Sommer, ihren Herbst und ihren Winter haben.

Es gibt noch ein weiteres Thema, das ich erwähnen möchte, ohne das diese Retrospektive der Geschichte der »Gestalt nach Fritz« unvollständig wäre. Außer daß diese Geschichte durch eine bemerkenswerte geographische und intrakulturelle Verbreitung mit recht unbemerkenswerter Kreativität gekennzeichnet war, war es auch eine Geschichte der Teilung – einer Teilung, die ursprünglich die Verschiedenheit eines East Coast- und eines West Coast-Netzwerks war, aber nun die ganze Welt in Form von zwei unterschiedlichen Orientierungen umfaßt.

Diese Spaltung von Ost und West war eigentlich keine Teilung eines Ganzen in zwei Teile, sondern die langfristige Folge einer wachsenden Opposition, die Fritz Perls und seinen Aktivitäten von Seiten seiner älteren Kollegen entgegengebracht wurde. Man kann sagen, daß es bereits im Keim in der Spaltung zwischen Fritz und seinen Mitarbeitern angelegt war, noch zu seinen Lebzeiten und besonders nach seiner Krise als Sechzigjähriger, als er an die Westküste übersiedelte.

Es ist keineswegs erstaunlich, daß jene Kollegen, die während der Jahre in New York in intensivem Wettbewerb mit ihm standen (wie sich Simkin erinnert), sich nun, als Fritz seine späte antitheoretische und intuitive Grundhaltung einnahm, noch stärker abgrenzten. Worte wie »bullshit« und »mindfucking« wurden Teil seines Vokabulars, er hielt die Gestalttherapie der fünfziger Jahre für überholt und suchte nach neuen Mitarbeitern und Beziehungen. Es ist verständlich, daß daraufhin die früheren Kollegen seine Ablehnung ihrerseits durch Ablehnung erwiderten und Fritz' Triumph an der Westküste als Niederlage interpretierten und seine Wertlosigkeit nachzuweisen suchten. So subtil und zurückhaltend die Mißfallenskundgebungen zu Fritz Perls' Lebzeiten ausfielen, desto heftiger führten sie nach seinem Tode zu einer Verunglimpfung seiner Person und seiner Arbeit, so, als wollten sie ihn endgültig begraben und seine Spuren in den Annalen der Geschichte auslöschen – zumindest indem sie seine hervorragende Position gegenüber Laura Perls und Paul Goodman herabzumindern versuchten.

Der öffentliche Ausdruck dieser Kritik hat zu einer Art Gegenreform oder »Restauration« in der Geschichte der Gestalttherapie geführt, die sich bereits ankündigte, als Paul Goodman die Geschmacklosigkeit besaß, Fritz bei der Fritz Perls-Gedenkfeier zu kritisieren. Die New Yorker Gruppe hatte es für nötig befunden, kurz nach der Gedenkfeier, die in den Tagen nach Fritz' Tod im Masonic Auditorium in San Francisco stattgefunden hatte, ebenfalls eine Gedenkstunde zu »feiern«. Die monumentalste dieser Kritiken war Isadore Froms Requiem for Gestalt[80] sowie ein Interview über seine Ausbildung bei Fritz, in dem er behauptet, daß jener nicht imstande gewesen sei, Gestalttherapie mit einem theoretischen Hintergrund zu lehren, während Paul Goodman dies gekonnt habe[81]. Ich habe den Eindruck,

---

80. *Reflections on Gestalt Therapy after Thirty-Two Years of Practice:* A Requiem for Gestalt, The Gestalt Journal, Frühjahr 1984, Issue #74

81. Joe Wysong, *An Oral History of Gestalt Therapy:* Interviews with Laura Perls, Isadore From, Irving Polster, Miriam Polster and Elliot Shapiro, Highland, NY: The Gestalt Journal Press, 1988

daß Dr. From sich nicht nur mit seinem Bruder Paul gegen seinen ödipalen Rivalen verschworen hat, sondern implizit selbst die Autorität als Paul Goodmans Nachfolger unter den Lebenden beansprucht.

Von jener Zeit an kann man beobachten, daß auf den Seiten des *The Gestalt Journal* die Geschichte der Gestalttherapie allmählich neu geschrieben wurde. Fritz erscheint in einem Licht, das den Eindruck erweckt, er habe dadurch, daß er so eine Art Hippie geworden sei, seine Seriosität verloren und sein Beitrag zu Gruppenseminaren sei im wesentlichen Ausdruck seines narzißtischen Bedürfnisses und der Abwesenheit von Sorgfalt gewesen. Man hat ihm vorgeworfen, daß er nicht mehr an Theorie interessiert gewesen sei, und zu Unrecht angegriffen, weil er sich übermäßig auf Techniken verlassen habe. Es ist sogar hier und da behauptet worden – in Büchern und Artikeln – daß Fritz Perls in Kalifornien überhaupt keine Therapie mehr praktiziert habe. Wenn man darüber liest, begegnet man der Auffassung, daß er lediglich Gestalttherapie *demonstriert* und keine Therapie *praktiziert* habe. Unter dem Strich ließ man die Blütezeit von Fritz Perls' Genius der »offiziellen Welt« als intellektuelle und moralische Dekadenz erscheinen.

Wie erwähnt, war ich anfangs, als Riccardo mich bat, über »Gestalt nach Fritz« zu sprechen, überhaupt nicht erbaut darüber. Seitdem habe ich als Vorbereitung für diesen Vortrag so ziemlich alles gelesen, was jemals über Gestalttherapie geschrieben wurde. Ich habe jeden Satz von Paul Goodman noch einmal gelesen (dessen Formulierungen ich niemals sehr geschätzt habe, weil sie voller Mystifikationen sind), und in der Folge habe ich eine echte Motivation entwickelt, darüber zu sprechen. Es ist mir klarer als je zuvor geworden, daß die Gestalttherapie – die einst als revolutionäre Bewegung begonnen hatte – sich in Richtung einer Orthodoxie entwickelt hat. Max Weber beobachtete, daß es in der Geschichte jeder Religion einen Übergang von der »schwärmerischen« zur »bürokratischen« Epoche gibt. Wenn eine etablierte Kirche jene verdammt, die nicht »am heiligen Buch festhalten«, dann ist ihre bürokratische Epoche bereits angebrochen. Isadore Froms Überzeugung ist es, daß die (schwärmerische) Gestaltbewegung der Westküste die Gestalttherapie als Ganzes gefährde – doch wir wissen, daß die wirkliche Gefahr für jede Bewegung nicht in ihrer inneren Beweglichkeit, sondern in ihrer Versteinerung liegt.

Leider signalisiert man mir, daß meine Redezeit zu Ende ist, was es mir nicht gestattet, das, was ich gesagt habe, noch weiter zu dokumentieren, so gern ich dies getan hätte. Ich hoffe jedoch, daß die älteren Gestalttherapeuten unter meinen Zuhörern merken, daß meine Worte durch die offensichtliche, doch zunehmend in Vergessenheit geratene Tatsache besonders unterstützt werden, daß die persönliche Geschichte von Fritz Perls eine Geschichte der permanenten Evolution war und daß seine Arbeit nach seiner Übersiedelung an die Westküste alles andere als degeneriert, sondern vielmehr zu ihrer vollen Reife gelangt ist. Möglicherweise ist die Tatsache, daß die Gestalttherapeuten an der Westküste es nicht für nötig befunden haben, eine Institution zu schaffen, ein Tribut an Fritz Perls' taoistischen Geist und sein Vertrauen in eine spontane Entfaltung.

Johannes Franck

Gestalt-Therapie mit Kindern

Johannes Franck stellt in diesem eindrücklichen und praxisnahen Buch seinen Ansatz zur Gestalt-Gruppenarbeit mit Kindern vor, der in vielerlei Hinsicht neue Perspektiven eröffnet.

Ähnlich wie Claudio Naranjo widmet er sich im ersten Teil ausführlich der für den therapeutischen Erfolg unabdingbaren inneren Grundhaltung des Erwachsenen, während er im zweiten Teil sehr anschaulich und lebendig den Gruppenprozeß und die Entwicklung einzelner Kinder im Alltag beschreibt.

(erscheint im Frühjahr 1997)

Joseph Chilton Pearce

Der nächste Schritt der Menschheit

Das bahnbrechende und viel diskutierte Buch zur modernen Bewußtseins- und Kreativitätsforschung.

Neurologen und Gehirnforscher stimmen zunehmend darin überein, daß unsere jüngste evolutionäre Errungenschaft, das Großhirn, noch überwiegend in uns brachliegen, während wir in den niederen Teilen unserer Gehirnstruktur eingeschlossen sind. Pearce geht der Frage nach, wie es dazu kommt und welche Auswirkungen dieser Umstand für unser persönliches und gesellschaftliches Leben hat.

Doch den eigentlichen Kern seiner Ausführungen bildet ein Ausblick auf die großartige, unendlich offene Möglichkeit, die in der Entfaltung des Potentials unserer höherentwickelten Gehirn- und Bewußtseinsstrukturen liegt und er macht deutlich, welchen Bedingungen eine harmonische Entfaltung dieses Potentials unterliegt.

Charles Tart

Hellwach und bewußt leben

Ein faszinierendes und sehr hilfreiches Buch, das leicht verständlich auf-
zeigt, wie Lebensfreude und das innere Potential der Kinder durch die
Erziehung und Einflüsse der Gesellschaft verschüttet werden, wie dies verhindert weren könnte und vor allem auch, wie wir, als Erwachsene, die in
uns liegenden Möglichkeiten wiederentdecken können.

Charles Tart ist ein führender Vertreter der Transpersonalen Psychologie und der modernen Bewußtseinsforschung. Sein Hauptinteresse gilt der
vollen und harmonischen Entfaltung des Menschen, wobei er auf langjäh-
rige Erfahrungen in der Tradition des »Vierten Weges« und eine intensive
Zusammenarbeit mit seinem Freund und Lehrer Sogyal Rinpoche zurückgreifen kann.

Charles Tart

Die innere Kunst der Achtsamkeit

Wach sein! Warum ist etwas, das so einfach klingt, für die meisten großen
spirituellen Traditionen so wesentlich? In diesem Workshop in Buchform
zeigt Charles Tart auf humorvolle und klare Weise, warum dies so ist – die
anscheinende Einfachheit läßt kaum erahnen, welchen transformativen
Effekt die Praxis der Achtsamkeit auf das Leben derjenigen haben kann,
die sich wirklich darauf einlassen. Tarts leicht verständliche und auch im
Alltag anwendbare Übungen bringen die außergewöhnliche Kunst, zum
Leben im gegenwärtigen Moment zu erwachen, in Reichweite eines jeden
Suchenden.

Rebeca Wild

Erziehung zum Sein

Der fesselnde und bewegende Erfahrungsbericht über die Entstehung und
Praxis eines zukunftsweisenden Kindergarten- und Schulprojektes, dessen
Grundprinzipien eine weitestgehende Übereinstimmung mit den Prinzi-
pien der Gestalt-Arbeit zeigen.